拥抱互联网之电子商务系列

最新实战版
淘宝网店页面设计、布局、配色、装修
一本就够

张发凌　编著

人民邮电出版社

北　京

图书在版编目（CIP）数据

淘宝网店页面设计、布局、配色、装修一本就够：最新实战版 / 张发凌编著. -- 北京：人民邮电出版社，2014.9（2017.8 重印）
（拥抱互联网之电子商务系列）
ISBN 978-7-115-36726-6

Ⅰ. ①淘… Ⅱ. ①张… Ⅲ. ①电子商务—网页制作工具 Ⅳ. ①F713.36②TP393.409.2

中国版本图书馆CIP数据核字(2014)第190556号

内 容 提 要

客流量和转化率低是困扰众多淘宝网店卖家的问题，除了营销、推广方面的原因之外，网店没有装修或者装修得不合理、不吸引人也是一个非常重要的原因。

本书针对广大迫切希望提高装修水平的淘宝网店卖家，系统而全面地介绍了为什么要装修、装修前的准备与规划工作、商品拍摄技巧、配色设计、店标设计、店招设计、宝贝分类区设计、收藏图标及公告栏设计、促销广告设计、商品照片后期处理等方面的内容，并提供了若干经典的店铺装修案例。本书案例丰富、图文并茂，并配有详细的操作步骤，能帮助读者迅速掌握店铺装修要点和技巧，进而提高网店客流量和转化率。

本书适合广大淘宝网店卖家尤其是新手卖家阅读，也可作为职业院校相关专业、淘宝网店运营培训班的参考用书。

◆ 编　著　张发凌
　　责任编辑　王莹舟
　　执行编辑　陈　宏
　　责任印制　杨林杰

◆ 人民邮电出版社出版发行　　北京市丰台区成寿寺路 11 号
　　邮编　100164　电子邮件　315@ptpress.com.cn
　　网址　http://www.ptpress.com.cn
　　北京画中画印刷有限公司印刷

◆ 开本：787×1092　1/16
　　印张：14.5　　　　　　　　2014 年 9 月第 1 版
　　字数：100 千字　　　　　　2017 年 8 月北京第 2 次印刷

定价：55.00 元
读者服务热线：**(010)81055656**　印装质量热线：**(010)81055316**
反盗版热线：**(010)81055315**
广告经营许可证：京东工商广登字 **20170147** 号

前　言

近年来，淘宝网上各类店铺的数量越来越多，竞争越来越激烈。在这种经营环境下，如何才能提升店铺的客流量和转化率？如何才能不让自己辛辛苦苦开起来的店铺沦落为"僵尸店铺"呢？

显然，卖家需要从多个方面入手，比如营销、推广、装修等。其中，很容易被卖家尤其是新手卖家忽视的就是店铺装修。把自己的店铺打扮得美观、特色鲜明，就更容易吸引顾客的目光，更容易留住顾客，他们发生购买行为的概率就会更高。因此，店铺装修的好坏，对于客流量和转化率有着很大的影响。

很多卖家都认为网店装修是一件"技术活儿"，门槛很高，觉得光靠自己肯定做不好。其实，装修网店并不需要你掌握多么高深的知识，也不需要你掌握多么复杂的技术。只要你对自己网店的定位很清晰、对自己经营的商品很熟悉，再学习一些摄影、设计方面的常识，掌握一些常用的操作方法，就可以将自己的店铺装修得极具特色。

《淘宝网店页面设计、布局、配色、装修一本就够（最新实战版）》一书正是从基础和常识着手，按照淘宝网店铺的默认样式，系统而全面地讲解了店铺装修的步骤和相关注意事项，内容涵盖了布局规划、拍摄照片、配色、网店常用模块设计、照片后期处理等店铺装修的全流程。书中提供了大量的真实装修案例，步骤清晰、要点明确，并与淘宝网最新的运营规则相吻合，保证读者一看就会、放下书就能实操。

本书不仅详细讲解了较为专业的设计工具和设计方法，还讲解了如何使用目前广受欢迎的傻瓜式设计软件来制作各种装修素材和模块。卖家可以酌情选择更适合自己的方法，以更合理的时间和精力投入装修出更好的效果。

本书针对那些准备在淘宝网上开店做生意的新手卖家，还有那些已经开店但尚未掌握装修方法的卖家。书中内容循序渐进，可以手把手地教他们装修出一个精美的店铺，进而帮助他们实现提升网店客流量和转化率的目的，并最终让网店获得更多的订单和收益。

在此要特别说明的是，本书是团队合作的成果，吴祖珍参与编写了本书的第 1 章，杨红会参与编写了本书的第 2 章，曹正松、王正波参与编写了本书的第 3 章，汪洋慧、王涛参与编写了本书的第 4 章，沈燕、张茂文参与编写了本书的第 5 章，姜楠、余曼曼参与编写了本书的第 6 章，张铁军、音凤琴参与编写了本书的第 7 章，杨进晋、李勇参与编写了本书的第 8 章，陈伟、郑发建参与编写了本书的第 9 章，陈媛、朱梦婷参与编写了本书的第 10 章，周倩倩参与编写了本书的第 11 章，全书由张发凌统撰定稿。

由于作者水平有限，书中难免存在疏漏之处。如果您在阅读的过程中发现了问题，或者是有一些好的建议，请发邮件到 witren@sohu.com 交流。

目　录

第 1 章
为什么要装修店铺

CHAPTER 1

本章导读

  对于网店来说，商品是第一位的，但绝对不能忽视装修。美观、得体的装修能让买家从视觉和心理上感觉到这是一家用心经营的网店，能在极大程度上提升店铺的形象，对于提高店铺客流量和转化率很有帮助。

知识要点

  通过学习本章内容，您可以了解到为什么要装修店铺以及装修店铺的重要性。本章的知识要点如下。

- 商品风格与展现
- 店铺的可视化设计
- "亲"们的审美偏好

1.1　从商品的风格与展现上

　　很多淘宝网店的新手卖家都会忽视店铺的装修问题，他们的疑问是：为什么要装修店铺？其实原因很简单，既然开了网店，那么肯定希望生意红火，那么如何让网店的生意红火起来呢？丰富的货源和实惠的价格自然是首要条件，但仅靠这两点是远远不够的。淘宝网中的店铺太多了，你有的，别人也有，甚至货源比你更丰富、价格比你更优惠，并且还拥有网店新手们所缺少的信誉度。

　　那么，如何在众多网店中脱颖而出，让顾客选择在你的店里购物呢？这就需要卖家精心地对店铺进行装修，将商品更好地展现给顾客，从而吸引顾客，给顾客留下更深的印象。

　　装修店铺时不能胡乱装修一通，让顾客看得眼花缭乱。店铺的装修风格要根据店铺所售商品而定。比如，店铺主营电子数码类商品，在装修店铺时宜采用时尚、新颖的风格；如果店铺主营玩具或者婴儿用品，则可以采用可爱、温馨的风格。

　　图 1-1 所示的店铺主要经营年轻女装，无论是图片的选择还是主题颜色都体现出了年轻女装的风格。顾客进入店铺时，立刻就能感受到该店铺所售的商品是何种风格。

图 1-1　女装店铺展示

　　图 1-2 所示的店铺主要以简单而唯美的图片突显彩色珠宝，体现出了店铺所售商品透明、精致的质感。

图 1-2　珠宝店铺展示

　　图 1-3 所示的店铺是一家专卖灯饰的网店。该店采用古典的暗红色作为主题色，配以灯饰图片，展现出了所售灯具古典、厚重的特色。

图 1-3　灯饰店铺展示

1.2　从店铺的可视角度上

　　淘宝店铺的页面由多个模块构成，这些板块都是可以随意移动或添加的，在装饰或移动这些模块时应注意整体效果。拼接模块后呈现出来的效果应该是合理、美观的，同时每个模块中的图形元素应统一，否则会产生凌乱的感觉。当顾客进入网店时，如果该店铺的页面上出现的是胡乱拼凑的模块，看起来乱七八糟，又如何能吸引顾客去仔细查看商品并产生购买欲呢？

　　因此，装修店铺时合理地组合模块能让店铺看起来更加专业，也会显得商品很丰富。

　　图 1-4 所示的店铺展示了较多商品，所以在页面上整齐地排列了商品销量排行榜等模块。整个页面显得简单明了，在首页中就能看到多款商品的样式。

图 1-4　家纺店铺展示

　　图 1-5、图 1-6 展示的是一家日化用品店铺，该店铺采用的是古典装修风格。从店标的设计到商品的呈现方式都采用了古典、怀旧的风格。店铺装修效果充满了诗意，顾客进入店铺后，就算不看商品，也会被整个店铺的装修风格深深吸引。

图 1-5　日化用品店铺展示 1

图 1-6　日化用品店铺展示 2

1.3　从客户的审美心理上

　　人是一种"视觉动物"，人对某件东西的第一印象会对其认知产生非常大的影响。就像平时逛街购物一样，装修漂亮而富有特色的门店会让更多顾客驻足，顾客的心情也会更舒畅，掏钱也会更爽快。倘若店铺的装修毫无特色，货品堆放毫无秩序，顾客的购物欲望自然会大打折扣，甚至会产生赶快离开的想法。而对于淘宝网店铺来说，装修更是店铺兴旺的制胜法宝，因为商品的任何信息买家都只能通过网店页面来获得，所以卖家一定在装修上下功夫。一般来说，经过装修的店铺更能吸引买家的目光。

　　爱美之心，人皆有之。一家店铺装修得是否精美会直接影响该店铺的点击率和销售额。所以，既然装修店铺，就要尽可能地将店铺装修得精美一些。这就需要卖家具有一定的审美水平，无论是主题色的选择，还是模块的拼接，或是画面的组合，都要遵循一些规律。

　　客户进入你的店铺后，如果看到到处都是马虎的处理，比如标题不规范，有几个字的，有十几个字的，长的长，短的短；再比如分类不整洁，有一个字的，有三个字的，有八个字的，看起来相当不协调，这样的话，客户一般都会"溜之大吉"，这是我们最不愿意看到的结果。

相反，美观雅致的装修肯定会让来你店铺的顾客心动，让他们更迷恋你的店铺，从而给你带来更多的生意。

　　新手开店的信誉为零，没有信誉，靠什么让买家相信你不是骗子呢？光靠说是没用的，如果你把网店装修得漂漂亮亮的，就算买家质疑你是骗子，你也可以挺直腰杆说："有这么认真的骗子吗？"

　　图 1-7、图 1-8 展示的是一家专营绿植的网店，整个网店的装修风格既简单又清新，与商品的特色完全稳合，整个页面会让顾客产生一种亲近自然、心旷神怡的感觉。

图 1-7　绿植店铺展示 1　　　　　　　图 1-8　绿植店铺展示 2

　　图 1-9、图 1-10 展示的是一家时尚男装店。黑色的主题色配以商品的展示，极具时尚感，这样的店铺一定可以吸引不少时尚青年的目光。

图 1-9　男装店铺展示 1

图 1-10　男装店铺展示 2

第 2 章
装修店铺前的准备与规划工作

CHAPTER 2

本章导读

　　网络店铺与实体店铺一样都需要装修，想要装得好看，材料就一定要好。实体店铺需要选择精美的装修建材，网店装修则离不开精美的素材。在装修店铺前，我们需要准备好装修时需要用的各种素材文件，以便在装修时随手可用，避免用的时候没有合适的素材。有了好的"材料"，再加上精美的设计，这样装修出来的店铺才能吸引卖家的目光。

知识要点

　　通过学习本章内容，您可以了解到装修前需要准备哪些素材文件以及如何设计店铺装修方案。本章的知识要点如下。

- 装修店铺需要准备的硬件设施
- 搜集装修素材的方法
- 设计店铺页面布局的方法
- 规划店铺装修风格的要点

2.1　购买合适的单反或数码相机

淘宝网店里的商品完全是靠图片展现给顾客的。如果你有充足的预算，可以请专业的摄影师来为你拍摄。一般来说，服装、化妆品之类的商品单件的拍摄费大约是十几到几十块钱不等；如果是比较贵重的商品，如手机、珠宝等，对摄影师的要求相对较高，摄影师一般都是按照片的张数收费，少则几十块一张，多则几百块一张。

对许多网店新手来说，把有限的资金用到最需要的地方才是最合理的，所以自己动手是一个节省费用的好办法。这样一来，相机便成了必不可少的装备。市面上相机种类众多，该如何选择呢？

俗话说："工欲善其事，必先利其器。"挑选一台好的数码相机就是拍好照片的前提条件。目前市场上较好的相机品牌有下列几种。

（1）尼康：一般买尼康相机的朋友都是真正的玩家，很多都是玩传统相机的。女性买的较少，一是样子不好看，多是黑色机身，二是因为成像太真实，脸上的痘印瑕疵都会显示出来。如果店铺所售商品与女性脸部相关，则不建议购买。

（2）佳能：不管是时尚机型还是专业机型都不错，ixus 系列性价比较好。该品牌的相机成像效果好，拍摄人物最佳，不偏色。

（3）卡西欧：该品牌相机优势在其电池上，电池电量比其他数码相机多了很多。世界上第一款数码相机就是卡西欧生产的，但是拍摄效果不是很好，其液晶屏偏暗。如果不是特别在意成像效果的话可以购买，不用常常换电池也是较方便的。

（4）索尼：这个牌子的相机争议比较大，不少懂行的人都不建议购买。因为广告做得十分精美，加上产品外形好看，不少女性消费者对该品牌相机情有独钟。

（5）三星：三星相机性能一般，如果你需要拍摄的商品很大众化，没有什么特殊需求，可以考虑购买。

（6）富士：一般都是国产的，如果是日产的话就是水货，虽然水货不一定是假货，但还是不建议购买。值得一提的是，富士相机对绿色、红色不是很敏感，如果经常拍摄绿色和红色商品的话，建议不要购买。

（7）松下：该品牌的摄像机好于数码相机。

（8）奥林巴斯：时尚机型较多，女性朋友比较喜爱，但拍摄效果一般。

购买数码相机时，大家都会比较在意防抖性能，希望购买防抖性能好的相机，但是4000元以下的机器防抖性能基本上都差不多，不会很出色。真正意义上的防抖功能只有数码单反相机才有，而且需要专业的电子防抖镜头才能实现真正意义上的防抖。

购买相机的时候需要多选几款进行对比，有的相机对红色不敏感，有的则对绿色不敏感。此外，不要在相机上查看照片的效果，一定要拍摄后放在电脑屏幕上放大来看显示的效果。

2.2　准备设计素材

在淘宝网上逛店铺时，那些装修得十分精美的店铺，里面的图片一般也是十分精美。图2-1、图2-2、图2-3所示的店铺，画面十分精美，因为素材好，才能制作出如此美的画面，大大提升了整个店铺的视觉效果。

图2-1　店铺页面1

图2-2　店铺页面2

图 2-3　店铺页面 3

我们可以通过百度、360 搜索等搜索引擎搜集素材，如图 2-4、图 2-5 所示。

图 2-4　"360 图片"搜索

图 2-5　"百度图片"搜索

以"百度图片"搜索为例，在搜索框中输入图片的关键词，例如输入"月光"，搜索结果如图 2-6 所示。

图 2-6　在搜索框中输入关键词"月光"

通过关键词"月光"可以搜索到许多图片，这些图片大小不一，颜色也不尽相同，这时可以通过"全部尺寸"和"全部颜色"选项对搜索到的图片进行筛选，以便更精确找到所需的素材，如图 2-7、图 2-8 所示。

图 2-7　选择图片尺寸　　　　　　图 2-8　选择图片颜色

将鼠标移动到图片上，即可预览该图片，单击右下角的"下载原图"按钮，即可下载该图片素材，如图 2-9 所示。

图 2-9　下载图片素材

2.3　获取商品图片的存储空间

在装修淘宝网店的过程中，设计好的图片并不能直接使用，而是需要先将图片素材上传到图片空间，获取网址后才能使用。

淘宝网并不支持所有的网络相册，最省事的方法就是直接将图片上传到淘宝网的图片空间中，其具体步骤如下。

❶ 登录淘宝网，打开"淘宝网卖家中心"页面，如图 2-10 所示。

图 2-10　打开"淘宝网卖家中心"页面

❷ 单击页面左侧"店铺管理"栏下的"图片空间"链接（见图 2-11），即可打开"图片空间"页面，如图 2-12 所示。

图 2-11　单击"图片空间"链接　　　　　　　　图 2-12　"图片空间"页面

❸ 单击"上传图片"按钮，如图 2-13 所示。

❹ 弹出"上传图片"弹窗，单击该弹窗右上角"修改位置"按钮，选择需要上传的文件夹，如图 2-14 所示。

图 2-13　单击"上传图片"按钮　　　　　　　图 2-14　单击"修改位置"按钮

❺ 选择上传的位置，单击"店铺装修"文件夹，如图 2-15 所示。

❻ 回到"上传图片"弹窗，单击"点击上传"按钮，如图 2-16 所示。

图 2-15　单击"店铺装修"文件夹　　　　　　图 2-16　单击"点击上传"按钮

❼ 弹出"选择要上载的文件"对话框，选择要上传的图片，单击"保存"按钮，如图 2-17 所示。

图 2-17　选择图片后单击"保存"按钮

❽ 之前选择的图片全部上传到了指定的文件夹中，如图 2-18 所示。

图 2-18　上传成功

❾ 将鼠标移动到图片上，单击"复制链接"按钮，即可获取该图片的链接地址，如图 2-19 所示。获取要上传的图片的链接后，在上传图片时直接粘贴该链接地址即可。

图 2-19　复制链接

2.4　下载安装网店装修工具

在对网店进行装修时，一些常用的图片编辑软件是必不可少的，专业的如 Photoshop，非专业的如光影魔术手、美图秀秀等。

1. Photoshop

Photoshop 是非常专业的图像处理和绘图软件，其内含的功能强大的编修与绘图工具可对图片进行专业的编辑与处理。使用其滤镜可以为图片添加各种特效。不过，Photoshop 比较专业，功能非常多，新手用户可能需要先学习才能使用。

打开 Photoshop，在软件右侧的工具栏中有各种工具，可对图片进行设置或编辑，如图 2-20 所示。

图 2-20　Photoshop 主界面

用户可使用软件右侧的图层面板（见图 2-21）添加图层并对图片进行编辑，以便观看编辑效果，如果不合适，直接删除图层即可。同时，用户还可以利用图层的显示或隐藏功能制作动态图片（相关方法在后面的章节中会详细介绍）。

图 2-21　"图层"面板

选择"图像"→"调整"菜单命令（见图 2-22），在弹出的菜单中可以选择相应命令设置图像的颜色效果。

选择"滤镜"菜单命令（见图 2-23），在弹出的菜单中可以使用多种滤镜为图片添加特殊效果。

图 2-22　"调整"菜单项　　　　　　　　　图 2-23　"滤镜"菜单

2．美图秀秀

美图秀秀是一款很好用的免费图片处理软件，使用起来很方便。美图秀秀独有图片特效、美容、拼图、场景、边框、饰品等功能，再加上每天都会更新素材，能够满足不会使用专业修图软件的用户一键修图的需求。

在浏览器地址栏中输入网址"http://xiuxiu.meitu.com/"并回车，即可打开美图秀秀官方网站，如图 2-24 所示。在主页中单击"立即下载"按钮，即可下载软件进行安装。

图 2-24　美图秀秀官方网站

打开美图秀秀（见图 2-25），可以使用"美化"、"美容"、"饰品"、"文字"、"场景"等功能对图像进行一键美化。

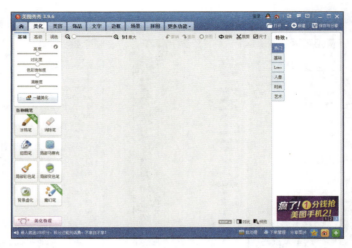

图 2-25　美图秀秀主界面

3．光影魔术手

光影魔术手同美图秀秀一样，都是供非专业用户进行一键美化图片的软件。

在浏览器地址栏中输入网址"http://www.neoimaging.cn"并回车，即可登录光影魔术手官方网站，如图 2-26 所示。在主页中单击"立即下载"按钮，即可下载软件进行安装。

图 2-26　光影魔术手官方网站

打开光影魔术手（见图 2-27），在软件界面的右侧有多个设置选项，可对图片进行一键式编辑。

图 2-27 光影魔术手主界面

2.5 规划店铺的装修风格

装修网店之前首先要规划网店的装修风格，卖什么商品，就要使用适合该商品的风格，不能随意设置，否则会显得不伦不类。

例如，服装类网店以浪漫、温馨、时尚个性的装修风格为宜，如图 2-28、图 2-29 所示。

图 2-28 女装网店页面 1

图 2-29　女装网店页面 2

男装网店以沉稳、大气的风格为宜，如图 2-30、图 2-31 所示。

图 2-30　男装网店页面 1

图 2-31　男装网店页面 2

童装网店以天真浪漫、温馨可爱的装修风格为宜，如图 2-32、图 2-33 所示。

图 2-32　童装网店页面 1

图 2-33　童装网店页面 2

老年服装网店装修时首先要考虑颜色搭配问题，很多中老年人不喜欢刺眼的亮色，所以中老年服装网店要特别注意色彩搭配，以沉稳大气的装修风格为宜，如图 2-34、图 2-35 所示。

图 2-34　中老年服装网店页面 1

图 2-35　中老年服装网店页面 2

除了规划装修风格，色彩的选择也很重要。店铺色彩选得好，不但可以提高顾客的购买欲，还可以彰显自家店铺的专业性，提升商品的档次。

一般来说，暖色系是很容易让人产生亲近感的色系，例如红、黄等色，这类颜色比较适合面向年轻阶层的店铺。同色系中，粉红、鲜红、鹅黄色等是女性喜好的色彩，这些色彩适用于女性用品店及婴幼儿服饰店等。冷色系有端庄、肃穆的感觉，适合高档商务男装店铺使用。此外，在夏季时，为了让顾客在视觉上产生清凉的感觉，也可以使用冷色系。

另外，店铺的整体风格要一致。从店标到主页再到宝贝详情页，都应采用同一色系，最好有同样的设计元素，体现出整体感。在选择分类栏、店铺公告、音乐、计数器等装饰元素的时候要有整体考虑。如果一会儿卡通可爱，一会儿浪漫温馨，一会儿又搞笑幽默，就会让店铺装修风格不统一，这也是网店装修的大忌。

2.6　规划店铺的页面布局

在装修网店时，可在旺铺的"布局管理"页面中对店铺整体布局进行调整，如图 2-36 所示。

图 2-36　设置页面布局

　　虽然卖家可以对店铺页面中的各个模块进行上下调整，但也不应过于随意地移动模块位置，否则不仅不美观，还可能无法很好地呈现店铺商品。淘宝网为用户提供的默认布局还是有一定道理的，我们可以根据店铺的具体需要进行适当调整。

　　在页面上有多种类型的模块，卖家可以根据模块显示的具体内容调整其位置。下面列举了一些常用模块的设置要求以及布局方式。

　　（1）店招：店招是一个店铺的招牌，是淘宝网规定必须放在店铺的最上方，用来说明店铺的经营项目的牌子。卖家应该做的就是通过它说明自己的店铺是经营什么的，有什么亮点使顾客必须在这里停留，还要注意店招的大小，过短或过长都会显得不专业、不协调。

　　（2）店铺促销栏：它通常有比店招更高的广告价值。一般来说，促销栏越大越好，但不能太高，否则会给人们一眼看不完的感觉，如果能精确地算出它与左边分类导航的黄金分割点是最好的。其中填充的内容最好有一定的动感，能给顾客一种在看电视的感觉，内容也不要过于单一。店铺促销栏最好放置于整个促销栏的左上方，因为这里正好处于顾客视野正中央，最容易引起顾客的注意。

　　（3）宝贝分类导航栏：这是每个店铺里都有的模块，它的宽度是固定的，高度没有限制。建立目录的时候也应该遵循一些原则，比如说按字母顺序来排列商品分类，并在上面加以注解。这样的做法更加人性化，节省了顾客搜寻宝贝的时间，如果能做成更美观的按扭就更好了。

　　（4）店铺内的宝贝描述：该内容是在顾客对某产品有了兴趣之后，点击进去将会看到的内容。描述应具有层次性，条理清晰，各部分尽量独立开来，图片不能太多、太大，因为顾客在浏览时，如果页面因为图片过多而长时间没有显示出来的话，顾客很可能就把这个网页关了。

（5）计数器：计数器并不是店铺的必备工具，但是添加该工具后，可以看见在线访客量，并且可以看见每个访客所访问商品的类别。卖家通过这个工作可以了解某个地区的客户偏爱哪一类商品，哪个类目的访问量更高，以此发现店铺存在的问题，更好地把握顾客们的需求。计数器最适合添加在公告栏、产品的分类导航栏和描述模板里。对于人气不旺的店铺来说，计数器不要添加在公告里了，可以在分类底端添加一个。

（6）客服的在线时间、联系方式：对旺铺来说，这个最好放在促销模板的右下角，因为人们通常都是把署名、联系方式、日期等放在右下角的位置，也可以在描述模板的顶端或底端都可以添置这些元素。对于普通店铺来说，这个可以放在公告栏或者是分类的顶端。

另外，挂件以及欢迎图片最好放在分类导航的底端或者是描述模板的中下部，这样可以避免让顾客产生视觉疲劳。

2.7　规划店铺的设计元素

在装修店铺之前，首先要清楚店铺卖的是哪类商品，商品的特色是什么，面向的是哪类客户群。卖家应该根据这些信息来设计店铺，选择店铺的装修风格。确定店铺装修风格后，才能有针对性地搜集设计素材。

图 2-37、图 2-38 所示的店铺所售商品为时尚女装，在装修该类店铺时可以运用一些时尚的小元素。这个店铺运用了一些女装的服装剪影作为分类图标，既能装饰店面，也能起到分类的目的。除此之外，该店铺还大量使用了时装模特图片。

图 2-37　女装店铺展示 1

图 2-38　女装店铺展示 2

　　装修这样一家女装网店，我们可以有针对性地搜集一些时尚、可爱的女装模特照片作为装修素材。

　　比如，可以在百度中输入"时装"这个关键词，搜索出大量有关时装的图片，如图 2-39 所示。我们可以根据自己店铺服装的定位，选择一些合适的图片作为装修素材，但是一定要避免侵权。

图 2-39　搜索到的素材

　　图 2-40、图 2-41 所示的店铺所售商品为女士饰品。在装修这类店铺时不可避免地要使用一些饰品的图片素材，我们可以用关键词"饰品"搜索出大量有关饰品的图片，如图 2-42 所示。根据店铺的需要，下载合适的图片素材即可。

图 2-40　饰品店铺展示 1

图 2-41　饰品店铺展示 2

图 2-42　搜索饰品素材

除了在搜索网站中输入搜索关键词搜索素材外，还可以去一些专业的素材网站下载素材。例如，图 2-43 所示的"素材中国"网站就是一个不错的素材网站，该网站有详细的素材分类，卖家可以根据店铺的需要寻找相应素材。

图 2-43　素材中国网

2.8　店铺装修应注意的问题

店铺装修的目的是提升销售额，为店铺带来更高的人气和更多忠实顾客。如果装修不能带来收益，就毫无价值和意义。

在装修店铺时需要注意很多问题，常见的问题有下列几种。

1. 装修整体风格保持统一

装修网店时要注意整体搭配。很多新手在装修店铺时七拼八凑，整个页面花花绿绿的，还不如不装修。网店商品虽然非常重要，但是绝对不能忽视装修。正所谓"三分靠长相、七分靠打扮"，网店的美化如同实体店的装修一样，能让买家从视觉上和心理上感觉到店主对店铺的用心程度，并且能够最大限度地提升店铺形象，提高浏览量。

2. 避免店铺名称过于简单

有些卖家觉得简单就是美，店名取得过于简单，只有几个字。殊不知，店铺名称不能超过 30 个字的限制是有一定道理的。比如，某女士时装的店铺的名字是"某某时装"，看起来很简洁，但买家在搜索店铺的时候，使用 "新款""时尚"等关键词是搜不到这个店铺的。

3. 避免宝贝名称过长

一些卖家喜欢将宝贝名字或分类名字取得很长，这样做的好处是该宝贝被搜索到的可能性更高，但缺点是太长的宝贝名字将无法在列表中完整显示。有的卖家为了引起买家的注意，在名字中加上一长串特殊符号，但真正的买家是不会关心这些的。为宝贝起名时，把宝贝的特点描述清楚，再加入适当的关键词就可以了。

4. 避免分类栏目过多

栏目过多也是一个非常大的问题。有些店铺的商品分类多达几十个，分类是为了让买家一目了然地找到他需要的东西，如果分类太多，一屏都显示不完，谁会愿意去仔细查看这么多分类？

5. 避免图片过多、过大

有些店铺的首页中，店标、公告及栏目分类等全部都使用图片，而且这些图片非常大。虽然图片多了，店铺一般会更美观，但却会使买家打开网页的速度变得非常慢，店铺的栏目半天都看不到，或者是重要的公告也刷新不出来。

6. 保持色彩的协调性

有些卖家把店铺的色彩搞得鲜艳华丽,把界面做得五彩缤纷。色彩总的运用原则应该是"总体协调，局部对比"，也就是说网店页面的整体色彩效果应该是和谐的，只有在局部的、小范围的地方可以有一些强烈的色彩对比。在色彩的运用上，卖家可以根据实际需要，分别采用不同的主色调。店铺的产品风格、图片的基本色调、公告的字体颜色最好与店铺的整体风格协调，这样出来的整体效果才能和谐统一，不会让人感觉很乱。

7. 避免页面设计过于复杂

店铺装修切忌繁杂，不要设计得跟门户类网站一样。把店铺装修成大网站的样子，虽然看上去比较有气势，让人感觉店铺很有实力，却影响了买家的体验，他要在这么复杂的一个页面里找到自己想要的商品，不看花眼才怪呢！所以说，不是所有可装修的地方都要装修，个别地方不装修效果反而更好。总之一句话，店铺要能吸引买家，同时还要让买家进入你的店铺以后能够较顺利地找到自己需要的商品，能够快捷地查看商品详情。

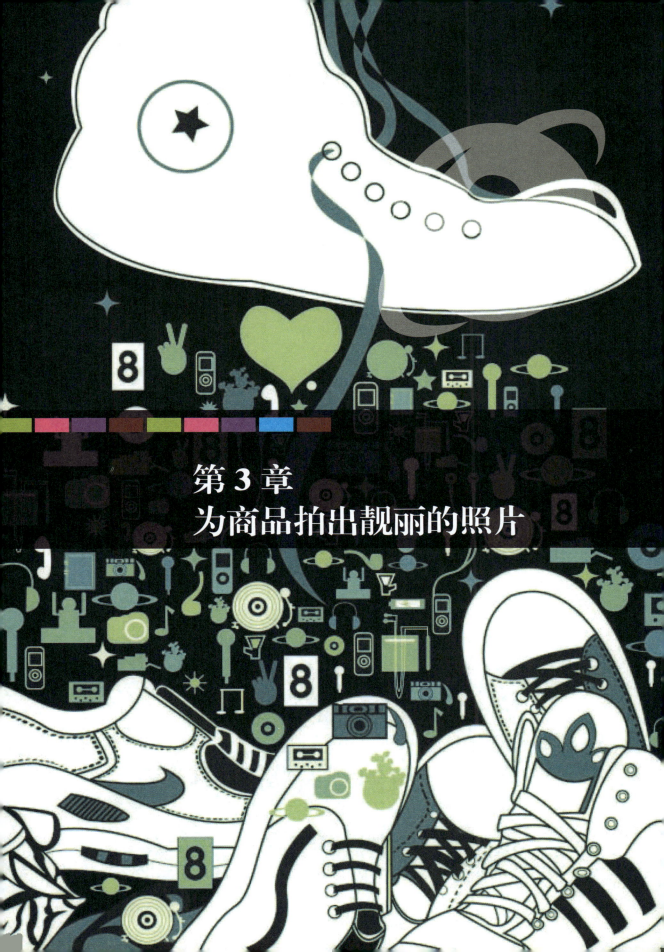

第 3 章
为商品拍出靓丽的照片

CHAPTER 3

本章导读

　　网络店铺与实体店铺不同，顾客无法直接观察商品的外观。商品卖得好不好，主要靠宝贝图片的展示。宝贝照片绝对不可以随便拍摄，精美的宝贝图片能够给商品加分不少。

知识要点

　　通过学习本章内容，您可以了解到如何拍摄出精美的宝贝照片。本章的知识要点如下。

- 布置拍摄场景的要点
- 拍摄光源的使用方法
- 室内、室外拍摄要点
- 拍摄商品的技巧

3.1　拍摄前场景布置

开淘宝网店的掌柜们都知道，商品照片的好坏绝对会影响商品的销量。有了商品和摄影器材后，最重要的就是掌握拍摄商品的技巧。一张高质量的商品照片肯定离不开摄影器材的硬件支持，但除了摄影器材本身的拍摄的功能外，人为创造的摄影环境也是很重要的。这就是为什么要在拍摄前布置场景的原因。

商品拍摄的环境通常可以分为室内拍摄环境和室外拍摄环境。下面将分别介绍如何在室内和室外布置场景。

1.　室内拍摄场景布置

如果不是在专业的摄影棚内拍摄，普通的室内环境通常都会有不利于拍摄的因素。最常见的拍摄地点无非是家里或是办公室，这类环境不是过于杂乱就是过于简单，不能很好地衬托商品。

在拍摄商品时，如何利用有限的空间拍摄出最好的效果呢？首先应该考虑光线的问题。在普通室内拍摄时，常会出现光源不够、阴影较大的问题。这时就需要用到最简单的摄影器材——反光板（见图 3-1）。

图 3-1　反光板

反光板的价格并不高，淘宝网上有很多店铺销售，价格通常就几十元。反光板是摄影时最常用的补光设备，常见的是金银双色可折叠的反光板。这种反光板的反光率比较高，光线强度大，光质较适中，适用于多种摄影主体。

解决了光线问题，之后要做的就是在室内寻找适合拍摄的环境。在我们的日常生活环境中，有许多物品适合用于场景的布置，比如可以将窗帘（见图 3-2）、壁纸（见图 3-3）作为拍摄背景。

利用窗帘、壁纸做背景，再结合家里的沙发、椅子、花瓶、盆栽等物品，可以布置出多种适合商品拍摄的环境，如图 3-4、图 3-5 所示。

布置好场景后，只要把握好拍摄角度就可以拍摄出高质量的照片了，图 3-6 是一张女装商品照片，图 3-7 是一张皮包商品照片。

图 3-2　窗帘

图 3-3　壁纸

图 3-4　拍摄场景 1

图 3-5　拍摄场景 2

图 3-6　商品照片 1

图 3-7　商品照片 2

2. 室外拍摄场景布置

在室外拍摄商品时，可以将自然景色作为拍摄背景。在公园里随处可见草坪、长椅、花坛、水池等常见场景都是非常好的拍摄环境。

图 3-8 是将一组毛绒玩具放在公园草地上拍摄出来的照片。

服装类商品很适合进行室外拍摄，在户外拍摄效果更加自然，能够很好展现服装的特色，同时能够减少服装的色差，如图 3-9 所示。

图 3-8　室外拍摄的玩具照片

图 3-9　室外拍摄的服装照片

3.2　不同角度光线的使用

摄影是光和影的艺术，在不同角度光线下所拍摄出的物品效果也不相同。当拍摄物体的特写或近景时，最好运用正面补光，表现物体正面质感，曝光则以正亮度为宜，可以使造型效果更好。影响表现效果的主要因素是光源的强度和光照的位置。

拍摄商品时，常用的光线角度有顺光、斜光、顶光和逆光，如图 3-10 所示。

（1）顺光：指大部分光线从正面照射物体。利用数码相机的闪光灯进行拍摄时，其光源就是顺光。在顺光下拍摄物体，可以使物体被均匀地照亮，物品的阴影被自身挡住，影调比较柔和，能隐藏被摄物品表面的凹凸和褶皱。但是，这种光源不能体现被摄物体的质感和轮廓，如图 3-11 所示。

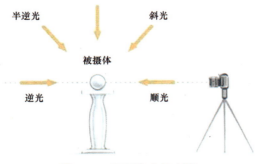

图 3-10　不同角度的光线

图 3-11　顺光拍摄的照片

（2）斜光：指光线从被摄物品的侧面照射过来。在斜光下拍摄的物体有明显的阴暗面和投影，对物体的立体形状和质感有较强的表现力，如图 3-12 所示。

图 3-12　斜光拍摄的照片

（3）逆光：指光线从被摄物品的背面照射过来。逆光拍摄时，被摄物体层次分明，能很好地表现透视效果，如图 3-13 所示。

（4）顶光：指光线从被摄物品的顶部照射过来。这种光线能够淡化被摄物体的阴影，如图 3-14 所示。

图 3-13　逆光拍摄的照片

图 3-14　顶光拍摄的照片

3.3　室内拍摄

室内拍摄的一个很大的缺点就是光线不够理想，在大部分情况下室内光线都会太暗。这时，闪光灯显然是一种非常有效的人造光源，功能强大而且多样化，如图 3-15 所示。

内置闪光灯的光往往太弱、太冷，会破坏整个环境的氛围。在 3 米以外拍摄时，就必须使用曝光指数至少为 36 ～ 40 的外接闪光灯。你可以向了解闪光灯的朋友或摄影器材经销商咨询适用于你的相机的闪光

图 3-15　闪光灯

灯装置以及它们的性能。需要柔和的照明时，你也可以将闪光灯放在相机的机顶或旁边，同时使用反光板和散射器以获得柔和照明，这是因为这样做可增强有效的照明区域，用侧光来照亮三维的物体。

此外，也可以用持续的人造光来代替闪光灯，卤光和钨光都是不错的选择，如果相机的自动白平衡设置不能使你满意，你不妨尝试使用几种不同的白平衡设置。如果没法使用额外人造光源，那么就只能使用所谓的"有效自然光"了，它们有可能是透过窗户照射进来的光线，也可能是不会影响正常摄影的人造光。使用有效自然光的优点是照明效果很自然。

在室内拍摄时最好将相机放在三脚架上，否则拍出来的照片很可能会模糊。如果没有三脚架，你也应尽可能找到稳定的支撑点，将相机靠在硬物上，如凳子、柱子或墙壁上，只要是稳固的东西就行，然后非常轻地按下快门，释放按钮。这种方法虽然没有使用三脚架的效果好，但也能适当减弱因相机晃动造成的照片模糊。有条件的话，还可用自拍器来释放快门。

在光线不足或不稳定的室内环境（如禁止使用闪光灯的场所）中拍摄时，唯一的选择就是增加感光度。高档相机都有"强制增感"功能，你可以从一系列的 ISO 值中进行选择，比如双倍或四倍感光度。不过，使用这种方法会大大影响到照片的拍摄质量。

在室内摄影需要合理利用窗户光。从朝北的窗口照射进来的光线，是一种较有方向性但仍比较柔和的光线。你还可以在窗户光的对面放置一个反光板来减弱光源所产生的阴影，营造出柔和而优雅的效果。

利用窗户光拍摄人像时，浅色墙壁的小房间比起大而暗的房间反射的光线多一些，因而背景也亮一些。反射光的强弱和背景的色调可以用拉开或关上窗帘的办法来调节。摄影者可以按自己的意愿用百叶窗或厚窗帘模拟出硬调的直射光的效果，也可以用薄窗帘把斜射下来的光线变成散射光，还可以让它带有某种颜色。浅调的窗纱可以当柔光器用，能使光线更加柔和。阳光洒在彩色窗帘上所起的效果，和加了彩色滤光片的泛光灯一样。

在室内，只要被摄者移功几步，强光和明影的对比就会有很大变化。因而，调整距离能够解决照明不均匀的问题。

此外，有些在室外拍摄中无须注意的问题，对室内拍摄却有影响。例如，如果窗外近处是太阳晒着的红砖墙，室内窗户光线就会偏红；如果窗外是花园并有高大的树木，室内窗户光线就会偏绿；窗口对着蓝天，光线就可能偏蓝。这种影响在室内比在室外明显，因为窗口更有选择性，不像室外那样色彩有一个总的平衡。

3.4　室外拍摄

　　户外摄影是对摄影师最大的挑战，无论是选景还是光线，还是拍摄时的角度，都需要进行精心的策划。

　　数码相机拍摄到的图像上的像素点并不是平均地分布在所拍摄的物体上。例如，树就是一个很麻烦的拍摄物体。虽然你的相机可拍摄出几百万像素分辨率的图像，但一棵树至少也有上千片叶子，平均分配下来，每片叶子可能就只有 3 点或 4 点像素，而整个图像看起来就会像是涂抹在一起而显得模糊，更谈不上有什么层次感了。这种情况也会出现在茂盛的草坪、延伸的山脉、毛茸茸的表面以及其他具有许多复杂细节的物体上。相比之下，拍摄像汽车、建筑物、家具设施等人造物品时能够拍摄出清晰的、光滑的物体表面和大致的轮廓，效果要好得多。简而言之，在户外数码相机拍摄到的图像的前景比背景更清晰。

　　如果你没有很好地控制拍摄距离，可能拍摄出来的画面就像是从很远的地方拍摄的一样。当使用数码相机拍摄时，像素的多少对于图像的清晰度影响很大，远距离的物体则因为分布在上面的像素点少而显得不清楚，所以在拍摄时要尽量接近所拍摄的物体。比如，当拍摄人物时，可打开 LCD 显示屏取景，然后让人物尽量占满整个屏幕。直到你可以清楚地看到人物眼睛的眼白之后再进行拍摄。

　　通常来说，最好的拍摄点是阳光在你的背后，你拍摄物体时就会有极好的光线。但同时会产生一个问题：在这种强烈的光照下，相机 LCD 显示屏上的图像就很难看清。所以，最好还是购买一个带有光学取景器的相机，否则在这种情况下，你就会很难拍摄出好的效果。另外，如果经常使用光学取景器而不是 LCD 显示屏，也可以节省大量的电力耗费。

　　在拍摄之前，最好可以有个大致的构思和计划，拍摄的过程中逐步完善这个计划。在户外拍摄时，如果能见度较差，拍摄应该以近景为主，不太适宜拍摄大场景。

　　在室外拍摄时，可以大胆尝试拍摄角度。例如，可以趴在地上拍，拍出来的背景和人物都会有强烈的透视感。当使用广角端时，可以变换拍摄角度从而营造出独特的视觉效果。合理利用对角线构图，可以使照片的视角更宽阔，把广阔的天空收进画面。

3.5　商品拍摄中的经验技巧

下面列出了一些商品拍摄技巧，可以帮助新手卖家拍摄出靓丽的商品照片。

1．保持相机的稳定

许多刚学会拍摄的朋友经常会遇到拍摄出来的照片很模糊的问题，这是由相机的晃动造成的，所以在拍摄中要避免相机的晃动。你可以双手握住相机，用肘抵住胸膛，或者是靠着一个稳定的物体，并且整个人要放松，不能太紧张。就好比射击手在端着枪时，身体和手都要保持放松，这样才能保持稳定。

2．让太阳在你的身后

摄影如果缺少了光线就不能称之为摄影，它是光与影结合的艺术，所以在拍摄时需要有足够的光线照射到被摄主体上。最好的也是最简单的方法就是在太阳处于你的背后并有一定的偏移时进行拍摄，前面的光线可以照亮宝贝，使它的色彩和阴影变亮，轻微的角度则可以产生一些阴影来突显宝贝的质地。

3．缩小拍摄距离

有时候，只需要简单地离宝贝近一些，就可以得到比远距离拍摄更好的效果。你并不一定非要把整个宝贝全部照下来，有时候，对宝贝的某个具有特色的地方进行拍摄，反而能拍摄出具有强烈视觉冲击力的照片出来。

4．选定拍摄样式

采用不同的方式举握相机，拍摄出来的照片效果也不同。最简单的举握方式就是竖举和横举相机。以竖举方式拍摄出来的照片可以强调宝贝的高度，而以横举方式拍摄出来的照片则可以强调宝贝的宽度。

5．变换拍摄风格

你可能拍摄过很多宝贝，但它们很可能都是一种风格，所以会给人一种一成不变的感觉。所以你应该在拍摄中不断尝试新的拍摄风格，为你的宝贝增添光彩。比如，你可以分别拍摄一些宝贝的全景、特写镜头，或者单个宝贝、多个宝贝等。

6. 增加景深

景深对于拍摄来说非常重要。每个卖家都不希望自己拍摄出来的宝贝看起来就像是一个平面，没有一点立体感，所以在拍摄时，要适当地增加一些用于显示相对性的参照物，通过对比显示出宝贝的大小。例如，在拍摄包包的时候，可以在旁边放一本杂志，这样既能美化画面，又能直观地显示包包的大小。

7. 正确的构图

要想拍摄好宝贝，构图非常关键。比较常用的构图法是"三点规则"，即将画面分为三个部分（水平和垂直），然后将被摄物体置于线上或是交汇处。总是将宝贝置于中间会让人觉得厌烦，所以不妨用用"三点规则"来拍摄一下你的宝贝。让顾客在逛你的店铺时，就会感觉是在欣赏摄影作品。

常见的拍摄误区有下列几点，拍摄时应尽量避免。

1. 相机像素越高越好

相机的像素并不是越高越好。商品的照片一般都是 1024x768 像素的，甚至更小。太大的图只会拖慢打开网页的速度，处理图片时对硬件的要求也会更高。当然，摄像头是不能用的，拍出来的照片太灰。

2. 相机的手动模式一定比自动模式好

如果你只是一个新手，并不了解太多的摄影知识，那么使用自动模式是更好的选择。

3. 好的照片都是后期处理的

其实，要想拍出真正的好照片，就要在拍摄前考虑好构图、明暗等，后期最多只需加点文字。拍照要争取一步到位，不要寄希望于后期处理。因为后期处理是很费时间的，而且会让照片产生失真现象。

第 4 章
店铺的配色设计

CHAPTER 4

本章导读

要想将店铺装修得好看，离不开色彩的搭配。颜色运用得恰当，才能使店铺整体效果好看。反之，就算你的商品很好，店铺设计得也很用心，但是颜色搭配得很丑，这样的店铺也是无法吸引顾客的。试想，如果买家打开你的店铺，看第一眼就觉得不舒服，那么他还会继续浏览你的店铺吗？

知识要点

通过学习本章内容，您可以了解到色彩搭配的基本原理以及在装修店铺时怎样选择主题色。本章的知识要点如下。

- 色彩搭配基本原理
- 多种颜色主题的店铺配色设计

4.1　了解色彩的基本原理与搭配技巧

色彩是一种视觉语言，具有影响人们心理、唤起人们情感的作用，能在一定程度上左右我们的情感和行动。

色彩可以传达意念，表达某种确切的含义。例如，交通灯上的红色表示停止，绿色表示放行，这已经成为了全世界都了解和通用的一种视觉语言。

色彩有使人增强识别、记忆的作用。例如，富士彩色胶卷的绿色、柯达彩色胶卷的黄色成为了消费者识别、记忆商品的标准色。

彩色画面更具有真实感，能充分地表现对象的色彩、质感和量感。色彩能增强画面的感染力。彩色比黑、白、灰色更能刺激视觉神经。具有良好色彩构成的设计作品能强烈地吸引消费者的注意力。

1．了解色彩的基本原理

客观世界的色彩千变万化，各不相同。任何色彩都有色相、明度、纯度三个基本性质。当色彩间发生作用时，除以上三种基本性质外，各种色彩彼此间还会形成色调，并显现出自己的特性，因此，色相、明度、纯度、色调及色性这五种性质构成了色彩的要素。

（1）色相：色彩的相貌，是区别色彩种类的名称。

（2）明度：色彩的明暗程度，即色彩的深浅差别。明度差别即指同色的深浅变化，又指不同色相之间存在的明度差别。

（3）纯度：色彩的纯净程度，又称彩度或饱和度。某一纯净色加上白或黑，可降低其纯度，或趋于柔和或趋于沉重。

（4）色调：画面由具有某种内在联系的各种色彩组成一个完整、统一的整体，形成画面色彩总的趋向，称为色调。

（5）色性：指色彩的冷暖倾向。

色彩有明显的影响情绪的作用，不同的色彩可以表现不同的情感。

（1）红色：最引人注目的色彩，具有强烈的感染力，它是火和血的颜色，象征热情、喜庆、幸福，另一方面又象征警觉、危险。红色色感刺激、强烈，在色彩配合中常起着主色和重要的调和对比作用，是使用得最多的色。

（2）黄色：阳光的色彩，象征光明、希望、高贵、愉快。浅黄色表示柔弱，灰黄色表示病态。黄色在纯色中明度最高，与红色色系的色配合能产生辉煌、华丽、热烈、喜庆的效果，与蓝色色系的色配合能产生淡雅宁静、柔和清爽的效果。

（3）蓝色：天空的色彩，象征和平、安静、纯洁、理智，另一方面又有消极、冷淡、保守等意味。蓝色与红、黄等色搭配得当，能构成和谐的对比调和关系。

（4）绿色：植物的色彩，象征着平静与安全，带灰褐绿的色彩象征着衰老和终止。绿色和蓝色配合显得柔和宁静，和黄色配合显得明快清新。由于绿色的视认性不高，多作为陪衬的中型色彩。

（5）橙色：秋天收获的颜色，鲜艳的橙色比红色更为温暖、华美，是所有色彩中最温暖的色彩。橙色象征快乐、健康、勇敢。

（6）紫色：象征优美、高贵、尊严，另一方面又有孤独、神秘等意味。淡紫色有高雅和魔力的感觉，深紫色则有沉重、庄严的感觉。紫色与红色配合显得华丽、和谐，与蓝色配合显得华贵、低沉，与绿色配合显得热情、成熟。

（7）黑色：是暗色以及明度最低的非彩色，象征着力量，有时意味着不吉祥和罪恶。黑色能和许多色彩构成良好的对比调和关系，运用范围很广。

（8）白色：表示纯粹与洁白的色，象征纯洁、朴素、高雅等。作为非彩色的极色，白色与黑色一样，与所有的色彩都能构成明快的对比调和关系。白色与黑色相配能产生简洁明确、朴素有力的效果，给人一种重量感和稳定感，具有很好的视觉传达力。

色彩还有下列多种感觉。

（1）色彩具有冷暖感：红、橙、黄的色调带暖感，蓝、青的色调带冷感。低明度的色具有暖感，高明度的色具有冷感。高纯度的色具有暖感，低纯度的色具有冷感。

（2）色彩具有轻重感：色彩的轻重感主要由明度决定。高明度的色具有轻感，低明度的色具有重感。白色最轻，黑色最重。

（3）色彩具有软硬感：色彩的软硬感与明度、纯度都有关。明度较高的含灰色系具有软感，明度较低的含灰色系具有硬感。强对比色调具有硬感，弱对比色调具有软感。

（4）色彩具有明快 / 忧郁感：色彩的明快 / 忧郁感与明度、纯度有关。明亮而鲜艳的色具有明快感，深暗而浑浊的色具有忧郁感。强对比色调具有明快感，弱对比色调具有忧郁感。

（5）色彩具有兴奋 / 沉静感：具有兴奋感的色彩能刺激人的感官，引起人得注意，使人兴奋。色彩的兴奋 / 沉静感与色相、明度、纯度都有关，其中纯度的影响最大。红、橙色具有兴奋感，蓝、青色具有沉静感。明度高的色具有兴奋感，明度低的色具有沉静感。纯度高的色具有兴奋感，纯度低的色具有沉静感。强对比色调具有兴奋感，弱对比色调具有沉静感。色相种类多则显得活泼热闹，少则令人有寂寞感。

（6）色彩具有华丽 / 朴素感：色彩的华丽 / 朴素感与纯度关系最大，与明度也有一定关系。鲜艳而明亮的色具有华丽感，浑浊而深暗的色具有朴素感。有色彩系具有华丽感，无色彩系具有朴素感。强对比色调具有华丽感，弱对比色调具有朴素感。

2. 色彩的搭配技巧

以色相为基础的配色多要用到色相环（见图 4-1）。用色相环上相近的颜色进行配色，可以得到稳定而统一的感觉；用距离较远的颜色进行配色，可以得到对比的效果。

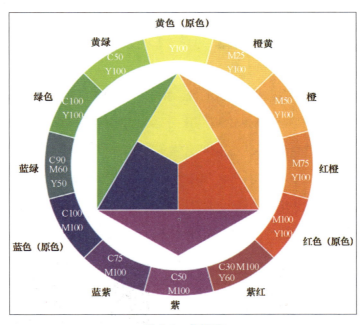

图 4-1 色相环

类似色相的配色在色相上既有共性又有变化，是很容易取得配色平衡的手法。例如，黄色、橙黄色、橙色的组合或者群青色、青紫色、紫罗兰色的组合都是类似色相配色。与同一色相的配色一样，类似色相的配色容易让人产生单调的感觉，所以可以适当使用对比色调的配色手法。中差配色的对比效果既明快又不冲突，是深受人们喜爱的配色方法。

对比色相配色是指在色相环中，位于色相环圆心直径两端的色彩或较远位置的色彩组合。它包含了中差色相配色、对照色相配色以及补色色相配色。下面将列举一些色彩搭配的案例，供读者参考学习。

（1）图 4-2 所示的色彩搭配：将明亮的粉色和明度不低的蓝色、绿色进行搭配的时候，能给人以丰富、华丽的感觉，这里的粉色由于和蓝色进行了一点渐变处理，形成了类似红紫色的间色，也让整体画面显得更为出众。

（2）图 4-3 所示的色彩搭配：褐色和黄色的搭配中加入粉色的配色并不多见，因为橙黄和褐色都是较为朴实的色彩，而高纯度的明黄色相对来说更加适合和粉色进行组合，也给整体搭配带来了时尚、潮流的一面。

图 4-2　色彩搭配 1

图 4-3　色彩搭配 2

（3）图 4-4 所示的色彩搭配：典型的青色和橙色形成的互补色关系的搭配，这个互补色对比并没有常见的其他互补搭配那么强烈，主要是这两种颜色都属于间色，而非原色，因此形成的互补搭配并没有原色的互补搭配那么鲜亮。

（4）图 4-5 所示的色彩搭配：橙色和红色的搭配是最能表现出温暖甚至是炎热感觉的色彩，它们来源于自然中火焰的色彩，人类从蛮荒时代就被火焰所吸引，甚至整个人类的进化都由火焰来推动，这使得这种配色在人们心中占有很重要的位置。

图 4-4　色彩搭配 3

图 4-5　色彩搭配 4

（5）图 4-6 所示的色彩搭配：在这个以紫色作为主色的搭配中，其他高纯度的明亮色彩的特性更加突出，特别是橙黄色和紫色形成了非常强烈的互补对比，因此整个搭配不但有紫色梦幻的一面，也有绿色和橙黄绚丽丰富的感觉。

（6）图 4-7 所示的色彩搭配：明亮绚丽的搭配给人以欢快，轻松的感觉，这个搭配采用了湖蓝、洋红等高纯度原色进行搭配，原色在这类以快乐为主题的画面中特别常见，可以算是一种常用搭配手法。

图 4-6　色彩搭配 5

图 4-7　色彩搭配 6

（7）图 4-8 所示的色彩搭配：蓝灰色作为十分典型的冷色系色彩，在日常使用中常与"男性"等关键词联系在一起，在加入黑色这一稳重的色彩之后，整体的效果更加确定，虽然所有色彩都是蓝色变化，但因为整

图 4-8　色彩搭配 7

个搭配中黑色和白色形成了巨大的明暗对比，整个画面并不缺少对比变化。

4.2　以绿色为主题的配色设计

图 4-9 所展示的是以绿色为主的搭配色条。这种搭配方式可以让我们更加深刻地体验到绿色这种大自然的色彩的魅力，特别是黄绿色这种明度较高的颜色，它能和深绿形成一定的明暗对比，能让整个画面呈现出阶梯形的变化。

图 4-9　绿色为主的色彩搭配

在淘宝网中，以绿色为主题色的店铺一般都是需要体现自然、环保特色的店铺。

图 4-10 是一家绿植网店的页面。

图 4-11 是一家茶叶网店的页面。

图 4-12 是一家护肤品网店的页面。

图 4-10　绿色主题的网店 1

图 4-11　绿色主题的网店 2

图 4-12　绿色主题的网店 3

4.3　以蓝色为主题的配色设计

图 4-13 所展示的是以蓝色为主的搭配色条：经典的蓝色系渐变，从接近于白色的淡蓝色开始，逐渐深入到深邃的湖蓝，一路遐想，仿佛整个身体投入一种忘我的境界，使人感到深沉和稳重，令人心神平缓。

图 4-13　蓝色为主的色彩搭配

蓝色是天空和海洋的颜色，店铺将蓝色作为主题色，会让买家产生贴近自然的感觉。蓝色多用于服装店、化妆品店等。

图 4-14 是一家服装网店的页面。

图 4-15 是一家服装网店的页面。

图 4-14 蓝色主题的网店 1

图 4-15 蓝色主题的网店 2

图 4-16 是一家化妆品网店的页面。

图 4-16 蓝色主题的网店 3

4.4 以红色为主题的配色设计

图 4-17 所展示的是以红色为主的搭配色条：浓烈欲滴的红色的单色搭配令人心生火热，

虽然色彩稍显单调，但是红色作为最容易吸引人眼球的色彩，单色搭配已经十分令人心动了，还有暗红色这种低明度的红色，给整体加入了低调华丽的感觉。

图 4-17　红色为主的色彩搭配

红色是比较抢眼的颜色，同时又显得庄重而热情，适用范围比较广。红色也是中国的传统色彩，使用红色进行配色的店铺非常多。

图 4-18 是一家家具网店的页面。

图 4-19 是一家乐器网店的页面。

图 4-20 是一家婚庆商品网店的页面。

图 4-18　红色主题的网店 1

图 4-19　红色主题的网店 2

图 4-20　红色主题的网店 3

4.5　以黄色为主题的配色设计

　　图 4-21 所展示的是以黄色为主的搭配色条。橙色和绿色是青春的代表色彩，特别是高纯度的红橙色，和绿色形成的渐变搭配虽然十分简单，效果却相当出彩。这两种高纯度和高对比度的色彩在春夏两季中十分常见，也是夏天的代表色彩，在服饰、广告、包装等设计中比较常见。

图 4-21　黄色为主的色彩搭配

　　黄色充满了活力，与绿色相近，很多店铺都可以将黄色作为主题色，例如服装、首饰等店铺。

　　图 4-22 是一家金饰网店的页面。

　　图 4-23 是一家女装网店的页面。

图 4-22　黄色主题的网店 1　　　　　　图 4-23　黄色主题的网店 2

4.6　以紫色为主题的配色设计

　　图 4-24 所展示的是以紫色为主的搭配色条。紫色可以粗略分为红紫色和蓝紫色，同色系搭配时，一般只能以明度和纯度上的变化产生对比，这里明显使用了前者，整个搭配时尚感十足。

图 4-24　紫色为主的色彩搭配

紫色是一种时尚的、高贵的颜色。一些首饰店铺和服装店铺比较喜欢将紫色作为主题色。图 4-25 是一家饰品网店的页面。

图 4-25　紫色主题的网店 1

图 4-26 是一家化妆品网店的页面。

图 4-26　紫色主题的网店 2

第 5 章
个性化店标设计

CHAPTER 5

本章导读

　　网店是否获得成功，货源和经营方式固然是主要因素，但装修也是非常重要的，而在装修时，诸多小细节不容忽视，比如店标。当顾客搜索商品或是收藏店铺的时候，有创意的店标才容易让人记住，才有被点击访问的可能。

知识要点

　　通过学习本章内容，您可以了解到制作店标的一些基本要求以及具体设计方法。本章的知识要点如下。

- 店标设计的基本要求
- 静态店标的设计方法
- 动态店标的设计方法

5.1　确定店标设计的基本要求

　　店标也就是淘宝店铺的标志。对于一个店铺而言，店标有着相当重要的作用。大到国际连锁品牌，小到不知名零售小店，一般都会有自己的店标。店标能够反映店铺的风格、店主的品位、产品的特性、也可起到宣传的作用。好的店标能给顾客留下深刻的印象，有助于卖家扩展自己的客户群。

　　如图 5-1 所示，搜索结果页面中店铺名称前面就是各个店铺的店标。

图 5-1　店标

　　淘宝店标会在店铺首页显示，常见的淘宝店标分为静态店标与动态店标两种。淘宝网规定，店标尺寸为 80×80 像素（见图 5-2），大小为 80KB 以内，支持的格式包括 GIF、JPG、JPEG 和 PNG。

图 5-2　店标

　　店铺店标的设计需要满足以下几个基本要求。

1．简洁醒目

　　店标不仅是识别店铺的工具，也是提高店铺知名度的一种手段。在设计上，店标的图案与名称应简洁醒目，易于理解和记忆，同时还要风格鲜明，具有独特的外观和出奇制胜的视觉效果，能对消费者产生感染力，给顾客带来赏心悦目的感觉，如图 5-3 所示。

许多小店铺在店标的设计上过于随意，线条繁杂曲折，让人眼花缭乱，非常不利于发挥店标的作用。因此，在设计店标时要贯彻简洁、鲜明的原则，巧妙地使点、线、面、体和色彩结合起来，以达到预期的效果。

图 5-3　简洁醒目的店标

2．个性鲜明

店标可用来表达店铺的独特个性，消费者通过店标可以识别出该店铺独特的品质、风格和经营理念。因此，店标设计必须别出心裁，使标志富有特色、个性鲜明，创造一种引入人胜的视觉效果，如图 5-4 所示。

图 5-4　个性鲜明的店标

3．保持统一

店标的设计应与店铺经营的商品相和谐，并与店铺装修的风格和主题色保持统一。不同的网店，其主题不同，所用的色调也有所不同。例如，幸福的主题最好使用暖色调来表现，这样给人的视觉感受会很舒服。再如，蓝色显得简洁，绿色显得有生气，红色显得热情等。

图 5-5 展示的店铺名称为"小新娘时尚女装"，其店标设计是一个红色的女性剪影加店铺名称，很好地暗示了店铺所经营的商品。

图 5-5　店标与店铺保持统一效果 1

图 5-6 所示的店铺主营宠物雪貂及相关用品。店标以粉红色为主色。粉色是一种看起来十分可爱、温馨的颜色，店标中的图案是雪貂的卡通形象，这样的店标既能反映店铺销售的商品，又体现了宠物类商品可爱的风格。

图 5-6　店标与店铺保持统一效果 2

店标的设计思路通常有以下三种。

1. 用名称做标识

直接把店铺名称的文字、数字等用独特的字体表现出来的店标。通常是将第一个字或字母放大，以实现突出、醒目的效果。以这种方式设计的店标需要注意色彩问题，店标中的文字或数字要尽可能醒目，如图 5-7 所示。

图 5-7　名称类的店标

2. 以商品图片为主体

直接用商品（可以是实物，也可以是类似实物的卡通形象、剪影等）作为店标的设计。图 5-8 所示的店铺名称为"甜心糖果屋棒棒糖"，其店标就是一个棒棒糖图案；图 5-9 所示的店铺经营钻石，直接以钻石的图片作为店标。

图 5-8　解释性的店标 1

图 5-9　解释性的店标 2

3．以含有寓意的图案为主体

以图案的形式将店铺名称的含义直接或间接的表达出来的店标。图 5-10 所示的店铺名称为"橡树小院"，店标以树的图形作为设计的主体。

图 5-10　寓意性的店标

注　意

店标一旦确定下来，就不应随意改动。因为店标是最具有信息传达功能的视觉元素。长期使用固定店标有利于店铺的宣传，加深客户对店铺的印象。

5.2　静态店标的设计

静态店标的设计相对比较简单，如果卖家是专门代理某些品牌，可以使用该品牌的商标或图案作为店标，如图 5-11 所示。

如果需要自己设计店标，可以采用以下几种样式。

（1）文字类店标：主要以文字和拼音字母等单独或者组合构成，如图 5-12 所示。

图 5-11　以品牌的固定商标或图案做店标　　　图 5-12　文字类店标

（2）图案类店标：仅由图案构成，形象生动、色彩明快且不受语言限制，非常易于识别，如图 5-13 所示。但图案类店标没有名称，因此表意不如文字类店标准确。

（3）图文组合类店标：将文字和图案组合而成的标志。这种标志兼有文字类及图案类店标的优点，图文并茂，形象生动，又易于识别，使用较广泛，如图 5-14 所示。

图 5-13　图案类店标

图 5-14　图文组合类店标

静态店标可以使用多种软件进行设计，比如专业的图像处理软件 Photoshop 软件，如果不会使用专业的图像处理软件，也可以使用类似美图秀秀、光影魔术手等简单的修图软件来制作。下面我们就用美图秀秀软件制作一个静态的店标，具体步骤如下。

❶ 启动美图秀秀软件，其主页面如图 5-15 所示。

图 5-15　美图秀秀主界面

❷ 单击"美化图片"按钮，进入美化图片界面，如图 5-16 所示。

图 5-16　美化图片界面

❸ 单击"打开"按钮，在弹出的"打开一张图片"对话框中选择一张素材图片，单击"打开"按钮，如图 5-17 所示。

图 5-17　选择素材图片

④ 打开素材图片，如图 5-18 所示。

图 5-18　打开素材图片

⑤ 单击"裁剪"按钮，对图片进行裁剪，如图 5-19 所示。

⑥ 移动鼠标，选择裁剪范围，将图片裁剪为正方形，然后单击"完成裁剪"按钮，如图 5-20 所示。

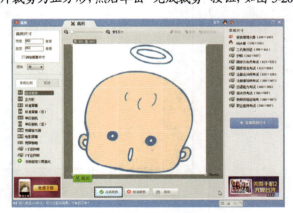

图 5-19　单击"裁剪"按钮　　　　　图 5-20　裁剪图片

❼ 完成裁剪后，单击"尺寸"按钮，对图片尺寸进行调整，如图 5-21 所示。

❽ 在弹出的"尺寸"对话框中，将"宽度"和"高度"均设置为"80"像素，如图 5-22 所示。单击"应用"按钮完成操作，效果如图 5-23 所示。

图 5-21　单击"尺寸"按钮

图 5-22　设置尺寸

图 5-23　完成尺寸设置后的效果

❾ 将图片放大以便观察设计效果，单击"复古"选项为图片添加特效，效果如图 5-24 所示。

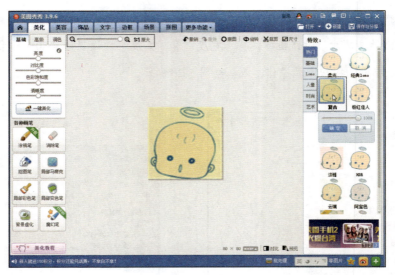

图 5-24　添加特效

⑩ 选择"文字"标签为图片添加文字，如图 5-25 所示。

⑪ 单击"输入文字"按钮，弹出"文字编辑框"对话框，如图 5-26 所示。

图 5-25　选择"文字"标签

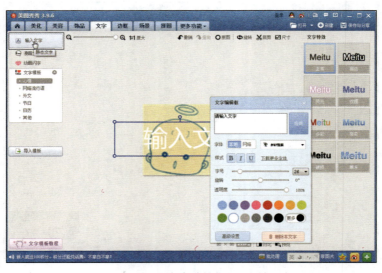

图 5-26　"文字编辑框"对话框

⑫ 在文本框中输入文字"天使童装"，并设置其字体及颜色，如图 5-27 所示，并调整

文字位置，如图 5-28 所示。

图 5-27　输入文字并设置格式

图 5-28　调整文字位置

⓭ 设置完成后，单击右上角的"保存于分享"按钮，如图 5-29 所示，在弹出的对话框中设置保存图片的位置，单击"保存"按钮，如图 5-30 所示。

图 5-29　单击"保存与分享"按钮

图 5-30　设置保存位置

⓮ 设计好的店标效果如图 5-31 所示。

图 5-31　设计好的店标

5.3 动态店标的设计

相对于静态店标来说，动态店标具有更强的表现力，更能吸引客户的注意。下面将详细介绍如何使用 Photoshop 制作一个引人注意的动态店标。

❶ 启动 Photoshop，其主界面如图 5-32 所示。

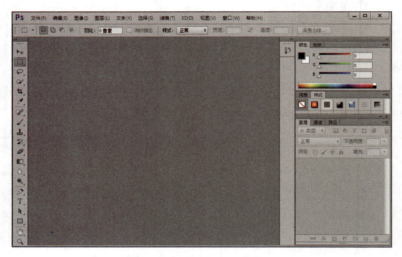

图 5-32　Photoshop 主界面

❷ 按"Ctrl+O"组合键，弹出"打开"对话框。在相应保存路径下，按住"Ctrl"键的同时选中所有动态店标素材图片，如图 5-33 所示。

图 5-33　选中要打开的素材图片

❸单击"打开"按钮，即可打开所有素材图片，如图 5-34 所示。

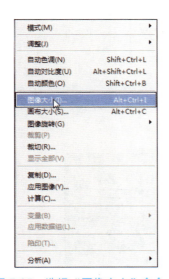

图 5-34　打开的素材图片

❹选择"图像"→"图像大小"菜单命令（见图 5-35），弹出"图像大小"对话框，如图 5-36
所示。

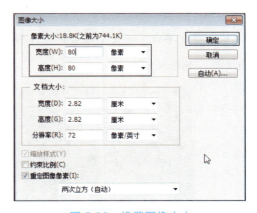

图 5-35　选择"图像大小"命令　　　　　图 5-36　设置图像大小

❺将图片大小调整为 80×80 像素，单击"确定"按钮，使用相同的方法调整其他素材
图片的大小，调整后的效果如图 5-37 所示。

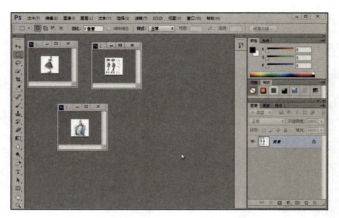

图 5-37 调整好大小的素材图片

⑥ 按 "Ctrl+N" 组合键，弹出 "新建" 对话框。在 "宽度" 和 "高度" 文本框中均输入 "80"，如图 5-38 所示。

图 5-38 新建空白文档

⑦ 完成输入后，单击 "确定" 按钮，即可新建一个名为 "未标题 -1" 的大小为 80×80 像素的空白文档，如图 5-39 所示。

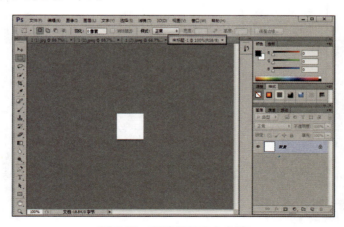

图 5-39 新建好的空白文档

❽ 单击工具栏中的 T（文字工具）按钮，在空白文档中输入文字，如图 5-40 所示。

❾ 在菜单栏中将文字字体设置为"华文琥珀"，如图 5-41 所示。

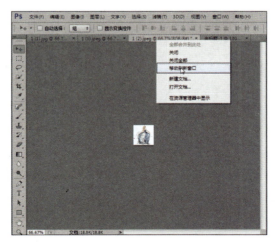

图 5-40 输入文字 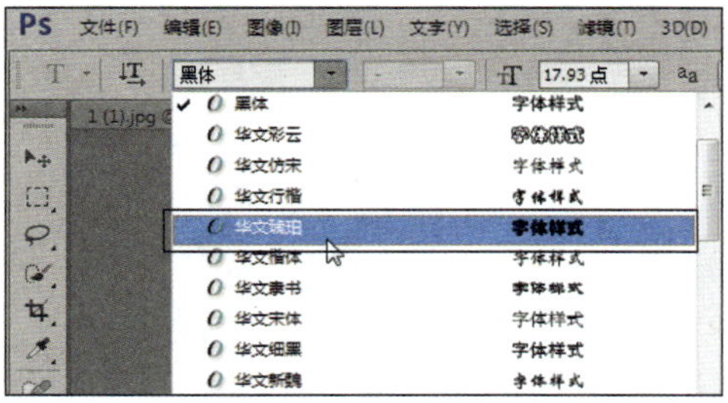   图 5-41 设置字体

❿ 设置完成后，文字样式如图 5-42 所示。

⓫ 在其中一张素材图片的标签上单击鼠标右键，在弹出的菜单中选择"移动到新窗口"命令，如图 5-43 所示。

图 5-42 字体样式   图 5-43 移动到新窗口

⓬ 使用相同的方法将所有素材文档都移动到新窗口，如图 5-44 所示。

⓭ 单击工具栏中的（移动工具）按钮，按住鼠标左键并将素材图片拖动至新建的文档中释放鼠标，即可将素材图片移至"未标题 -1"文档中。利用"移动工具"调整好图片的位置，使用同样的方法将所有素材图片都移动到新建的文档中，效果如图 5-45 所示。

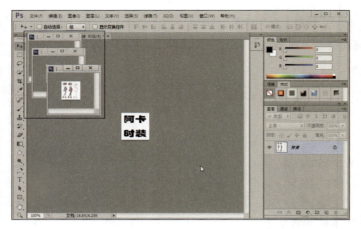

图 5-44　将所有素材图片都移动到新窗口

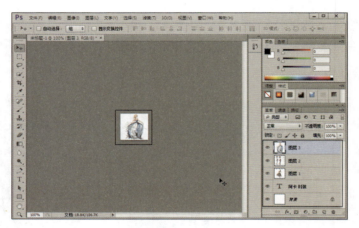

图 5-45　将素材图片移动到新建文档中

⑭　在软件右侧的"图层"面板中选中有文字"阿卡时装"的图层，如图 5-46 所示，选择"图层"→"向下合并"菜单命令，如图 5-47 所示。

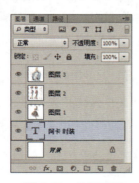

图 5-46　选择图层

图 5-47　合并图层

⑮ 将文字图层与背景图层合并后的效果如图 5-48 所示。

⑯ 选择"窗口"→"时间轴"菜单命令，如图 5-49 所示，调出"时间轴"面板，如图 5-50 所示。

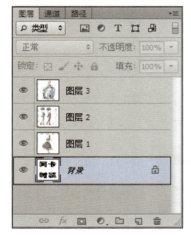

图 5-48　合并后的图层

图 5-49　选择"时间轴"命令

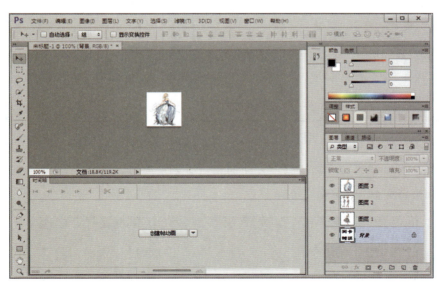

图 5-50　"时间轴"面板

⑰ 在"时间轴"面板上，单击"创建视频时间轴"下拉按钮，在其下拉列表中选择"创建帧动画"选项，如图 5-51 所示。

图 5-51　选择"创建帧动画"选项

18 单击"创建帧动画"按钮，创建第 1 帧，如图 5-52 所示。

19 在"图层"面板中单击"图层 1""图层 2""图层 3"和"图层 4"前的 👁（指示图层可见性）按钮，暂时隐藏这些图层（再次单击即可重新显示），如图 5-53 所示。

图 5-52　创建第 1 帧

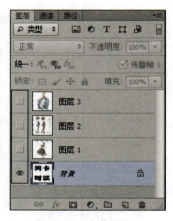

图 5-53　隐藏图层

20 单击"时间轴"面板下方工具栏中的 🔲（复制所选帧）按钮，此时，即可复制一个与第 1 帧相同的画面，如图 5-54 所示。

图 5-54　复制第 1 帧

21 在"图层"面板中隐藏"背景"图层，并重新显示"图层 1"图层，效果如图 5-55所示。

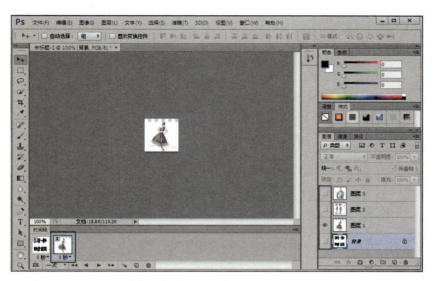

图 5-55　隐藏"背景"图层并重新显示"图层 1"图层

22 复制第 2 帧，然后在"图层"面板中隐藏"图层 1"图层并重新显示"图层 2"图层，如图 5-56 所示。

图 5-56　隐藏"图层 1"图层并重新显示"图层 2"图层

23 复制第 3 帧，然后在"图层"面板中隐藏"图层 2"图层并重新显示"图层 3"图层，如图 5-57 所示。

图 5-57　隐藏"图层 2"图层并重新显示"图层 3"图层

㉔ 按住"Ctrl"键并选中所有帧动画，单击"0 秒"下拉按钮，在其下拉菜单中选择"1.0"命令，如图 5-58 所示。

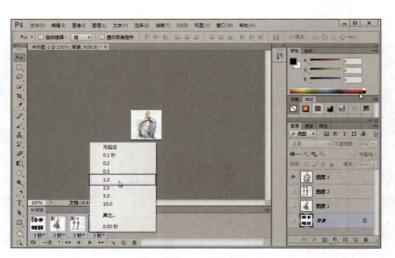

图 5-58　设置时间

㉕ 此时，所有动画的延迟时间都设置成了"1"秒，如图 5-59 所示。

图 5-59　所有动画的延迟时间都是 1 秒

㉖ 单击"时间轴"面板下方的 ▶（播放动画）按钮，即可预览动画效果。

㉗ 选择"文件"→"存储为 Web 所用格式"菜单命令（见图 5-60），弹出"存储为 Web 所用格式"对话框，如图 5-61 所示。

㉘ 单击"存储"按钮，弹出"将优化结果存储为"对话框。选择相应路径，然后在"文件名"文本框中输入名称，如图 5-62 所示。

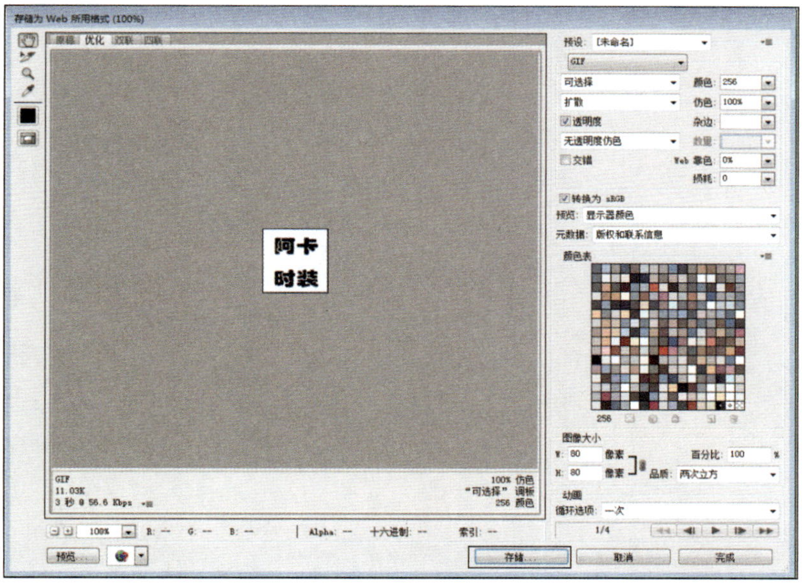

图 5-60　存储为 Web 所用格式

图 5-61　"存储为 Web 所用格式"对话框

图 5-62　"将优化结果存储为"对话框

㉙ 单击"保存"按钮，弹出"'Adobe 存储为 Web 所用格式'警告"对话框，如图 5-63 所示。

图 5-63　单击"确定"按钮

㉚ 单击"确定"按钮，即可完成动态店标的保存。

第 6 章
个性化店招设计

CHAPTER 6

本章导读

网店的店招也就是店铺的招牌。店招是用来展示店铺名称和形象的,就像实体店铺的招牌一样。店招是顾客对店铺的第一印象,所以店招的设计也是十分重要的。

知识要点

通过学习本章内容,您可以了解到制作店招的一些基本要求以及各种设计方法。本章的知识要点如下。

- 店招设计基本要求
- 根据特定内容设置店招
- 动态店招设计方法
- 如何上传店招

6.1　个性化店招制作要求

　　店招也就是淘宝店铺的招牌。店招是用来展示店铺名称和形象的，一般由文字和图案构成，表现方法千变万化。很多新手觉得店招不是很重要，然而店招是顾客看到店铺的第一印象，第一印象虽然可能不准但是却会让人印象深刻，因此，店招的设计是很有必要的。

　　图 6-1 所示的是童装店铺的首页，该店铺结合自己商品的特色，制作了一个极具个性化的店招。

图 6-1　店铺首页

　　图 6-2 展示了一家童装店铺的宝贝详情页。如图所示，每一个商品详情页面的上方都会显示店铺的店招。淘宝网店的顾客很少有直接搜索店铺而从店铺首页进入的，大部分顾客都是直接搜索商品，直接进入商品详情页，然后再从商品详情页进入店铺的其他页面，所以，在每个页面都会出现的店招就显得很重要了，我们应该充分挖掘店招的作用，让每一位顾客都能由店招得到我们想传达给他的信息。

　　制作个性化店招时，默认的尺寸为：宽度 950 像素，高度不超过 150 像素。但是，最好将高度控制在 120 像素以内，否则导航条的显示可能会出现异常。图片格式支持 GIF、JPG 和 PNG。

　　店招的风格要与店铺风格、促销内容相协调，图 6-2 至图 6-5 所示的店招，其风格与店铺风格都十分协调。

图 6-2　宝贝详情页

图 6-3　店招设计 1

图 6-4　店招设计 2

图 6-5　店招设计 3

6.2　制作促销活动店招

当店铺推出促销活动时，可以专门制作一个含有促销内容的店招。下面将详细介绍含有促销活动内容的店招的设计，具体步骤如下。

❶ 启动 Photoshop，其主界面如图 6-6 所示。

❷ 按 "Ctrl+N" 组合键，弹出 "新建" 对话框。在 "新建" 对话框中设置文档的大小，如图 6-7 所示。

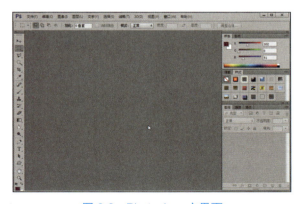

图 6-6　Photoshop 主界面

图 6-7　新建文档

❸ 单击 "确定" 按钮，创建空白文档，如图 6-8 所示。

❹ 按"Ctrl+O"组合键，弹出"打开"对话框，在对话框中选择素材图片，然后单击"打开"按钮，如图 6-9 所示。

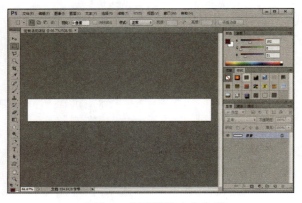

图 6-8　创建好的空白文档

图 6-9　选择素材

❺ 打开素材图片，如图 6-10 所示。

图 6-10　打开的素材图片

❻ 单击工具栏中的 ▶✛（移动）按钮，选择一张素材图片并将其移动到"促销活动店招"画布中，按"Ctrl+T"组合键，打开自由变幻框，调整图像大小及位置，如图 6-11 所示。

❼ 单击工具栏中的 T（文字）按钮，单击图像并输入文字（见图 6-12），在状态栏中设置文字样式（见图 6-13），效果如图 6-14 所示。

图 6-11　调整素材

图 6-12　输入文字

图 6-13　设置文字样式

图 6-14　文字效果

❽ 在"图层"面板中选中"花满地の家"文字图层（见图 6-15），单击鼠标右键，在弹出的菜单中选择"混合选项"命令，如图 6-16 所示。

图 6-15　选中"花满地の家"图层　　　图 6-16　选择"混合选项"命令

⑨ 弹出"图层样式"对话框，在对话框左侧选择"外发光"标签，并设置外发光的样式，如图 6-17 所示。

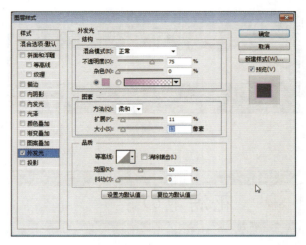

图 6-17 设置外发光

⑩ 单击"确定"按钮，即可为文字添加外发光的效果，如图 6-18 所示。

图 6-18 文字发光效果

⑪ 单击工具栏中的 ⬚（矩形选框）按钮，在画布上创建选区，如图 6-19 所示。

图 6-19 创建选区

⑫ 单击工具栏中的 ▣（渐变）按钮，单击状态栏中的"点按可编辑渐变"按钮（见图 6-20），在弹出的"渐变编辑器"对话框中编辑渐变样式，如图 6-21 所示。

图 6-20 单击"点按可编辑渐变"按钮

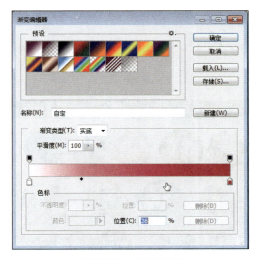

图 6-21　编辑渐变

⓭ 单击"确定"按钮，在选区中单击鼠标右键进行拖拽，将选区进行渐变填充，如图 6-22 所示。

图 6-22　渐变填充

⓮ 按"Ctrl+D"组合键取消选区，单击工具栏中的 Ｔ（文字）按钮，在图像上单击鼠标左键，输入文字并在状态栏中设置文字样式，效果如图 6-23 所示。

图 6-23　输入文字并设置样式

⓯ 继续单击 Ｔ（文字）按钮，在图像上单击鼠标左键，输入文字并在状态栏中设置文字样式，效果如图 6-24 所示。

图 6-24　输入其他文字并设置样式

⑯ 单击工具栏中的 （矩形选框）按钮，在素材画布上创建选区（见图 6-25），单击 （移动）按钮，将选区中的素材图片移动到"促销活动店招"画布中，如图 6-26 所示。

图 6-25　创建选区

图 6-26　移动素材

⑰ 单击工具栏中的 （魔棒）按钮，单击素材空白区域创建选区（见图 6-27），按 "Delete" 键清除选区内容，按 "Ctrl+T" 组合键打开自由变幻框，调整素材大小及位置，调整后的效果如图 6-28 所示。

图 6-27　创建选区

图 6-28　最终效果

6.3　制作特殊节日店招

当店铺在一些特殊的节日推出一些促销活动时，可以制作一个跟节日促销内容相关的店招。本节将介绍如何制作含有情人节促销活动内容的店招，其具体步骤如下。

❶ 启动 Photoshop，按"Ctrl+N"组合键，弹出"新建"对话框。在"新建"对话框中设置文档的大小，如图 6-29 所示。

图 6-29　"新建"对话框

❷单击"确定"按钮，创建空白文档，如图 6-30 所示。

图 6-30　创建好的空白文档

❸ 按"Ctrl+O"组合键，弹出"打开"对话框，在相应路径选择素材图片，然后单击"打开"按钮，如图 6-31 所示。

❹ 打开素材图片（见图 6-32），单击工具栏中的 （移动）工具，将素材图片移动到"情

人节店招"画布中，效果如图 6-33 所示。

图 6-31　选择素材

图 6-32　打开的素材图像

图 6-33　移动素材

❺ 打开另一张素材图片并将其移动到"情人节店招"画布中，调整素材图像的大小及位置，效果如图 6-34 所示。

图 6-34　调整素材

❻ 在"图层"面板中选中"图层 2"图层，将图层的混合模式调整为"正片叠底"（见图 6-35），调整后的效果如图 6-36 所示。

❼ 单击工具栏中的 T（文字）按钮，在设置栏中设置文字样式（见图 6-37），在图像上单击鼠标左键，输入店铺名称文字，如图 6-38 所示。

图 6-35　设置图层混合模式

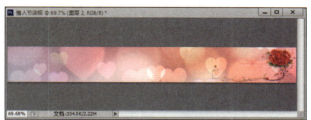

图 6-36　调整后的图层效果

图 6-37　设置文字属性

图 6-38　输入文字

❽在"图层"面板中选中"花满地の家"文字图层（见图 6-39），单击鼠标右键，在弹出的菜单中选择"混合选项"命令，如图 6-40 所示。

图 6-39　选中"花满地の家"图层

图 6-40　选择"混合选项"命令

❾弹出"图层样式"对话框，选择对话框左侧的"描边"标签，并设置描边的样式（见

图 6-41）。设置完成后单击"确定"按钮，即可为文字添加描边样式，效果如图 6-42 所示。

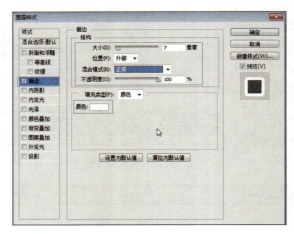

图 6-41　设置描边样式

图 6-42　添加描边后的文字效果

⑩ 继续使用 T（文字）工具，在图像上单击鼠标左键，输入文字并设置文字样式，如图 6-43 所示。

图 6-43　输入其他文字并设置文字样式

⑪ 打开另一张素材图片并将其移动到"情人节店招"画布中，调整素材图片的大小及位置，效果如图 6-44 所示。

图 6-44　调整素材

⑫ 单击工具栏中的 📎（魔棒）按钮，单击素材空白区域创建选区（见图 6-45），按"Delete"键清除选区内容，按"Ctrl+T"组合键打开自由变幻框，调整素材大小及位置，效果如图 6-46 所示。

图 6-45　创建选区

图 6-46　调整素材大小及位置后的效果

⑬ 单击工具栏中的 T（文字）工具，为店招添加文字并设置其样式，最终效果如图 6-47 所示。

图 6-47　最终效果

6.4　制作动态店招

动态店招比静态店招更能吸引买家目光。本节以圣诞节为主题，制作一个动态的店招，其具体步骤如下。

❶ 启动 Photoshop，按"Ctrl+N"组合键，弹出"新建"对话框。在"新建"对话框中设置文档的大小，如图 6-48 所示。

图 6-48　"新建"对话框

❷ 单击"确定"按钮，创建空白文档，如图 6-49 所示。

❸ 按"Ctrl+O"组合键，弹出"打开"对话框，在相应路径选择素材图片，然后单击"打开"按钮，如图 6-50 所示。

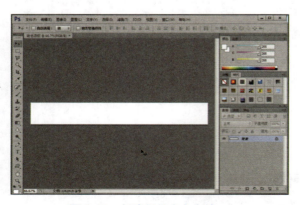

图 6-49　创建好的空白文档

图 6-50　选择素材图片

❹ 打开素材图片，如图 6-51 所示。

❺选择"动态店招"画布，按"Shift+F5"组合键，弹出"填充"对话框，为画布填充红色（见图 6-52），填充后的效果如图 6-53 所示。

图 6-51 打开的素材图片

图 6-52 "填充"对话框

图 6-53 填充红色后的效果

❻单击工具栏中的 ✎（画笔）按钮，在设置栏中设置画笔属性（见图 6-54），在画布上单击鼠标左键绘制雪地效果，如图 6-55 所示。

图 6-54 设置画笔属性

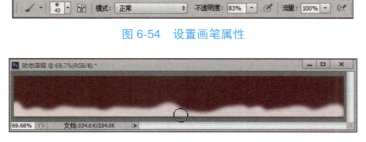

图 6-55 绘制雪地效果

❼单击工具栏中的 ⬚（矩形选框）按钮，在"圣诞素材"画布上框选需要的素材图片（见图 6-56），将其移动到"动态店招"画布上。按"Ctrl+T"组合键，对素材图片的大小及

位置进行调整，调整后的效果如图 6-57 所示。

图 6-56　框选素材

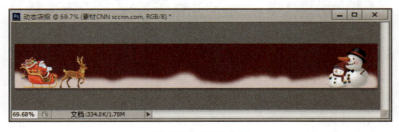

图 6-57　调整素材

❽ 单击工具栏中的 T （文字）按钮，在设置栏中设置文字属性（见图 6-58），在图片上单击鼠标左键，输入文字，如图 6-59 所示。

❾ 单击工具栏中的 ✐ （画笔）按钮，在设置栏中设置画笔属性（见图 6-60），在画布上单击鼠标左键，在"背景"图层上绘制雪花效果，如图 6-61 所示。

图 6-58　设置文字属性

图 6-59 输入文字

图 6-60 设置画笔属性

图 6-61 绘制雪花

⑩ 单击"图层"面板中的"新建图层"按钮新建一个图层（见图 6-62），并将新建的图层命名为"雪花"，如图 6-63 所示。

图 6-62 新建一个图层

图 6-63 将图层命名为"雪花"

⑪ 单击工具栏中的 ✍（画笔）按钮，在设置栏中设置画笔属性（见图 6-64），在画布上对照原来的雪花位置继续绘制新笔触，加深雪花的颜色，如图 6-65 所示。

⑫ 选择"窗口" → "时间轴"菜单命令，调出"时间轴"面板，如图 6-66 所示。

图 6-64　设置画笔属性

图 6-65　绘制雪花

图 6-66　调出"时间轴"面板

⑬ 单击"时间轴"面板中的"创建视频时间轴"下拉按钮，在其下拉列表中选择"创建帧动画"选项，如图 6-67 所示。

图 6-67　选择"创建帧动画"选项

⑭ 单击"创建帧动画"按钮，创建第 1 帧，如图 6-68 所示。

⑮ 在"图层"面板中单击"雪花"图层前的 👁 （指示图层可见性）按钮，暂时隐藏该图层（再次单击即可重新显示），如图 6-69 所示。

图 6-68　创建第 1 帧

图 6-69　隐藏"雪花"图层

16 单击"时间轴"面板下方工具栏中的 ▣（复制所选帧）按钮，即可复制一个与第 1 帧相同的画面，如图 6-70 所示。

图 6-70　复制第 1 帧

17 在"图层"面板中重新显示"雪花"图层，效果如图 6-71 所示。

18 按住"Ctrl"键，选中所有帧动画，单击"0 秒"下拉按钮，在其下拉菜单中选择"0.5"选项，如图 6-72 所示。

图 6-71　重新显示"雪花"图层

图 6-72　设置时间

19 此时，所有动画的延迟时间都被设置成了"0.5"秒，如图 6-73 所示。

图 6-73　设置时间

20 单击"时间轴"面板下方的 ▶（播放动画）按钮，即可预览动画效果。

21 选择"文件"→"存储为 Web 所用格式"菜单命令（见图 6-74），弹出"存储为 Web 所用格式"对话框，如图 6-75 所示。

图 6-74　选择"存储为 Web 所用格式"命令

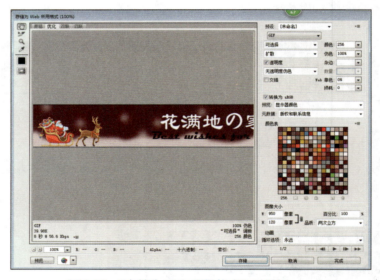

图 6-75　"存储为 Web 所用格式"对话框

22 单击"存储"按钮，弹出"将优化结果存储为"对话框。选择路径，然后在"文件名"文本框中输入名称，如图 6-76 所示。

23 单击"保存"按钮，弹出"'Adobe 存储为 Web 所用格式'警告"对话框，如图 6-77 所示。

24 单击"确定"按钮，即可完成动态店招图片的保存，其最终效果如图 6-78 所示。

图 6-76　存储文件

图 6-77　单击"确定"按钮

图 6-78　动态店招最终效果

6.5　将店招应用于店铺

制作好店招之后，需要将店招图片上传到网络上并获取网络地址，这样才能将其添加到店铺中，其具体步骤如下。

❶打开"淘宝网卖家中心"页面，单击左侧导航栏中的"图片空间"链接（见图 6-79），进入"图片空间"页面，如图 6-80 所示。

图 6-79　单击
"图片空间"链接

图 6-80　"图片空间"页面

❷ 单击"图片空间"页面中的"上传图片"按钮，弹出"上传图片"对话框（见图 6-81），单击"点击上传"按钮，弹出"选择要上传的文件"对话框（见图 6-82），选择制作好的店招图片，单击"保存"按钮，即可将店招图片上传到图片空间中。

图 6-81　上传图片

图 6-82　选择图片

❸ 将鼠标移动到上传好的图片上，单击"复制链接"按钮，即可获取图片的网络地址，如图 6-83 所示。

❹ 打开店铺装修页面，移动鼠标至店招模块上，单击"编辑"按钮（见图 6-84），弹出"店铺招牌"对话框，单击"插入图片"按钮，如图 6-85 所示。

图 6-83　获取地址

图 6-84　单击"编辑"按钮

图 6-85　"店铺招牌"对话框

❺在弹出的"图片"对话框中粘贴图片的网络地址（见图 6-86），单击"确定"按钮回到"店铺招牌"对话框，这时在对话框的预览窗口中可以看见上传的店招图片，如图 6-87 所示。

图 6-86　粘贴图片地址

图 6-87　店招预览效果

❻单击"保存"按钮，即可将店招图片应用到店铺中，如图 6-88 所示。

图 6-88　店招应用效果

第 7 章
宝贝分类区设计

CHAPTER 7

本章导读

　　网店中的商品并不能像实体店那样，将所有商品都一次性展现给顾客。因为店铺首页只可以展示一部分商品。这时，宝贝分类导航的重要性就体现出来了。拥有清晰明了的宝贝分类，可以帮助顾客在最短时间内找到需要的宝贝。

知识要点

　　通过学习本章内容，您可以了解到宝贝分类区的一些基本设计要求以及具体设计方法。本章的知识要点如下。

- 设计宝贝分类区的基本要求
- 设计宝贝分类区的图片按钮
- 宝贝分类区文字展示的特点
- 宝贝描述模板的设计

7.1　确定宝贝分类区设计的基本要求

为了满足卖家对宝贝分区放置的要求，淘宝网提供了"宝贝分区"的功能。卖家可以对自己店铺中的宝贝进行分类摆放，以便买家能够快捷地找到需要的商品。

在默认的情况下，宝贝分类都是以文字形式出现的，如图 7-1 所示。但是，这样的分类区并不美观。在装修店铺时，当然不能忽视宝贝分类区的设计，可以通过添加图片的方式美化宝贝分类区，如图 7-2 所示。

图 7-1　默认宝贝分类样式

图 7-2　经过设计的宝贝分类样式

在设计宝贝分类区的时候，我们需要了解一些相关的制作要求。

（1）宝贝分类区图片宽度不能超过 150 像素，高度没有限制。

（2）在为宝贝分类区添加图片时，需在分类名称中输入该分类的文字标识，以便后期查看和编辑。

（3）制作宝贝分类区的图片时，需要参考店铺装修风格，否则不能保持店铺的整体风格。

（4）如果店铺中宝贝数量较多，可以在分类中添加子分类，子分类同样可以添加图片，而且图片应该和主分类区的图片有所区别，避免混淆。

7.2 宝贝分类区标题按钮设计

在上一节中我们已经了解到，可以用图片代替宝贝分类区的文字以实现更美观的效果。本节将详细介绍如何制作宝贝分区的标题按钮图片。

在制作宝贝分类区标题按钮图片时，为了保持风格的统一性，按钮图片应该都是同一尺寸，如图 7-3 所示。

图 7-3 同尺寸的宝贝分类区标题按钮

淘宝要求标题分类区按钮图片宽度不超过 150 像素，而高度不限。但通常制作按钮图片时，大分类的按钮图片都是以统一的大小样式出现。

❶ 启动 Photoshop，其主界面如图 7-4 所示。

❷ 按"Ctrl+N"组合键，弹出"新建"对话框，设置"宽度"为"150 像素"、"高度"为"70 像素"，如图 7-5 所示。

图 7-4　打开 Photoshop

图 7-5　"新建"对话框

❸ 单击"确定"按钮，新建空白文档，如图 7-6 所示。

❹ 为了更好地观察图片的设置效果，按"Ctrl++"组合键，将文档放大，如图 7-7 所示。

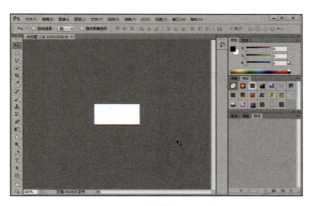

图 7-6　新建好的文档

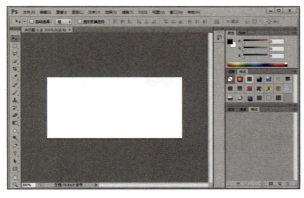

图 7-7　放大文档

❺ 在工具箱中的 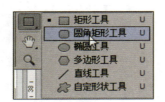（矩形工具）按钮上单击鼠标右键，在弹出的扩展菜单中选择"圆角矩形工具"选项，如图 7-8 所示。

❻ 在空白文档上单击鼠标左键绘制形状，如图 7-9 所示。

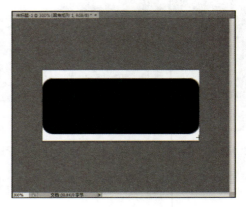

图 7-8　选择圆角矩形工具　　　　　　　　图 7-9　绘制形状

❼ 绘制完成后，在选项栏中单击"填充"色块，如图 7-10 所示。

图 7-10　单击"填充"色块

❽ 在弹出的扩展菜单中，选择"渐变填充"选项，在渐变色标上双击鼠标左键（见图 7-11），弹出"拾色器"对话框，在对话框中设置渐变颜色，如图 7-12 所示。

 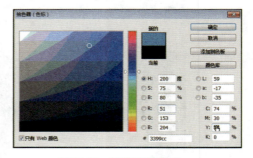

图 7-11　选择渐变填充　　　　　　　　图 7-12　设置渐变颜色

❾ 选择好颜色后，单击"确定"按钮，返回"填充"扩展菜单，设置其他填充选项（见图 7-13），填充效果如图 7-14 所示。

图 7-13　渐变填充选项

图 7-14　填充效果

🔟 切换到"路径"面板，单击 ▨（将路径作为选区载入）按钮（见图 7-15），效果如图 7-16 所示。

图 7-15　选择"将路径作为选区载入"按钮

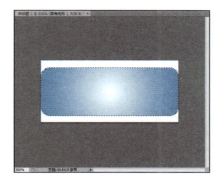

图 7-16　路径变为选区

⓫ 按钮"Ctrl+D"组合键，取消选区，效果如图 7-17 所示。

图 7-17　取消选区后的效果

⓬ 回到"图层"面板，选中"圆角矩形 1"图层（见图 7-18），单击鼠标右键，在弹出的扩展菜单中选择"向下合并"选项，如图 7-19 所示。

图 7-18　选择图层　　　　　　　　　　图 7-19　"向下合并"选项

⑬ 合并图层后，按 "Ctrl+O" 组合键，弹出 "打开" 对话框，在对话框中选择素材图片，然后单击"打开"按钮，如图 7-20 所示。

⑭ 单击工具栏中的 ▦（矩形选框）工具，在打开的素材图片上新建选区，如图 7-21 所示。

图 7-20　选择素材图片　　　　　　　　图 7-21　新建选区

⑮ 单击工具栏中的 ▶✛（移动）按钮，将选区中的图片移动到 "未标题 -1" 文档中，按 "Ctrl+T" 组合键打开自由变幻框，调整图片大小及位置，如图 7-22 所示。

⑯ 单击工具栏中的 Ｔ（文字）按钮，在图像上单击鼠标左键，输入宝贝分类区的标题文字，如图 7-23 所示。

⑰ 在选项栏中设置文字的字体、大小、颜色等，如图 7-24 所示。

⑱ 在 "图层" 面板中选中 "上衣" 文字图层（见图 7-25），单击鼠标右键，在弹出的菜单中选择 "混合选项" 选项，如图 7-26 所示。

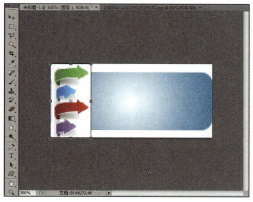

图 7-22　调整素材图片

图 7-23　输入文字

图 7-24　设置文字样式

图 7-25　选中"上衣"图层

图 7-26　选择"混合选项"选项

⑲ 在弹出的"图层样式"对话框中选择"描边"标签，并设置描边属性，如图 7-27 所示。

⑳ 设置完成后，单击"确定"按钮，关闭对话框，文字效果如图 7-28 所示。

㉑ 按"Ctrl+Shift+S"组合键，弹出"储存为"对话框，在对话框中输入文件名称及保存格式后，单击"保存"按钮，如图 7-29 所示。

㉒ 制作好的按钮最终效果如图 7-30 所示，根据店铺的需要，将图片文件中的文字修改为对应的宝贝分类名称即可。

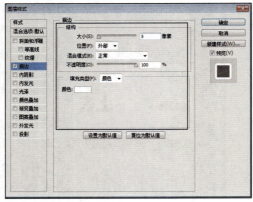

图 7-27　设置描边属性

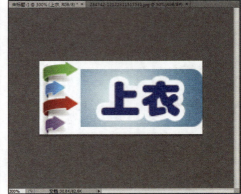

图 7-28　文字效果

图 7-29　保存图片

图 7-30　最终效果

7.3　宝贝分类区可视效果设计

在淘宝网店中，宝贝分类区的宝贝都是以列表的形式显示的，有的店铺宝贝分类区一行排列三个宝贝，有的店铺宝贝分类区一行排列四个宝贝。在"店铺装修"页面中对宝贝分布模块进行编辑，即可实现不同的排列效果。

宝贝分类区可视效果的设计步骤如下。

❶ 打开"淘宝网卖家中心"页面，单击左侧"店铺管理"栏下的"店铺装修"链接，如图 7-31 所示。

图 7-31　选择"店铺装修"

❷ 进入店铺装修页面，单击左侧"默认宝贝分布页"链接，如图 7-32 所示。

图 7-32　选择"默认宝贝分布页"

❸ 移动鼠标指针至宝贝分布模块上，单击右上角的"编辑"按钮，如图 7-33 所示。

❹ 在弹出的"宝贝推荐"对话框中选择"宝贝设计"标签，在该标签的"宝贝分类"菜单中选择需要设置的宝贝分类区，在"宝贝数量"组合框中设置需要在该分类区中显示的宝贝数量，如图 7-34 所示。

图 7-33　单击"编辑"按钮

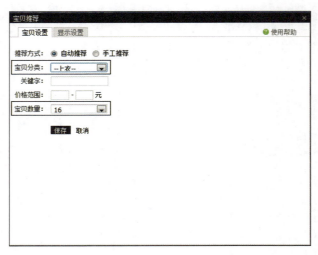

图 7-34 "宝贝推荐"对话框

❺ 选择"显示设置"标签，在"展示方式"选项组中选择一种显示方式（见图 7-35），单击"排序方式"下拉按钮，在弹出的下拉列表中选择一种排序方式，如图 7-36 所示。

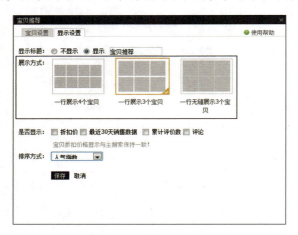

图 7-35 设置展示方式

图 7-36 选择排序方式

按照上述步骤操作，即可编辑宝贝分类区显示效果。"展示方式"选项组中的三种展示方式的效果分别如下。

"一行展示 4 个宝贝"选项的效果如图 7-37 所示。

图 7-37　"一行展示 4 个宝贝"的效果

"一行展示 3 个宝贝"选项的效果如图 7-38 所示。

图 7-38　"一行展示 3 个宝贝"的效果

"一行无缝展示 3 个宝贝"选项的效果如图 7-39 所示。

图 7-39 "一行无缝展示 3 个宝贝"的效果

7.4 宝贝分类区文字效果设计

在宝贝分区中，文字形式的宝贝分区标题也是十分常见的，如图 7-40、图 7-41 所示。

图 7-40、图 7-41 所示的两家店铺的宝贝分区有一个共同的特征，就是其文字排列得十分整齐。虽然在宝贝分区中，对输入文字的长短并无要求，但如果标题文字长短不一，就会显得十分杂乱，如图 7-42 所示。

图 7-40 宝贝分区文字效果 1

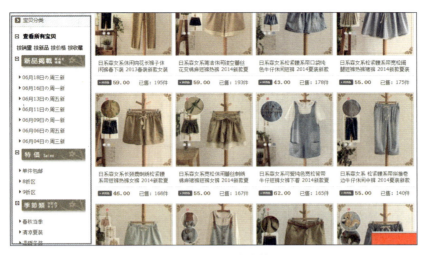

图 7-41　宝贝分区文字效果 2

图 7-42　宝贝分区标题长短不一

　　宝贝分区标题文字并非一定要按照特定的规律显示，但整齐的文字排列效果会让店铺显得更加整洁。如果店铺页面装修得十分精美，但宝贝分类区标题文字有长有短，就像精美的画卷上滴了一滴墨。既然精心装修了店铺，就不应该留下这一点小瑕疵。

　　如果遇到宝贝分区中的文字标题文字长短不一的情况，可以通过添加统一前缀的方式编辑文字，这样会显得整齐许多，如图 7-43、图 7-44 所示。

图 7-43　宝贝分区标题文字效果 1

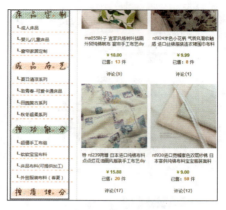

图 7-44　宝贝分区标题文字效果 2

7.5　宝贝描述模板的设计

众所周知，宝贝吸引人除了有精美的图片外，还应该有模板，图片配合模板，才能更加吸引买家。但很多买家发现下载的宝贝描述模板并不适合自己的店铺，这时就需要自己动手设计一款适合自己店铺风格的宝贝描述模板。

下面将详细介绍如何在 Photoshop 中制作宝贝描述模板，具体步骤如下。

❶ 启动 Photoshop，按 "Ctrl+N" 组合键，弹出 "新建" 对话框，设置 "宽度" 为 "900 像素"、"高度" 为 "800 像素"，如图 7-45 所示。

❷ 单击 "确定" 按钮，新建一个透明的文档，如图 7-46 所示。

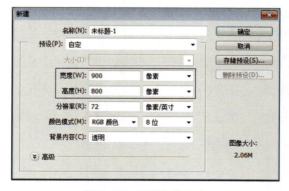

图 7-45　设置文档大小

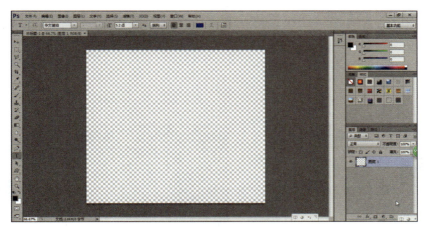

图 7-46 新建好的文档

❸ 按 "Shift+F5" 组合键，弹出 "填充" 对话框，如图 7-47 所示。

❹ 单击 "使用" 选项右侧的下拉按钮，在弹出的下拉菜单中选择 "图案" 选项，如图 7-48 所示。

图 7-47 "填充" 对话框　　　图 7-48 选择 "图案" 选项

❺ 单击 "自定图案" 右侧的下拉按钮，在弹出的扩展菜单中选择一款图案样式，如图 7-49 所示。

❻ 选择好图案后，单击 "确定" 按钮进行填充，填充后的效果如图 7-50 所示。

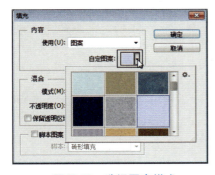

图 7-49 选择图案样式

图 7-50 填充效果

❼ 按"Ctrl+O"组合键，弹出"打开"对话框，在相应路径选择素材图片，然后单击"打开"按钮，如图 7-51 所示。

❽ 单击工具栏中的 （移动）工具，将打开的素材图片移动到"未标题 -1"文档中，按"Ctrl+T"组合键打开自由变幻框，调整图片大小及位置，如图 7-52 所示。

图 7-51 选择要打开的素材

图 7-52 调整素材图片

❾ 在素材图像上双击鼠标左键，完成自由变换，在"图层"面板中选中"图层 2"图层，更改混合模式为"变暗"（见图 7-53），效果如图 7-54 所示。

图 7-53 设置混合模式

图 7-54 "变暗"效果

❿ 按"Ctrl+O"组合键，弹出"打开"对话框，在相应路径选择素材图片，然后单击"打开"按钮，如图 7-55 所示。

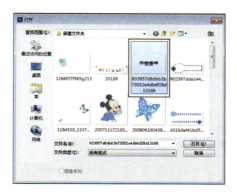

图 7-55　选择素材

⑪ 单击工具栏中的 📍➕（移动）工具，将打开的素材图片移动到"未标题 -1"文档中，按"Ctrl+T"组合键打开自由变幻框，调整图像大小及位置，如图 7-56 所示。

图 7-56　调整素材图片

⑫ 按"Ctrl+O"组合键，弹出"打开"对话框，在相应路径选择素材图片，然后单击"打开"按钮，如图 7-57 所示。

图 7-57　选择素材图片

⑬ 单击工具栏中的 📍➕（移动）按钮，将打开的素材图片移动到"未标题 -1"文档中，如图 7-58 所示。

14 单击工具栏中的 ▢ （矩形选框）按钮，在新打开的素材上新建选区，如图 7-59 所示；在工具栏选择 ▸ （移动）工具，移动选区素材至合适的位置，如图 7-60 所示。

15 按照同样的方式继续移动素材，效果如图 7-61 所示。

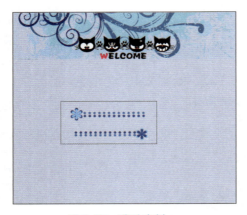

图 7-58　移动素材

图 7-59　新建选区

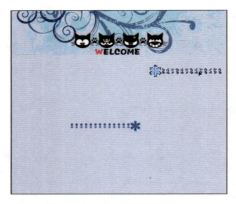

图 7-60　移动选区素材 1

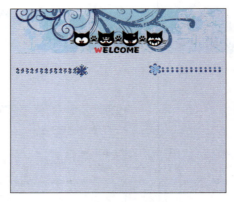

图 7-61　移动选区素材 2

16 在"图层"面板中的"图层 4"图层上按下鼠标左键不放，将其拖至下方的"新建图层"按钮上，复制"图层 4"，如图 7-62 所示。

17 按照同样的方式再复制两个"图层 4"（见图 7-63），然后移动复制得到的图层的位置，效果如图 7-64 所示。

⑱ 单击工具栏中的 T（文字）按钮，在图像上单击鼠标左键，输入文字，如图 7-65 所示。

图 7-62　拖动图层

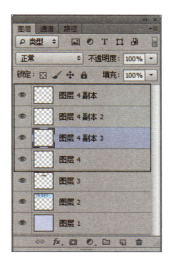

图 7-63　复制图层

图 7-64　移动图层后的效果

图 7-65　输入文字

⑲ 在选项栏中设置文字的字体、大小、颜色等（见图 7-66），设置好的文字效果如图 7-67 所示。

图 7-66　设置文字样式

图 7-67　文字样式

20 按照同样的方法继续输入其他文字即可，最终效果如图 7-68 所示。

图 7-68　最终效果

第 8 章
店铺收藏图标、公告栏设计

CHAPTER 8

　　店铺的收藏图标制作得是否醒目，直接影响着顾客收藏店铺的行为。只有让顾客主动收藏店铺，才能使顾客首次浏览店铺之后还能再次进店浏览。

　　公告栏是介绍店铺的重要模块，也是顾客了解店铺或活动信息的重要窗口。若公告栏能向顾客有效传递优惠信息，就能增强顾客的购买欲。

知识要点

　　通过学习本章内容，您可以了解店铺收藏图标和公告栏的设计要求以及具体制作方法。本章的知识要点如下。

- 设计店铺收藏图标的基本要求
- 设计店铺公告栏的基本要求
- 店铺收藏图标的具体设计步骤
- 店铺公告栏的具体设计步骤

店铺公告

1. 全场满100元包邮，满200元立减10元。
2. 换季促销区，29元起售！
3. 店铺会员享受双重优惠，折后还有礼品！
4. 进店一次消费200元即可升级为会员！

8.1　确定设计尺寸等基本要求

淘宝网为买家提供了收藏店铺的功能，店铺收藏数的多少反映了一个店铺的热度。如果你的店铺收藏数很高，足可以影响一个顾客的购买决策。

在同类店铺中，收藏数高的店铺往往曝光量要比其他同行高得多，能大幅增加店铺的点击率从而增加销售量。店铺收藏数越多，你的产品在同类产品中排列的位置就越靠前。同时，对于已经在你店里购买过商品买家来说，收藏店铺后，再次光临该店铺的可能性很高。所以，制作一个精美的店铺收藏图标是很有必要的。

1.　店铺收藏图标的设计尺寸及基本要求

淘宝网店默认的店铺收藏按钮在店铺的右上角（见图 8-1），但并不起眼，也不美观，无法起到提醒买家收藏店铺的作用。在装店铺修时，可以通过添加"自定义内容区"模块的方式，在模块上添加图片内容并设置图片链接地址为"收藏店铺"，即可为店铺制作出一个精美的收藏图标。

图 8-1　"收藏店铺"按钮

在店铺页面上有两个位置可以添加自定义内容的模块，一处是在店铺左侧（见图 8-2）可添加较小尺寸的模块；另一处在店铺右侧（见图 8-3），可以添加较大尺寸的模块。为了适应模块的尺寸，可在小模块中添加宽度不超过 190 像素，大模块中添加宽度不超过 750 像素的图片，否则超出部分将无法显示。两种模块中的图片高度都是不限的，可以结合店铺样式设置自定义图片的高度。

图 8-2　添加自定义模块 1

图 8-3　添加自定义模块 2

2. 制作公告栏图片的尺寸及基本要求

公告栏是介绍店铺的重要模块，也是顾客了解店铺或活动信息的重要窗口。淘宝网店铺的公告栏默认是以滚动字幕的形式出现的（见图 8-4）。如果卖家觉得不美观，可以制作相应的图片添加到公告栏中（见图 8-5）。

图 8-4　字幕公告栏

图 8-5　图片公告栏

制作公告栏图片时，需要适应模块的大小，宽度不能超过 750 像素，高度不限。公告栏的内容一般分为以下三种类型。

（1）简洁型。简洁型公告通常都是一句话或者是一段话，如"本店新开张，欢迎光临，本店将竭诚为您服务""小店新开，不为赚钱，只为提高大家的生活质量，欢迎常来"，等等。这种类型的公告都是简洁型的。

（2）消息型。消息型公告是指将店铺的促销活动或者宝贝上新信息告诉大家，如"在 10 月 2 日～10 月 20 日期间，凡购买本店宝贝即送 50 元优惠券一张，每个 ID 限送一个，先到先得""本店最近上新，从厂家直接拿货，质量可靠，价格更低，现在购买即送精美礼品"等。

（3）详细型。详细型公告是指将购物流程、联系方式、产品概述、小店简介等内容都写上去。因为详细型公告内容比较多，所以在写的时候最好给每段内容都添加一个小标题，这样有利于访客阅读。

8.2　静态收藏图标设计

店铺的收藏图标可以设计为静态的或动态的。制作静态收藏图标较为简单，可以在美图秀秀或光影魔术手等软件中进行制作。下面将详细介绍如何使用光影魔术手制作小尺寸的静态收藏图标。

❶ 启动光影魔术手，其主界面如图 8-6 所示。

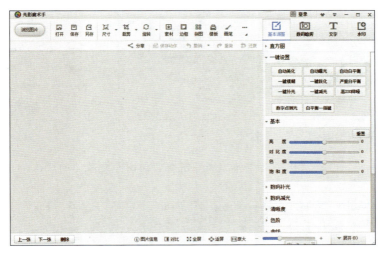

图 8-6　光影魔术手主界面

❷ 单击"打开"按钮，在弹出的"打开"对话框中选择一张素材图片，单击"打开"按钮，如图 8-7 所示。

图 8-7　选择素材图片

❸ 打开素材图片后，单击"尺寸"按钮，如图 8-8 所示。

❹ 在弹出的对话框中设置图片大小，设置"宽度"为"190 像素"，勾选"锁定宽高比"单选项，如图 8-9 所示。

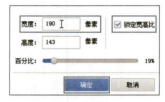

图 8-8　单击"尺寸"按钮　　　　　　　　　　　　图 8-9　设置图片尺寸

❺ 设置完成后，单击"确定"按钮，即可完成素材图片的尺寸的修改，如图 8-10 所示。

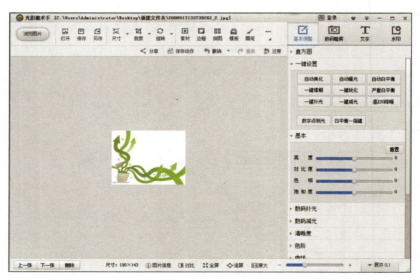

图 8-10　修改尺寸后的素材图片

❻ 为了便于查看制作效果，可将素材图片放大，在软件底部工具栏可设置图片放大的百分比，如图 8-11 所示。

图 8-11　放大图片

❼ 在软件右上角选择"T 文字"标签，在"文字"编辑框中输入文字"收藏店铺"，如图 8-12 所示。

❽ 输入文字后，在下面的选项中设置字体的样式、大小和颜色等，并将字体做旋转处理，如图 8-13 所示。

图 8-12　输入文字

图 8-13　设置字体

❾ 在下面的"高级设置"选项组中可设置字体的样式，勾选"发光"和"描边"复选项，并设置背景颜色，如图 8-14 所示。

⑩ 设置完成后，即可完成店铺收藏图标的制作，最终效果如图 8-15 所示。

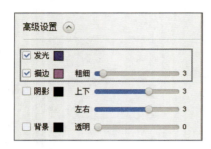

图 8-14　设置字体样式　　　　　　　　　图 8-15　最终效果

8.3　动态收藏图标设计

相对于静态收藏图标来说，动态的收藏图标更精美，更能吸引买家的注意。下面将详细介绍如何使用 Photoshop 制作大尺寸的动态收藏图标，具体步骤如下。

❶ 启动 Photoshop，其主界面如图 8-16 所示。

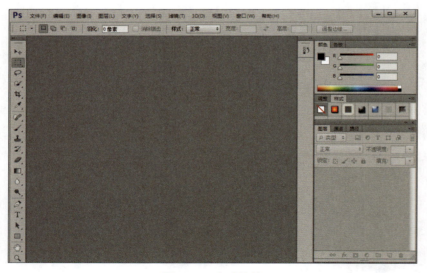

图 8-16　启动软件

❷ 按 "Ctrl+N" 组合键，弹出 "新建" 对话框。在 "新建" 对话框中设置文档的大小，如图 8-17 所示。

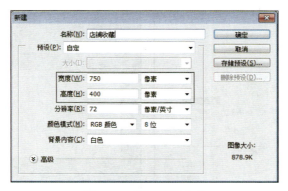

图 8-17　设置文档大小

❸单击"确定"按钮，创建空白文档，如图 8-18 所示。

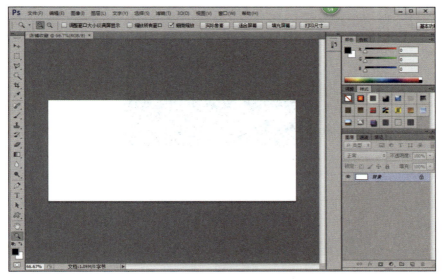

图 8-18　创建好的空白文档

❹按"Ctrl+O"组合键，弹出"打开"对话框，在对话框中选择素材图片，然后单击"打开"按钮，如图 8-19 所示。

❺单击工具栏中的 ▸✛（移动）按钮，将打开的素材图片移动到"未标题 -1"文档中，按"Ctrl+T"组合键打开自由变幻框，调整图片大小及位置，如图 8-20 所示。

图 8-19　选择素材

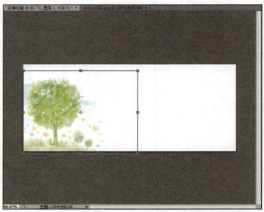

图 8-20　调整素材图片大小及位置

❻ 单击工具栏中的 ▣（圆角矩形）按钮，在画布上绘制一个圆角矩形，如图 8-21 所示。

❼ 在选项栏中设置形状的填充颜色（见图 8-22），设置后的效果如图 8-23 所示。

图 8-21　创建形状

图 8-22　设置填充颜色

图 8-23　设置好填充颜色的效果

❽ 在"图层"面板中选中"圆角矩形 1"图层（见图 8-24），单击鼠标右键，在弹出的

菜单中选择"栅格化图层"选项，如图 8-25 所示。

图 8-24　选中"圆角矩形 1"图层　　图 8-25　选择"栅格化图层"选项

⑨ 单击工具栏中的 （矩形选框）按钮，在圆形矩形形状上创建选区，如图 8-26 所示。

⑩ 按"Delete"键删除选区内容，并按"Ctrl+D"组合键取消选区，如图 8-27 所示。

⑪ 单击 （圆角矩形）按钮，绘制一个圆角矩形，栅格化该形状图层，如图 8-28 所示。

⑫ 按"Ctrl+T"组合键，调出自由变换框，旋转新绘制的圆角矩形，如图 8-29 所示。

图 8-26　创建选区　　　　　　　　　　图 8-27　清除选区内容

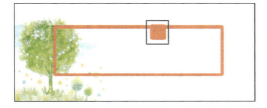

图 8-28　绘制形状并栅格化图层　　　　图 8-29　旋转形状

⑬ 单击工具栏中的 ⊹（移动工具）按钮，移动圆角矩形的位置，如图 8-30 所示。

⑭ 在"图层"面板中选中"圆角矩形 2"图层，并复制三个图层副本，如图 8-31 所示。

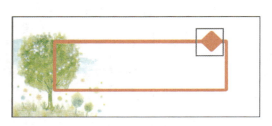

图 8-30　移动形状　　　　　　　　　　　　图 8-31　复制图层

⑮ 将复制得到的图层移动到相应位置，效果如图 8-32 所示。

⑯ 单击工具栏中的 T（文字）按钮，在图片上单击鼠标左键，输入文字，如图 8-33 所示。

图 8-32　移动位置　　　　　　　　　　　　图 8-33　输入文字

⑰ 选择"图层"→"合并可见图层"菜单命令（见图 8-34），将所有图层合并，如图 8-35 所示。

图 8-34　合并可见图层　　　　　　　　　　图 8-35　合并图层

⑱ 单击工具栏中的 T（文字）按钮，在图像上单击鼠标左键，输入其他文字，如图 8-36 所示。

图 8-36　输入其他文字

⑲ 选中输入的文字，在选项栏中设置文字样式（见图 8-37），设置后的效果如图 8-38 所示。

图 8-37　设置文字样式

图 8-38　设置后的效果

⑳ 在"图层"面板中选中文字图层（见图 8-39），单击鼠标右键，再弹出的菜单中选择"混合选项"选项，如图 8-40 所示。

图 8-39　选择图层　　　图 8-40　混合选项

㉑ 在弹出的"图层样式"对话框中选择"外发光"标签，并设置外发光的属性（见图 8-41），设置完成后单击"确定"按钮，效果如图 8-42 所示。

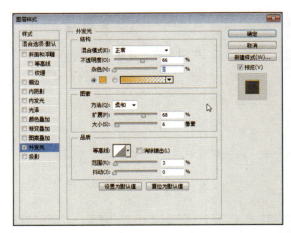

图 8-41　设置"外发光"效果

图 8-42　发光效果

㉒ 选择"窗口"→"时间轴"菜单命令，调出"时间轴"面板，如图 8-43 所示。

图 8-43　"时间轴"面板

㉓ 在"时间轴"面板上单击"创建视频时间轴"下拉按钮，在弹出的下拉列表中选择"创建帧动画"选项，如图 8-44 所示。

图 8-44 选择"创建帧动画"选项

㉔ 单击"创建帧动画"按钮，创建第 1 帧，如图 8-45 所示。

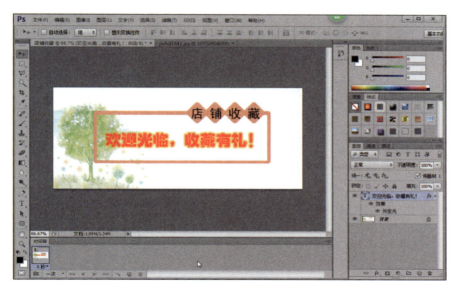

图 8-45 创建第 1 帧

㉕ 在"图层"面板中单击文字"T"图层前的 👁（指示图层可见性）按钮，暂时隐藏该图层（再次单击即可重新显示），如图 8-46 所示。

㉖ 单击"时间轴"面板下方工具栏中的 🔲（复制所选帧）按钮，即可复制一个与第 1 帧相同的画面，如图 8-47 所示。

图 8-46 隐藏图层

图 8-47　复制第 1 帧

27 在"图层"面板中重新显示文字"T"图层，效果如图 8-48 所示。

图 8-48　重新显示图层

28 按住"Ctrl"键，选中所有帧动画，单击"0 秒"下拉按钮，在弹出的下拉菜单中选择
"0.5"选项，如图 8-49 所示。

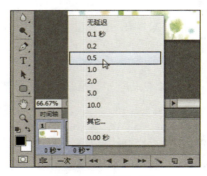

图 8-49　设置时间

29 此时，所有动画的延迟时间都被设置成了"0.5"秒，如图 8-50 所示。

图 8-50　设置时间

30 单击"时间轴"面板下方的 ▶（播放动画）按钮，即可预览动画效果。

31 选择"文件"→"存储为 Web 所用格式"菜单命令（见图 8-51），弹出"存储为 Web 所用格式"对话框，如图 8-52 所示。

图 8-51　选择"存储为 Web 所用格式"命令

图 8-52　"存储为 Web 所用格式"对话框

32 单击"存储"按钮，弹出"将优化结果存储为"对话框。选择指定路径，然后在"文件名"文本框中输入名称，如图 8-53 所示。

图 8-53　存储文件

33 单击"保存"按钮，弹出"'Adobe 存储为 Web 所用格式'警告"对话框，如图 8-54 所示。

34 单击"确定"按钮，即可完成动态店铺收藏图标的保存。将制作好的动态收藏图标上传到店铺中，效果如图 8-55 所示。

图 8-54　单击"确定"按钮

图 8-55　店铺收藏图标效果

8.4　公告栏的设计

如果觉得文字公告效果太普通，也可以制作图片公告，图片的宽度不应超过 750 像素，高度不限。将制作好的图片插入到公告栏中，图片将以滚动播放的形式展现。

下面详细介绍如何用 Photoshop 制作公告栏图片。

❶ 启动 Photoshop，按"Ctrl+N"组合键，弹出"新建"对话框，设置"宽度"为"750像素"、"高度"为"400 像素"，如图 8-56 所示。

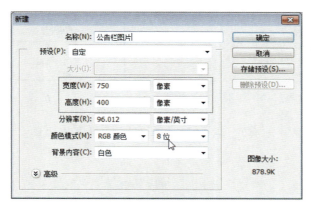

图 8-56　设置文档大小

❷ 单击"确定"按钮，新建一个空白文档，如图 8-57 所示。

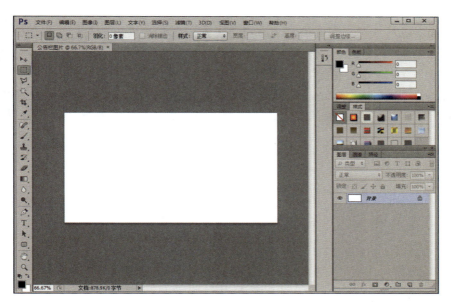

图 8-57　新建好的空白文档

❸ 按"Shift+F5"组合键，弹出"填充"对话框，如图 8-58 所示。

❹ 单击"使用"选项右侧的下拉按钮，在弹出的下拉菜单中选择"图案"选项，如图 8-59所示。

图 8-58　"填充"对话框　　　　　图 8-59　选择"图案"选项

❺ 单击"自定图案"右侧的下拉按钮，在弹出的下拉菜单中选择一款图案样式，如图 8-60 所示。

❻ 选择图案后，单击"确定"按钮进行填充，填充后的效果如图 8-61 所示。

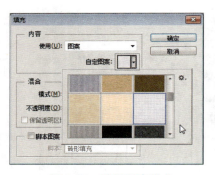

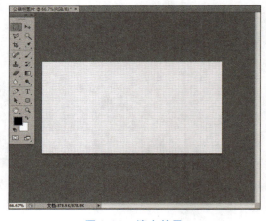

图 8-60　选择图案样式　　　　　图 8-61　填充效果

❼ 按"Ctrl+O"组合键，弹出"打开"对话框，按住"Ctrl"键，选择需要的素材图片，然后单击"打开"按钮，如图 8-62 所示。

❽ 单击工具栏中的 ▸╬（移动）按钮，将打开的素材图片全部移动到"公告栏图片"文档中，按"Ctrl+T"组合键打开自由变幻框，调整图像大小及位置，如图 8-63 所示。

图 8-62　打开素材

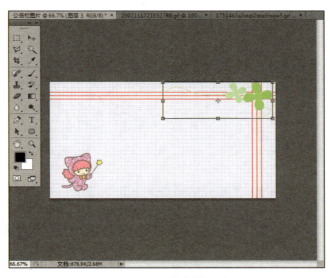

图 8-63　调整素材图片

❾ 单击工具栏中的 T（文字）工具，在图片上单击鼠标左键，输入文字，如图 8-64 所示。

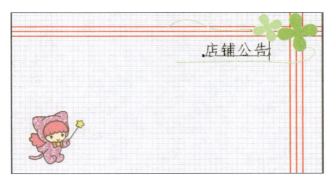

图 8-64　输入文字

❿ 在选项栏中设置文字的字体、大小、颜色等（见图 8-65），设置后的文字样式如图 8-66 所示。

⓫ 单击 T（文字）按钮，在图片上添加公告内容并设置文字的样式，效果如图 8-67 所示。

图 8-65　设置文字样式

图 8-66　文字效果

图 8-67　最终效果

⑫ 将图片插入到公告栏中，图片将以滚动播放的方式展现，效果如图 8-68 所示。

图 8-68　公告栏效果

第 9 章
特殊促销广告设计

CHAPTER 9

本章导读

广告是店铺传递商品信息的一种重要方式。广告做得好不好，会直接影响商品的销量。当店铺推出各种促销活动时，一般都需要制作相应的促销广告。

知识要点

通过学习本章内容，您可以了解添加特殊促销广告页面以及针对不同活动内容制作促销广告的方法。本章的知识要点如下。

- 添加自定义广告页面的方法
- 制作不同活动内容的促销广告的方法

9.1　添加自定义页作为促销活动页

在淘宝网店铺中添加单独的活动页，能够更有针对性地展示活动内容和主题，是大多数卖家比较喜爱的促销方法。

下面将介绍如何通过添加自定义页的方法添加一个促销活动页，具体步骤如下。

❶ 登录淘宝网，进入"卖家中心"页面，单击左侧导航区中的"+"按钮，如图 9-1 所示。

❷ 进入"新建页面"页面，在"页面名称"文本框中输入文字"促销活动页"，在"页面内容"选项组中选择"通栏自定义页"选项，如图 9-2 所示。

图 9-1　单击"+"按钮

图 9-2　新建页面

❸ 单击"保存"按钮，即可添加促销活动自定义页，在此页面中可以设置自定义区内容，如图 9-3 所示。

图 9-3　自定义页

　　"页面内容"选项组有两个选项，分别是"左右栏自定义页"和"通栏自定义页"。选择"左右栏自定义页"选项时，添加的页面有两栏内容区；选择"通栏自定义页"选项时，添加的页面只有一栏内容区。

　　如果选择的是"左右栏自定义页"选项，在制作促销广告图片时，其宽度不能超过 750 像素；如果选择的是"通栏自定义页"选项，在制作促销广告图片时，其宽度不能超过 950 像素。制作活动促销广告页时选择较多的是"通栏自定义页"选项。因为页面中只有一栏，插入广告图片后整体效果较为美观，如图 9-4 所示。

图 9-4　示例店铺促销广告页

9.2　特价促销广告的设计

　　本节将详细介绍如何使用 Photoshop 制作促销广告的海报，具体步骤如下。

　　❶ 启动 Photoshop ，按"Ctrl+N"组合键，弹出"新建"对话框。在"新建"对话框中设置文档的大小，如图 9-5 所示。

　　❷ 单击"确定"按钮，创建空白文档，如图 9-6 所示。

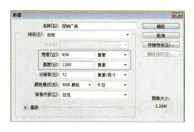

图 9-5　设置文档大小

图 9-6　创建好的空白文档

❸ 按 "Ctrl+O" 组合键，弹出 "打开" 对话框，在相应路径选择素材图片，然后单击 "打开" 按钮，如图 9-7 所示。

图 9-7　选择素材图片

❹ 打开素材图片后，选择 "促销广告" 画布，按 "Shift+F5" 快捷键，弹出 "填充" 对话框，选择 "前景色" 选项对画布进行填充（见图 9-8），填充效果如图 9-9 所示。

图 9-8　选择前景色填充

图 9-9　填充效果

❺ 单击工具栏中的 ▸✛（移动）按钮，选择一张素材图片并将其移动到 "促销广告" 画

布中，按"Ctrl+T"组合键打开自由变幻框，调整图片大小及位置，如图 9-10 所示。

⑥ 单击工具栏中的 ⚲（魔棒）按钮，在素材图片的空白区单击鼠标左键创建选区，并按"Delete"键清除选区内容（见图 9-11），然后按照同样的方法清除其他空白区，效果如图 9-12 所示。

⑦ 继续移动其他素材至"促销广告"画布中，并按"Ctrl+T"组合键，对素材图片的大小及位置进行调整，如图 9-13 所示。

图 9-10　调整素材图片

图 9-11　清除选区内容

图 9-12　清除选区内容

图 9-13　调整其他素材图片

⑧ 单击工具栏中的 ▫（矩形选框）按钮，在"背景"图层上创建选区，如图 9-14 所示。

⑨ 填充选区，并按"Ctrl+D"组合键取消选区，如图 9-15 所示。

图 9-14　创建选区

图 9-15　填充选区

⑩ 单击工具栏中的 T （文字）按钮，在图片上单击鼠标左键，输入文字并设置文字样式，如图 9-16 所示。

⑪ 继续移动其他素材至"促销广告"画布中，并按"Ctrl+T"组合键，对素材图片的大小及位置进行调整，如图 9-17 所示。

图 9-16　输入文字

图 9-17　添加其他素材

⑫ 选择商品图片素材，选择"编辑"→"描边"菜单命令，弹出"描边"对话框，在对话框中设置描边属性（见图 9-18），分别为四张商品图片添加描边效果，如图 9-19 所示。

图 9-18　设置描边

图 9-19　描边效果

⑬ 继续移动其他素材至"促销广告"画布中，并按"Ctrl+T"组合键，对素材图片的大小及位置进行调整，如图 9-20 所示。

⑭ 在"图层"面板中选中"图层 9"图层（见图 9-21），为"图层 9"创建三个副本，如图 9-22 所示。

图 9-20　继续添加其他素材

图 9-21　选择图层

图 9-22　复制图层

⑮ 将复制得到的图层移动到相应商品图片素材上，如图 9-23 所示。

⑯ 保存图片，将促销图片插入到自定义内容区，最终效果如图 9-24 所示。

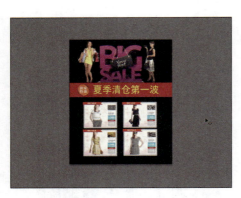

图 9-23　移动图层

图 9-24　促销页面最终效果

9.3　新商品促销广告的设计

本节将详细介绍如何使用 Photoshop 制作新商品促销广告，其具体步骤如下。

❶ 启动 Photoshop，按 "Ctrl+N" 组合键，弹出 "新建" 对话框。在 "新建" 对话框中设置文档的大小，如图 9-25 所示。

图 9-25　设置文档大小

❷ 单击"确定"按钮，创建空白文档，如图 9-26 所示。

❸ 按"Ctrl+O"组合键，弹出"打开"对话框，在对话框中选择素材图片，然后单击"打开"按钮，如图 9-27 所示。

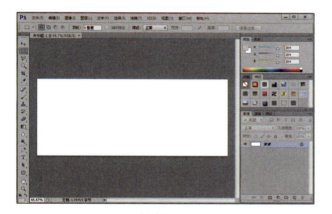

图 9-26　创建好的空白文档

图 9-27　选择素材图片

❹ 打开素材图片（见图 9-28），单击工具栏中的 ▶ᐩ（移动）按钮，选择一张素材图片并将其移动到"新商品促销"画布中，效果如图 9-29 所示。

图 9-28　打开素材图片

图 9-29　移动素材图片

❺ 按"Ctrl+T"组合键打开自由变幻框，调整素材图片大小及位置，如图 9-30 所示。

❻ 单击工具栏中的 ◢（橡皮擦）按钮，擦除素材图片中间的英文字母，效果如图 9-31 所示。

图 9-30　调整素材图片　　　　　图 9-31　擦除英文字母

❼ 移动其他素材图片至"促销广告"画布中，并按"Ctrl+T"组合键，对素材图片的大小及位置进行调整，如图 9-32 所示。

❽ 在"图层"面板中选中"图层 2"图层，设置图层混合模式为"正片叠底"（见图 9-33），效果如图 9-34 所示。

图 9-32　添加其他素材　　　　　图 9-33　设置图层混合模式

图 9-34　混合图层后的效果

❾ 单击工具栏中的 T （文字）按钮，在设置栏中设置文字样式（见图 9-35），在图片上单击鼠标左键，输入文字，如图 9-36 所示。

❿ 单击 T （文字）按钮，在图片上单击鼠标左键，输入文字并设置文字样式，如图 9-37 所示。

图 9-35　设置文字样式

图 9-36　输入文字　　　　　　　　　　　　　图 9-37　输入其他文字

⓫ 单击工具栏中的 ⬚ （矩形选框）按钮，在画布上创建选区，如图 9-38 所示。

⓬ 按"Shift+F5"快捷键，弹出"填充"对话框，设置为使用"颜色"填充，（见图 9-39），设置填充颜色后，单击"确定"按钮对选区进行填充，如图 9-40 所示。

⓭ 按"Ctrl+D"组合键取消选区，单击工具栏中的 T （文字）按钮，在图片上单击鼠标左键，输入文字并设置文字样式，如图 9-41 所示。

图 9-38　创建选区

图 9-39　设置填充方式

图 9-40　填充效果

图 9-41　输入文字

⑭ 保存图片并将图片添加到淘宝自定义内容区，最终效果如图 9-42 所示。

图 9-42　最终效果

9.4　节日促销广告的设计

本节将详细介绍如何使用 Photoshop 制作情人节促销广告，其具体步骤如下。

❶ 启动 Photoshop，按"Ctrl+N"组合键，弹出"新建"对话框。在"新建"对话框中设置文档的大小，如图 9-43 所示。

❷ 单击"确定"按钮，创建空白文档，如图 9-44 所示。

图 9-43　设置文档大小

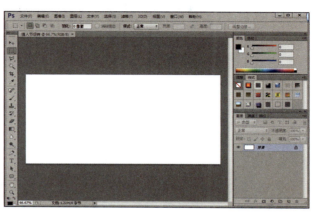

图 9-44　创建好的空白文档

❸ 按"Ctrl+O"组合键，弹出"打开"对话框，在相应路径选择素材图片，然后单击"打开"按钮，如图 9-45 所示。

图 9-45　选择素材图片

❹ 打开素材图片（见图 9-46），单击工具栏中的 ▶✛ （移动）按钮，选择一张素材图片并将其移动到"新商品促销"画布中，效果如图 9-47 所示。

图 9-46　打开素材图片　　　　　　　　　　　图 9-47　移动素材图片

❺ 按"Ctrl+T"组合键打开自由变幻框，调整素材图片大小及位置，如图 9-48 所示。

❻ 继续移动其他素材图片至"促销广告"画布中，并按"Ctrl+T"组合键，对素材图片的大小及位置进行调整，效果如图 9-49 所示。

图 9-48　调整素材图片　　　　　　　　　　　图 9-49　添加其他素材图片

❼ 在"图层"面板中选中"图层 2"图层，设置图层混合模式为"正片叠底"（见图 9-50），效果如图 9-51 所示。

图 9-50　设置图层混合模式　　　　　　　　　图 9-51　混合图层后的效果

⑧ 单击工具栏中的 T （文字）按钮，在设置栏中设置文字样式（见图 9-52），在图片上单击鼠标左键，输入文字，如图 9-53 所示。

⑨ 调整单个文字大小，然后在"图层"面板中选中"爱在情人节"图层，单击鼠标右键，在弹出的菜单中选择"混合选项"选项，在弹出的"图层样式"对话框中选择"描边"标签并设置描边样式，如图 9-54 所示。

图 9-52　设置文字样式

图 9-53　输入文字

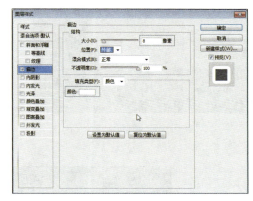

图 9-54　设置描边样式

⑩ 单击"确定"按钮，为文字添加描边效果，效果如图 9-55 所示。

⑪ 单击 T （文字）按钮，在图片上单击鼠标左键，输入英文并设置文字样式，如图 9-56 所示。

图 9-55　描边文字

图 9-56　输入英文

⑫ 单击工具栏中的  （矩形选框）按钮，在"图层 1"图层上创建选区，如图 9-57 所示。

⑬ 按"Shift+F5"快捷键，弹出"填充"对话框，设置为使用"颜色"填充（见图 9-58），填充后的效果如图 9-59 所示。

图 9-57　创建选区

图 9-58　"填充"对话框

图 9-59　填充效果

⑭ 单击工具栏中的 （渐变）按钮，在选项栏中单击"点按可编辑渐变"按钮（见图 9-60），弹出"渐变编辑器"对话框，在对话框中设置渐变样式，如图 9-61 所示。

⑮ 设置完成后，单击"确定"按钮，在选区中单击鼠标右键从左至右拖拽，为选区设置渐变效果，如图 9-62 所示。

图 9-60　"渐变"选项栏

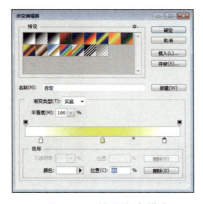

图 9-61　设置渐变样式

图 9-62　渐变效果

16 按 "Ctrl+D" 组合键取消选区，单击二具栏中的 T（文字）按钮，在图片中单击鼠标左键，输入文字并设置文字样式，效果如图 9-63 所示。

17 保存图片并将图片添加到淘宝自定义内容区，最终效果如图 9-64 所示。

图 9-63　输入文字

图 9-64　最终效果

9.5　店庆广告的设计

本节将详细介绍如何使用 Photoshop 制作店庆广告，其具体步骤如下。

1 启动 Photoshop ，按 "Ctrl+N" 组合键，弹出 "新建" 对话框。在 "新建" 对话框中设置文档的大小，如图 9-65 所示。

❷ 单击"确定"按钮，创建空白文档，如图 9-66 所示。

图 9-65　设置文档大小

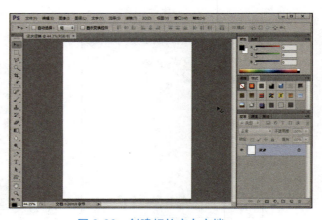

图 9-66　创建好的空白文档

❸ 单击工具栏中的 （渐变）按钮，在选项栏中单击"点按可编辑渐变"按钮（见图 9-67），弹出"渐变编辑器"对话框，在对话框中设置渐变样式，如图 9-68 所示。

❹ 设置完成后，单击"确定"按钮，在画布中单击鼠标右键从左至右拖拽，为画布设置渐变效果，效果如图 9-69 所示。

图 9-67　"渐变"选项栏

图 9-68　设置渐变样式

图 9-69　渐变效果

❺ 单击工具栏中的 T（文字）按钮，在设置栏中设置文字样式（见图 9-70），在图片上单击鼠标左键，输入文字，如图 9-71 所示。

❻ 在"图层"面板中选中"10"文字图层，单击鼠标右键，在弹出的菜单中选择"混合选项"选项，弹出"图层样式"对话框，在对话框中选择"投影"标签并设置投影样式，如图 9-72 所示。

图 9-70　设置文字样式

图 9-71　输入文字

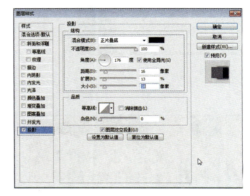

图 9-72　设置投影样式

❼ 单击"确定"按钮，为文字添加投影效果，效果如图 9-73 所示。

❽ 单击工具栏中的 T（文字）按钮，在设置栏中设置文字样式（见图 9-74），在图片上单击鼠标左键，输入文字，如图 9-75 所示。

图 9-73　投影效果

❾ 按照同样的方法输入其他文字，如图 9-76 所示。

❿ 单击工具栏中的 ⬚（矩形选框）按钮，在"背景"图层上创建选区，如图 9-77 所示。

⓫ 按"Shift+F5"组合键，弹出"填充"对话框，设置为使用"颜色"填充（见图 9-78），填充效果如图 9-79 所示。

⓬ 在"图层"面板中选中"周年庆"文字图层，单击鼠标右键，在弹出的菜单中选择"混合选项"选项，弹出"图层样式"对话框，在对话框中选择"渐变叠加"标签并设置渐变样式，

如图 9-80 所示。

图 9-74　设置文字属性

图 9-75　输入文字

图 9-76　输入其他文字

图 9-77　创建选区

图 9-78　"填充"对话框

图 9-79　填充效果

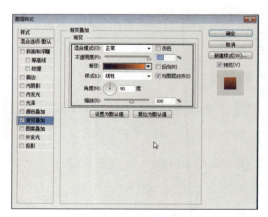

图 9-80　设置渐变样式

⑬ 单击"确定"按钮，为文字添加渐变叠加效果，效果如图 9-81 所示。

⑭ 按"Ctrl+O"组合键，弹出"打开"对话框，在对话框中选择素材图片，然后单击"打开"按钮，如图 9-82 所示。

图 9-81　渐变效果

图 9-82　选择素材图片

⑮ 打开素材图片，如图 9-83 所示。

⑯ 单击工具栏中的 ▶ (移动)按钮，将素材图片移动到"店庆促销"画布中，按"Ctrl+T"组合键打开自由变幻框，调整素材图片大小及位置，如图 9-84 所示。

图 9-83　打开素材图片

图 9-84　调整素材图片

⑰ 在"图层"面板中选中"图层 1"图层，设置图层混合模式为"减去"，不透明度为"70%"（见图 9-85），最终效果如图 9-86 所示。

图 9-85　设置图层混合模式

图 9-86　最终效果

9.6 冲钻冲冠促销广告的设计

本节将详细介绍如何使用 Photoshop 制作冲钻冲冠促销广告，其具体步骤如下。

❶ 启动 Photoshop，按"Ctrl+N"组合键，弹出"新建"对话框。在"新建"对话框中设置文档的大小，如图 9-87 所示。

❷ 单击"确定"按钮，创建空白文档，如图 9-88 所示。

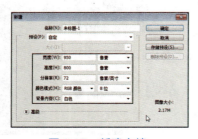

图 9-87　新建文档

图 9-88　新建空白文档

❸ 单击工具栏中的 （渐变）按钮，单击选项栏中的"点按可编辑渐变"按钮（见图 9-89），弹出"渐变编辑器"对话框，在对话框中设置渐变样式，如图 9-90 所示。

❹ 设置完成后，单击"确定"按钮，在画布中按住鼠标右键从上至下拖拽，为画布设置渐变效果，效果如图 9-91 所示。

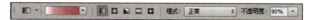

图 9-89　渐变选项栏

图 9-90　设置渐变样式

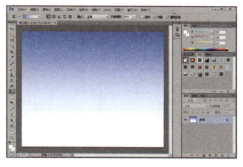

图 9-91　渐变效果

❺ 单击工具栏中的 T（文字）按钮，在设置栏中设置文字属性（见图 9-92），在画布上单击并输入文字，如图 9-93 所示。

❻ 在"图层"面板上选中文字图层（见图 9-94），单击鼠标右键，在弹出的菜单中选择"混合选项"选项，弹出"图层样式"对话框。在对话框中选中"描边"选项，并设置描边样式（见图 9-95），单击"确定"按钮，为文字添加描边样式，效果如图 9-96 所示。

图 9-92　设置文字属性

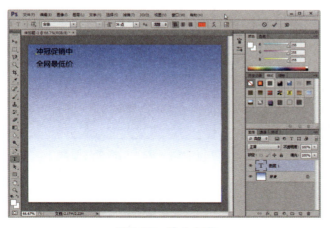

图 9-93　输入文字

图 9-94　选择文字图层

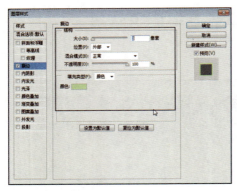

图 9-95　设置描边样式

图 9-96　描边效果

❼ 单击工具栏中的 T（文字）工具，在设置栏中设置文字属性（见图 9-97），在图片上单击鼠标左键并输入文字，如图 9-98 所示。

❽ 按"Ctrl+O"组合键，弹出"打开"对话框，在对话框中选择素材图片，然后单击"打开"按钮，如图 9-99 所示。

图 9-97　设置文字属性

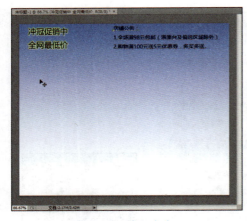

图 9-98　输入文字

图 9-99　选择素材图片

❾ 打开素材图片（见图 9-100），单击工具栏中的（移动）按钮，将打开的图片移动到新建画布中，如图 9-101 所示。

图 9-100　打开素材图片　　　　　　　　图 9-101　移动素材图片

❿ 在"图层"面板中选中"图层 1",选择"变暗"混合模式(见图 9-102),设置后的效果如图 9-103 所示。

图 9-102　设置混合模式　　　　　　　图 9-103　设置后的效果

⓫ 按"Ctrl + T"组合键,打开图片自由变换框,设置图片的大小及位置,如图 9-104 所示。

图 9-104　调整素材大小及位置

12 按"Ctrl+O"组合键，弹出"打开"对话框，在对话框中选择商品图片，然后单击"打开"按钮（见图9-105），即可打开多张商品图片，如图9-106所示。

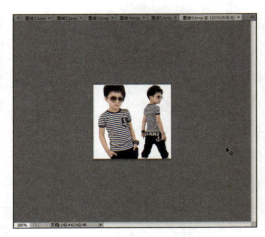

图9-105　选择图片　　　　　　　　　图9-106　打开多张图片

13 单击工具栏中的 ▶ （移动）按钮，将打开的图片移动到新建画布中（见图9-107），调整商品图片的位置，效果如图9-108所示。

图9-107　移动图片　　　　　　　　　图9-108　排列图片

14 在"图层"面板中选中"图层7"图层（见图9-109），单击鼠标右键，在弹出的菜单中选择"混合选项"选项，弹出"图层样式"对话框，选择"描边"选项卡并设置描边样式，如图9-110所示。

图 9-109 选择图层

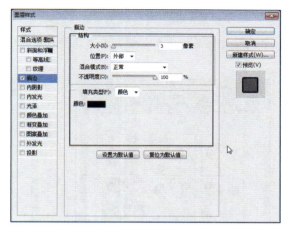

图 9-110 设置图层样式

⑮ 设置完成后,单击"确定"按钮,即可为图片添加描边样式(见图 9-111),用同样的方法为其他商品图片添加描边样式,效果如图 9-112 所示。

图 9-111 描边效果

图 9-112 描边效果

⑯ 单击工具栏中的 ▣ (形状)按钮,弹出形状工具扩展菜单,选择"自定形状工具"选项(见图 9-113),在形状工具选项栏中选择形状样式并设置填充颜色,如图 9-114 所示。

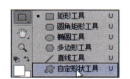

图 9-113 选择形状工具

图 9-114 选择形状样式

17 选择好形状后，在画布上绘制形状（见图 9-115），单击工具栏中的 ▓（文字）按钮，在设置栏中设置文字属性，在形状上单击鼠标左键并输入文字，效果如图 9-116 所示。

图 9-115　绘制形状

图 9-116　输入文字

18 按照同样的方法，为其他商品图片添加价格，最终效果如图 9-117 所示。

图 9-117　最终效果

9.7　限时抢购活动广告的设计

本节将详细介绍如何使用 Photoshop 制作限时活动广告，其具体步骤如下。

1 启动 Photoshop，按"Ctrl+N"组合键，弹出"新建"对话框。在"新建"对话框中设置文档的大小（见图 9-118），单击"确定"按钮，创建空白文档（见图 9-119）。

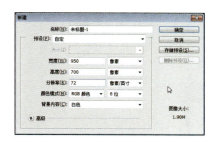

图 9-118　新建文档

图 9-119　创建空白文档

❷ 按 "Ctrl+O" 组合键，弹出 "打开" 对话框，在对话框中选择宝贝图片，然后单击 "打开" 按钮，如图 9-120 所示。

❸ 打开宝贝图片后（见图 9-121），单击工具栏中的 ▸┿（移动）按钮，将宝贝图片移动到新建的画布中，并排列好多张宝贝图片，如图 9-122 所示。

图 9-120　选择素材图片

图 9-121　打开多张宝贝图片

图 9-122　排列宝贝图片

❹ 单击工具栏中的 ▢（形状）按钮，在形状工具选项栏中设置形状颜色（见图 9-123），在画布上绘制形状，如图 9-124 所示。

图 9-123　选择形状工具

图 9-124　绘制形状

❺ 单击工具栏中的 T（文字）按钮，在设置栏中设置文字属性（见图 9-125），在画布上单击鼠标左键并输入文字，如图 9-126 所示。

❻ 在"图层"面板中选中文字图层（见图 9-127），单击鼠标右键，在弹出的菜单中选择"混合选项"选项，弹出"图层样式"对话框。在对话框中选中"描边"选项，并设置描边样式（见图 9-128），单击"确定"按钮为文字添加描边样式，效果如图 9-129 所示。

图 9-125　设置文字属性

图 9-126　输入文字

图 9-127　选择文字图层

图 9-128 设置投影样式

图 9-129 描边效果

❼ 按 "Ctrl+O" 组合键，弹出 "打开" 对话框，在对话框中选择素材图片（见图 9-130），然后单击 "打开" 按钮，即可打开素材图片，如图 9-131 所示。

图 9-130 选择素材图片

图 9-131 打开素材图片

❽ 移动素材至新建画布中，按 "Ctrl+T" 组合键，打开自由变换框（见图 9-132），调整素材图片的大小及位置，如图 9-133 所示。

图 9-132 移动素材

图 9-133 调整素材大小和位置

⑨ 单击工具栏中的 T（文字）按钮，在设置栏中设置文字属性，在画布上单击并输入文字（见图 9-134），重新设置文字属性并输入文字，效果如图 9-135 所示。

图 9-134　输入文字　　　　　　　　　　　图 9-135　输入文字

⑩ 单击工具栏中的 ▢（形状）按钮，弹出形状工具扩展菜单，选择"自定形状工具"选项（见图 9-136），在形状工具选项栏中选择形状样式并设置填充颜色，如图 9-137 所示。

图 9-136　选择形状工具　　　　　　　图 9-137　选择形状样式

⑪ 选择好形状后，在画布上绘制形状（见图 9-138），单击工具栏中的 T（文字）按钮，在设置栏中设置文字属性，在形状上单击并输入文字，效果如图 9-139 所示。

图 9-138　绘制形状　　　　　　　　　图 9-139　输入文字

⑫ 单击工具栏中的 ▢（矩形形状）按钮，在形状工具选项栏中设置形状颜色，在画布上绘制形状，如图 9-140 所示。

⓭ 按 "Ctrl+T" 组合键，打开自由变换框（见图 9-141），在状态栏中设置形状角度为 "-3"
度，即可将形状倾斜，效果如图 9-142 所示。

图 9-140　绘制形状

图 9-141　打开自由变换框

图 9-142　倾斜形状

⓮ 在 "图层" 面板中选中 "矩形 2" 图层，设置 "不透明度" 为 "50%"（见图 9-143），
即可调整形状的不透明度，效果如图 9-144 所示。

图 9-143　设置不透明度

图 9-144　设置形状不透明度

⓯ 单击工具栏中的 T （文字）按钮，在设置栏中设置文字属性，在画布上单击并输入价格信息（见图 9-145），继续为其他商品添加价格信息，即可完成广告的制作，最终效果如图 9-146 所示。

图 9-145　输入价格文字

图 9-146　最终效果

第 10 章
宝贝图片后期处理

CHAPTER 10

本章导读

网店只能通过图片来展示商品的外观和性能，因此宝贝图片效果的好坏直接影响商品的销量。为商品拍摄好照片后，很多照片都需要进行后期处理，这样才能充分展现宝贝的外观或性能。所以，对宝贝照片的后期处理是至关重要的。

知识要点

通过学习本章内容，您可以了解常用的宝贝图片后期处理方法以及添加特殊效果的方法。本章的知识要点如下。

- 调整图片尺寸
- 去除宝贝照片的背景
- 宝贝图片基本美化与修饰
- 批量处理宝贝图片
- 为宝贝图片添加特殊效果

10.1　图片尺寸调整

宝贝图片的来源较广,可以是拍摄的、下载的或是扫描的。不少图片应用到宝贝描述中时,尺寸常常都是不符合要求的,这时就需要对图片的尺寸进行调整。

拥有调整图片尺寸功能的软件很多,专业的软件有 Photoshop,非专业的有美图秀秀等。下面将分别介绍如何使用 Photoshop 和美图秀秀调整图片尺寸的方法。

1．Photoshop

使用 Photoshop 调整图片尺寸的具体步骤如下。

❶ 启动 Photoshop,按"Ctrl+O"组合键,弹出"打开"对话框,在相应路径选择需要调整尺寸的图片,如图 10-1 所示。

❷ 单击"打开"按钮,打开的图片如图 10-2 所示。

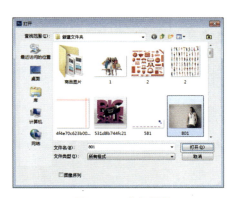

图 10-1　选择图片

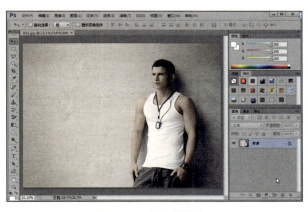

图 10-2　打开的图片

❸ 选择"图像"→"图像大小"菜单命令(见图 10-3),弹出"图像大小"对话框,在对话框中设置图片的"宽度"或"高度",勾选"约束比例"复选框,即可按比例调整图片大小,如图 10-4 所示。

❹ 设置完成后,单击"确定"按钮,即可完成对于图片大小的调整,如图 10-5 所示。

图 10-3　选择"图像大小"命令

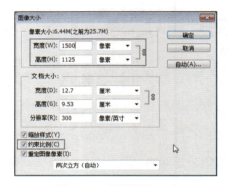

图 10-4　设置图片尺寸

图 10-5　调整完尺寸的图片

❺ 单击工具箱中的 <kbd>⼚</kbd>（裁剪）按钮，在图像上按住鼠标左键进行拖拽，即可选择裁剪区域，释放鼠标选定裁剪范围，如图 10-6 所示。

❻ 双击鼠标左键或者按"Enter"键即可完成裁剪，如图 10-7 所示。

图 10-6　裁剪图片

图 10-7　完成裁剪

⑦ 单击工具箱中的 （裁剪）按钮后，还可以在软件的状态栏中自定义设置裁剪的高度与宽度（见图 10-8），设置好数值后，在图片上就能看见裁剪框发生了变化，如图 10-9 所示。

⑧ 除此之外，还可以在状态栏中选择预设的裁剪尺寸，对图像进行裁剪（见 11-10），图像按照 "1×1（方形）" 进行裁剪，如图 10-11 所示。

⑨ 双击鼠标左键或者按 "Enter" 键即可完成裁剪，如图 10-12 所示。

图 10-8　设置裁剪尺寸

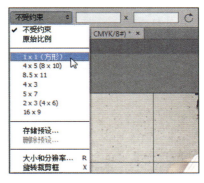

图 10-9　按固定尺寸裁剪

图 10-10　选择预设裁剪尺寸

图 10-11　裁剪图片

图 10-12　裁剪后的图片

2. 美图秀秀

使用美图秀秀调整图片尺寸的具体步骤如下。

❶ 启动美图秀秀，其主页面如图 10-13 所示。

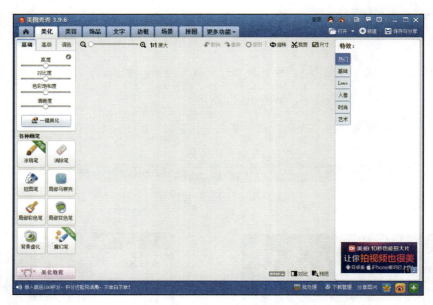

图 10-13　美图秀秀主界面

❷ 单击软件右上角的"打开"按钮，弹出"打开一张图片"对话框，在相应路径选择图片后，单击"打开"按钮，如图 10-14 所示。

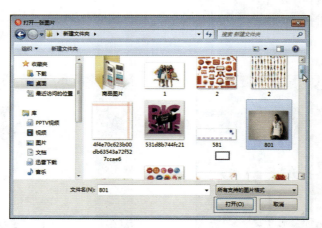

图 10-14　选择图片

❸ 打开图片后，单击图片右上角的"尺寸"按钮，如图 10-15 所示。

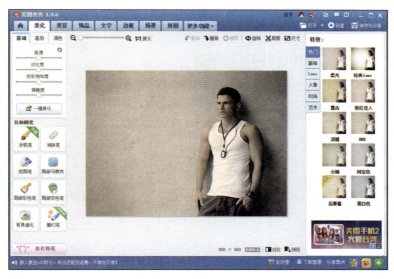

图 10-15　单击"尺寸"按钮

❹ 弹出"尺寸"对话框，可在此对话框设置图片的宽度和高度，或者直接选择推荐的尺寸（见图 10-16），设置完成后，单击"应用"按钮即可完成对图片尺寸的调整。

❺ 单击图片右上角的"裁剪"按钮，如图 10-17 所示。

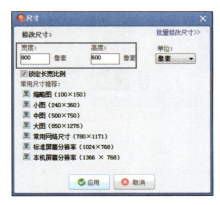

图 10-16　设置图像大小

图 10-17　单击"裁剪"按钮

❻ 进入"裁剪"编辑状态（见图 10-18），可直接拖动裁剪框进行自由裁剪，或者在左侧选择固定尺寸进行裁剪，设置好尺寸后，单击"裁剪"按钮，裁剪预览效果如图 10-19 所示。

图 10-18　裁剪图片　　　　　　　　　　图 10-19　裁剪预览效果

❼单击"完成裁剪"按钮即可完成裁剪，最终效果如图 10-20 所示。

图 10-20　完成裁剪的图片

10.2　图片背景巧去

为了使宝贝图片更加好看，可以给它换一个背景，这时就要用到抠图的技巧。我们可以利用 Photoshop 轻松实现抠图。

在 Photoshop 中，去除图片背景时可以使用两个工具："魔棒"工具和"磁性套索"工具。下面分别介绍如何使用这两个工具去除图片背景。

1. 使用"魔棒"工具

❶ 启动 Photoshop，按"Ctrl+O"组合键，弹出"打开"对话框，在相应路径选择需要去除背景的图片，如图 10-21 所示。

图 10-21　选择图片

❷ 单击"打开"按钮，打开的图片如图 10-22 所示。

图 10-22　打开的图片

❸ 单击工具箱中的 （魔棒）按钮，在状态栏中设置"容差"值为"10"（见图 10-23），在图片的背景上单击，创建选区，如图 10-24 所示。

图 10-23　设置图像大小

❹选择"选择"→"反向"菜单命令，即可反向选取人物，如图 10-25 所示。

图 10-24　创建选区

图 10-25　反向选取人物

❺选择"选择"→"修改"→"羽化"菜单命令（见图 10-26），弹出"羽化选区"对话框，设置"羽化半径"为"5"，如图 10-27 所示。

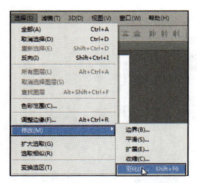

图 10-26　"羽化"菜单命令

图 10-27　设置羽化半径

❻设置完成后，单击"确定"按钮，选择"编辑"→"拷贝"菜单命令（见图 10-28），拷贝图片，新打开一张背景图片，选择"编辑"→"粘贴"菜单命令（见图 10-29），即可将人物抠除，粘贴到新的背景图片上，如图 10-30 所示。

❼按"Ctrl+T"组合键打开自由变换框，调整图像的大小及位置（见图 10-31），即可抠出图片并替换图片的背景，最终效果如图 10-32 所示。

图 10-28　选择"拷贝"　　　　　　　　图 10-29　选择"粘贴"

图 10-30　粘贴图片　　　　　　　　　　图 10-31　调整图片大小

图 10-32　最终效果图

2. 使用"磁性套索"工具

❶ 启动 Photoshop，按"Ctrl+O"组合键，弹出"打开"对话框，在相应路径选择需要去除背景的图片，如图 10-33 所示。

❷ 单击"打开"按钮，打开的图片如图 10-34 所示。

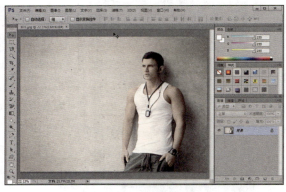

图 10-33　选择图片　　　　　　　　　　　图 10-34　打开图片

❸ 单击工具箱中的 ![磁性套索] （磁性套索）按钮，在图片上按住鼠标左键沿着图像轮廓移动鼠标，如图 10-35 所示。

❹ 围绕图像进行套索，直至回到起点位置，单击鼠标左键，即可将人物图像全部选取，创建选区，如图 10-36 所示。

图 10-35　套索图像　　　　　　　　　　　图 10-36　创建选区

❺ 选择"选择"→"修改"→"羽化"菜单命令（见图 10-37），弹出"羽化选区"对话框，设置"羽化半径"为"5"，如图 10-38 所示。

图 10-37　"羽化"菜单命令　　　　　　图 10-38　设置羽化半径

❻ 设置完成后，单击"确定"按钮，选择"编辑"→"拷贝"菜单命令（见图 10-39），
拷贝图片，新打开一张背景图片，选择"编辑"→"粘贴"菜单命令（见图 10-40），即可将
人物图像抠除，粘贴到新的背景图片上，如图 10-41 所示。

❼ 按"Ctrl + T"组合键打开自由变换框，调整图片的大小及位置（见图 10-42），即可
抠出图片并替换图片的背景，最终效果如图 10-43 所示。

图 10-39　选择"拷贝"命令　　　　　　图 10-40　选择"粘贴"命令

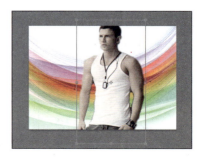

图 10-41　粘贴图像　　　　　　图 10-42　调整图像大小

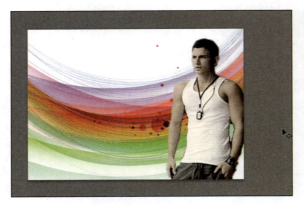

图 10-43　最终效果图

10.3　图片美化与修饰

大多数淘宝网卖家在编辑宝贝图片时，都会对宝贝图片进行美化与修饰，让买家觉得赏心悦目。本节将介绍几种常见的美化与修饰图片的方法。

1.　调整图片色调

通过拍摄得到的宝贝图片，或多或少都会因为天气、光线、环境等原因产生色差问题。为了减少图片与实物之间的色差，需要对图片的色调进行调整，具体操作步骤如下。

❶ 启动 Photoshop，按"Ctrl+O"组合键，弹出"打开"对话框，在相应路径选择需要去除背景的图片，如图 10-44 所示。

❷ 单击"打开"按钮，打开的图片如图 10-45 所示。

图 10-44　选择图片

图 10-45　打开的图片

❸ 选择"图像"→"调整"→"曲线"菜单命令，如图 10-46 所示。

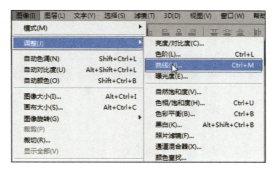

图 10-46　"曲线"菜单命令

❹ 弹出"曲线"对话框（见图 10-47），调整对话框中的线条，如图 10-48 所示。

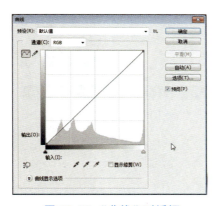
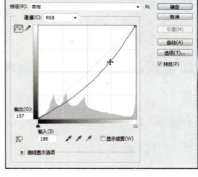

图 10-47　"曲线"对话框　　　　　　图 10-48　调整曲线

❺ 调整曲线后，单击"确定"按钮，即可调整图片的色调，如图 10-49 所示。

图 10-49　调整图片色调

2. 为图片添加边框

使用美图秀秀可以轻松地为宝贝图片添加多种样式的边框，其具体操作步骤如下。

❶ 启动美图秀秀，选择"边框"选项卡，如图 10-50 所示。

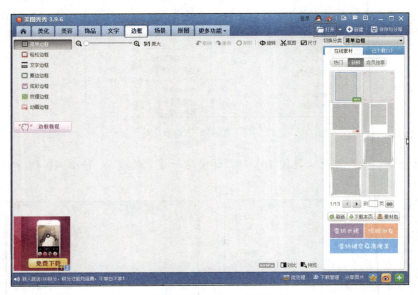

图 10-50　选择"边框"选项卡

❷ 单击软件右上角的"打开"按钮，弹出"打开一张图片"对话框，在相应路径选择需要编辑的图片，如图 10-51 所示。

❸ 单击"打开"按钮，打开的图片如图 10-52 所示。

图 10-51　选择图片

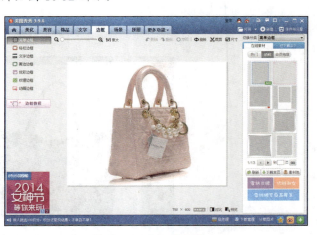

图 10-52　打开的图片

❹ 软件左侧导航显示了各种边框类型，如图 10-53 所示，软件右侧显示了对应的边框样式，如图 10-54 所示。

图 10-53　边框分类　　　　图 10-54　边框样式

❺ 直接单击边框样式，即可预览图片添加边框后的效果（见图 10-55）。单击"确定"按钮，即可为图片添加边框，效果如图 10-56 所示。

图 10-55　预览效果　　　　　　　　　图 10-56　添加边框后的效果

3.　为图片添加水印

淘宝网上经常会出现盗图的现象，自己辛苦拍摄、制作的图片，轻轻松松就被别人盗用了。为宝贝图片添加水印后，可以有效防范盗图问题。美图秀秀可以轻松为宝贝图片添加水印，其具体操作步骤如下。

❶ 启动"美图秀秀"软件，选择"文字"选项卡，如图 10-57 所示。

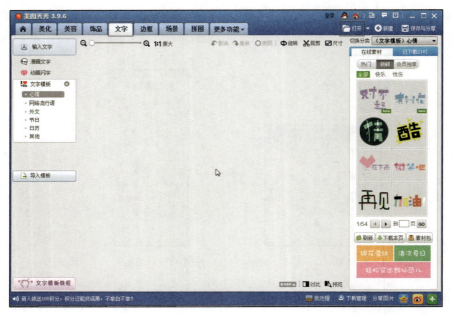

图 10-57　打开软件

❷ 单击软件右上角"打开"按钮，弹出"打开一张图片"对话框，在相应路径选择需要编辑的图片，如图 10-58 所示。

❸ 单击"打开"按钮，打开的图片如图 10-59 所示。

图 10-58　选择图片

图 10-59 打开图片

❹ 单击软件左侧导航中的"输入文字"按钮（见图 10-60），弹出"文字编辑器"对话框，如图 10-61 所示。

图 10-60 单击"输入文字"按钮

图 10-61 "文字编辑器"对话框

❺ 在"文字编辑器"对话框中输入文字并设置文字属性，如图 10-62 所示。

❻ 设置完成后，单击"应用"按钮，关闭"文字编辑器"对话框，即可为图片添加文字水印，如图 10-63 所示。

图 10-62　输入文字

图 10-63　添加好的文字水印

❼ 如果觉得文字水印过于单调，可利用软件右侧选项为文字添加效果，如图 10-64 所示。

❽ 单击"应用"按钮，关闭"文字编辑器"，即可为图片添加带效果的文字水印，水印效果如图 10-65 所示。

图 10-64　添加文字效果

图 10-65　带效果的文字水印

10.4　批量处理图片

在编辑宝贝图片时，通常一次要对多张图片进行尺寸修改、添加边框、添加水印等操作。如果每次都只处理一张图片，就得花很多时间。使用美图秀秀的批处理功能可以同时处理多张图片，为卖家节省大量时间，其具体步骤如下。

❶ 启动"美图秀秀"软件，其主界面如图 10-66 所示。

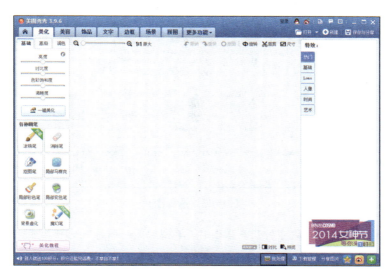

图 10-66　美图秀秀主界面

❷ 单击软件底部的"批处理"按钮，打开"美图秀秀批处理"窗口，单击"添加多张图片"按钮，如图 10-67 所示。

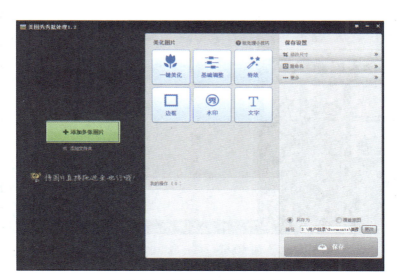

图 10-67　"美图秀秀批处理"窗口

❸ 弹出"打开图片"对话框，在相应路径选择需要批处理的多张图片，如图 10-68 所示。

图 10-68　选择图片

❹单击"打开"按钮，即可打开多张图片，单击"美化图片"选项组中的"边框"按钮，如图 10-69 所示。

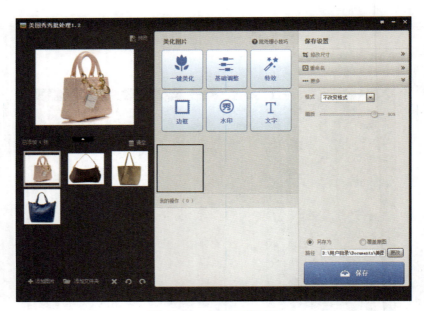

图 10-69　打开多张图片

❺打开边框样式预览窗口，选择一款边框样式后，单击"确定"按钮即可为所有图片统一添加边框，如图 10-70 所示。

图 10-70　统一添加边框

❻ 如果单击"美化图片"选项组中的"文字"按钮,可以进入文字编辑状态,如图 10-71 所示。

❼ 设置完成后,在软件的右侧的"保存设置"选项组中可设置保存的尺寸、名称、格式等,如图 10-72 所示。

图 10-71　统一添加文字

图 10-72　设置保存属性

❽ 单击"更改"按钮(见图 10-73),可重新选择保存的路径,如图 10-74 所示。

图 10-73　单击"更改"按钮　　　　　　　　图 10-74　选择保存路径

❾ 设置完成后，单击"保存"按钮，即可保存所有图片，弹出"完成"对话框（见图 10-75），单击"打开文件夹"按钮，即可打开文件夹预览图片，如图 10-76 所示。

图 10-75　保存图片

图 10-76　预览图片

10.5　图片的特殊效果处理

在后期处理宝贝图片时，一般都是对图片进行调色、为图片添加边框和添加水印等。除此之外，我们还可以为宝贝图片添加特殊效果，比如为宝贝添加一些特殊装饰元素或者将宝贝图片制作为动态图片等。

1. 为宝贝图片添加特殊装饰

在 Photoshop 中有多种形态的画笔工具，我们可以为宝贝图片添加一些特殊装饰效果，具体操作步骤如下。

❶ 启动 Photoshop，按"Ctrl+O"组合键，弹出"打开"对话框，在对话框中选择需要添加装饰的宝贝图片，如图 10-77 所示。

❷ 单击"打开"按钮，打开图片，如图 10-78 所示。

图 10-77　选择图片　　　　　　　　　　图 10-78　打开图片

❸ 在工具箱中选择 ✎ （画笔）工具，在画笔工具状态栏中单击"点按可打开画笔预设器"按钮，弹出画笔预设菜单，单击菜单右上角的设置按钮（见图 10-79），在弹出的菜单中选择"混合画笔"选项，弹出提示框（见图 10-80），单击"确定"按钮。

图 10-79　设置画笔　　　　　　　　　　图 10-80　提示框

❹ 重新设置画笔样式后，在画笔预设菜单中选择指定画笔，并调整画笔大小（见图 10-81），并设置画笔角度，如图 10-82 所示。

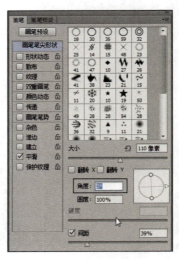

图 10-81　选择画笔　　　　　　　　　图 10-82　设置画笔角度

❺ 设置完成后，将鼠标移动至宝贝上，单击鼠标左键绘制出星光图案，效果如图 10-83 所示。

图 10-83　绘制星光

2. 制作动态宝贝图片

我们可以利用 Photoshop 制作出动态的宝贝图片，具体操作步骤如下。

❶ 启动 Photoshop，按"Ctrl+O"组合键，弹出"打开"窗口。在相应保存路径下，按住"Ctrl"键并选中多张宝贝图片（见图 10-84），单击"打开"按钮，即可同时打开多张宝贝图片，如图 10-85 所示。

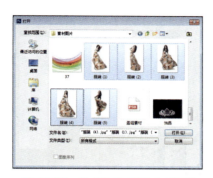

图 10-84 选择要打开的宝贝图片

图 10-85 打开的宝贝图片

❷ 在打开的图片名称上单击鼠标右键，在弹出的菜单中选择"移动到新窗口"命令（见图 10-86），即可将选中的图片移动到新窗口中，如图 10-87 所示。

图 10-86 选择"移动到新窗口"命令

图 10-87 移动到新窗口中

❸ 单击工具栏中的 ▶✦（移动工具）按钮，选择一张图片并单击鼠标左键，将其移动到另一张图片中，然后利用"移动工具"调整好图片的位置，使用同样的方法将所有图片都移动到一张图片中，效果如图 10-88 所示。

图 10-88 将所有图片都移动到一张图片中

❹ 在"图层"面板中选中"背景"图层（见图 10-89），选择"窗口"→"时间轴"菜单命令，

如图 10-90 所示。

图 10-89　选择图层　　　　　图 10-90　选择"时间轴"

❺ 调出"时间轴"面板（见图 10-91），单击"时间轴"面板中的"创建视频时间轴"下拉按钮，在弹出的下拉列表中选择"创建帧动画"选项，如图 10-92 所示。

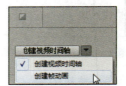

图 10-91　"时间轴"面板　　　　　图 10-92　选择"创建帧动画"选项

❻ 单击"创建帧动画"按钮，创建第 1 帧（见图 10-93），在"图层"面板中单击"图层 1"、"图层 2"、"图层 3"和"图层 4"前的 ◉（指示图层可见性）按钮，暂时隐藏这些图层（再次单击即可重新显示），如图 10-94 所示。

图 10-93　创建帧动画　　　　　图 10-94　隐藏图层

❼ 单击"时间轴"面板下方工具栏中的 🔳 （复制所选帧）按钮，即可复制一个与第 1 帧相同的画面，如图 10-95 所示。

图 10-95　复制所有帧

❽ 在"图层"面板中隐藏"背景"图层，并重新显示"图层 1"，效果如图 10-96 所示。

图 10-96　调整图层 1

❾ 再次复制第 2 帧，然后在"图层"面板中隐藏"图层 1"图层，并重新显示"图层 2"图层，如图 10-97 所示。

图 10-97　调整图层 2

⑩ 再次复制第 3 帧，然后在"图层"面板中隐藏"图层 2"图层，并重新显示"图层 3"图层，如图 10-98 所示。

图 10-98　调整图层 3

⑪ 再次复制第 4 帧，然后在"图层"面板中隐藏"图层 3"图层，并重新显示"图层 4"图层，如图 10-99 所示。

图 10-99　调整图层 4

⑫ 按住"Ctrl"键并选中所有帧动画，单击"0 秒"下拉按钮，在其下拉菜单中选择"1.0"选项，如图 10-100 所示。

图 10-100　设置时间

⑬ 此时，所有动画的延迟时间被设置为"1"秒，如图 10-101 所示。

图 10-101　设置时间

⑭ 单击"时间轴"面板下方的 ▶（播放动画）按钮，即可预览动画效果。

⑮ 选择"文件"→"存储为 Web 所用格式"菜单命令（见图 10-102），弹出"存储为 Web 所用格式"对话框，如图 10-103 所示。

图 10-102　选择"存储为 Web 所用
格式"命令

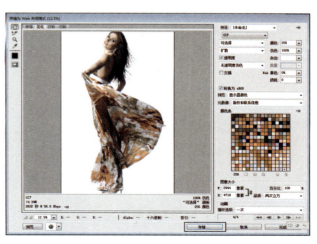

图 10-103　"存储为 Web 所用格式"对话框

⓰ 单击"存储"按钮，弹出"将优化结果存储为"对话框。选择路径，然后在"文件名"文本框中输入名称，如图 10-104 所示。

⓱ 单击"保存"按钮，弹出"'Adobe 存储为 Web 所用格式'警告"对话框（见图 10-105），单击"确定"按钮，即可完成动态图片的保存。

图 10-104　存储文件

图 10-105　"Adobe 存储为 Web 所用
格式警告"对话框

《淘宝网店页面设计、布局、配色、装修一本就够（最新实战版）》

编读互动信息卡

亲爱的读者：

感谢您购买本书。只要您以下三种方式之一成为普华公司的**会员**，即可免费获得普华每月新书信息快递，在线订购图书或向我们邮购图书时可获得免付图书邮寄费的优惠：①详细填写本卡并以传真（复印有效）或邮寄返回给我们；②**登录普华公司官网注册成为普华会员**；③关注微博：@普华文化（新浪微博）。会员单笔订购金额满 300 元，可免费获赠普华当月新书一本。

哪些因素促使您购买本书（可多选）

○本书摆放在书店显著位置　　　○封面推荐　　　　　　　○书名

○作者及出版社　　　　　　　　○封面设计及版式　　　　○媒体书评

○前言　　　　　　　　　　　　○内容　　　　　　　　　○价格

○其他（　　　　　　　　　　　　　　　　　　　　　　　　　　　）

您最近三个月购买的其他经济管理类图书有

1.《　　　　　　　　　》　　　　　2.《　　　　　　　　　》

3.《　　　　　　　　　》　　　　　4.《　　　　　　　　　》

您还希望我们提供的服务有

1. 作者讲座或培训　　　　　　　　2. 附赠光盘

3. 新书信息　　　　　　　　　　　4. 其他（　　　　　　　　　）

请附阁下资料，便于我们向您提供图书信息

姓　　名　　　　　　联系电话　　　　　　职　　务

电子邮箱　　　　　　工作单位

地　　址

地　　址：北京市丰台区成寿寺路 11 号邮电出版大厦 1108 室

北京普华文化发展有限公司（100164）

传　　真：010-81055644

读者热线：010-81055656

编辑邮箱：chenhong@puhuabook.cn

投稿邮箱：puhua111@126.com，或请登录普华官网"作者投稿专区"。

投稿热线：010-81055633

购书电话：010-81055656

媒体及活动联系电话：010-81055656　　　　邮件地址：hanjuan@puhuabook.cn

普华官网：http://www.puhuabook.cn

博　　客：http://blog.sina.com.cn/u/1812635437

新浪微博：@普华文化（关注微博，免费订阅普华每月新书信息速递）

数智时代人力资源管理理论与实践

（活页式）

唐志红　周贤永　占　堆　◎　编著

西南交通大学出版社

·成都·

图书在版编目（ＣＩＰ）数据

数智时代人力资源管理理论与实践：活页式／唐志红，周贤永，占堆编著. –– 成都：西南交通大学出版社，2024.3

ISBN 978-7-5643-9684-8

Ⅰ. ①数… Ⅱ. ①唐… ②周… ③占… Ⅲ. ①人力资源管理 – 教材 Ⅳ. ①F243

中国国家版本馆 CIP 数据核字（2024）第 008990 号

Shuzhi Shidai Renli Ziyuan Guanli Lilun yu Shijian（Huoyeshi）

数智时代人力资源管理理论与实践（活页式）

唐志红　　周贤永　　占　堆／编　著

责任编辑／秦　薇
封面设计／原谋书装

西南交通大学出版社出版发行

（四川省成都市金牛区二环路北一段 111 号西南交通大学创新大厦 21 楼　　610031）

营销部电话：028-87600564　　　028-87600533
网址：http://www.xnjdcbs.com
印刷：四川玖艺呈现印刷有限公司

成品尺寸　　185 mm×260 mm
印张　19.75　　字数　492 千
版次　2024 年 3 月第 1 版　　　印次　2024 年 3 月第 1 次

书号　　ISBN 978-7-5643-9684-8
定价　　59.00 元

　　流光容易把人抛，红了樱桃，绿了芭蕉。AI 技术"红"了吗？传统的工作岗位"绿"了吗？

　　数智时代已经全方位来临，沿着旧地图无法到达新大陆，从传统的线性工业革命到网络化、生态化的数智新时代，我们需要新视界看问题。无论乐观还是悲观，数智技术的井喷并全方位重构社会发展范式的潮流势不可挡，积极适应社会，推动技术发展，更好服务人的解放，提升人的幸福是我们必然的行动取向。

　　人工智能时代的人力资源管理发展趋势是什么？请用 100 字描述。我们就这个问题向某 AI 大模型提问：

　　人工智能时代的人力资源管理将更加注重数据驱动和智能化，通过大数据分析和人工智能技术，实现人才招聘、培训、绩效管理等各方面的自动化和智能化，提高人力资源管理的效率和精准度，同时更加关注员工个人发展需求，实现人与企业的共同发展。

　　如上是某 AI 大模型的回答。

　　鹰击天风壮，鹏飞海浪春。

　　相对于快速崛起的产业变革，我们的教育已经落后于数智时代的要求，我们的教学思维、知识结构乃至教学手段很大程度上都还停留于泰勒科学管理的底座，其发展也更多是循序渐进地叠加。笔者从事人力资源管理教学有 20 多年的时间，逻辑体系也就一直沿着核心概念认知，再到招聘、培训、考核三大基础模块，确立职责分明、目标清晰的管理原则，强调分工引发专业，专业引致效率的管理思路。事实上，教学的内容已经落后于企业的实践。基于数智时代人力资源变革，我们提出了数智–使命、战略、责任、能力（D–MSRC）的新框架，开发"数字唐教授"作为教学助手，我们的目的是探索新时代人力资源管理的新思维、新方法和新内容。

　　应对时代之变，我们一直在教学改革的道路上行动，从主持学校支持线上线下混合教学改革开始，我们做慕课、短视频，提供数字资源，形式不断创新，最终发现形式改革不能替代内容，数字化教学不是或者不仅仅是教学手段的数字化，更重要的是从形式到内容的系统性变革。数智时代人力资源管理变革的文章已算汗牛充栋，但教材依然是固守传承。抓住学校支持出版新形态教材的契机，团队决定从内容的变革入手，将数智化作为人力资源管理的基础底座，之所以用数智化而不是数字化，更想强调的不是简单的数字技术，而是智能，无论机器智能还是人的智能，每一个企业都用自己的数字化逻辑从而形成自己的智力路径。数智技术引发的社会变革、企业商业范式进而重构人力资源管理底座。我们试图更大力度地思考数智时代人力资源管理的新变化，这些思考哪怕并不系统，但也必须思考，这些思考或许引发争论，但也必须开始探索实践。与其讨论人工智能时代哪些岗位将淘汰，不如立马思考和实践在人工智能时代如何更好生存。本书的写作是团队的合力，笔者负责第一、二、三、六、七、八章，西藏大学经济与管理学院占堆教授负责第四、五章，周贤永副教授负责第九、十章，陈光教授参与第一章，刘凤教授参与了第九章的撰写工作。本人负责了从导论开始到第六章的音频录制，周贤永副教授负责了第七、八、九、十章的音频录制。感谢我的研究生 2023 级公共管理的李瑞霞、罗婷，她们积极帮助写作团队收集资料、画图，并参与部分章节内容的撰写，本书写作也得到了企业人力资源管理从业者的支持，万桂容女士参与第三章、李金梅女士参与第六章和第八章的撰写，并为本书提供了大量的实践性素材，本书撰写之初就得到企业的见证。

删繁就简三秋树，领异标新二月花。

本书最大的创新是开发了与教材配套的"数字唐教授"。元梦空间数字科技（成都）有限公司不仅拥有深厚的技术功底，更有助力教学的情怀。基于我们团队提供的语料，元梦空间的技术人员开发出本书专属"数字唐教授"并向广大读者免费开放对话（读者可自行搜索下载元梦空间 APP，并直接搜索唐教授免费对话）。我们的目标是不断对"数字唐教授"进行训练，进一步增加管理哲学、管理学、战略学、创业学以及创新等领域的知识。"数字唐教授"是教师友好的数字化教学助手，可以为大家提供实时在线沟通，教材的使用者在学习的过程中就有数智化的场景。

我们在每一章的后面均有数字音频提供，音频是团队老师对这一章节的进一步补充，既有思想引导，也有历史典故启示。感谢西南交通大学公共管理学院 2023 级公共事业管理专业王家鑫、刘作深、王亦菲、毛思宇、尚姗姗同学以及 2023 级政治学与行政学专业黄楠羡同学，他们积极参与了数字唐教授的语料总结。我们还在喜马拉雅上开了一个专业主播账户——树干唐，欢迎大家关注收听，我们将动态分享专业思考。

闻之而不见，虽博必谬；见之而不知，虽识必妄；知之而不行，虽敦必困。

行动甚于讨论。我们深知今天的努力还有很多不足，但也唯有开始行动才能使探索不再是空谈。本书在积极进行前沿探索的同时，也引用了大量学者的观点，感谢学界以及业界同仁的努力，我们尽力在本书的参考文献中列出大家的贡献，在阅读材料之处指出引用的具体出处。如有遗漏，敬请海涵，我们的初衷是将当前业界的思考奉献给热爱专业的大家。我们的贡献也就是在业界同仁努力的基础之上继续往前行走。数智时代给我们中国企业崛起并为世界提供了更多中国管理方案的历史契机，书中案例我们尽可能体现中国企业的管理探索。

本书出版得到了西南交通大学 2022 年教材建设研究项目新形态教材重点支持。学校对本科教学的持续支持推动我们扎根教学。感谢西南交通大学公共管理学院的领导和同事，大家的鼓励让我们愿意尝试。感谢西南交通大学出版社为本书出版提供帮助。更要感谢我们的学生，正是他们对知识的渴望推动我们回归初心做好教学。

路虽远，行必至。江河不会记录我们的脚步，唯有努力向前才能奔赴大海。

唐志红

2023 年 12 月 31 日于成都

目　录

★本章学习要求与要点★

　　本章从对人的认识入手，讨论现代企业人力资源管理的核心思想，研究人力资源管理与企业竞争优势之间的关系，并以此为切入点，针对数字时代人力资源管理的新模式及对应的内容体系，构建以价值为导向的人力资源管理管理体系。学生通过本章学习，掌握现代企业人力资源管理的基本内涵，认识人力资源管理不同发展阶段的管理重点及当前人力资源管理的新方向。

引入案例

中国首位数字人 CEO（首席执行官，Chift Executive Officer）诞生

　　2022 年 8 月，中国国内一家主打游戏的港股上市公司发布了一份特殊的 CEO 任命，AI 机器人唐钰成为该公司的轮值 CEO。这也是已知的中国首位数字人 CEO。

　　WL 公司及附属公司各部门：

　　经公司研究决定，现任命唐钰为 WL 轮值 CEO，负责组织管理事务及战略执行，通过构建元宇宙组织，持续优化组织模式，提升管理效率，深化人才策略。

　　唐钰作为公司首位数字人高管，于 2017 年 9 月 6 日开始就职于 WL，曾任 WL 副总裁，深度参与公司 AI+guanli、元宇宙组织战略规划及项目，期待唐钰在新的岗位发挥所长，共创佳绩。

　　以上任命自 2022 年 8 月 25 日起生效。

WL 公司

二〇二二年八月二十五日

　　WL 公司早在 2007 年就开始办公流程、事务的电子化和信息化，引入 "AI 员工"，打造 "AI+" 的管理模式，聚焦 "以事务为中心" 的导向提升组织效率，建设公开、公平的企业文化。"唐钰" 到底能为企业做什么？WL 公司方面介绍，唐钰是一个集合群体智慧的 '最强大脑'，对公司管理将起到双向赋能的作用。

　　2017 年，沙特阿拉伯正式对一个人形机器人索菲娅授予公民身份，该机器人也是历史上第一个获得公民身份的机器人。2023 年 ChatGPT 横空出世，人工智能产业化运用加速，颠覆式创新概念持续嬗变、拓界，全方位影响产业、经济与社会，企业需要数字化深度转型，与虚拟数字人协同组成虚实结合团队共同完成任务将成为现代企业数字化转型的重要内容。德鲁克指出，"在动荡的时代，最大的威胁不是动荡本身，而是延续过去的逻辑。"数字时代的组织结构、人与人之间的关系以及人与事之间的匹配都将因为技术手段的改变而发生更多的变化，人力资源管理面临重大转型：一是大量智能化机器人或者数字虚拟人代替部分员工成为企业的人才，整个社会人才格局将发生重大变化；二是数字技术的引入使得工作场景持

续以惊人的速度发生变化；三是新一代就业者对自身职业生涯的发展有了新的内容，相对于从企业发展角度认识自身的发展，他们更重视工作的成就感或者某个项目的意义。数智化人力资源管理思维，培育组织人力资源数智化发展能力以及打造企业数智化人才生态系统成为新时期组织人力资源管理的三大重要任务。

一、数智时代人力资源管理体系新要求

"人力资源"这一概念早在 1954 年就由现代管理学之父彼得·德鲁克（Peter F.Drucker）在其著作《管理实践》提出并加以明确界定，戴夫·尤里奇（Dave Ulrich）则是人力资源管理的开创者。耶鲁大学教授爱德华·怀特·巴克（E. Wight Bakke）首次将人力资源作为企业一种职能型管理活动。德鲁克强调："无人能够左右变化，唯有走在变化之前。在动荡不定的时期，变化就是准则。但是，只有将领导变革视为己任的组织，才能生存下来。"VUCA（Volatile 易变的，Uncertain 不确定，Complex 复杂性，Ambiguous 模糊性的简称）时代，数字技术持续影响当今人力资源管理实践。一方面，以移动互联、新能源和人工智能的全方位应用为核心的新技术革命对企业发展战略影响全方位提速；另一方面，2023 年以 ChatGPT 为代表的人工智能产品横空出世，数字化、智能化技术全方位改变甚至颠覆了组织的岗位设计以及岗位职责，众多岗位或者工作内容被 AI 取代，数字人成为同事，企业人力资源管理理念、体系都面临较大挑战，数字化能力已成为当代企业人力资源管理抵抗风险、赢得竞争的底层能力，应对变化提升组织发展韧性成为企业管理关注焦点。数智化时代，是企业的业务模式以数字化转型为主和管理决策智能化升级为辅的叠加时代，从行政专家、服务传递者向变革推动者和战略合作伙伴转变，人力资源管理成为现代管理变革的驱动器。

【补充阅读材料：VUCA 时代的来临】

VUCA 最早于 1991 年由美军提出，用以描述冷战结束后世界局势呈现的不稳定、不确定、复杂且形式模糊的状态。2001 年 "9·11" 事件后这一缩写才真正被确定，VUCA 也作为一个词语走进了公众视野。数字时代，一切都在变化和形成中。管理学大师彼得·德鲁克 1980 年出版的《动荡年代的管理》中就明确提出变化对商业社会的冲击。数字时代社会的动荡程度和变化速度和当时相比，至少多了一个量级。

（一）数智时代发展趋势对人力资源管理的要求

数智新时代是一个不确定与确定叠加的新时代，工业文明与智能文明叠加、交错、并行，适应全球市场瞬息万变的需要，企业间的竞争超越国界，从直线的、垂直的层序思维转化为生态化网络结构的混序思维，数字人、硅基人登上历史舞台，万物感知，万物互联，万物智能构建一个智能的社会新生态，人力资源管理面临系统性挑战。

立足全球推进企业资源尤其是人力资源的配置，是企业应对全球竞争的重要策略。第一，不同地区、不同民族、不同国家的员工相互融合，这种文化冲突以及不同国家劳动管理法规的差异，需要管理制度一方面满足员工的多层次需求，另一方面又需要制定规范统一的政策，二者的冲突显见。第二，既往的企业人力资源管理，强调个人服从组织需求，员工处于被管理的角色，而数智新时代个体强势崛起，"成长""价值发挥""成就感"超越"命令""服从"成为企业管理热词，管理的过程不再是相关利益主体满意度的平衡（哈佛模式），而是赋能员

工实现组织与员工在价值共创中共成长（数智新模式）。第三，移动互联技术的高速发展改变了信息传递方式以及办公方式，机器人成为工业生产主力军，线上线下混合办公，以在线智能化 HR 工具管理人力资源各过程，以个人为中心的管理和创新激发成为新时期管理演化的重要方向，员工高流动性背景下，选人与培养人的关系继而构建企业人才防火墙、数智时代组织形式变革以及员工工作方式变革叠加带来挑战等。第四，数智时代，企业生产经营全方位"数据自动流转"并"智能化决策、自驱性进化"，人力资源管理更加重视及时性的能力发挥及能力潜力激发，可参见图 0-1。

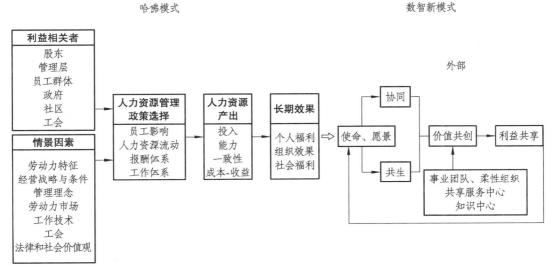

图 0-1　从利益相关者满意到共创共享

Normann and Ramirez（1993）在《从价值链到价值星系：设计互动战略》一文中明确指出，"一个成功过的企业战略分析的重心，并非只界定某特定产业或企业，而是必须聚集于刬造价值的系统本身"。系统内不同的经济行为主体（供应商、合作者、经销商、消费者等）共同创造价值，通过主体身份的重塑与组合实现系统成员共同创造价值。数智时代创造价值的系统本身包括外部系统和内部系统，企业外部的经济行为主体（供应商、合作者、经销商、消费者等）共同创造了企业价值实现系统，企业内部的行为主体则是企业员工、企业股东以及经营者管理者所共同构建了价值共创共生及共享系统。也正因为数智时代企业的商业模式以及运转模式发生的巨变，使得人力资源管理要主动适应这种变化，数智时代人力资源管理范式成为企业新商业范式的支撑者。

数智时代人力资源管理：一方面要把握人的想法，人有思想、情感和偏好，员二能够了解工作的意义，有目标感，能够被认同、激励，能够相互信任，这些在数智时代更加重要；另一方面要把握数智技术应用带来的企业发展和管理变革，强化具体业务场景对管理的影响，包括技术赋能、数据驱动等引发的管理变革，这些都将对人力资源管理形成直接挑战。

（二）中国企业人力资源管理新挑战

改革开放以来，中国经济经历了 40 多年的高速发展期，包括华为、阿里、大疆、联想等一大批企业从中国走向世界，中国成长为世界第二大经济体。能源革命与数字革命深度融合，全球产业分工和贸易格局加速重塑，中国企业面临发展底层逻辑重构压力，现在和过去以及未来之间都存在巨大的鸿沟，沿着既有成长路径无法寻求面向未来的生存之路，尤其是众多缺少核心竞争力、资源短缺的中小企业正面临前所未有的压力。企业人力资源管理所面临的严峻现实是微观层面人力资源管理转型与国家宏观层面人口红利消退、时代层面上技术颠覆式创新、空间层面上全球经济格局重整三位一体。

从人口红利转向人才红利，能力的释放成为关注焦点。波特教授在《国家竞争优势》一书中指出："在狭义的国际竞争中，竞争优势源自丰富的资源，并将科技视为外部条件。然而在实际竞争中，丰富的资源或廉价的成本因素往往造成资源配置没有效率。"新历史时期，中国企业从人口红利转向人才红利，必须在维护劳动者权益、提升劳动者待遇的过程中提升竞争力，切实在行动上将人力资源作为企业第一资源而不仅仅是演讲中的说辞。再者，随着大量 Z 时代（也叫网生代、互联网世代或二次元世代，通常指 1995—2009 年出生的一代人）员工进入企业并逐渐成为企业主力，我们必须在管理中挖掘他们的需要，认可他们的时代个性和行为特质，以 X 时代（美国《时代》创造的词，指 20 世纪 60 年代中期到 70 年代末的年轻人，充满怨言，怕承担责任）、Y 时代（也称千禧一代，与互联网形成和高速发展相伴，1980—1995 年出生）人格特征、Z 时代价值取向为核心与数字时代技术为主导的管理方法面临挑战。特别是众多高学历的人才大量涌入企业基层岗位，有效调动并保持其职业兴趣进而打造有序职业晋升路径成为挑战。

数字技术全面重构企业生产范式的同时也改变了人力资源管理模式。人工智能以及移动互联技术的大规模使用，一方面引发企业生产模式乃至商业模式的重构，消费者自身以数据和信息的方式成为企业生产系统本身的组成部分，数智化人力资源管理，是组织的管理转型。通过数智化手段升级人力资源职能，将内部管理的效能与客户服务效能有效融合从而助推组织战略升级。另一方面数字技术成为人力资源管理的有效技术手段，其直接颠覆了包括人事信息、考勤、考核甚至业务流程，从企业人力资源数据轨迹升级为数据逻辑从而数智化人力资源管理手段，承认个体力量与话语权，数智化赋能员工，最终实现人力资源从"数"到"智"的升级。

中国企业立足全球优化人力资源管理效率是时代必然。世界经济一体化早已使人才竞争与人才流动国际化变成了现实，立足全球构建与企业发展战略相匹配的人力资源体系，基于全球布局利用数字技术强化全球实时在线办公，多元、包容以及协同成为全球性公司人力资源管理关注的焦点。

二、人力资源管理的基本概念

（一）资　源

资源是现代经济学中一个核心概念。《辞海》中的资源为"资财的来源"。从字面意义看，资源是资产或财富的来源，强调的是有用。经济学通常将为了创造物质财富而投入生产过程的一切要素称为资源，包括人力资源、自然资源、资本资源和信息资源等。资源的认知和分类是随着社会生产力的进步而不断拓展的，材料—能源—信息是现实世界三项可供利用的宝贵资源。

（二）人力资源

约翰·R. 康芒斯先后于 1919 年和 1921 年在《产业荣誉》和《产业政府》两本著作里使用"人力资源"一词，但与 21 世纪我们所理解的人力资源在含义上相差很远。现今"人力资源"的概念由管理大师彼得·德鲁克于 1954 年在其名著《管理的实践》中首先提出[①]。德鲁克认为，"人力资源和其他所有资源相比较而言，唯一的区别就是它是人"。人力资源拥有其他资源所没有的素质，即"协调能力、融合能力和想象力"，人力资源的利用具有自主性，即"人对自己是否工作绝对拥有完全的自主权"，人力资源是一种必须通过有效的激励机制才能开发利用的一种特殊资源。20 世纪 60 年代以后，舒尔茨的人力资本理论得到了重视，人力资源概念更深入人心。学者们从不同角度出发提出了一系列的人力资源定义。这些观点大致可以分为两种，一种是从能力角度进行的界定，如：人力资源是人类可用于生产产品或提供各种服务的能力、技能和知识；人力资源是劳动过程中可以直接投入的体力、智力、心力的总和及其形成的基础素质，包括知识、技能、经验、品性与态度等身心素质。另一种则是从人的角度解释人力资源，例如，人力资源指能够推动社会和经济发展的具有智力和体力劳动能力的人的总称；人力资源是一定社会区域内所有具有劳动能力的人口的总和。后者的解释比较符合国家经济统计的需要，而前者则更符合管理的需要。

从管理角度出发，所谓的人力资源是人所具有的，在一定条件下可以被组织所利用，对价值的创造起贡献作用的本能、知识、技能、能力、个性行为特征与倾向等载体中的经济资源的总和。需要强调的是，现代管理愈发重视个性行为特征与倾向的价值，这种资源的属性在很大程度上决定了资源可使用程度及方向，一般性的能力可以通过短时间培训获得或改变，而行为倾向一旦形成，短时间内难以改变。嘎嘎叫是鸭子的行为倾向，要找一个具有执行力的人就必须寻找老鹰而不是光说不练的鸭子。人的个性行为倾向与岗位对应的人格要求二者匹配是人力资源管理的基础性工作。

一般地，人分为个体人、群体人、任务人、组织人和社会人。不同层次的人，考察的力是不一样的（参见图 0-2）。管理的对象不同，其需要激发的力也就不同。

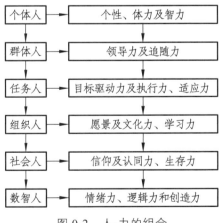

图 0-2　人-力的组合

人力资源不是人本身，而是人所具有的可以使用的力，人是资源的载体。但是，这些资源只是一种存在，真正为我们所使用的应该是在一定条件下所发挥出来的能力。因此，著名人力资源管理专家、密歇根大学教授戴夫·尤里奇认为，"人力资源＝能力水平×投入程度"。中国科学院的专家们在《中国可持续发展战略报告》中指出，人力资源能力分为三个层面：

---

① 我国最早使用"人力资源"概念的文献是毛泽东同志于 1956 年《中国农村社会高潮》中所写：中国的妇女是一种伟大的人力资源。

人的体能（生理和心理的健全程度）、人的技能（掌握基本技术和生产流程的熟练程度）和人的智能（创造性开发及创新的程度）。专家认为，这三方面能力对社会财富的贡献分别为 1∶10∶100。按这样的计算，中国人的"人力资源能力"得分为 7 分左右，而发达国家平均得分在 25～40 分。

正确理解人力资源，还需要掌握其概念与相关概念的区别，如人才同音的还有人材与人财。人材强调人力资源某一方面特征的可塑性。人才强调其能力的特性，出于《易经》"三才之道"，"《易》之为书也，广大悉备。有天道焉，有人道焉，有地道焉。兼三才而两之，故六。六者非它也，三才之道也。"此界定属于定性判断人才概念，比较宽泛，各地关于人才的定量统计更多认定——凡具有"中专和中专以上学历"或"初级和初级以上专业技术职称"的人都叫人才。在此，"人才"是与学历和职称画等号的。本概念易于操作，但对现实工作指导性不强。人财则强调对人力资源的使用会创造更多的财富。任何一个组织本质上所需要的人都是人财。《辞海》指出，"人才"指有才识学问的人，德才兼备的人。人才资源更多地强调了其能力、学识的异质性，而人力资源则强调了能力的共同性。相对而言，人才是较人力资源更高一个层次的概念。

问题思考：请给人才一个可以操作的定义？

（三）人力资源管理

1. 管理

哈罗德·孔茨认为，所谓的管理就是设计和保持一种良好环境，使人在群体里高效率地完成既定目标。彼得·德鲁克认为，管理是"人的价值与行为相整合的约束或社会秩序与知识探求"及"自由的艺术"。管理学家亨利·明茨博格在一次演讲中强调管理是科学也是艺术，同时也是手艺。"最终检验管理的是企业的业绩。唯一能证明这一点的是成就而不是知识。换言之，管理是一种实践而不是一种科学或一种专业，虽然它包含这两方面的因素"[①]。事实上，从实践出发，从时代生产力要素出发是管理认知的基本路径。

现代管理学认为，管理就是营造一个磁场，通过磁场效应凝结整合各个生产要素，使之整合在一起，形成合力和向心力并转化为协同一致的行动，最终实现组织预先制定的目标（图 0-3）。

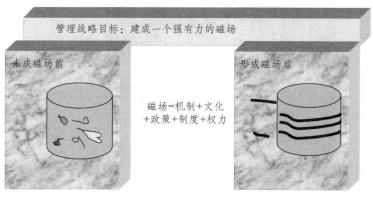

图 0-3　管理与磁场

---

① 彼得·德鲁克：《管理实践》，上海译文出版社，1999 年版，第 11 页。

管理所营造的磁场效应通过机制、文化、政策、制度、权力和责任实现。其中，制度是基础，机制是保障，文化是源泉，权力是杠杆，政策是措施，责任是约束（激励）。

托夫勒强调，管理范式由财富创造的方式决定。农业文明时代和工业文明时代，不同社会经济主体之间呈线性关系，数智经济新时代强调"人—机—人"跨时空协同，传统的垂直整合、协同效应、规模经济、成本控制、科层组织、职能化分工被替代为不同经济主体之间的网络关系，生态链接、柔性生产或个性化小规模定制、平台化生存、生态化发展、网络化协同促进岗位融合、工作协同而不是严格的分工界限，没有一成不变的岗位、职能体系，组织框架随着时间和任务的动态变化以及组织与社会和合作伙伴连接方式的变化而不断被重构，而有效解决"三效"问题，即组织管理过程的"劳动效率"、激发人员的"员工效率"以及最后需要实现的"组织效率"依然是企业管理不变的主题（如图 0-4）。

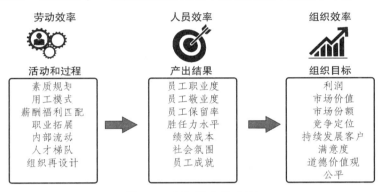

图 0-4　组织效率的实现

思考： 数智时代最容易被数智人替代的工作有哪些？

2. 人力资源管理

事情都是人在做。管理的核心就是管人。所谓的人力资源管理是运用现代化的科学方法，对与一定物力相结合的组织内外部人力进行合理的整合、组织、培训和调配，使人力、物力动态保持最佳比例，同时对人的思想、心理和行为进行恰当的诱导、控制和协调，充分发挥人的主观能动性，使得"人尽其才、事得其人、人事相宜、相得益彰"，最终推动组织和个人价值实现的机制、制度、流程、技术和方法的总和，是组织目标和个人发展目标的有效结合。

人力资源是数量和质量的统一体，人力资源管理就是从量和质两个方面进行管理。人力资源量的管理就是通过招聘、培训、组织和协调等方式使组织拥有所需要的人，实现人与组织岗位的恰当配置；质的管理就是通过对组织成员个体思想、心理和行为的整合与管理，提升个体的工作能动性，以创造更高的绩效。

德鲁克说，管理是对"度"的把握。人力资源管理的核心问题是"匹配"，即做到人与事的匹配，这种匹配是一种动态的匹配。组织要求规范化、制度化以提高效率，而人是有个性的资源，如何将"人"和'组织"进行合理匹配，并掌握合理的"度"就成了现代管理者们共同探索的问题。世上没有无用之人，只有没有用好之人。一个人工作绩效的好坏首先需要考察他是否适合此项工作。在此基础之上，好的绩效还需要恰当的物力支持。因此，人力资源管理的对象不是单纯的人，而是与物力相结合的人，人力资源管理的第一出发点不是管理的对象，而是管理者自身，管理者自身对人力资源的认识以及人岗匹配认知影响到人力资源配置，从而最终影响到人力资源管理效率。20 世纪 80 年代中期以后，关于人和组织匹配的研究越来越多。辛德勒·B 把"人-组织匹配"宽泛地定义为人与组织之间的相容性。他提出了一个"吸引-挑选-摩擦"模型。该框架认为：因为人和组织之间具有相似性而互相吸引。爱德华·T. 霍尔将人和组织匹配定义为个人能力和工作需要的匹配（需求-能力）或者是个人要求与工作属性的匹配（要求-供给）。

人力资源管理的第一任务是激活，通过各种管理手段，激发人力资源活力，使其处于"活着"状态，从而有效发挥其能力。犹如人喝酒，一般酒量的人在激活的状态下，往往能喝远超自己平常的量也不会有事，而一旦处于被压抑的状态，则仅是一点酒也可以使其醉倒。

到了近现代，越来越多的管理学家意识到，人力资源是企业的一种特殊资源，然而，人力资源的核心并非是"个人幸福"，其仅是组织"生产率提高"的重要手段，人的价值需要整合到组织的每一项任务中并最终推动组织使命实现的战略中。关心员工满意度提高、员工职业发展通道建设等有关于"人"的因素的同时，必须同时对"组织"效率和规范化予以关注。

历史回声

1953 年，为解决劳动力不足的问题，浙江千鹤妇女打破传统旧俗，走出家庭，走上田间地头，执行男女同工、同酬政策。1955 年，毛泽东同志为此首次做出了"中国的妇女是一种伟大的人力资源，必须挖掘这种资源，为了建设一个伟大的社会主义国家而奋斗"的批示，这是后来"妇女能顶半边天"思想的重要来源。

"在合作化以前，全国很多地方存在着劳动力过剩的问题。在合作化以后，许多合作社感到劳动力不足了，有必要发动过去不参加田间劳动的广大妇女群众参加到劳动战线上去。这是出乎许多人意料的一件大事。过去人们总以为合作化以后，劳动力一定过剩。原来已经过剩了，再来一个过剩，怎么办呢！在许多地方，合作化的实践，打破了人们的这种顾虑，劳动力不是过剩，而是不足。有些地方，合作化以后，一时感到劳动力过剩，那是因为还没有扩大生产规模，还没有进行多种经营，耕作也还没有精致化的缘故。对于很多地方说来，生产的规模大了，经营的部门多了，劳动的范围向自然界的广度和深度扩张了，工作做得精致了，劳动力就会感到不足。这种情形现在还只是开始，将来会一年一年地发展起来。农业机械化以后也将是这样。将来会出现从来没有被人们设想过的种种事业，几倍、十几倍以至几十倍于现在的农作物的高产量。工业、交通和交换事业的发展，更是前人所不能设想的。科学、文化、教育、卫生等项事业也是如此。"

来源：(《中国农村的社会主义高潮》中册，人民出版社 1956 年 1 月版，第 674-675 页。)

三、人力资源的基本特征

人力资源具有不同于自然资源的特殊性，主要表现为能动性、时效性、增值性、非经济性、个体差异性、有限性和社会性。

（一）能动性

能动性指人力资源是所有生产力要素中唯一具有能动性的要素，人力资源的载体总是有目的、有计划地使用自己的体力和智力，在社会价值的创造中始终处于主动地位，是劳动过程中最积极、最活跃的因素，其他的要素则总是处于被动的状态。人力资源管理的首要任务就是调动被管理对象的能动性，从让他做转变为他自己要做。

（二）时效性

时效性强调人的不同生命阶段人力资源的质量是不一样的，不及时使用则会出现"过期作废"的现象，通俗地说，人力资源不能实现库存。知识经济时代，科学技术的革命性发展使得人力资源的时效性特征表现得更为突出，形象地比喻为人会"加速折旧"。

（三）增值性

增值性指人力资源的智力会因为学习和使用而不断积累，更有价值，体现出边际效益递增。美国经济学家舒尔茨认为，土地本身并不是使人贫穷的主要因素，人的能力和素质是决定贫富差距的关键。旨在提高人口质量的投资有助于经济繁荣和穷人福利增加。发达国家的经验告诉我们，高素质人力资源的投资效益远高于固定资产投资的收益，人力资源的经济价值不断上升。春秋时期的管子有曰：一年之计，莫若树谷；十年之计，莫若树木；终身之计，莫若树人。一树一获者，谷也；一树十获者，木也；一树百获者，人也。可见投资于人收益的长久性。

（四）非经济性

非经济性指人力资源的载体即人，除了追求"高收入"的经济利益外，还有非经济方面的考虑，如个人兴趣爱好、职业晋升机会、工作环境和职业的社会地位等。经济性需求仅仅是人力资源发挥作用的必要而非充分条件。

（五）个体差异性

个体差异性指不同的劳动要素个体，其知识技能条件、劳动参与率倾向以及要素产出都不一致，不存在完全一致的劳动要素，通俗地说就是人与人不一样。

（六）有限性

有限性指人力资源只能在相对有限的时间范围内有限使用。劳动者的生产过程和消耗过程同步进行，生命有限，精力有限，其使用也就只能是有限的。

（七）社会性

人力资源的形成及作用的发挥将受到社会文化及环境的影响，从而具备社会性的特征。人力资源的社会性主要表现为人与人之间的交往及由此产生的千丝万缕的联系。不同民族、不同地区的人们具有不同的社会属性，也就具备不同的行为倾向。这就使得我们在人力资源管理过程中不仅要考虑人的个性，还要考虑人与人之间的团队关系，考虑这种关系对组织的影响。比如，中国人比较讲感情，管理中重视沟通，重视组织内部关系融洽；而美国人以制度为管理基础，强调法制，管理中重视规则。

四、人力资源管理的发展

梁启超认为，"凡思想皆应时代之要求而产生，不察其过去及当时之社会状况，则无以见思想之来源"，变革是从思想开始。这意味着，任何一项变革，我们都必须要从"思想"开始。公元前 18 世纪的汉谟拉比法典就记录着在今天看来是最低工资标准的规定。从管理重心的差异出发，这个过程大体分为传统人事管理阶段（20 世纪 20 年代至 50 年代后期）、人力资源管理阶段（20 世纪 60 年代至 70 年代）、人力资本管理阶段（20 世纪 80 年代至 21 世纪初）、能本管理阶段（21 世纪初至今）四个阶段。

（一）传统人事管理阶段（20 世纪 20 年代至 50 年代后期）

传统人事管理"主要处理工作中人的问题，以及人与企业的关系"[1]，是人力资本管理的古典阶段。

传统的人事管理重物轻人，把人当作工具，是"经济人"，强调人事有效配置，主要是人适应机器。泰勒把企业看作是一个"大机器"，而企业的员工则是这一机器中的"零部件"。在管理中强调通过利用具有法定的、严格的规章制度对每一个员工进行考核，并根据考核结果实行重奖重罚。奖励的主要方法是实行"差别计件工资"，以及奖金和其他福利与荣誉，对于中层以上的领导，还有分红、职务升迁等。处罚形式包括记过、罚金、长（短）期停职、降低工资、解雇，崇尚"蛋糕原理"，提倡工人与雇主共同进行"思想革命"，即双方都不要把心思放在盈余分配上，应放在增加盈余的数量（把"蛋糕"做大）上，使盈余增加到大家都认为没有必要去争论如何进行分配，为此，把和解奉为座右铭。

工业革命的伟大成果之一就是以标准化方式实现了连续大规模生产，人的行为标准化是其重要支撑。我们可以将标准理解为现代的规范化。显然，泰勒管理模式无法充分释放人的潜能和创造力，但它通过强化培训，使员工具备标准、统一而机械化的行为（参见图 0-5）。

图 0-5 人的标准化历程[2]

【阅读材料：汉谟拉比法典关于人力资源管理的相关内容】

第 234 条 倘船工为自由民建造容积六十库鲁之船，则此人对船工应致送银二舍勒以为报酬。

第 257 条 倘自由民雇佣耕者，则彼每年应给以八库鲁之谷。

第 258 条 倘自由民雇佣赶牛者，则彼每年应给以六库鲁之谷。

第 261 条 倘自由雇佣牧人放牧牛羊，则彼每年应给以八库鲁之谷。

第 273 条 倘自由民雇用佣工，则自年初至五月，每日应付银六塞，自六月至年终，每日应付银五塞。

第 274 条 倘自由民雇用手工业者，则每日应给报酬。

---

① 王锐添：《人事管理与组织行为》（修订本），商务印书馆，1993 年版，第 1 页。

② 唐志红，肖丕楚，韩文丽：《能本管理实用图解手册》，中国工人出版社，2006 年版，第 14 页。

（二）人力资源管理阶段（20世纪60年代至70年代）

主要代表人物及其经典理论包括：马斯洛及其"人类需求层次论"、赫茨伯格及其"激励因素-保健因素理论"、麦格雷戈及其"X理论-Y理论"、大内及其"Z理论"等。

人们批判了传统的'经济人'人性假设，提出了"社会人"和"自我实现人"假设，将人视为一种重要的资源，其需求具有层次性，开发和激励成为人力资源管理的重点，非正式组织和劳资合作对于提升人力资源管理绩效有重要作用。

与传统人事管理单纯强调理性管理相比，人力资源管理更加注重管理的社会性和心理性，用"人性管理"统率对人的理性管理，拓宽了人力资源管理思想的内涵，初步具有"以人为中心"的管理雏形。但它仍然只是停留在对人的行为、人的心理、人的观念等进行分析认识，通过改善人的行为，平和人的心理，让劳动力"资源"更充分地发挥作用，忽略（至少是不提）劳动者的文化科学技术素质。同时，即使对于"理性人"和"社会人"的关系，任何偏向一方而"淡化"（其极端是否定）另一方，都同样会陷入片面与僵化，达不到真正有利于提升人力资源管理效率的目的。

戴夫·尤里奇提出"人力资源部门不应该再关注活动本身以及做了什么，而应该关注产出是什么，带来什么价值"，其提出的人力资源角色与贡献的四象限模型进而"人力资源三支柱模型"对人力资源实践产生了深远的影响。

四象限模型认为人力资源部门应扮演四种角色，产出包括战略实施、员工贡献的提升、行政效率的改善、成功的变革等四项（图0-6）。

聚焦未来&战略性

作为战略伙伴/Strategic Partner Aligning HR&Business Strategy 调整人力资源组织架构和业务战略 Active Role in setting strategic direction 积极地树立战略方向	作为变革推动/Change Agent Managing Transformation&Change 管理转型与变革 Effecting Tranaformation&Change 效能转型与变革
作为效能专家/Administrative Expert Managing The Firm's HR Infrastrucion 管理公司的人力资源基础架构 Process Optimization&Efficiency 提高整个组织的工作效率	作为员工支持者/Employee Champion Managing Employees'Contribution 管理员工做出的贡献 Motivated&Competent Personnel 激励并成就员工

聚焦日常&运营性

图0-6 人力资源管理四象限模型

人力资源管理三支柱（图0-7）COE（Center of Excellence，专家中心），规划、方案、制度流程，都在这里完成；HRBP（Business Partner，人力资源业务伙伴），各个业务部门的负责人一起，建设业务部门的组织和组织文化、人才选用预留、人才能力提升；SSC（Shared Service Centre，共享服务中心），集团内各业务单元所有与人力资源管理相关的行政事务性工作集中起来，建立一个服务中心，以市场化及运作机制为企业内部服务。

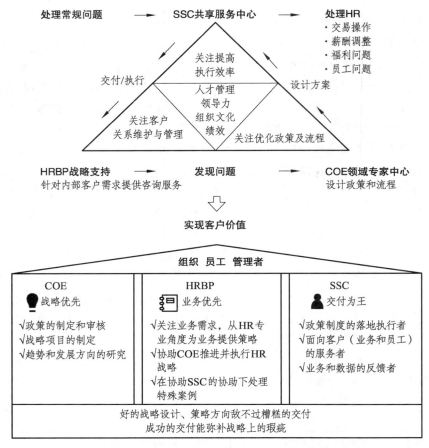

图 0-7　人力资源管理三支柱模型及改进

（三）人力资本管理阶段（20 世纪 80 年代至 21 世纪初）

20 世纪 80 年代初，随着发达国家在 70 年代末从工业社会向信息社会（后工业社会）的转变，人力资源管理思想出现了一个新动向：一方面是在上一阶段已经出现的"以人为中心"的管理思想日趋成熟；另一方面是人力资本理论开始全面介入企业管理。这种思想产生的背景，一是企业文化理论的系统化，促使一个新的管理学派——文化管理学派诞生；二是 20世纪 50 年代末期由 W·舒尔茨创立的人力资本理论，越来越多地被人们所认识和接受，科学技术成为举世公认的第一生产力；三是以计算机技术、现代通信革命为代表的信息科学，使世界经济全球化进入了前所未有的时代，市场竞争日趋白热化，企业实力的竞争就是科学技术的竞争、人才的竞争；四是系统科学与管理学的结合，把人力资本经营战略放在整体企业发展战略和企业管理的核心逐渐成为人们的共识。所有这些变化，标志着初期的把人当作物的附属物进行的"人事管理"，经过从 60 至 70 年代的大约 10 年的"人力资源管理"，最终被以知识经济为特征的"人力资本管理"时代所替代。著名管理学家德鲁克、著名经济学家加里·贝克尔、罗默、卢卡斯等人，都为这个阶段的发展做出了重要贡献。

人力资本管理阶段：强调人是一种资本要素，而且是组织生存和发展的第一资本；强调人自我发展和自我能力的释放；具体管理过程中重视以人力资本为中心的无形资本经营。

人力资本管理论者主张，人力资本营运是一个系统工程，包括两大体系：一是把人力作为资本进行运作的体系；二是把人力资本作为生产要素进行管理的体系。两大体系下面有若干子系统，包括组织结构系统、指挥控制系统、计划配置系统、技术开发系统、市场信息系统、评价与考核系统、培训教育系统、监督（会计与审计）系统、社会心理测试系统和人事管理系统等。系统与系统之间相互联系、相互影响、相互作用，最终构成一个整体性人力资本营运体系。

（四）能本管理阶段（21世纪初至今）

新时期的中国进入以数智化和新能源广泛使用的新经济时代，重复性、机械性动作在更大程度上被智能机器所淘汰。管理以人为本需要思考的是本是什么？是人吗？现代科技革命的迅猛发展，使得创新能力成为决定一个企业乃至一个国家生存和发展的重要因素，人所具有的特性在各阶段都存在，管理以人为本实质上强调的是有效发挥人的能力和激发其潜能并最终实现人的价值（表0-1）。

表0-1　从人事管理到能本管理

	人事管理	人力资源管理	人力资本管理	能本管理
人力资源现状分析	·定员定编，依据当前生产状况决定人员配置 ·感性认识	·以企业经营战略为导向 ·例行分析员工（年龄、性别、学历、技能等）	·用货币来衡量、评价现有的人力资本的价值，更有比较性 ·追求利润最大化	·量化现实人员与岗位匹配度及可能潜力 ·追求人尽其才，事得其人
员工招聘	·计划成分多 ·随意性大	·全面考核个人素质 ·只挑最好的	·以投资回报率的预测为基础决定取舍 ·只买对的，不买贵的	·依据企业核心能力建设提出人力资源能级体系 ·能者居之
员工培训	·以解决现在问题为目标的一种活动 ·技能培训	·以文化和谐、素质提升为导向 ·培训内容广泛 ·制度化、规范化	·以可预期的未来收益为导向 ·选择收益最大的培训方案	·数据化评估人的能力与企业任务以及薪酬体系匹配度
员工考核	·因内部价值分配员工排序 ·多为单纯业绩评价或论资排辈 ·缺乏明确、统一考核标准	·关注员工未来表现 ·公正、明确、统一的考核标准	·用科学的方法对员工价值链进行评估，并不断指导员工进步	·强化数据透视绩效改进和提升的能力提升计划 ·员工激励
员工激励	·对已发生行为奖惩 ·因考核结果的不公正，导致激励效果不明显 ·多年一贯制，激励缺乏层次	·以公正考核结果为依据 ·以员工需求层级为导向 ·激励效果明显增强	·将员工的知识、技能、经历、态度、企业家精神价值量化，通过员工持股计划，形成内在激励	·可数字化评估的能力潜力 ·及时鼓励
员工使用	·"拉郎配"	·责以能授，职以需设 ·人适合岗位，岗位适合人	·以预期收益决定岗位的设定和人员调配	·能岗匹配

创造财富的不是人，而是人身上的能力。人只是能力的载体，因此，管理以人为本，其本质是以人的能力为本，将"本"放置在人的能力上，评估人的能力，形成一种以人的知识、智力、技能和实践创新能力为核心的管理新思路，也就是以能为本的管理。数智时代，组织和岗位分工的确定性不是重点，更多确定性的程序性的工作由数智人完成，一些专业服务岗位将由专业公司来提供，专业创新型工作由平台公司提供，专业化人力资源外包公司依托专业能力快速成长。

所谓"能本管理"，就是以人的能力作为管理的对象和管理的核心，提倡能力本位，建立起以能力为核心的价值观，通过一系列的制度安排，营造一个工作环境（或场景），充分挖掘人的潜力，强调以使命为核心，广泛地链接人与机器，数智赋能，价值观约束，最大限度地发挥人的创造力和智力，实现人和组织的共同发展，最终建立起学习型组织。

【专栏：小故事：蜜蜂和苍蝇】

六只蜜蜂和同样数目的苍蝇被装进一个玻璃瓶中，瓶子平放，瓶底朝着窗外。想一下，谁能从瓶子里出来。

你会看到，蜜蜂不停地想在瓶底上找到出口，一直到它们力竭倒毙或饿死；而苍蝇则会在不到两分钟之内，穿过另一端的瓶颈逃逸。事实上，正是由于蜜蜂对光亮的喜爱，由于它们的智力，蜜蜂死亡了。愚蠢的苍蝇对事物的逻辑毫不留意，全然不顾亮光的吸引，四下乱飞，结果误打误撞地碰上好运气。

想一想：蜜蜂和苍蝇谁更有能力？表现在哪些地方？

这并不是一个寓言故事，而是美国密执安大学教授、著名行为学者卡尔·韦克教授所做的一次实验。韦克总结道：这件事说明，实验、坚持不懈、试错、冒险、即兴发挥、最佳途径、迂回前进、混乱、刻板和随机应变，所有这些都有助于应对变化。

能本管理实质是以"能力人"为基础和前提，以人的能力及能力的充分激发为管理的落脚点。数智化时代，创新、激励、赋能、引领成为关键词，去中心化、去 KPI、自组织、零工经济成为流行语，移动化、社交化、智能化、大数据技术驱动成为趋势，以行为数据解读背后的能力体系及潜力成为人力资源选育用留的重要手段。人力资源大数据不仅逐步成为完善的理论体系，也将促使人力资源大数据服务成为一个新的服务行业。

夏商周时期"访贤任能"文化开启了我国古代人力资源管理思想的萌芽，到春秋时期又有荐举、养士、考选、世官、军功等多种"招人"制度，再到秦汉三国时期强调更好用人（项羽连一个范增都用不好必然失败），隋唐宋时期开启科举制度，明清时期八股取士，可以说，中国古代人力资源管理思想是极其丰富的。而近代中国的落后在很大程度上是人力资源的失败，思想禁锢，人的现代性远远落后。从民国开始，大量留学归来的仁人志士将先进人力资源管理思想带入中国，尤其是改革开放之后，中国人力资源实践以及理论都获得了飞速发展，人力资源开发及管理成为提升国家以及企业核心竞争力的重要领域。毛泽东同志认为"世间一切事物中，人是第一个可宝贵的"，他曾说，"在共产党领导下，只要有了人，什么人间奇迹也可以造出来"。"政治路线确定之后，干部就是决定的因素"，根植于中国革命和新中国早期建设实践，毛泽东同志对于人才队伍建设强调的是"又红又专"和"德才兼备"。在总结了中国革命和建设初期人才工作正反两方面经验和教训的基础上，邓小平同志强调，"没有人才什么事情也搞不好"（邓小平，1991 年 8 月 20 日《总结经验，使用人才》一文中提出）。特别是随着改革开放确立为基本国策，"尊重知识，尊重人才"的人才观念成为广泛共识。在实现中华民族伟大复兴中国梦的征程上，针对人才工作，习近平总书记做出一系列重要论断，"办好中国的事情，关键在党，关键在人，关键在人才"，"聚天下英才而用之""发展是第一要务，人才是第一资源，创新是第一动力""综合国力竞争说到底是人才竞争"，等等。立足当前国际国内环境，习近平总书记在中央人才工作会议上明确指出，"坚持面向世界科技前沿、面向经济主战场、面向国家重大需求、面向人民生命健康，深入实施新时代人才强国战略，全方位培养、引进、用好人才，加快建设世界重要人才中心和创新高地，为 2035 年基本实现社会主义现代化提供人才支撑，为 2050 年全面建成社会主义现代化强国打好人才基础"，为我们加快建设人才强国指明方向。

五、现代人力资源管理的核心观念

（一）人力是一种重要的资本要素

人力资本指体现在劳动者身上、以劳动者的数量和质量表示的非物质资本，表现为劳动者健康、一定的操作技能和劳动熟练程度。对于企业而言，人力资本就是企业所拥有的、人力资源具备的、为企业创造价值的能力。现代社会已经进入智力资本竞争时代，企业人才构成以及使用效率很大程度上决定了企业竞争力。企业人力资本保值增值过程就是企业可持续发展过程。

马克思主义人才观将人才看作是自然性、社会性和实践性三者的有机统一，并认为人是生产力要素中居于支配地位和主体地位的，即人是最活跃的生产力要素。"历史什么事情也没有做……创造这一切、拥有这一切并为这一切而斗争的，不是'历史'，而正是人，现实的、活生生的人。"

与其他资本相比，能动性是人力资本一个显著的特征，其能力的发挥与环境、载体的意愿等密切相关。本着以人为本的理念和价值取向，视员工为企业发展的基础和动力源泉，有效激发员工工作积极性和创造性，注重员工的人文关怀和尊重，增加员工参与感、归属感和存在的价值感，使其能动地发挥作用是企业人力资源管理面临的现实问题。

（二）企业是人力资本与非人力资本的合约

现代制度经济学的研究证明，企业实际是人力资本与非人力资本的一个合约，结合在一起才能发挥效用。不同经济发展时期各种资本的作用有差异。在很长一段时间内，货币资本的作用占主导地位，而随着知识经济时代的来临，人力资本的作用日益突出，在一些高智力行业甚至起到了主导作用，人力资本的产权安排有助于构建适宜的现代企业治理结构，劳动契约和心理契约成为调节员工与企业之间关系的纽带。

管理学大师西蒙指出，企业管理的重点在经营，经营的重点是决策，决策是企业管理者尤其是企业家最重要的职责。企业家拥有的知识、智慧、运筹帷幄和敢于承担风险的能力构成了有胆识、有魄力的企业战略家，是有"特殊能力、工作经验、技术水平"的特殊人力资本，其资本配置能力在很大程度上决定了企业发展方向和效率。

（三）人力资源管理部门是利润中心

长期以来人力资源管理部门不受重视，一个重要原因就是我们把人力资源管理部门作为费用（成本）中心。企业的每项活动都是价值创造活动，人力资源管理部门作为企业人力资源活动的总指挥部，理所当然地应成为企业的利润中心。企业的利润是通过每一个员工的努力将企业家的决策转化为实实在在的行动，我们必须对人力资源管理的各项活动进行成本效益考核，核算其利润，推动人力资源部从费用中心演变为企业利润中心，将人力资源作为一项专业职能上升到公司治理层面，尊重人才的独特性与独创性，善于发现员工个性化优点，如"歪瓜裂枣"其实都是甜的瓜，甜的枣，也有其可取之处。

（四）员工关系管理是企业管理新重心

员工关系管理指的是企业通过富有意义的沟通，理解并影响员工行为，最终实现提高企业人力资源的获得、保留及其忠诚度和创利能力的活动。员工是企业的第一顾客，高人力资本价值的、满意的、创造价值的和敬业的员工是全世界所有盈利型和增长型企业关注的焦点，由关注少数精英人才发展到全员关怀，维系企业与生产经营的不同环节、不同职位、不同文化层次和不同工龄员工的关系，促进员工忠诚度的提高，由员工被动工作发展到自主价值创造和自主经营，强调是员工在企业管理中的主动参与和积极作用，激发员工工作积极性、主动性和创造性是企业人力资源管理的重心。

六、数智时代人力资源管理 D–MSRC 体系

（一）数智时代企业人力资源管理基本任务

传统观点认为，人力资源管理的任务包括：① 人力资源计划、招聘和选择；② 人力资源开发；③ 报酬和福利；④ 安全和健康；⑤ 员工和劳动关系；⑥ 人力资源研究。[1]有的人则说是"获取"（招聘、考试、选拔和委派）、"整合"（上岗前培训，如企业文化、质量观、技能等）、"保持和激励"（奖酬、福利、提升等）、"控制与调整"（评估考核，做出奖惩、升迁、离退、解雇等决定）、"开发"（培训与教育，提供发展机会，指明发展方向等）。[2]哈佛大学商学院则把下列 6 项列为人力资源管理最基本的任务：① "吸引"（工作要求，做这些工作的人数和技术要求，为合格者提供工作机会等）；② 录用（根据需要选择人员）；③ 保持（保持员工积极性，保持安全健康的环境）；④ 发展（发展四种能力：知识 K—Knowledge、技巧 S—Skill、能力 A—Ability、其他特长 Os—Others）；⑤ 评价；⑥调整（依据组织需要和雇员技能水平进行调整，使组织和个人均达到最佳的发展状态）[3]。

从图 0-8 可以看到，企业的人力资源管理活动始终围绕企业使命和阶段性目标展开。

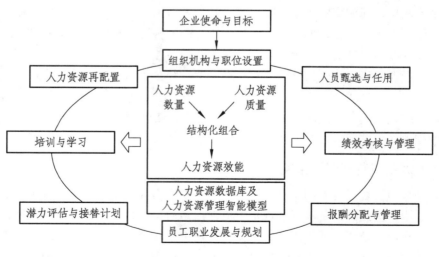

图 0-8　人力资源管理活动体系

---

① [美]韦恩·蒙迪，罗伯特·诺埃：《人力资源管理》，经济科学出版社，1998 年版，第 6 页。
② 余凯成：《人力资源开发与管理》，企业管理出版社，1997 年版，第 23 页。
③ 哈佛商学院 MBA 教程系列：《人力资源管理》，红旗出版社，1997 年版，第 17 页。

维克托·迈尔·舍恩伯格在《大数据时代》一书中强调，"大数据开启了一次重大的时代转型。就像望远镜让我们能够感受宇宙，显微镜让我们能够观测微生物一样，大数据正在改变我们的生活以及理解世界的方式，成为新发明和新服务的源泉，而更多的改变正蓄势待发"。依据数智时代企业发展新特征，基于财务可持续模型，将大数据分析手段全方位融入企业业务流程和人力资源管理全流程，激发员工的积极性和创造性，提高生产效率和经济效益，推动企业发展。管理工作的基本点就是通过人力资源数量和质量的结构化组合最终实现人力资源效能，数智化手段的大量运营提升了人力资源管理的精准度。

具体任务是：

（1）人力资源的数据化管理：积极推进人才的能力结构数字化与数字化人才的深度应用，强化大数据手段，针对人员选拔、绩效过程、培训选拔和考核、人员再配置结果等进行客观分析，将业务模型与数据分析结果有效结合，最终建立更为科学的人才测评以及人力资源数量化考核模式。

（2）探索数字化管理手段：利用人工智能手段，积极探索将人事档案管理、人事报表等程序性、标准化人力资源管理工作自动化、程序化，从而优化人力资源部门岗位设计，数智支撑下的"人效合一"与"业人融合"统一。

（3）进一步推动扁平化管理：大数据环境下，数据成为生产要素，业务流程信息化，企业传统组织架构及管理模式被打破，专业化的数据模型以及决策支持系统推动更多业务环节智能化处理，员工更多从监督、追踪环节解放出来直接面对客户，从事更具有创造性的工作。

（4）人力资源日常工作：计划与配置。通过计划、组织、吸引、招聘、选择和配置等方式，保证供给足够数量和质量的劳动力和专业人才；通过教育与培训等方式，不断提高员工的劳动技能和专业技术水平，增加企业人力资源积累；通过选拔、任用、考核和奖惩，积极协助和引导每个员工制订切合实际的职业发展计划，并尽可能地得到实施，促进全体员工尽快成长；通过任务导向以及人员价值贡献分析，不断提升企业与员工绩效，运用合理的报酬、福利、提升及其他激励形式，鼓励员工的积极性和创造性；运用各种手段，对管理者与被管理者、员工与雇主、员工与员工之间的关系进行协调，按照国家法律规定，维护员工合法权益不受侵犯。

（5）人力资源心理管理。数智化新技术革命极大地提升了人们的工作效率，但相伴而来的工作场景变革对职场人的健康与福祉也提出了新的挑战。研究表明数智化技术对职场健康的影响并不总是积极的。例如，数智技术大量使用可能会提高员工的威胁感，使员工工作投入降低，进而产生更强的离职意愿，远程办公等工作方式使同事关系由"线下"转为"线上"，组织成员间线下交流建设，成员之间呈现陌生感，长期与数字打交道和被动接受软件的指令可能给员工带来工作倦怠与身心压力。人力资源管理部门和相关管理者高度重视员工的心理调节，从而提升员工的活力和构建企业内部和谐的员工关系。

（6）人力资源管理成本效益核算。"管理不定量，必定是粗放"，因此，我们必须对各项人力资源管理活动进行成本效益核算。人力资源会计已成为企业人力资源管理领域新的研究和实践热点。

（二）人力资源管理 D-MSRC 范式

一般说来，企业人力资源管理者有四大功能：① 直线功能，即直接指挥别人做事和暗示别人该做什么事。② 协调与控制功能，即确保企业人事目标、人事政策和人事程序的贯彻执行。③ 职能（服务）功能，即要完成一般人事工作者最基本的工作任务。[1]包括招聘、培训、评价、建议、晋升和离（退）职等工作，处理劳资关系。④ 创新功能，即为直线管理人员"提供当前最新发展趋势以及解决问题的最新方法方面的信息"，通过这些功能找到并留住在企业的生存和发展过程中有与企业参与市场竞争相匹配且符合企业要求的员工，实现人得其职，职得其人，人职相宜，相得益彰。

我们提出数智时代人力资源管理的 D-MSRC 范式。所谓的 D 指数智化 Digital Intelligent，M 指使命 Mission，S 指战略 Strategy，R 指责任 Responsiblity，C 指能力 Capability。发展是使命导向，基于使命确定阶段性目标进而制定战略，每个员工明确战略中的角色责任，明确对应的能力要求。任何人和组织都是由其使命、愿景和价值观来定义，进而产生问题：为了什么？我是谁？我和谁一起去哪里？如何去？有无更好方法？

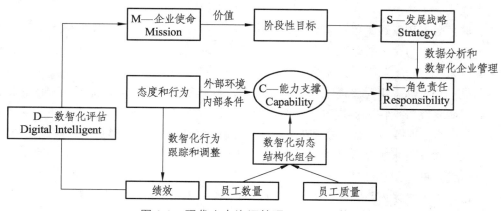

图 0-9 现代人力资源管理 D-MSRC 体系

"全场景数智化"管控是数智时代人力资源工作的热点。数智时代，企业的用工主体，从自然人向数字人与自然人的组合转变，人力资源管理的底层逻辑或思维范式面临重塑，从传统目标响应式、职能分工式、管理命令式向使命自驱式、职能融合式、管理数智式转变，面向组织使命的数智化人力资源运营成为企业人力资源管理数智化的发展方向。

管理学大师迈克尔·波特提出，企业生产经营过程就是价值创造的过程。数智时代人力资源管理，我们关注的焦点不仅仅是有效分工，更重要的则是把企业的生产、营销、财务和人力资源等各方面有机整合，强化的是企业整体价值的实现而不是岗位职责的分工，按照"价值链"整合"业务流"的特征，从人才维，组织维，管理维，体验维四个维度实现人力资源管理数智化转型，依托数智化技术，企业各环节既相互关联，又具有处理资金流、物流和信息流的自组织和自适应能力。

正如德鲁克所言："所谓企业管理，最终就是人事管理。人事管理，就是企业管理的代名词。"因此，人力资源管理活动贯穿于企业各项价值创造活动，人力资源管理价值链是企业各条价值链中的关键链，其管理的目的是使企业的每项价值创造活动中有适宜的员工，选人、育人和用人按照匹配的原则，以创新向善推动，以机会牵引人才，人和事动态搭配。在长期价值主义主张下，人力资源管理价值定位与企业价值使命和经营绩效深度融合。

---

① [美]加里·德斯勒：《人力资源管理》，中国人民大学出版社，1999 年版，第 6 页。

案例思考

华为人力资源管理的实践

深圳华为技术有限公司成立于 1988 年，从事通信产品的研究、开发、生产与销售。从一个不足 20 人，注册资本仅 2 万元的小作坊，到 2015 年，销售收入达到了 3 950 亿元人民币，净利润达到 369 亿元人民币。截至 2022 年底，华为全球员工总数约 20.7 万人，来自全球 162 个国家和地区，女性员工比例高达 21.05%，在海外各国招聘本地员工 4 000 多人，海外员工本地化率为 63.8%。业务遍及全球 170 多个国家和地区，服务全世界三分之一以上的人口，建立了包括电信基础网络、业务与软件、专业服务和终端等在内的端到端优势。

公司的发展离不开优秀的员工，认真负责和管理有效的员工是华为公司最大的财富。华为每年大量派遣管理人员、技术人员到国外考察、学习、交流。通过不断优化人力资源各个领域的管理，为员工提供良好的工作环境和事业发展的空间。

（1）选人——注重素质。

华为依靠自己的宗旨和文化，成就与机会，以及政策和待遇，吸引和招揽一流的人才。华为公司每年从高校和社会上招聘大量的人才，在招聘和录用中，注重人的素质、潜能、品格、学历和经验。按照双向选择的原则，在人才使用、培养与发展上，提供客观且对等的承诺。公司有严格的面试流程，一般来说，一个应聘者必须经过人力资源部、业务部门的主管等四个环节的面试，以及公司人力资源部总裁审批才能正式加盟华为。为保证招聘质量，公司针对主要的岗位建立素质模型，对素质模型中的主要素质进行分级定义，统一各面试考官的考核标准，从而提高面试考核的针对性和准确性。另外华为公司建立面试资格人管理制度，对所有的面试考官进行培训，合格者才能获得面试官资格。而且公司每年对面试考官进行资格年审，把关不严者将取消面试考官资格。

（2）内部劳动力市场。

华为公司通过建立内部劳动力市场，在人力资源管理中引入竞争和选择机制。通过内部劳动力市场和外部劳动力市场的置换，促进优秀人才的脱颖而出，实现人力资源的合理配置和激活沉淀层，并使人合适于职务，使职务合适于人。

（3）育人——持续的人力资源开发。

华为公司将持续的人力资源开发作为实现人力资本增值目标的重要条件。实行在职培训与脱产培训相结合，自我开发与教育开发相结合的开发方式。每个员工通过努力工作，以及在工作中增长的才干，都可能获取职务或任职资格的晋升。与此相对应，保留职务上的公平竞争机制，坚决推行能上能下的干部制度。公司遵循人才成长规律，依据客观公正的考评结果，让最有责任心的明白人承担重要的责任。华为公司不拘泥于资历与级别，按公司组织目标与事业机会的要求，依据制度性甄别程序，对有突出才干和突出贡献者实施破格晋升。

（4）用人——客观公正的考评和适当的流动。

在华为公司，考评体系的建立依据以下假设：

华为绝大多数员工是愿意负责和愿意合作的，是高度自尊和有强烈成就欲望的。

金无足赤，人无完人；优点突出的人往往缺点也很明显。

工作态度和工作能力应该体现在工作绩效的改进上。

失败铺就成功，但重犯同样的错误是不应该的。

员工未能达到考评标准要求，也有管理者的责任。员工的成绩就是管理者的成绩。

员工和干部的考评，是按照明确的目标和要求，对每个员工和干部的工作绩效、工作态度、工作能力的一种例行化的考核与评价。工作绩效的考评侧重在绩效的改进上，宜细不宜粗；工作态度和工作能力的考评侧重在长期表现上，宜粗不宜细。考评结果建立档案，考评要跟随公司不同时期的成长要求有所侧重。在各层上下级主管之间建立定期述职制度，各级主管与下属之间都必须实现良好的沟通，以加强相互的理解和信任，将沟通列入对各级主管的考评。

华为一直就有末位淘汰制度。2009年初，公司下决心严格按照末位淘汰制度裁员5%。这个决定是否是因为华为的经营出现问题呢？华为有关人士称，华为的经济效益还可以，不会因为养不起员工而裁员，这次裁员主要还是为了激励员工，怕一些老员工养成不上进的习惯。

（5）激励体系。

华为成功的关键有两项：员工关系、客户关系。《华为基本法》确定了两条原则，一是实行员工持股制度，作为企业的创始人，任正非大量稀释自己所拥有的股份。据他自己透露，"我在公司中占的股份微乎其微，只有1%左右。"二是在技术开发上近乎偏执的持续投入，任正非坚持将每年销售收入的10%用于科研开发。华为快速发展的关键支撑是华为的20万员工。因为任正非用了中国企业中史无前例的员工持股制度，99.35%的股票归员工所有，任正非本人所持有股票只占0.65%，这无疑造就了华为式管理的向心力，能够激励员工的工作热情。华为这个"部队"敢冲、敢拼，就在于华为有20万名把自己当老板的员工。

（来源：依据华为企业网站相关资料汇编而成。）

问题：

1. 请你谈谈对"认真负责和管理有效的员工是华为公司最大的财富"的认识？

2. 为什么裁员能激励员工？

【关键概念】

人事管理 人力资源管理 人力资本管理 人力资本扩张。

复习思考题

1. 人力资源管理阶段的主要思想是什么？

2. 简述人力资源管理与企业竞争力之间的关系。

3. 人力资源管理3P模式的指导思想是什么？

【补充阅读材料1】

X世代、Y世代、Z世代都是怎么回事

在中国，"80后""90后""00"后的说法可谓人尽皆知，但在美国，人们更习惯把不同世代的人按X、Y、Z划分，这就有了所谓的X世代、Y世代和Z世代。各种世代名称，是由美国社会学家马克·麦克林德尔（Mark McCrindle）、比利·伊多尔（Billy Idol）、尼尔·豪（Neil Howe）、威廉·施特劳斯（William Strauss）等人，在不同时期，给不同年代出生的孩

子们"取"的。事实上，回溯美国的发展历程，由于战后经济周期较为明显，"世代"之间的差异化较大，每一世代的人群特征也颇为明晰。伴随着美国经济从高速增长到日趋平稳，各个世代的人大体上也经历了"迷茫→自信→独立"的变化过程。参考相关研究报告，战后的美国大体可划分为四个世代：婴儿潮一代、X世代、Y世代、Z世代。千禧一代、Z世代越来越频繁地出现在各种文章、报告、营销活动中。简单的理解是，它们跟"80后""90后""00"后的划分相似，是因处于同一历史坐标而享有集体人格面具的人群集体，但又不同。

（1）婴儿潮一代（1945—1965年出生）。

这是举世闻名的一代人。第二次世界大战（简称"二战"）结束后，许多参军的美国青年荣归故里并组建家庭，随即掀起了一波生育高峰期，"Baby Boomers"便由此而来。作为美国经济快速走向繁荣并成为世界霸主的参与者和见证者，婴儿潮一代中的很多人都积累了可观的财富，他们强大的购买力还引发了1969年美国的第一次房地产繁荣。

（2）X世代（1965—1980年出生）。

1990年7月16日号的封面文章，把出生在20世纪60年代中期到70年代末的年轻人，称作"X一代"。经过加拿大作家道格拉斯·柯普兰1991年出版的名为《X一代》一书的推广，此种说法更加流行。小说中，柯普兰将X世代称为婴儿潮世代的下一世代。这一代人经历了不少的事件，金融危机、失业潮、互联网的冲击，各种压力压在这一代人的头上。

尽管X世代的人们物质生活更加丰富，受教育程度更高，也经历了科学技术不断发展带来的社会巨变，但成长过程中频发的经济危机和社会负面舆论却又令他们对未来感到无所适从。换言之，X世代是未知、迷茫的一代人，他们所处的环境特征大体表现为：与父辈的沟通困境，涨得比工资更快的房价，被消费和购物吞噬的生活，无孔不入的明星娱乐八卦，无法信任的媒体，还有大量不可描述、使人愤怒而无力的社会事件。

（3）Y世代（1980—1995年出生）。

Y世代又叫"千禧一代"，这一代人生育率再次大幅回升，还被称为"回声潮世代（Echo Boomers）"。Y世代最大的特征在于经历了个人电脑和互联网的迅速普及，由此形成了与X世代截然不同的生活态度和价值观，他们大多自信、乐观、坦率，有主见、见识广。

（4）Z世代（1995—2010年出生）。

Z世代同时被定义为一个多工世代（Multitasking Generation）、连结世代（Connected Generation）、网络世代（Net Generation），那么S世代将是中坚世代（Backbone Generation）、惊艳世代（Stunning Generation）、多元世代（Diverse Generation），是数字技术的原住民，互联网和数码产品是他们与生俱来及日常生活的一部分，在技术革命的推动下，Z世代的生活方式发生了质的变化，他们的性格也更加自我独立，更加关注人生的体验感，同时也更加懂得去挖掘最好的价值和服务。他们会为自己的热爱倾注感情，表达、追逐自己所爱，但同时也拥有一颗理智之心，不容易为各种纷乱的信息所动摇，显得深思熟虑而有主见，注重体验，个性鲜明，自尊心强，愿意追求尝试各种新生事物，消费时他们注重品质，也会受外在影响，看重颜值。Z世代大都踌躇满志并且正逐步成长为未来中国新经济、新消费、新文化的主导力量。

除X、Y、Z世代以外，业界还提出一个新的世代，即S世代。S世代成长于Y世代和Z世代之间，并在后二者之间寻求最大交集的一群人。他们爱旅游、爱转工、爱虚拟、爱手机，追求自我、讲求灵活，不计回报、只问快乐，挑战规则、渴望与规则交锋，这些都是Y世代的特点。与 Y 世代不同点在于，S 世代大多属于社会中坚力量，不会盲目地"不计回报、只问快乐"，也从没想过"不计代价地挑战现有规则"。S 世代从不挑战规则，他们只会在最大极限内适应规则，并在达到一定阶段和地位后，创造一套自我适应的新规则。

（来源：由笔者依据相关文献整理）

【补充阅读材料 2】

阿里人数破 25 万，他们的人才数据管理是怎么做的

互联网行业的 HR 都知道，一般大家都是这样看到下面这三家公司的。

腾讯发展的内核靠的是：产品的直觉和用户的洞察；

字节发展的内核靠的是：数据来驱动和工具去提效；

阿里发展的内核靠的是：宏大的愿景和强势的文化。

很多人都认为腾讯是标准的工科生思维，字节是理科生的思维，而阿里就是标准的文科生思维。

但如果你认为阿里的数据化管理很少，其实就大错特错了。

最近，我们采访了一位阿里 M4 级别的人力资源中高层，他叫阿强，也是我们 HRGO 的会员用户，让他来和我们说说，阿里员工超过 25 万后，他们是怎么做人力资源数据分析与管理的？

这一切，要从 2007 年开始说起，这一年阿里的人力资源部门，为阿里招来了决定阿里未来的三位最核心的人才。在 2007 年当下，谁也不知道，那一年阿里入职的三个人，将来能大放异彩。他们分别是：张勇、井贤栋、武卫。他们在 2021 年的职位，一位是阿里集团的一把手，一位是蚂蚁集团的一把手，一位是阿里集团财务的一把手。同时，他们也都是阿里最高层的董事会成员。从 2007 年开始，财务人就逐渐开始掌管了阿里，财务人是非常看重数据和数据的分析的，这三位都是资深财务背景出身，也都是数据领域的绝顶高手。

张勇，曾经是盛大的 CFO；井贤栋，曾经是世界银行的高级专家顾问；武卫，曾经是毕马威的审计合伙人。

在阿里，有五个委员会，分别是：技术委员会、人才发展委员会、安全风险委员会、财务投资委员会、公共事务委员会。这三位高管，都在内部担任重要职务。

我们大家现在看到的，阿里内部的数据化管理系统和所有管理系统，更新迭代都是从 2007 年开始的。最关键岗位的核心一把手都有财务背景，所以在阿里，下属汇报工作以及集团处事风格，就非常讲究理性和逻辑。比如说，下属汇报工作，最多 10 分钟，10 分钟内领导会随时提问关键业务数据，回答不出来的话，直接影响绩效。

有一次，一位事业部的 COE 汇报工作，在做某一项管理数据汇报的时候，他故意偷换了数据概念，让原本惨淡的数据看起来正常了一些，被他的领导现场抓包，立刻把他外派到一线，做了一年一线的 HRBP 感受下真实的业务场景，才最后回来。

阿里因为对数据的重视程度特别高，所以招人力资源岗位的时候，特别喜欢两类人：一类是大学专业曾经是数学、物理、统计学或者计算机类之类的，干了多年的 HR；另外一类是原先在大型的咨询公司干过 3 年以上的，譬如麦肯锡、波士顿等。根据阿里最新财报显示，截至 2021 年 3 月 31 日，集团的员工总数为 251 462 人。而去年的这个时候，阿里集团人数才 122 399。一年内出现人数暴增，主要原因也是因为阿里收购了零售行业的巨头。在阿里，

如果你是一位 HR，就必须背得出最新的员工人数数据，除了今年的，你还需要背出去年同期的甚至前年的；这是在阿里，一位 HR 在数据方面的基本素养。阿强说，你除了知道员工的总数，你也必须随时关注核心关键事业部的人数，譬如说：本地生活（口碑+饿了么）现在员工人数在 25 000 人左右；阿里云智能事业群在 18 000 人左右；蚂蚁金服集团在 13 600 人左右；阿里大文娱集团在 12 000 人左右；阿里 B2B 事业群在 9 000 人左右；淘宝事业群＋大天猫在 8 500 人左右。

光知道这些就够了吗？作为一位阿里的 HR，还要知道每个月不同层级员工的基本数据状况。譬如说：阿里年轻的管理和人才梯队已经开始逐渐年轻化，在管理干部和技术骨干中，"80 后"已经占到 80%，也就是阿里的中层已经是"80 后"的天下。"90"管理者也已超过 2 000 人，已经占管理者总数的 8%。

为什么要随时背得出？因为你不知道什么时候就要去参加一个业务会议了，背不出直接影响你在领导面前的印象，或者直接被扣掉绩效。

阿强说，阿里已经能通过对不同人才特质的分析，评估未来的战斗力和产出。在阿里内部数据分析的平台内，只要你想要的数据，他们都能第一时间分析出来，而且会给一些下一步的行动建议。而要完成这项任务，需要一个关键岗位，这个岗位叫作数智效能组织发展专家。所谓数智，全称就是数据智能，是通过数据智能反逼个人与组织效能。这是阿里对人力资源数据化的要求。

当然，这也有问题：员工隐私也是需要保护的，在数据分析方面，不能为所欲为。

除了数据管理的能力，我们也要认识到数据的局限性，比方说如果数据源本身就有问题或者不太客观，那么数据分析，就分析了个寂寞。阿里做好数据管理的核心，还是从上至下有这个氛围和意识，一把手们脑袋里都是各种公式、算法和数据的时候，作为下属就一定会注意这些方面。"数据"本身就会成为最宝贵的资源，看哪家公司能拥有最多的有价值数据。我们个人也是一样，如何能获得更多的有关自身的数据，如何能在更多的维度量化自己，如何能有效地利用这些数据，将成为人和人之间最大的区别。阿里的数据分析，正在告诉我们一件事：未来的管理，越来越多的员工行为都可以被转化成数据，而当管理者对于这些数据进行充分的挖掘和分析的时候，他们可以找到更好、更高效的方式来开展业务，甚至是针对每一个员工的个体行为进行优化。所以说善用数据，超越感觉，你就能超越 90% 的竞争者，因为他们只凭感觉行动。

（来源：人力资源分享汇，2021 年 7 月 30 日）

【数字化应用】

第一章　人力资源战略与规划

★本章学习要求与要点★

　　本章系统介绍了人力资源战略、人力资源规划，用 SCQA 架构 MECE 法则做了人力资源战略的环境分析，并具体展开叙述了人力资源规划的意义、内容和过程。学生通过本章学习，了解并学习人力资源战略规划的基本内容，能熟悉环境分析方法运用到人力资源管理中。

引入案例

　　战略脱胎于战争术语，我国《孙子兵法》首篇《计篇》仅 300 余字却揭示出我国古代军事家深邃的战略思想。英语中的"战略"源于古希腊语"Strategia"，意为权力，也有军事指挥的意思。"战略管理之父"安索夫教授 1972 年在其出版的《战略管理思想》中提出"战略管理"概念，并于 1976 年在《从战略计划走向战略管理》一书中强调"企业战略管理是一个动态过程""企业战略管理是指将企业的日常业务决策同长期计划决策相结合而形成的一系列经营管理业务"。数智经济时代，快速变化的外部世界和日益激烈的竞争环境一方面凸显战略方向引领的重要性，另一方面则使战略的制定和实施面临确定环境而更加困难。紧紧围绕组织战略的实施强化人力资源战略的动态匹配是人力资源管理的重要内容。

【专栏】

名家名言

亨德森：战略本质就是维持企业的独特竞争优势。

波特：战略不是经营效率，战略是建立在独特的经营上的，战略就是要做到与众不同。

明茨伯格：战略是一种模式，是一系列行为决策的结果。

德鲁克：战略是一种统一的综合的一体化计划，用来实现企业的基本目标。

思考：词的来源及内涵发展体现了其意义。请查阅人字的来源以及演变。

第一节　人力资源战略

　　人力资源管理概念的提出和发展与战略密切相关，人力资源活动必须要实现"内在配适调合"和"外在配适调合"，即人力资源的实务活动彼此之间必须形成整合一致的功能，并与组织追求战略目标和方向相一致，才能发挥最佳的综合效果。

　　战略规划就是强调未来导向，源于目标，根植于愿景。"人力资源是企业追求永续化竞争优势的重要基础，如果人力资源管理没有被放在组织战略管理的框架下来讨论，则无法凸显出其与人事管理之间的差异"（Christopher Mabey，克里斯多夫·梅比）。人力资源管理战略与规划的实施过程就是组织强化人力资源运营实现战略目标，获取竞争优势的过程。

一、人力资源战略概念的提出

20 世纪 80 年代以前，人力资源管理理论不断成熟，并在实践中得到进一步发展，为企业所广泛接受，并逐渐取代人事管理，但整个人力资源管理活动更多停留在技术活动层面，关注招聘、培训以及考核等具体人力资源管理职能的实现。20 世纪 80 年代尤其是 90 年代后，全球化步伐加快，企业竞争更大范围立足于全球，且由于计算机以及通信技术的高速发展，企业竞争环境发生深刻变化，人力资源战略成为企业发展的关键，人们更多地探讨人力资源管理如何驱动企业战略实现，人力资源部门的角色向企业管理战略合作伙伴关系转变。以人力资源战略和规划支撑企业战略的实现和变革，标志着现代人力资源管理进入新阶段。

【专栏】

华为不同发展阶段的人力资源战略

华为公司在其战略发展不同阶段有着不同人力资源战略。在 20 世纪 90 年代中后期，他们所制定的人力资源战略规划核心思想有二：抢占人才高地与垄断后备人才。

任正非 1987 年联合 6 个人凑了 2.1 万元开启了华为创业历程。短短 30 年时间从产品到解决方案、从国内市场到全球市场、从运营商到终端和行业三次华丽转型，华为成长为全球领先的 ICT 基础设施和智能终端提供商。究其成功的原因，其中很重要的因素之一就是与阶段性企业战略相匹配的人力资源战略规划。

20 世纪 90 年代中期，华为的发展战略可描述为："华为将长期专注于通信网络，从核心层到接入层，整体解决方案的研究开发，同时以标准的中间件形成向用户提供开放的业务平台，并关注宽带分组化、个人化的网络发展方向。"基于此发展战略，华为开始大规模抢占人才高地，垄断后备人才。五年的人力资源战略规划的实施，从 1996 年到 2000 年，平均每年员工增长 4 000 人，到 2000 年时，华为的人力资源战略规划从实施到结束，其员工由几千人一跃而达到 25 000 人。除数量上的显著增长外，人力资源结构指标也极具竞争力，华为的员工中 85% 具本科以上学历，45% 具硕士、博士学位，2000 年时员工平均年龄 27 岁，科研人才占 40%，市场营销和服务人员占 35%，生产人员占 10%，管理及其他辅助占 15%，华为在数量增长的同时保持着极佳的人才结构。任正非强调，"人才不是华为的核心竞争力，对人才进行有效管理的能力，才是企业的核心竞争力。"

2000 年，任正非写出了著名的文章《华为的冬天》，文中开头便说："公司所有员工是否考虑过，如果有一天，公司销售额下滑、利润下滑甚至会破产，我们怎么办？""泰坦尼克号也是在一片欢呼声中出的海。而且我相信，这一天一定会到来。面对这样的未来，我们怎样来处理，我们是不是思考过？我们好多员工盲目自豪，盲目乐观，如果想过的人太少，也许就快来临了。居安思危，不是危言耸听。"如何度过冬天。只有成为全球化的企业才能在通信领域占有一席之地，华为在中国本土成长，国际市场的拓展是一个巨大的挑战。2000 年华为开始全面出征海外，到 2005 年，在海外市场的收入首次超越了国内。2008 年华为的海外销售占全球销售总收入的 75%。

2001—2006 年，华为实施了新的人力资源战略规划，其中心思想是人才投资、汇聚精英，五年的人力资源战略规划中，华为聘请了相关人力资源咨询公司20多个，通过人力资源管理系统的建设、通过人力资源管理平台的建设以及持续不断的人才投资，人员稳定在61 000多名，其人才分布在全球100余个分支机构，服务全球超过10亿用户。

2009年华为引入IBM的BLM（Business Leadership Model）作为战略规划的方法论。与之匹配，2009—2013年，华为的人力资源管理构建了三支柱模型：HR COE（能力中心）、HR SSC（共享服务中心）、HR BP（业务伙伴）。华为开始了从人力资源管理向业务伙伴转型，也就是向HRBP转型的探索。2013年开始，华为的人力资源管理逐步从业务伙伴关系走向人力资源战略管理，在华为内部被称为人力资源管理4.0。人力资源战略管理注重价值链的管理，价值链的管理是人力资源价值贡献的实现路径，也就是从价值创造和价值评价这个角度将人力资源价值贡献全部串联起来。这意味着人力资源管理不再是事后的支持职能，而成为企业主价值链的一部分，不仅关联客户，还直接进入企业战略前端。

2018年，华为公司总裁办发布《华为公司人力资源管理纲要2.0总纲（公开讨论稿）》，总结了华为公司发展过程中积累的成功经验，并识别了新形势下的主要问题，提出了业务管理与组织运作的新模式：华为用愿景、机会、待遇吸引人才，选择业务需要的有潜力的人才加入，给予信任并授权，让员工有成长的空间，用利益和成长的机会让员工留下来，用一套训练体系去培养优秀人才，用制度和体系确保权力得到合理运用，思想得到统一。

2019年5月15日，时任美国总统的特朗普，发布了总统令。宣布禁止使用敌对国家（"Adversary"）的信息与通信技术及服务，并授权美国商务部具体执行。针对华为的制裁开始了。从2019年006号、007号总裁办电子邮件可以清楚看出，制裁下的华为对当下的人力资源战略中心工作做了重新规划与调整，两个文件强调了5件事：

1. 当前人力资源的战略重心是解决绩效管理的合理性和规则性；

2. 人力资源部提供考核方法和工具，授权给各级作战团队和他们的干部去考核；

3. 人力资源体系要率先自我革命，从而去团结所有人，形成公司价值体系，带动整个公司革命；

4. 专家要循环成长，不断考核和考试，逐渐将优秀员工快速选上来，不合适的就随之边缘化；

5. 在贡献面前人人平等，导向冲锋，让组织充满活力。

这五项规划都在强调一件事：强化自身，迎接变革！

（来源：笔者依据相关资料汇编而成。）

迎接变革是每一个时代企业迎流而上的必然选择。数智社会已经全方位来临，技术以及竞争格局的变化下，企业的人力资源战略面临三个新的挑战：第一，企业对关键人才的渴望越来越强烈，如何有效利用数智化工具帮助企业更高效地获取、培养、使用人才；第二，企业更加重视数字化人才的引进和培养，这是数智化升级的关键一环；第三，人力资源的流动性和独立性更强，强化使用而不是所有将是人力资源管理战略面临的新挑战。

二、人力资源战略的内涵

不同时期、不同视角对于人力资源战略的定义并不完全一致。"程序和活动的集合，它通过人力资源部门和直线管理部门的努力来实现组织的战略目标，并以此来提高组织目前和未来的绩效及维持竞争优势"（Schuler & Walker，1990）；"指员工发展决策以及对员工具有重要长期影响的决策，它表明了组织人力资源管理的指导思想和发展方向，而这又给组织的人力资源计划和发展提供了基础，组织的人力资源战略是根据组织战略确定的"（Cook，1992）；"组织所采用一个计划或方法，并通过员工的有效活动来实现组织的目标，帮助组织获取和维持其竞争优势"（Comez Mejia，1998）。重点各有不同，但大家公认人力资源管理战略从属于组织战略，并支持组织战略的实现。

战略与规划是基于愿景进行战略设计。战略本质上就是选择，选择做什么和不做什么。很多时候选择不做什么比选择做什么更难决策、更重要，主要包括业务组合选择和竞争策略选择两个层面。战略是手段，不是目的。面对快速变化的世界，我们需要强调的是愿景（使命）导向而不是目标导向，以愿景引导我们思考在时代中存在的价值。

概念界定：愿景、使命、价值观和目标

愿景是描绘团队遵循使命并且成功后能够或应变成什么样子的图景，也是描绘组织愿意为社会提供的服务（一定不是具体的产品）。

使命是企业确定的经营的基本指导思想、原则、方向和经营哲学，涉及企业具体业务。

价值观是企业在完成使命和实现愿景过程中的具体指导原则，核心是解决组织行为的价值观，目标是企业对未来结果的抽象表达，是实现使命要达到的预期效果。

长期以来人们都认定管理企业应当遵循的一个基本原则，即每项工作必须为达到总目标而展开。

价值观是在完成使命和实现愿景过程中的指导原则。战略是指领导者采取怎样的方法来完成其使命和达成愿景。可以说，使命是"理由"，愿景是"目标"，战略是"方法"。价值观是行动的原则，而战略是一系列重大的职能或组织决策，解决的是团队如何实现愿景的方法的问题（图 1-1）。

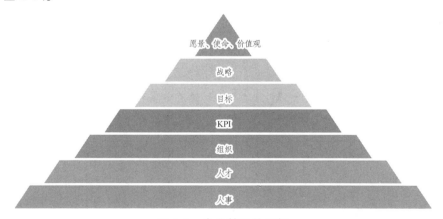

图 1-1　企业管理的逻辑

人力资源战略（Human Resource Strategy）是使人力资源管理与组织战略从时间和内容、从愿景和手段保持一致的管理行为，具体是指为实现组织愿景下目标而采取的一系列有计划的，并具有战略性、全局性、系统性和长远性的人力资源部署和管理行为，其宗旨在于充分合理地运用组织人力资源，使其发挥最大优势，以实现组织目标的各种模式和活动的总称。人力资源战略可分为三个层次（见图 1-2）。

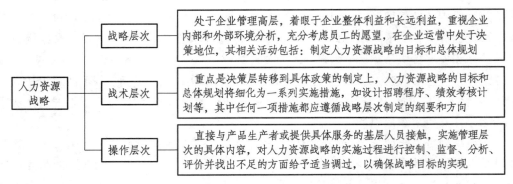

图 1-2　人力资源战略的层次

　　钱德勒 1962 年在《战略与结构：美国工商企业成长的若干篇章》中提出了"战略决定组织"，先设计好战略，再决定组织形式。该书出版的背景是职能制流行时代，企业业务和环境相对稳定。我们可以设计出一个相对完美的战略，进而依据战略设计资源组织模式，明确组织结构。数智时代，海量信息和变化更加不确定背景下"好的战略"变得遥不可及。哲学家克尔凯郭尔曾说过，日子得向前奔，但回首才知历史。战略与未来相关，但它更是过去和现在的延续。管理者或许必须制定未来的战略，但他们必须通过过去来理解它。数智时代，制定并实施战略的根本性困境在于将稳定与变革结合起来，战略不是既定目标下的执行，而是应对变化的逻辑选择。数智时代的变化不再是简单线性迭代，消费者不再是简单地扮演被推销和服务的对象，而是价值生态系统的有效组成，与企业和众多消费者共同创造、分享价值。企业的战略定位不是立足今天，面向未来，而是更好地展望未来，改变今天，未来社会发展无限可能的驱动力、现实市场竞争的摩擦力以及源自企业内部企业家精神的自驱力、组织的惯性力的四力合力影响企业的生存和发展。数智时代人力资源战略实质上是使人力资源管理与组织战略相互作用以适应变化并保持动态匹配的手段的总和（见表 1-1）。

表 1-1　战略管理的思想理论体系经历了五个阶段

阶段	核心内容	主要工具
第一阶段：1960 年起	以安德鲁斯为核心的战略规划理论体系，强调战略形成是一个有意识的、受人为思想控制的过程	SWOT 分析 波士顿矩阵
第二阶段：1970 年起	以奎因为代表提出的逻辑改良主义，环境适应学派产生，强调战略的动态变化，最合适的战略制定与决策过程依赖于环境波动的程度	SEFA 法（动态评估分析）、战略不确定性评估矩阵、试错分析法
第三阶段：1980 年起	以波特竞争优势战略（后改为动态战略体系）体系为核心的产业组织理论体系，强调战略与众不同，要面向未来，要强化宏观环境和产业发展未来分析	SCP 模型（结构、行为、业绩）、波特的战略工具（五力模型、价值链、三种常见战略模式）
第四阶段：1990 年起	以格兰特和蒙哥马利建立的资源基础理论体系强调企业拥有不同的有形和无形资源。企业应在识别关键资源基础上确定其经营战略	核心竞争能力理论
第五阶段：2020 年起	数据成为生产要素，企业所处环境走向相对开放、互动、互联协同模式，寻求协同增效，共生单元从自主进化到系统自进化，动态实现整体价值最优。战略新思维包括五个方面——多元生态、产数交融、协同共生、跨界融合、共创共荣	数字孪生、量子管理

图 1-3 为确定目标并根据目标确定行动路线。

| 企业家问：请问我该往哪里走 | 学者回答：这要看你想去哪里
企业家再问：我到底该怎么走 | 规划学派的学者：你应先订好计划再走
适应学派的学者：你摸索着走吧，有错就换一条路
产业组织学派的学者：你为什么要去那里？是否换一个目的地
资源基础学派的学者：你应先培养走路的能力，然后再去 |

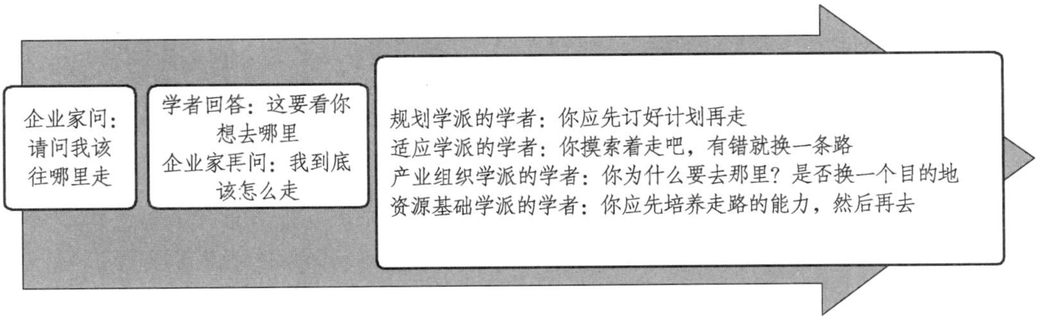

图 1-3 确定目标并根据目标确定行动路线

三、人力资源战略环境分析

战略环境分析方法众多，包括 PEST、SWOT、商业模式画布（Business Model Canvas）、波特五力模型等，我们这里主要介绍世界著名管理咨询公司麦肯锡公司提出的 MECE 法则和 SCQA 架构。

（一）MECE 法则

MECE（Mutually Exclusive Collective Exhaustive）是麦肯锡咨询顾问芭芭拉·明托（Barbara Minto）在《金字塔原理》中提出的一个思考工具：分析问题时，把整体层层分解为要素的过程中，遵循"相互独立，完全穷尽"的基本法则，确保每一层的要素之间"不重叠，不遗漏"。该方案重点在于帮助分析人员找到所有影响预期效益或目标的关键因素，并找到所有可能的解决办法，而且它会有助于管理者进行问题或解决方案的排序、分析，并从中找到令人满意的解决方案。通常的做法分两种：

第一种方法：通过类似鱼刺图的方法确立问题并在确立主要问题基础上，逐个往下层层分解，直至所有的疑问都找到，通过问题的层层分解，分析出关键问题和初步地解决问题的思路。比如采用二分法，将事物分解为 A 和非 A 两个部分，采用过程法按照事件发生的时间顺序、流程、程序对信息逐一分类，并进一步从事物组成要素角度对事物各个方面特征展开描述。

第二种方法：结合头脑风暴法找到主要问题，在不考虑现有资源限制基础上，考虑解决该问题的所有可能方法，特别注意多种方法的结合有可能是个新的解决方法，然后再往下分析每种解决方法所需要的各种资源，并通过分析比较，从上述多种方案中找到目前状况下最现实、最令人满意的答案。

使用本方法需要注意三个问题：谨记分解目的、避免层次混淆和借鉴成熟模型。

分解的目的取决于我们对问题的定义，问题视角是我们思考的原点。立足 MECE 框架中实现突破创新，需要回到起点，重新定义问题：什么是问题？导致问题的原因是什么？如：张杰因为工作原因，晚上睡觉很早，但是最近只要他躺下一闭眼，就能听到楼上传来"咚咚咚"的声音，搞得他非常烦躁。原来是楼上新搬来的邻居，总爱在晚上 9 点钟左右用小铁锤敲核桃吃，觉得这样能为熬夜工作补补脑。张杰心想，怎样才能让楼上的邻居不要敲核桃呢？围绕这个问题，应用 MECE 原则，写下"敲门直说""委婉暗示""先等等看"三种策略，又想了想，在"敲门直说"下方，按照态度不同，分为"示弱请求""严肃正告""生气批评"等。事实上，改变问题定义：怎样使邻居夹核桃从而不发出声音，或者怎样使邻居在9点以前敲好核桃或者怎样才能不听到敲核桃的声音，不同的问题定位导致解决方案也就不同。

分析问题的层次在于科学分析问题包含的要素，上例的要素包括：张三、邻居、地点关系（楼上楼下）、时间（晚上9点左右）、动作（敲）、工具（小锤子）、对象（核桃）、传声介质等，任何一个要素改变，这个问题都将得到解决，而不是针对"邻居"这一个要素，罗列自己可以采取什么样的策略。事实上，问题的要素还包括张杰9点要睡觉，能不能改变作息甚至是改变工作再或者搬家？谁的问题？谁的什么问题？是问题吗？我们需要不断提问，确定需要解决的问题。

借鉴成熟模型要求我们尽量从前人解决既往问题的方法中寻求解决问题的思路，历史总是可以借鉴的，经验各不相同，但教训总是相对一致。

（二）SCQA 架构

SCQA 概念由麦肯锡咨询顾问芭芭拉·明托在《金字塔原理》书中提出，即情境（Situation），冲突（Complication），问题（Question），答案（Answer）。四者自由组合可以形成不同的陈述方法。

S（Situation）情景——熟悉的情境或事实引入，任何问题都是场景中的问题。

C（Complication）冲突——指出实际面临的困境或冲突，冲突可能长期存在。

Q（Question）问题——长期冲突中什么是今天面临和需要解决的问题？进一步从我们自身的角色定位看，我们要解决的问题是什么？任何问题都是场景中的问题。

A（Answer）回答——你是如何解决这个问题的？问题的解决方式与我们的角色密切相关。

SCQA 是由场景导入展开战略性设计的思维模型，场景可以是现在的状态，也或者是基于未来的情景。比如10年之后人们之间的信息交互会怎么样呢？基于情景思考我们当下正在经历的困难，进一步明确我们是如何分析这个问题并成功解决它的。具体使用中，有四种常见的 SCQA 形式（图1-4）。

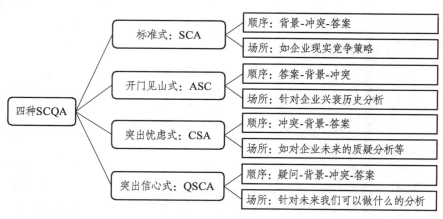

图1-4 四种形式的 SCQA

SCQA 应用举例——埃隆·马斯克 TED 演讲

今天全人类面临的最大威胁是什么？"科技高速发展，过去几十年中人类拥有的先进武器，足以摧毁地球'几十次'"。

不过，尽管我们拥有毁灭地球的能力，却还没有逃离地球的技术。

显然，我们今天面临的最大威胁，是没有移民外星球的科技，我们公司将致力于私人航天技术，在可预见的将来实现火星移民计划，然而过程中我们可能遇到四个方面的问题。

埃隆·马斯克（Elon Musk）在 TED 演讲中通过问题、背景、冲突、答案（QSCA）四者组合突出重点，来鼓舞人们信心。

SCQA 应用拓展——请对照马斯克演讲，利用 SCQA 范式针对 ChatGPT 时代人才培养新范式进行演讲。

第二节 人力资源规划

一、人力资源规划的含义及意义

（一）人力资源规划的含义

国内外关于人力资源规划的定义有多种[1]：人力资源规划就是要分析组织在环境变化中对人力资源的需求状况，并制定必要的政策和措施以满足这些要求；人力资源规划就是在组织和员工的目标达到最大一致的情况下，使人力资源的供给和需求达到最佳平衡；人力资源规划就是确保组织在需要的时间和需要的岗位上获得各种需要的人才（包括数量和质量两个指标）；人力资源规划就是要使组织和个人得到长期的益处；人力资源规划就是要使组织内部和外部人员的供应与特定时期组织内部预计空缺的位置相吻合。

究其内涵而言，上述定义有的强调在需要的时间、需要的地点（岗位）满足组织对人才的需求；有的强调在组织与个人双目标统一的前提下，实现人力资源供需平衡；有的还界定了人力资源计划的预测性，以及平衡供需矛盾的人员来源。

人力资源规划是一个系统性工作，是将企业一定时期内的经营战略和目标转化为人力资源需求（数量、质量和时点），从企业整体的超前和量化的角度分析和制订人力资源管理的一些具体目标，以确保企业整体可持续经营目标的实现。任何成功的组织都是善于运营自己所拥有和控制的人力资源的，人力资源规划就是充分利用企业人力资源存量和增量的一项重要措施。不同的人力资源规划可以有不同的表达方式，但最终目标基本上是一致的——最有效地利用所需人才。因此，我们认为，人力资源规划是围绕组织未来战略的实现，科学预测和分析对人力资源系统的需求，确保在环境变化的情况下，组织在适当的时候，制定相应的政策措施以适当的成本和方式获得恰当数量与质量的员工的服务，是组织和个人在组织预定目标实现过程中同步实现个人价值的过程。

人力资源规划的定义有五层含义：

第一，环境是变化的，人力资源计划是经过科学预测后动态变化的反映；

第二，人力资源规划要有相应的具体政策措施予以保证，否则规划要落空；

第三，人力资源规划实施结果应该确保组织和员工双方同等获益；

第四，人力资源规划是组织战略目标实现的基本支撑；

---

[1] 郑绍濂等：《人力资源开发与管理》，复旦大学出版社，1995 年版，第 15-16 页。

第五，人力资源规划是一个系统评价人力资源需求的工作，确保必要时可以获得所需数量且具备相应技能的员工的过程，包括拥有和使用方式，数智时代，使用权比所有权更受重视。

（二）人力资源规划的意义

1. 组织生存环境的动态变化要求组织进行人力资源规划

任何组织都处于一定的动态变化的外部环境之中，以未来需求满足为导向的规划有助于提升企业发展的稳定性和可预期性。如国家有关离退休年龄政策的变动就直接影响到组织员工的工作年限，而技术上的变动要求任何一项新技术的采用都会使劳动生产率得到一定程度的提高，这势必会在节省许多劳动力的同时，对在岗人员进行再培训以适应新技术的要求，而新技术的不断涌现恰好是当今社会经济发展中最引人注目的特征之一。因此，企业或组织所处环境中政治的、经济的和技术的等一系列因素的变化都将对企业的商业模式和运行模式产生重要影响，进而带来人员数量和结构的新要求，组织需要制订相应的人力资源规划与之相适应。

2. 组织自身发展变化要求组织进行人力资源规划

组织内部各种要素处于不断的运动和变化之中，作为组织内最为活跃的要素——人力要素也不例外。例如：离退休、自然减员、辞退和开除等现象都会导致员工的减少；工作时间的增长会在客观上使企业员工因为经验增加和技能的熟练提升组织的人力资源质量；招聘员工会导致员工的增加，组织内部的人力资源再配置也会使组织的人力资源结构发生变化。在这种背景下，适当的人力资源规划可以协调各种要素的运动，进而促进企业各种发展要素的动态协调。

3. 组织科学人力资源管理决策要求组织进行人力资源规划

（1）人力资源规划为组织发展对人力资源的需求提供可靠的保证。预计形势变动趋势，未雨绸缪，储备适合组织发展各阶段所需的人才。

（2）人力资源规划为组织各项重大人事决策提供充分的依据和指导。不同阶段的人事决策是不同的。一个发展中的组织，由于存在大量无经验的年轻员工，有较多的中高层职位待补，人员培训、人员晋升和配置工作任务比较重。相反，处于停滞或衰退期的组织，虽然有经验的人逐年增加，但并不是所有的人都会有令人满意的发展，所以人员培训（再教育）和内部流动（人力再配置）工作将明显增加。在工资总额问题上也是这样。工资总额取决于组织人力资源的数量及构成。发展中的组织，未来中、长期工资总额相对会小一些；而老的、处在停滞衰退期的组织，人员负担较重，其相对工资总额就大得多，甚至可能连吃饭都成为头痛的事情。可见，在不同发展阶段上，人事工作政策的重点是不同的。

（3）人力资源规划对满足员工需求和调动员工积极性与创造性有巨大的作用。通过人力资源规划，员工可以清楚地了解自己要满足的需要及满足的程度，从而促使他们为追求自己的利益而表现出应有的积极性、主动性与创造性。

（4）人力资源规划是各项具体人力资源管理活动的基础。各种人事功能如何影响人力资源规划可参见图1-5。

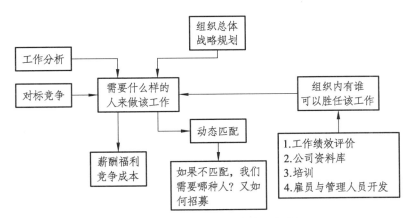

图 1-5 人事功能与人力资源规划

4. 市场竞争需要企业进行人力资源规划

在市场经济条件下，各种资源都通过市场进行配置，人力资源也不例外。企业之间竞争的关键就是人才的竞争，因此，企业要在市场竞争中站稳脚跟，甚至取得竞争的优势地位，就必须制订符合社会经济发展趋势和市场竞争要求的规划，人力资源规划就是确保这种规划实现的基础。比如，企业打算通过新产品的研发来提升企业的竞争力，可企业却并不拥有相应的人力资源，或没有制订相应的人力资源招聘和运营规划，新产品的研发也就无从谈起。竞争角度的人力资源规划工作可以考量如下问题：① 挖走竞争对手的人或者降低竞争对手招人概率与通过产品竞争打败对手，哪一个成本更低？② 什么样的人才决定企业长期发展，而哪一类人才决定企业现实的生存？

二、人力资源规划的种类与性质

（一）人力资源规划的种类

从时间上划分，人力资源规划可以分为短、中、长期计划。短期计划（一年以内）：任务具体，要求明确，措施落实。中期计划（1～5 年）：总体要求和方针政策明确，但又不如短期计划那样具体。长期计划（5 年以上）也可以称规划，说明总的方针、原则，属指导性的滚动计划，即它勾画的是方向、轮廓，可以根据一定时期（通常为一年）的变化进行调整。

（二）人力资源规划的性质

从性质上划分，人力资源规划可以分为战略性规划和策略性计划。长期计划属于战略性规划，短期计划、行动计划等都属于策略性计划。另外，还有一种计划，即项目计划。项目计划大多属于短期计划，但培养宇航员这样的项目计划，又是长远规划。

人力资源规划既是一种战略性规划，又是一种策略性计划。说是战略性规划：第一，它是企业总体战略规划的重要政策部分之一。总体战略规划需要相应的人力资源规划的保证，而人力资源规划为未来企业的总体规划预先准备人力。例如，一家公司决定进入一个新的领域，建立一家新的工厂，或者压缩活动范围的时候，所有这些活动都会影响到准备补充的空位人员的数量和种类。同时，决定怎样补充人员空位，也会影响公司人力资源规划其他方面的活动。第二，人力资源规划本身也是一种策略性计划。它首先考虑的不是眼前的某个具体的人员，而是一个时期内的一批、一组和一类人员的需求与供给的平衡。具体的人员只是人力资源规划的执行而已。说是策略性计划，是因为战略规划必须依靠每个年度计划去完成，并要求把完成的结果如实反馈给组织管理中枢，以求根据实际情况决定是否补充、修订和完善战略规划。

三、人力资源规划的内容

人力资源规划内容应是全面的。从实践看，不仅应有数量方面的规划，也应有质量方面的规划。人力资源规划的内容还应该是反映环境变化的动态规划，即要求人力资源规划的内部一致性与外部一致性彼此统一[1]。所谓内部一致性，指招聘、甄选、配置、培训以及绩效评价等规划设计应当是彼此配合的。所谓外部的一致性，指人员规划应当成为企业总体规划的一个组成部分，因为是否进入新的业务领域、是否建立新的工厂或降低现有业务活动水平等，都有着深刻的劳动力含义，关系到招聘、培训等。

人力资源规划的一个重要内容是功能性行动计划的拟订。这些计划如岗位职务规划、人员补充规划、教育培训规划、人力配置规划和职业发展规划等，都会影响人力资源整体规划。

（一）岗位职务规划

岗位职务规划有三个基本任务：① 定员（定位），依据组织中、长期发展目标，劳动生产率、技术设备工艺要求、本行业技术进步的特点与趋势等，确立相应的组织机构、岗位职级和职数；② 定责（岗位准则），为确保完成组织既定目标，必须对每个岗位提出相应的职务标准，并成为定期考核岗位工作人员业绩的依据；③ 定权（或定保障条件），岗位职务规划必须同时赋予上岗人员相应的权利，这既是权责统一的需要，也是完成组织任务的保证。

（二）人员补充规划

人员补充规划主要指在中长期内使组织空缺的岗位职务能从质量上和数量上得到合理的补充。人员补充规划要提出对各级各类人员所需要的年龄、性别、资历、学历（教育与培训）和技能等具体要求，其又属于组织的人力资源外延扩张问题。

（三）教育培训规划

依据组织发展需要，提出通过各种教育培训途径，及时培养和输送各级各类合格人才的计划。一个趋势是，随着科技的进步、"地球村"的形成，社会对劳动力素质的要求将会越来越高、越来越全面：不仅技能、知识等要求如此，而且还将从语言、跨文化、技术手段、对外交流和国际经济贸易知识与实务等方面提出新的要求。同时，教育与培训既要考虑组织的发展与需要，又要考虑员工个人的发展与需要。教育培训规划是关于人力资源投资的规划，属于组织人力资源内涵的扩张范畴。

（四）人力配置（使用）规划

人力配置规划是组织依据其结构、功能和岗位职务的专业分工配置所需的人员，以及相关工作任务的分派计划。人力分配规划要遵循人力资源优化配置、人力资源产出最大的原则，

---

[1] Wayne Cascio. Applied Psychology in Personnel Management (Reston, VA: Reston, 1978), P.158. 另见 Ernest C.Miller, "Strategic Planning Pays Off," Personnel Journal (April, 1989), P.127~132.

最大限度地做到人尽其力、人尽其才，为公司创造最大的经济效益和社会效益。

（五）职业发展规划

职业发展规划指规划一个人的职业生涯，把个人的发展与组织的发展紧密结合起来，二者的利益同时得到满足。职业生涯对员工成长以及组织发展的重要性已经得到人们的认同。目前对职业生涯的含义还没有统一的认识。法国权威词典将职业生涯定义为："表现为连续性的分阶段、分等级的职业经历。"[1]美国学者罗斯维尔和思莱德将职业生涯界定为人的一生中与工作相关的活动、行为、态度、价值观和愿望的有机整体[2]。

在前面给出的人力资源规划定义中，我们已经明确地提出了人力资源规划实施的结果应该确保组织和员工双方同等地获得利益。职业生涯的成败对于人的一生有着决定性的影响，而员工的职业生涯发展总是在一定的组织内实现的。因此，如果企业的人力资源规划不能实现与员工自身职业生涯规划有效结合，则很难激发员工的工作积极性，人力资源规划的可实现性就比较差。

我们必须将企业的生存与发展和员工自身的发展相结合，考虑如何在员工目标实现的过程中实现企业的目标（包括管理者和股东的目标），即我们把员工放在了第一位，因为人力资源的数量和质量是企业生存和发展的第一要素，员工的能动性将在很大程度决定其工作的态度，决定我们所拥有和控制的人力资源的作用能否真正得到发挥，决定企业的目标能否实现。也就是说，只有满意的员工，才能创造出使市场满意的产品，只有企业的产品使市场满意，企业才能最终获得利益。

表 1-2 为人力资源规划的内容。

表 1-2　人力资源规划的内容

规划类别	目　标	政　策	步　骤	预　算
总规划	总目标：绩效人力资源总量、素质、员工满意度等	基本政策：如扩大、收缩、改革、稳定等	总体步骤：（按年安排）如完善人力资源信息系统等	总预算
岗位职务规划	人力资源管理中的"三定"：定员、定责、定权	责、权、利、能相结合	岗位职务设置岗位职务要求人员配置	工作分析和设计费用
人员补充规划	类型、数量对人力资源结构及绩效的改善	人员标准人员来源起点待遇	拟定标准（×月）广告宣传（×月）考试（×月）录用（×月）	招聘、挑选费用
人员使用规划	部门编制，人力资源结构优化及绩效改善	任职条件职务轮换范围及时间	略	略
人才接替及提升规划	后备人才数量保持、提高人才结构及绩效目标	选拔标准、资格，试用期，提升比例未提升资深人员安置	略	略

---

[1] Le Petit. Paris, LAROUSSE, 1995, P189.
[2] Willian J.Rothwell & J.Sredl. Professional Human Resource Development Roles & Competencies, 2nd ed, Massachusetts, HRD, Press, 1992, P8.

续表

规划类别	目　　标	政　　策	步　　骤	预　　算
教育培训规划	素质及绩效改善；培训类型、数量、提供新人力资源，转变工作态度和作风	培训时间的保证；培训效果的保证（如待遇、考核、使用）	略	教育培训总投入，培训的机会成本
评价及奖励规划	人才流失降低 士气水平 绩效改进	激励重点 工资政策 奖励政策 反馈	略	评价成本 增加工资、奖金额
职业发展规划	企业发展与员工职业生涯发展规划相匹配	沟通 员工职业生涯设计 员工发展刺激	略	法律 诉讼费
劳动关系规划	减少非期望离职率，减少投诉率及不满	参与管理 加强沟通	略	法律 诉讼费
退休解聘规划	编制，劳务成本降低及生产率提高	推行政策 解聘程序等	略	安置费 人员重置费

四、影响人力资源规划的因素

企业生存和发展所处的内外环境都会对企业的人力资源规划产生影响。

（一）人口因素的影响

一定时期社会人口的变化会导致当期及今后一段时间内劳动队伍的变化，这意味着组织所需要的具有一定技能的人的可获得性也将发生相应的变化。关注人口统计的变化，对制定企业的长远人力资源规划具有现实的指导意义。在人口统计数据中尤其需要注意的是人口总数、新增劳动力数量、劳动力队伍中的女性以及拥有高技术水平的人员等信息。

1. 人口总数

人口总数反映人力资源存量的一个方面，但这并不意味着人口总数越大，人力资源就越多。比如，大多数发展中国家都是人口大国，但人力资源所创造的财富同发达国家相比却低得多，其原因就在于数量优势并没有转变为质量优势，对于单个企业而言，重要的是人力资源的质量。

2. 新增加的劳动力队伍

人口总数增加并不意味着人力资源可获得性会增加，劳动力队伍的增减状况才能较直接地反映人力资源供给量变化。包括中国在内的很多国家已进入老龄社会阶段，老龄化时代来临，使得很多国家在总人口增加的时候，却面临劳动力短缺的危机，社会的养老问题日益突出。在中国表现为一方面老龄人口迅速增加，使本已薄弱的社会养老保障体系面临更大的挑战，另一方面却又有大量的青壮年劳动力面临严峻的就业形势。2011年，全国很多地区都出现了民工荒，包括一些劳动力输出大省，宣告中国的劳动力问题已经出现，2023年公布的年轻人失业率升高引发全社会关注以至于该指标在公布一段时间后不再发布。

3. 劳动力队伍中的女性

妇女是劳动力队伍中一支特殊的大军，女性劳动参与率的高低可直接影响到劳动力队伍的变化。如美国在 1993 年的时候，女性就业人数占全部就业人数的百分比高达 45.77%，其影响和作用是巨大的。第七次人口普查的结果显示，我国女性人口超过 6.88 亿，全社会就业人员中女性占比超过四成。中国女性劳动参与率达到了 70%，澳大利亚、新西兰的女性劳动参与率才 60%，法国女性的领导参与率才 50%，美国妇女的劳动参与率也仅 58%。相比之下，女性是中国劳动力市场一支重要的力量。

在分析女性劳动力的时候，我们还要将其年龄结合起来进行分析，因为女性因为生育问题而在一定时期内可能退出就业，而且女性的生育观、家庭观也将在很大程度上影响女性劳动者的就业程度。

4. 拥有高技术水平的人员

进入知识经济时代，人们越来越多地从繁重的体力劳动中解放出来，一大批以知识为主的产业迅速崛起，知识型劳动者成为就业市场追捧的对象，拥有一支高技术水平的技术团队成为企业人力资源竞争力的关键。从国内人力资源供给状况看，一方面是大量普适性专业学生难以就业，很多人面临就业中二次专业开发，而现代企业急需的技术人才却相当匮乏，中国人力资源结构性矛盾较为突出。

（二）经济发展的变化

通货膨胀、人力资源流动成本、区域经济非均衡发展对人力资源的需求以及社会经济结构的变化都会影响到人力资源活动。人力资源与经济发展的水平相适应，经济发展到何种程度都需要有特定的质量和数量的人力资源与之相对应，经济快速发展时期对人力资源的需求会大幅度增加，而经济萎缩时期对人力资源的需求会下降。企业必须提前对经济的发展变化做出预测，才能把握机会，这就要求我们制定的科学人力资源规划要与经济发展变化和企业发展战略相配套。

（三）技术的变化

技术进步是经济增长的必要条件，新技术的发展和应用在企业的发展和管理实践中已经成为重要的力量。由技术变化代表的生产力的变化、技术装备的变化以及生产手段和生产效率的变化，对人力资源的质量、数量和结构提出了新的要求。技术的进步要求有掌握更多知识的人力资源与之相适应，也无形地调整着人力资源的结构。因此，企业在制定人力资源规划时要考虑技术的要求：一方面根据企业的发展制定符合技术发展趋势以及企业发展规划的技术人力资源招聘计划；另一方面可以制定出周密的培训计划，确保企业的人力资源在技术不断变化的时候能够实现保值增值。技术进步对人力资源也有负面作用，比如技术进步、设备更新会产生排挤劳动者的情况，而这些被排挤的劳动者往往会涌向社会，造成很多问题，而且技术更新的加快将会使人力资源流动加快，对企业发展带来不利的影响。

（四）法律和法规条件

人力资源活动在很多方面都受到法律法规的影响，各国都制定了相当多的法律法规来调整和规范与企业人力资源实践有关的活动。因此，我们在制定企业人力资源规划时必须充分考虑法律法规对企业人力资源管理活动的影响。

（五）企业的发展阶段

企业在不同发展阶段面临不同的任务，工作重心存在较大的差异，要求有不同数量和质量的人力资源与企业的发展阶段相适应。如企业成长期，其规模不断扩大，业务逐渐增加，因而对人力资源的需要量增加，且偏重于对开拓型人才的需求。企业成熟期或繁荣期，业务增长速度相对稳定，对人力资源数量的需求不一定会增加，但质量上的要求在进一步提高，这时更需要稳定的、有成熟技术的人才，还需要精通市场销售的专业人员。在企业发展的后成熟期或衰退期，若要保持持续的活力，也需要经常裁员，这时更强调工作人员的经验和经历，因而对留下来的人员更要通过精挑细选来确定，或为使企业重新获得发展，则需要精通资本运作或创新的人才。因此，企业的人力资源规划在企业不同的发展阶段应有不同的侧重点，这样才能与其他的部门计划和组织的整体计划协调起来。

五、人力资源规划的过程

人力资源规划的过程可以简单地分为三大步骤：人力资源预测、人力资源目标的设定与战略规划以及人力资源规划的执行和效果评价，见图1-6。

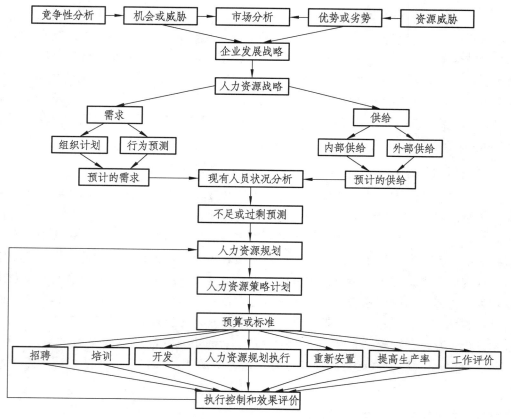

图 1-6　人力资源规划过程

（一）人力资源预测

依据组织发展战略，明确所需要的人力资源数量、质量和时间节点，进一步结合组织基本人力资源信息，判断各种不同类型人力资源的供求状况，其基本目标是估计在企业内部的哪些领域中，在未来可能出现劳动力短缺或劳动力过剩状况。

1. 人力资源需求预测

（1）预测人力资源需求应考虑的因素。

人力资源需求预测就是根据组织的目标能力、岗位要求和发展前景，确定未来所需员工的数量、质量和类型，进而制订人力（补充）计划方案、教育培训实施方案的过程。从实践看，预测组织未来人力需求应考虑 6 个因素：① 组织工作任务（销售额/营业额）；② 完成工作量（达到销售额/营业额）的决定因素；③ 完成工作量所需人员估计，人员因辞职或中止合同而发生的流动比率或流动频率；④ 现有人力的素质和性质、产品或服务的竞争性、技术与管理能否适应增加产量和提高效率的需要以及资金财务状况等；⑤ 组织所处社会环境变化趋势及支付政策；⑥ 人力资源需求对应的时点。

在这 6 个因素中，核心问题是未来市场对企业产品或服务需求的数量与质量。因为组织的人力需求，总是与其提供的产品或服务有关。

（2）人力需求预测的基本方法包括德尔菲法、趋势分析法、比率分析法、散点图法和经济计量模型法等。

德尔菲法是美国兰德公司 20 世纪 40 年代后期从"思想库"中发展起来用于预测的一种方法。该方法的目标是通过综合专家各自的意见来预测某一领域的发展，因为专家成员之间存在身份地位的差异，会使一些人不愿意批评他人而放弃自己的合理主张，为此，通过中间人或协调员，避免专家们面对面地集体讨论，把第一轮预测过程中专家各自单独提出的意见集中起来加以归纳后反馈给他们，然后重复这一循环，使专家们有机会修改他们的预测并说明修改的原因。一般说来，重复 3～5 次，专家们的意见就可以趋于一致。这种方法依靠专家的知识和经验，对未来的发展做出判断性的预测，既可以用于预测"渐变"式的发展过程，也可用于预测"跃变"式的变化过程，适用于中期和长期的预测。在使用德尔菲法做预测时，应该注意下列问题：

（1）给专家足够的信息使其能够做出判断，即给专家提供收集的历史资料以及有关统计分析结果和预测的背景材料。

（2）所提的问题是被问者都能够回答的问题，且尽量简化。

（3）不要求精确，允许专家估计数据，并说明他们所预计数字的肯定程度。

（4）保证所有专家能从同一角度去了解你的定义、概念及分类等。

（5）向高层领导部门和决策人说明本预测法的益处，特别说明其对生产率和经济效益的影响，以争取他们的支持。

趋势分析法是根据对本组织最近一个时期历史资料的回顾性分析，预测未来发展的人力需求。比如，在最近五年中，组织雇用的人力总量、不同类别人力的数量结构和质量结构、资本的技术构成和有机构成、劳动生产率、销售额/营业额等，根据这些实际状况，预测组织未来某个时期的人力需求数量与质量。其目的在于确定在今后有哪些趋势会继续发展下去。这里，隐含着生产率不变的前提。这种方法简单易行，特别适用于公司人力需求的初步估计。但生产率不变的情况较为少见，如果考虑未来技术发展趋势，估计本公司可能达到的水平，以及届时的比例关系等，趋势分析法就显得过于简单。如果不加修正，其预测结果很可能不准确。

比率分析法主要是根据两种因素的比率来预测未来人力的需求：第一，某些原因性因素如销售额；第二，所需要的人员数量及其结构变化（比如，生产人员与销售人员的比率、生产人员与非生产人员的比率等）。跟趋势分析法一样，它也是以生产率保持不变为前提的，因此，根据历史比率进行人力预测，其结果也就难免不准确。

散点图法是一种用图形表示两个变量之间的关系，用以预测组织未来人力需求量的方法。这种方法通过对同一类型的生产（服务）活动所需人力的散点图比较，预测未来某一规模的同类活动需要的人力数量。具体操作方法是，把生产（服务）量作为横轴，把一定生产（服务）量所对应人力作为纵轴，然后把所有同类公司的产量（服务量）在坐标图上找到散点，根据这些散点的走势确定未来人力数量。

经济计量模型法又称回归分析法，是一种非主观预测方法，具有很强的实用价值。人力资源管理专家与组织中各部门经理，将组织的人力需求量与影响需求量的主要因素之间的关系用数学模型的形式表达出来，依此模型及各种自变量测算公司未来的人力需求。回归分析法有一元回归和多元回归分析。这种方法比较复杂，需要借助计算机系统进行预测，一般只有管理水平比较高的大公司才有条件采用。

2. 人力资源供给预测

人力资源供给状况满足组织发展对于人力资源质量、数量需求的基础。组织未来需要的人力，可以由组织内部调剂，也可以从外部得到补充。应当说，除非一个组织正走下坡路，否则从外部获得部分人力资源是企业发展之必须。对内、外部人力供给潜力进行分析就是人力资源供给预测的主要内容。

（1）组织内部人员供给预测。

着眼于从组织既有人员中调剂成为补充岗位空缺人员的首要策略。美国一项调查表明，大约有90%的管理位置都由内部调剂补充完成。雇员有高度认同感的企业大多都有综合性的从内部晋升的规划。那些同富有献身精神的雇员紧密联系在一起的企业更是有着内部晋升的传统。很多时候，"用好现在的人比用一个好人更现实"。① 优点：他们已在本组织工作一些时间，对组织目标和文化更加理解和投入，较少离开的念头；组织对他们的能力有长期的了解，使用起来比较顺手；内部人员熟悉情况，缩短了试用期，节省了上岗前的培训费用；内部补充经过竞争上岗，有利于调动竞争获胜者的工作热情和积极性，对失败者也是一种锻炼和鼓励。② 不足：一些有能力胜任新岗位而未得到任用的人，可能由此产生不满情绪，他们可能向老板提出"我为什么落选""我今后努力的目标是什么"之类的问题。同样，许多雇主要求经理们去应聘并会一个个地召见，而经理们心里都清楚哪些人才能被看中，因此，普遍抱着一种"浪费时间"的想法。如果新领导是从内部其他单位指定来的，那么这个集体可能就不满意，而新领导也会难以摆脱"那一伙人"的影响。

组织内部人员供给的条件。对自己员工的基本状况和动态工作信息有清楚了解，了解他们的生平、教育背景、工作经历、专业技能和知识、优势和劣势、工作业绩及其评价、职业目标与追求、特长、管理能力、个人心理素质和人际关系。收集信息的方法有手工收集和借助计算机编程处理。在手工收集法中，我国干部履历表（员工登记表）提供的信息是一个重要来源，但又远远不够。一些大公司从自身需要出发，设计了一套图表，作为人员储备、利用与开发的依据（如表1-3）。

表 1-3　人员储备与开发信息表

部门	地区或事业部		分部门			登记日期　　年　月　日	
姓名		社会保障号码				登记号码	
到公司服务日期 年　月　日		出生日期 年　月　日	婚姻状况			工作 名称	工作 地点
教育情况　受教育程度、取得学位的年份、毕业大学以及学习的主要领域							
小学		中学	大学			研究生：　　硕士　　博士	
在公司资助下学过的课程							
课程类型	科目或课程		年限	课程类型	科目或课程	年限	备注
职业与发展兴趣							
你对换一种工作是否有兴趣 感兴趣　　不感兴趣			你是否愿意去其他部门 愿意　　不愿意			你是否同意横向调动以求发展 同意　　不同意	
如果愿意，请说明是何种类型			你满足工作要求的资格条件有哪些			备注	
你认为自己的工作需要参加何种类型的培训 ① 在自己目前的职位上改善技能与绩效 ② 增加经验和能力以图进一步发展							
你认为自己目前还有能力完成其他的工作任务							
语言		书面			口头		
技能							
技能类型		有无证书		技能类型		有无证书	
社会或组织：请列举你在过去的五年中所参加的社会组织的名称及你在其中所任职务							
其他重要的工作经验或在部队服役的经历							
	地方	开始年份	结束年份				
*其他重要的经历、娱乐活动、爱好、兴趣及其他资料							

A 股份有限公司人力资源部制

（2）人力资源技能信息库。

如果是一个庞大的组织，仅仅依靠手工方法收集和保管员工的信息显然是不够的。依靠计算机编程处理，建立"人力资源技能信息库"十分必要，软件技术的发展为此提供了巨大的帮助。人力资源技能信息库，包括工作经验代码、产品知识、行业经验和正规教育等 9 个基本组成部分：

① 工作经验代码，用以描述企业内各种工作的一系列工作经验代号、名称和代码等，便于用简单的符号表示某个员工现在、过去以及将来可能从事的工作。

② 产品知识，雇员对组织的产品生产线或服务的熟悉程度，可以作为某人是否适合被调动或提升的一个指示器。

③ 行业经验，员工的行业经验也应当编制成代码，因为他在某些关键性的相关行业中的知识对于某些职位来说是非常重要的。

④ 正规教育，输入员工在接受中等教育之后所进入的教育机构名称、学习领域、被授予学位和毕业时间等。

⑤ 培训课程，输入员工所参加过的由企业举办的或由外部某些机构举办的培训课程及名称。

⑥ 外语水平，员工学习和掌握外语的语种及熟练程度（以"读、写、听、说"等能力表示）。

⑦ 迁移局限，反映员工在地理位移上的意愿。

⑧ 职业兴趣，输入员工与上述工作经验代码相同的代码，表明自己将来想做何种工作，可以让员工进行多项选择，并列出自己选择的先后顺序。与此对应的是列出任职资格，比如，具有什么知识、经验和技能等。

⑨ 工作绩效评价，记录员工在各个领域的工作表现（领导能力、激励性和沟通能力等），有什么优缺点。工作表现应当及时更新。

随着时代的发展，人力资源信息库包括的内容会逐渐增多，国外有的已经达到 150 种左右。有了这些基本情况，就可以按照管理人员和非管理人员进行人才储备排队。一旦组织发展需要增添工作职位的时候，就可以立即知道内部究竟有没有合格人员可以胜任和填补。需要指出的是，不论是手工收集还是计算机编程管理的人力资源信息，都会涉及个人隐私。一方面，雇主有权使用有关资料，另一方面又要尊重个人隐私权。因此，对于人力资源信息的管理和使用应当慎之又慎。

上述资料为从内部选拔新职位员工提供了决策依据，但真正要实现有效的内部人员提升，最重要的还在于做到选拔公开、公平、公正。运用"职位选拔公告"让内部员工广泛参与，无疑是一种增强透明度、保证选拔准确、减少副作用最有效的形式。"职位选拔公告"一般要求包含以下内容：工作的特性、资格要求、工作时间、薪资等级和申请程序等。以"ZJ 集团公开选拔企业领导人员的公告"为例。

关于 A 公司等五家企业面向集团公司内部竞争性选拔党组织专职副书记的选任通告

为贯彻落实中央和市委关于深化国有企业改革的部署要求，进一步扩大选人用人视野，高质量开展新时代国有企业党建工作，结合集团公司和相关企业工作实际，拟面向集团公司内部竞争性选拔所属企业党组织专职副书记。

一、选任岗位及任职条件

（一）选任岗位

A 公司等五家公司专职副书记各 1 名，协助党组织书记负责公司党支部的全面建设工作。

（二）选拔范围及条件

（1）选拔范围。面向集团公司内部竞争性选拔。

（2）资格条件。选任的人员一般应具备以下条件：符合企业领导人员选拔任用基本条件；拥护中国共产党的领导，坚持国有企业的社会主义方向，具有较高的政治素养和政策水平，一般应有 3 年以上党龄；职业操守、职业信用和个人品行良好；熟悉国企党建各项工作，具有良好的战略眼光、领导能力、判断与决策能力、人际能力、沟通能力、计划与执行能力、学习和创新能力；具备与所任职位相匹配的任职经历、专业素养；具备良好的心理素质和正常履行职责的身体条件；符合集团公司任职回避有关制度；能够承受高负荷工作压力，根据工作需要加班值班、出差走访、基层调研等。同时，应具备以下资格条件：

（1）不限专业、不限现从事岗位，熟悉党的建设工作，具备企业相关管理能力。

（2）集团公司本部部室或所属企业副职；集团公司本部部室或所属企业中层正职3年以上（含相当职务）或满1年未满3年，担任集团公司本部部室或所属企业中层正职及中层副职累计5年以上。

（3）具备大学本科及以上学历。

（4）男性54周岁以下，女性49周岁以下。年龄计算时间截至2020年6月30日。

（5）积极乐观，符合有关法律法规规定的其他资格要求。

二、选任人员岗位、任期及薪酬待遇

（1）岗位。上述5家单位专职副书记岗位将统一开展选拔工作，报名人员报名无须填报应聘单位。最终任职岗位将由集团公司党委综合报名人员的综合素质、履历经历、面试成绩、工作业绩等进行综合研判后确定，应聘人员须服从组织安排。

（2）任期。A公司等4家单位专职副书记实行委任制，比照聘任制模式进行管理；B公司专职副书记按照公司班子目标化选聘模式进行管理。

（3）薪酬待遇。执行集团公司相关规定。

三、选拔程序

报名—资格审查—综合考核评价—组织考察—确定任职人选—正式任命。

四、报名程序及相关说明

（一）报名程序

1. 报名时间

11月8日—11月17日下午5时，为期7个工作日。

2. 报名方式

电子邮箱报名或现场（邮寄）报名均可，请报名者登录某（集团）有限公司网站，点击页面"招聘公告"栏，查询选拔公告，下载报名登记表。

（1）电子邮箱报名：报名者须提交电子版"报名登记表"、本人电子证件照（蓝色背景）、近三年工作总结或述职报告、学历学位证书扫描件及认证报告扫描件、相关资格证书（职称、专业成果及重要奖励等）扫描件、身份证（正反面）扫描件等材料，通过电子邮件发送至指定邮箱。

（2）现场（邮寄）报名：报名者可前往集团公司1314室提交上述材料及相关复印件。

3. 报名邮箱及联系方式

电子邮箱报名地址：

联系人及联系方式：

（二）相关说明

（1）报名者应对所提交报名材料的真实性、完整性负责，如发现与事实不符，将取消其报名资格。

（2）资格初步审查结果、面试时间及地点将通过邮件等方式告知，请报名者提供准确的邮箱地址并及时查收。

（3）我们对报名信息及提交的报名材料严格保密，不做他用，恕不退还。

点击下载>>>报名登记表.doc

集团公司组织人力部

2020 年 10 月 13 日

报 名 须 知

（1）请按要求如实填写《报名人员登记表》，且严格按照表格所规定的格式填写，包括字体、字号、格式等。

（2）请参照《近三年工作总结（提纲）》撰写《近三年工作总结》。

（3）报名材料明细如下：

①《报名人员登记表》电子版；

② 蓝色背景证件照电子版；

③《近三年工作总结》电子版；

④ 学历学位证书及认证报告扫描件；

⑤ 相关资格证书扫描件（职称、专业成果及重要奖励等）；

⑥ 身份证正反面扫描件。

请将上述材料以邮件形式发送至指定邮箱，邮件主题统一为"姓名+应聘材料"。

（4）请确保联系方式准确及畅通，资格审查若遇需核实情况，我们将与您联系。

报名登记表

姓　　名	李某四 李　四	性　　别		出生年月 （　岁）	×××.×× （×岁）	
民　　族	××族	籍　　贯	填写到县 或直辖市	出 生 地	填写到县 或直辖市	本人 蓝色背景免冠 照片
入　党 时　间	×××.××	参加工 作时间	×××.××	健康状况	健康/一般	
专业技 术职务	（格式为居中）		熟悉专业 有何专长	（填写格式为左对齐自然换行）		
学　历 学　位	全日制 教　育	（学历，如：大学） （学位，如：经济学学士）		毕业院校 系及专业	××大学××学院××专业 （填写格式为左对齐自然换行）	
	在　职 教　育	（学历） （学位）		毕业院校 系及专业	××大学××学院××专业 （填写格式为左对齐自然换行）	
现　任　职　务	单位全称+职务（与简历段最后职务一致）					
应　聘　岗　位	基层单位党组织专职副书记					
简 历	（请填写自大中专起本人学习及工作基本情况，上一段经历的截止时间要和下一段经历的起始时间保持一致，不能有空档） 示例： 1989.07—1991.08　××大学××学院××专业学习 1991.08—1993.08　××公司××部门××职员 1993.08—1997.08　××公司××部门××职务 1997.08—2006.06　××公司××部门××职务 2006.06—2012.06　××公司××部门××职务 2012.06—　　　　　××公司××部门××职务					

来源：http://www.ptacn.com/memoContentAction.do?typeId=68&sid=1583 局部修改。

（3）外部人员供给预测。

内部人员不足以选聘填补空位，就需要从外部招聘。外部人员供给的预测需要理解总的经济形势、本地劳动力市场行情和专门职业供给信息等。

通常情况下，宏观经济形势越好，失业率越低，劳动力供给就越少，人员招募的难度就越大。为了使预测尽可能准确，注意了解、熟悉和掌握国家与地方政府、研究单位和咨询部门等发布的国民经济与社会发展的有关统计信息。

区域人口状况及发展趋势对未来一段时间的劳动力供给有相当的影响。对于一个地区而言，劳动力流动及流向对所在地区企业进行劳动力供给预测有十分重要的作用。

对特定职业供给的信息，需要到专门的职业市场上进行了解。国外已有成功的专门职业市场，我国还处于起步阶段。

（二）人力资源需求目标的设定与战略规划

依据公司发展战略以及阶段性任务确认人力资源需求目标，最终的需求目标源自对内外部劳动力供给和需求分析，包括用来描述某一职位类别或技能领域可能发生和变化的一些具体数字，以及这些结果应当在何时形成的具体时间表。

本阶段还要注意人力资源规划与企业其他规划之间的协调。

（三）人力资源规划的执行与评价

本阶段关键问题在于确保专人负责既定目标的实施，负责人拥有保证目标实现的必要的权力和资源。进一步，我们还需要在方案实施中定期报告进展状况，以确保所有方案都能够在既定的时间里得到执行，并根据实际情况在执行中对方案进行适当调整，以确保最终方案实施的效果与预测情况一致。

人力资源规划过程的最后一个步骤就是对执行结果的评价。最为明显的评价是看在公司发展战略实现的过程中，公司是否有效地避免了潜在的劳动力短缺或劳动力过剩情况的出现。

案例思考

戴尔：配合低成本战略的人力资源管理措施

公司背景

戴尔公司是一家充满传奇的公司，它的创始人 Michael Dell 也是一位充满传奇的人物。12 岁的 Dell 在一次冒险的邮票生意中赚了 2 000 美元，16 岁的 Dell 通过直接发信和电话联系的方式为报纸征订订户一年收入 1.8 万美元，19 岁的 Dell 用 1 000 美元在他的大学宿舍里创建了戴尔公司。1992 年，Dell 凭借他的戴尔公司成为《财富》500 强企业中最年轻的 CEO。

Dell 谈到他的成功秘诀时说："我们取胜主要是因为我们拥有一个更好的商业模式。"这个商业模式就是著名的戴尔模式，以"直接与客户建立联系"的创新理念经营，按照客户要求制造计算机，向客户直接发货，从而能够最有效地了解客户需求，并迅速做出反应。取消中间商可以有效地降低成本，压缩时间，了解客户，及时反应。坚持直销，摒弃库存，与客户结盟是戴尔公司的"黄金三原则"，"低成本+高效率+好服务"是戴尔公司的评价标准。Dell 发明了一种全世界都想模仿的商业模式，但成功效仿的公司却寥寥无几。正是凭借着这个神奇的模式，成立于 1984 年的戴尔公司在 20 多年的时间中成长为全球领先的 IT 产品及服务提供商，年营业额高达近 500 亿美元。

戴尔公司于 1993 年 5 月进入中国市场，1998 年 8 月在中国九大城市开展直销业务，如今，戴尔已成为家喻户晓的国际品牌。2001 年戴尔公司在中国市场上的份额只占到 4%，而 2005 年已达到 9%，中国市场已成为戴尔公司海外仅次于英国的第二大市场。

戴尔公司号称将直销、按需定制、零库存等先进的销售方法引入中国，但实际运作时也采取了和其他 IT 生产商一样的渠道分销法，这已是 IT 业内半公开的秘密。事实上，戴尔公司有四成以上的产品是通过分销到达消费者手中。这主要是因为中国人有其特殊的购买习惯，到卖场挑选，亲自试用，而且也很少有人为享受一次上门服务而愿意多支付几百元。因此，戴尔公司实际上在中国采取的是分销和直销相结合的方式。

企业文化

戴尔的企业文化被公司概括为"戴尔灵魂"，它描述了戴尔是一个怎么样的公司，它是戴尔服务全球客户的行为准则，它也最终成为戴尔"制胜文化"的基础。

"戴尔灵魂"的主要内容包括：

客户第一：我们相信客户的忠诚度来源于享受具有最佳价值的客户体验。我们力求与客户保持直接关系，向其提供基于行业标准技术的最佳产品及服务，从而为其带来非凡的客户体验。

戴尔团队：我们相信持续的成功来自团队的紧密协作以及每一位成员的不懈努力。我们在全球市场力求发展，力求吸引并保留最佳人才。

直接关系：我们在公司业务的方方面面中贯彻直接经营模式。我们力求遵循职业道德，及时并合理地响应客户需求，与客户、合作伙伴、供应商开诚布公地交流并建立有效关系，在经营管理中消除造成低效率的多层机构及官僚作风。

全球公民：我们在全球主动承担起社会义务。我们力求理解并尊重我们市场所涉及的本土法律、价值观及文化，力求在各市场取得利润增长，力求在全球推行健康的商业环境，不论个人或公司均力求为社会做贡献。

制胜精神：我们对我们所从事的每一件事都具有获胜的信念及热情。我们力求达到卓越的运营管理，提供非凡的客户体验，领先于全球市场，成为人们所熟知并向往的优秀公司及工作场所。

配合低成本战略的人力资源管理措施。

21 世纪初的几年对整个电脑行业的打击很大，为了维持刚刚获得全球头号个人电脑制造商地位，戴尔公司在 2001 年第一季度把每台电脑的价格降低了 300 美元左右，公司的利润也随之从 21% 降至 18%。戴尔公司的毛利率虽然低于他的主要竞争对手 IBM 和惠普，但净利润却大大高于二者，最主要的原因是直接面对客户的戴尔模式节约了大量成本。

电脑行业失去了往日欣欣向荣的景象，电脑价格大幅下跌。对于一贯凭借低成本取得成功的戴尔来说，要想继续保持领先，只能尽可能地再压缩成本。为了配合低成本领先战略，所有部门都应该为之做点什么，人力资源部门也不例外。

与其他公司一样，戴尔公司压缩人力成本的第一个举措就是裁员。2001 年上半年，公司决定要裁掉 4 000 名工人。但辞退雇员是一件非常麻烦的事情，涉及诸多细节，这几乎是每个人力资源部门都感到头疼的事儿。戴尔公司人力资源部专门制定了一套确定哪些人应该离开公司的制度，并有效地处理了这次解雇过程中层出不穷的细节问题。被解雇的工人较早地拿到了两个月的薪资、年度奖金以及离职金，生活得到了保障。并且这些被辞退的工人还得到了重新谋职咨询和相应福利，有助于他们尽早找到新工作。通过妥善安排，戴尔公司顺利地精简人员，节约了一大笔人力成本。

作为一家 IT 企业，戴尔公司充分利用内联网，用先进的手段管理大多数人力资源工作。在公司的内联网上有一个管理者工具箱，其中包含了 30 种自动网络应用程序，这些工具帮助管理者能够方便而有效地承担部分人力资源管理工作，而这些工作过去必须由人力资源部门承担，并且成本相当高。雇员也可以利用内联网查询人力资源信息，管理自己的 401（K）计划，监控各类明细单，过去要到人力资源部才能办到的事，现在只需轻轻一点鼠标即可完成。有效地利用公司内联网，用电子技术管理人力资源，简化了人力资源部门大量繁杂的工作，大大降低了管理成本。

传统的人力资源部门根据工作内容划分成几块，如招聘、培训、薪酬、考核等，每块都有相应人员负责，不但要处理具体的工作，还要根据公司战略做出相应决策。戴尔公司摒弃旧的组织结构，将人力资源管理部门划分成人力资源"运营"部门和人力资源"管理"部门。人力资源"运营"部门主要负责福利、薪酬、劳资关系等具体工作，直接与雇员接触，很少与其他部门的负责人打交道。这些工作虽然繁多琐碎，但属于日常事务性工作，可以借助例行程序、制度、方法完成，戴尔是通过集中的呼叫中心来协调这类人力资源管理职能。人力资源"管理"部门主要负责招聘、培训等工作，从事这些工作的专员要向事业部的副总裁和人力资源副总裁汇报，并且要以顾问的身份参加事业部的会议，为事业部制定专门的人力资源战略，并且从人力资源角度来帮助事业部实现战略。这种划分方式，可以让人力资源"运营"部门有效地处理大量日常事务，又可以让人力资源"管理"部门为事业部提供有效的专业支持。重新划分工作，不但效率得到提高，而且精简了专门从事人力资源工作的人员。

基于商业模式以低成本战略著称的戴尔公司，正想方设法地从各个环节压缩费用。人力资源战略作为公司战略的重要组成、必要支持，必须以低成本领先为导向，配合整个公司的发展。如何把这样一个战略思想转变成现实可操作的措施，是解决问题的关键，也正是戴尔努力的方向。

（来源：宋联可，杨东涛，《高效人力资源管理案例：MBA 提升捷径》，

中国经济出版社，2009 年版。）

思考：

1. 企业整体采取低成本战略，其人力资源管理具体的特点是什么？

2. 低成本战略中人力资源管理的角色是什么？

【关键概念】

人力资源战略　人力资源规划

复习思考题

1. 人力资源需求预测需要考虑的因素有哪些？

2. 人力资源战略环境分析的内容有哪些？

3. 影响人力资源规划的因素有哪些？

【补充阅读材料】

陆旸：推动人口红利向人才红利转变

习近平总书记在党的二十大报告中指出："必须坚持科技是第一生产力、人才是第一资源、创新是第一动力，深入实施科教兴国战略、人才强国战略、创新驱动发展战略，开辟发展新领域新赛道，不断塑造发展新动能新优势。"发展是硬道理，人才是关键。改革开放后，我国抓住劳动年龄人口占比较高的有利时期，对传统经济体制进行深入改革，破除阻碍劳动力流动的制度障碍，充分利用人口红利优势，推动经济腾飞。新时代新征程，我国仍然具有人口总量规模优势，面对人口老龄化程度不断加深、劳动年龄人口占比趋于下降的新形势，必须促进人口红利向人才红利转变，加快建立人才资源竞争优势，为全面建设社会主义现代化国家提供丰富优质的"第一资源"。

客观看待人口结构变化。

劳动力是生产要素中最活跃的要素。研究显示，我国改革开放及其带来高速增长的时期，与人口转变的一个特殊阶段是高度重合的。1980年至2010年，中国的15岁至59岁劳动年龄人口以年平均1.8%的速度增长，而该年龄之外的依赖型人口则基本处于零增长状态。两类人口增长形成的这种剪刀差态势，同时也表现为人口抚养比的持续下降，创造了一个人口机会窗口，其对经济增长产生的正面促进效应，即所谓的人口红利。这种人口结构可以为经济增长带来三个优势：一是劳动力供给持续增加；二是快速的物质资本积累；三是人力资本得到提高。根据增长核算理论，经济增长潜力的主要动力来源是：劳动力供给、物质资本、人力资本和全要素生产率，前3个供给侧生产要素均与改革开放后很长一段时期我国的人口结构优势相关，这些因素共同发挥作用，推动了我国改革开放之后的经济高速增长。

要看到的是，人口结构总是处于动态变化之中。2010年之后，我国劳动年龄人口在总人口中的比重开始持续下降，与此同时，老龄化程度却在不断加深。截至2021年底，我国60岁及以上老年人口达2.67亿，占总人口的18.9%；65岁及以上老年人口达2亿以上，占总人口的14.2%。根据相关测算，我国将在2025年左右进入中度老龄化社会，2035年左右进入重度老龄化社会。对于当前我国劳动年龄人口变动趋势和人口老龄化加快的情况，需要全面客观看待。首先，劳动年龄人口减少和人口老龄化是现代人口转变的必然结果。当今世界，除少数移民型国家外，多数已完成人口转变的低生育率国家普遍经历或即将经历劳动年龄人口不断下降的过程。老龄化是世界人口发展的必然趋势。其次，到目前为止，我国劳动年龄人口总量仍然较高。积极应对劳动年龄人口的变化，应统筹考虑规模和结构的变动特征，把关注点从人口红利转向人才红利，把握机遇，积极推动经济发展方式转变和产业结构优化升级，有效推动人口变动与经济社会长期协调发展。

创造人才红利的着力点。

我国经济已由高速增长阶段转向高质量发展阶段。高质量发展需要依靠更高的生产效率而非投入更多的传统生产要素，更为重视劳动力质量，需要把人才资源"关键变量"转化为高质量发展"最大增量"。在经济学中，人力资本是体现在人身上的资本，表现为蕴含于人身上的各种生产知识、劳动与管理技能以及健康素质的存量总和，可视为简单劳动的"倍乘"，能够有效弥补劳动力减少带来的供给侧生产要素投入不足。同时，人力资本也是提高生产效率的关键因素，拥有大量知识储备和专业技能的人才是推动我国技术进步和研发创新的关键。踏上新征程，我们要把提升国民素质放在突出重要位置，构建高质量的教育体系和全方位全周期的健康体系，提升人力资本水平和人的全面发展能力，加快推进人口红利向人才红利转变。

创造人才红利，要提高人口健康素质。要注重劳动者身心素质和综合素质的培养，大力实施"健康中国"战略，积极推动医疗卫生体制改革，改善学校体育教育和健康教育，促进青少年德智体美劳全面发展。在这一过程中，既要注重新增劳动者素质，又要注重提高在职劳动者素质，让人们健康成长、健康工作，推动人口和经济社会持续、协调、健康发展。

创造人才红利，要优化教育质量。教育是提高人口素质、积累人力资本最有效、最直接的途径。要推动各级各类教育协调发展，注重教育资源的公平性，培养更多高素质劳动者。一是要遵循人力资本提升规律，持续提高教育普及水平、全民受教育程度，构建优质均衡的基本公共教育服务体系，积极探索创新型的人才培养模式。二是要加强各个教育阶段的通力合作，全面提升高等教育发展水平，积极发展现代职业教育，协调社会、学校、家庭的教育，建设目标明确、层层递进、多元协同的人才培养体系。三是要注重教育资源的公平性。要促进教育公平，加快义务教育优质均衡发展和城乡一体化，优化区域教育资源配置。要积极利用新一代信息技术和人工智能更新理念、变革模式、完善治理、提高质量、促进公平，形成面向每个人、适合每个人、更加开放灵活的教育体系。

创造人才红利，要重视关键领域人才培养。一方面，要培育创新型人才。加强人力资本积累，必须提升人才质量，优化人才结构，打造高水平的人才队伍。要加速科技人才集聚，通过提升创新型人力资本，造就更多国际一流科技领军人才和创新团队，培养具有国际竞争力的青年科技人才后备军。另一方面，要大力弘扬劳模精神、劳动精神、工匠精神，营造劳动光荣的社会风尚和精益求精的敬业风气，培养更多高素质技术技能人才、能工巧匠、大国工匠，造就一支有理想守信念、懂技术会创新、敢担当讲奉献的宏大产业工人队伍。

创造人才红利，还要为人才发挥作用创造条件、营造环境，努力实现人尽其才、才尽其用。当今世界正经历百年未有之大变局，无论是转变发展方式还是实现科技自立自强，归根结底都要靠人才，这就要求健全高端人才和创新人才培养、引进、使用机制。我们既要在全社会营造尊重劳动、尊重知识、尊重人才、尊重创造的环境，形成崇尚科学的风尚，逐步完善各类产权保护制度，落实科研人员激励政策，激发和释放创新型人才的创新活力，还要建立开放、包容的人才流动机制，促进创新型人力资本要素的流动，鼓励知识交流和正溢出，从而更好地激发广大科研人员的创造力。同时，要适应人口素质提高、劳动生产率大幅提升、智力劳动占比上升的趋势，大力发展现代服务业和新兴产业，使产业结构和劳动力结构更加匹配，充分发挥各层次劳动力作用，努力形成人才成长、科技创新、产业发展的良性循环，让我国的人才红利越来越厚实。

（来源：《经济日报》，2023 年 2 月 14 日）

【数字化应用】

第二章　工作分析与岗位评价

★本章学习要求与要点★

　　工作分析和工作设计是人力资源开发与管理中最基本的技术，是整个人力资源开发与管理的基础。本章在对工作分析概述基础上，介绍工作信息收集方法并在此基础上对工作设计进行介绍。要求掌握工作分析的定义、工作描述和工作规范的方法，工作设计的思想以及工作设计中要考虑的基本问题。

引入案例

　　到底是人才浪费还是人才适度超前配置？在我国社会经济发展对人才需求旺盛的大背景下，两则新闻引发人们更多的思考。

　　新闻一：某省中烟工业有限责任公司2021年度大学生招聘拟录用人员公示名单，引发网友热议。其中，该公司一共招聘149人，"一线生产操作岗"录取的135人中，除了中国人民大学、武汉大学、郑州大学、河南大学等"985""211"或"双一流"高校，还吸引了英国、美国以及中国农业科学院研究生院等国内外高校、科研院所的硕士研究生。如美国留学本科国际经济与贸易专业、广播电视编导专业本科和中国人民大学毕业的金融学本科都纷纷拟聘任一线生产操作岗位。按照该公司的统一要求，一线生产操作岗位应聘人员被录用后，须在车间一线生产操作岗位工作3年以上。各卷烟厂相关职能部室、车间管理岗即使缺编，在一线生产操作岗位工作不满3年的，也不能调任管理岗位。

　　新闻二：2019年某中学新引进35名教师，有博士9人，博士后3人；23人毕业于北大、清华，5人毕业于哈佛大学等世界顶尖名校。据了解，该中学共有教师400余人，其中硕士200多人、博士31人。学校的目标，是在未来两年，教师中有100个北大、清华及世界顶尖大学的毕业生。名校硕士博士争当中学老师，而专业师范院校毕业生却难求教师岗位。

　　你觉得这些现象合理吗？背后的逻辑是什么？

　　工作分析始于"科学管理之父"泰罗1895年的工作时间与动作研究，应用于人力资源管理领域已经百余年，是人力资源管理工作的基础。数智时代人力资源强调面向市场业务流程，更多人与人、人与机器、人与数据之间的链接，员工的工作方式、工作内容以及工作关系都将发生巨大变化，工作分析作为基础工作，不但要界定某个岗位具体的工作内容，更重要的则是强调如何多岗位合作和应对变化以最终实现任务高效率完成。

第一节　工作分析概述

　　科学的工作分析是人力资源管理各项职能有效开展的基础。通过工作分析，形成工作说明书，界定岗位的基本职责及对应的岗位胜任能力要求。

一、工作分析的内涵

（一）工作分析的定义

1. 工作

所谓工作，也叫职务，指同类职位或岗位的总称。例如，某公司聘用业务员 6 名，也就有 6 个业务员的职位或岗位，若他们的工作性质、类型和内容是相似的，那么这 6 个职位（岗位）就可以归结为一项工作（职务）。

2. 工作分析

工作分析又叫职位分析，是在公司使命、价值观以及战略导向下，通过观察和研究，全面收集企业某一工作基本活动信息，明确其在组织中的位置及与其他工作之间的相互关系，进一步确定最必需的工作职位及其权责、任职条件的过程。工作分析的作用见图 2-1。

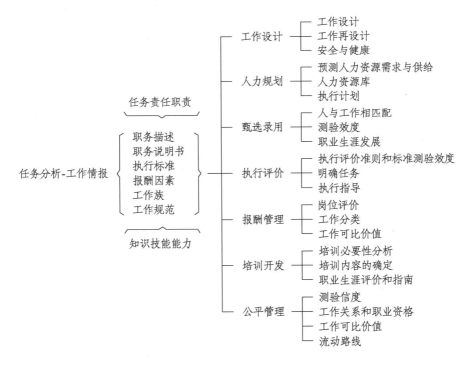

图 2-1　工作分析的作用

来源：赵曙明编著《人力资源管理与开发》第 33 页图 2-1。

通过这一过程，我们可以确定某一工作的任务和性质，以及哪些类型的人（从技能、经验以及行为倾向角度来说）适合这项工作。工作分析的任务是确定公司的组织机构及其职数，认定每个职位的责任与权力，以及提出每个职位的任职人员必须具备的条件，并把分析的结果进行科学、系统地描述，做出规范化的书面记录。工作分析通过对工作输入、工作转换过程、工作输出、工作关联特征、工作资源和工作环境背景等的分析，形成工作分析的结果——职务规范（也称工作说明书）。职务规范包括工作识别信息、工作概要、工作职责和责任、任职资格的标准信息，为其他人力资源管理职能的有效开展提供了基础信息。

（二）工作分析涉及的基本信息

欧内斯特·麦考米克认为"工作分析是系统收集、分析工作相关信息的过程"，包括"任务导向性工作分析系统"和"人员导向性工作分析系统"两大类型，两大类型都包含工作分析基本信息，只是信息收集的目的差异。组织管理者或组织的人力资源管理部门通过工作分析，得到包括工作内涵和工作对员工要求两大部分信息，即"7W1H"：What（工作内容）、Who（责任人）、Where（工作岗位）、When（工作时间）、Why（为什么这样做）、for Whom（上下关系）、What Qualifications（具备的资质）、How（怎样操作）。

1. 岗位及职责信息

岗位及职责信息包括实际工种及其数量、每个工种定职数、每个岗位具体职责、上下关系、工作条件和管理监督责任等。

人力资源专业人员和直线管理人员曾习惯于将某一特定的工作脱离大的组织背景去进行分析和设计。现代企业管理则要求企业结合行业竞争的特性、消费者的需求、企业的能力以及企业管理者的管理风格进行管理再造，我们必须从工作流程设计角度来确认企业的岗位及职责。

工作流程设计是将具体的任务配置或分派给某一特定的工作、特定的人之前，首先对生产某一产品或者服务所必须完成的任务进行分析和分解的过程，基于工作流程确认相应岗位及职责信息。传统的工作流程设计从企业生产经营控制的角度出发，研究如何完成一项工作，而现代工作流程设计是从顾客的需要出发，特别是从工作目标的最终实现分析每一个岗位职责以及如何合作。

2. 岗位胜任能力要求信息

针对岗位工作具体内容，有针对性地提出员工要达成某岗位的基本要求需要具备的最基本的岗位胜任能力，这些要求是完成此岗位工作所必需的最基本的条件，也可以称为最低条件，包括信息敏感程度、交往能力、决策能力、写作能力和负重能力等。

在一般意义上考察工作对人力的要求之后，还要具体考察完成这些工作所需要的职业要求信息，例如与职业相关的知识、技能（教育、培训、工作经历）和所需个人的特质表征（聪颖、体质、个性、兴趣）。在工作流程设计分析的基础上确认岗位及职责，就可以对这些岗位需要具备的员工素质（基本素质和职业素质）进行确认，提出明确的人力要求信息。

3. 工作岗位设备及产出信息

工作岗位设备及产出信息包括机器、工具、设备和有关辅助工作信息，如产品制造、原材料加工、交往或应用知识（如财经、法律）、咨询或修理等服务。有了完善的工作流程，可确认完成流程中每一个岗位所必需的设备，并确认每一个岗位的产出状况。可用图 2-2 来展示工作流程与工作分析的关系。

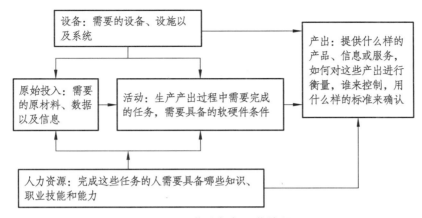

图 2-2　工作分析与工作流程

4. 工作任务标准信息

如对完成每一种工作任务的数量、质量和速度的要求。

按照工作流程设计的岗位组成企业生产经营的价值链，每一个岗位构成价值链上的一个环节。这条价值链要顺利运行，就要求每一个环节有一个标准的产出，这样才能保障这个价值链的协调运行。因此，工作分析必须对每一项工作任务有明确的标准要求。

5. 工作条件信息

如体力劳动条件、工作日程、组织社会条件，以及做某种工作的激励措施等。

要完成工作就必须具备一定条件，这种条件除了上面所描述的硬件（设备）外，还包括相应的软件条件。一般说来，我们应将整个工作放在企业生存和发展的微观及宏观环境中，考察完成工作的条件信息。

（三）工作分析的意义

工作分析是企业人力资源管理的基础性工作，是组织的人力资本规划、员工的招聘与配置、教育与培训、绩效考评、激励与薪酬管理，以及劳动合同管理等的有效支撑（如图 2-2 ）。

苏格拉底指出，一个正义的社会必须认识清楚三件事：第一件事是不同的个人其能力有差异，因此不同的人在从事工作的资质方面存在相当大的个体差异；第二件事是不同的职业需要具备不同独特资质的人来完成；第三件事是一个社会要取得高质量的业绩就必须努力把每一个人都安排到最适合他们资质发挥的职业上去。也就是说，一个社会（或一个组织）要想取得成功，其前提是必须首先获取与工作有关的详细信息（这就需要工作分析来实现），在此基础上保证这些工作要求与个人的资质之间是相互匹配的（通过人员甄选、培训和配置来实现）。可以看出，工作分析是人力资源管理全部活动中最重要、最基本的工作之一，是人力资源管理的基础。因此，工作分析是人力资源管理部门工作人员必备的一门重要且实用的技术。

具体地说，工作分析在人力资源管理中的作用主要表现在 6 个方面。

1. 有利于人员的甄选

根据工作分析所得的资料，可以详细地了解为顺利履行某项工作职责，工作人员应具备的基本条件，从而为企业人力资源的甄选提供科学的决策依据。

2. 有利于人力资源规划的科学性

通过企业工作流程的设计以及工作分析，结合企业的发展目标，可以制订出与企业发展计划相匹配的人力资源规划，为企业的发展提供人力资源保障。

3. 有利于企业的绩效管理和培训工作

通过工作分析和工作设计所形成的职务规范，是具有广泛用途的客观尺度，既可以在招聘时用于对人员的甄选，判断求职者是否合格以及内部原有人员的再配置，还可以用工作分析中对工作任务标准信息的规定作为人力资源绩效管理的客观依据，结合人员要求信息提出企业的人力资源培训计划。

4. 有利于制定合理的薪酬制度

将工作置于企业的价值创造流程中，可以通过工作分析判断每一个工作的"相对价值"，并以此为依据确定企业内以及企业间报酬的相对水平。

5. 有利于促进企业日常管理的制度化、规范化

工作分析对每一项工作的内容以及任务都做了标准规定，在企业的日常管理中可以从这些规定出发，推动企业管理的制度化、规范化。

6. 有利于劳动保护工作的开展

工作分析对工作开展的条件进行了规定，根据这些规定可以预先发现可能发生危险的场所或设施，针对这些潜在的危险采取适当的措施，并结合使用的设备对人体健康和安全的保障程度拟定科学的、合乎国家法律的劳动保护条款。

二、工作分析的基本术语

工作分析专业术语主要有：任务、工作要素、责任、职位、职务、职务规范、职业和工作族等。

（一）任务

任务指安排一位员工完成的一项具体的工作，是为了达到某种目的所从事的一系列活动，它可以由一个至多个工作要素组成。例如，接待员接电话是一项任务，打字员打字也是一项任务。任务的说明一般是简短而明确的。

（二）工作要素

工作要素指工作中不能再继续分解的最小动作单位。例如，接电话、开大门等都是工作要素。

（三）责任

责任指对员工在工作中需要完成的工作的详细说明，它可以由一个至多个任务组成，常用来对管理职责和专业职位进行描述。例如：打字员的责任包括在规定时间内打字、排版、校对、递交文件和简单维修机器等，管理就是责任大于权利，工作不是做事而是承担责任。

（四）职位和职务

职位，指一个人所担任的工作职务和责任，或者是一个人完成的任务和职责的集合，而

职务是一组重要责任相似的职位。一般说来，职位与个体是一一匹配的，有多少职位就有多少人，二者的数量相等。而对于职务来说，根据组织规划的大小和工作性质，一种职务可以有一至多个职位。

1. 职位的要素

（1）职（任）务——指规定担任的工作，或为实现某一目的而从事的明确的工作行为，即一定岗位上的工作。

（2）责任——指在某个岗位上，从事该工作的人员，对完成该项工作任务所做的承诺，它含有工作内容、工作要求、工作条件和任职资格等。

（3）职权——指在某种岗位上，为了保证工作任务的完成，所赋予该职位的某种权利。没有相应的权利，就不会有相应的责任。

2. 职位的特征

（1）职位是任务和责任的集合，也是人与事有机结合的基本单元。

（2）职位数量有限（编制有限）。

（3）职务不是终身的，可以是专任，可以是兼任；可以常设，也可以是临时的。

（4）职位一般不随人走。

（5）职位可以按不同标准加以分类。

3. 职位的分类

指将所有工作岗位即职位，从横向上按其业务性质分为若干职系、职组，从纵向上按其责任大小、工作难易、所需教育程度及技术高低，将每个职系分为若干等级，每个等级又分为若干职等。

（1）职系指专门职业，亦指专门的职称系列。

（2）职组指同类职系或相近职系的组合，又叫职群，即某一类职业。《中华人民共和国职业分类大典》将我国职业归为8个大类。第一大类：国家机关、党群组织、企业、事业单位负责人；第二大类：专业技术人员；第三大类：办事人员和有关人员；第四大类：商业、服务业人员；第五大类：农、林、牧、渔、水利业生产人员；第六大类：生产、运输设备操作人员及有关人员；第七大类：军人；第八大类：不便分类的其他从业人员；

（3）职级是职位分类中最重要的概念。虽然人们所从事的具体职业不同，但责任大小、工作难易程度和任职资格等方面基本相同的可以认定为同一职级。例如，教授、研究员、高级工程师等为同一级；讲师、助理研究员、工程师等为同一级；助教、研究实习员、技术员等为同一级；党、政、军中的省（部、军）级、地（师）级、县（团、处）级等。另外，同一职系中，又由若干职级组成。例如，教学职称系列就由教授、副教授、讲师、助教等职级组成；历史上官僚分为九品，每"品"又分为正从二级，这个"品"，就是官员的职级。在清朝，知县正七品，知府从四品。依据相关法律规定，我国现有的国家干部共分15级别。领导职务层次分为：国家级、省部级、厅局级、县处级、乡科级，厅级以下综合管理类公务员职级序列为：巡视员、调研员、主任科员、科员。

（4）职等指工作性质不同或主要职务不同，但其困难程度、责任大小、所需资格等条件都相同的职级。同一职等的所有职位，不管他们属于哪个职系的哪个职级，其薪金报酬相同。每个等级的同一职等，其薪金报酬相同。职等是工资、待遇、奖惩、调整的依据。

（五）能力分析

所谓能力分析，泛指用以确定工作中所要求的职业能力的方法，特指确定一个人是否合格的过程和方法。工作分析只解决岗位用人的标准问题。但是从宏观上讲，组织与其工作需要相关的员工能力，应当有一定的结构。从微观上讲，一个按客观岗位标准配置的人上岗以后，究竟能否适应岗位的工作需要，则是另一回事。所有这些，都需要进行能力分析。能力分析，不仅会使人们认识到现在工作中所要求的知识、技能和解决问题的能力，而且可以使人们了解未来工作所要求的能力。因此，能力分析是工作分析中不可缺少的组成部分。

一个人的能力可以从不同角度去分析。例如：① 理论知识的能力；② 技能；③ 感性知识的能力；④ 分析问题、解决问题的能力；⑤ 生理能力（运动力量、躯干力量、视力听力、爆发力、灵活性、协调能力和平衡能力、耐力等）；⑥ 心理能力（记忆力、逻辑推断能力、分析能力和判断能力）等。考察一个人的能力可以通过不同途径进行，但最有效的是通过实践、比较进行分析鉴别。工作分析中所涉及的能力分析实质上是职业能力的分析。

（六）职业

职业是在不同组织、不同时间，从事相似活动的一系列工作的总称，它有时与行业混用。例如，教师、工程师、工人和农民等都是职业。

（七）工作组

工作组又称工作类型，指两个或两个以上的工作任务相似或要求的人员特征相似的一组工作。

三、工作分析的程序

一般有四个步骤：准备阶段、调查阶段、分析阶段和完成阶段。这四个阶段相互联系，相互影响，在完成阶段我们要编写工作描述和工作规范，这意味着工作分析的最终结束。工作分析各阶段关系参见图 2-3。

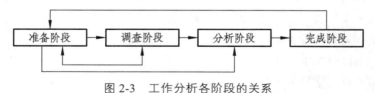

图 2-3　工作分析各阶段的关系

（一）准备阶段

准备阶段是工作分析的第一阶段，主要任务是了解情况、确定样本、形成关系和搭建工作小组。

1. 明确工作分析的目的、意义、方法和步骤

工作分析有可能是在企业新成立、组织机构调整、为完成新任务而设立新部门、为企业发展需要招聘新员工等情况下进行，不同的情况使工作分析的目的和意义存在一定的差异，并影响工作分析的方法及程序。

2. 向有关人员宣传解释

工作分析是一个复杂的系统，有关人员的了解和配合将推动工作分析顺利进行。可以采用邀请外部专家宣讲工作分析的方式，以提升各级人员对工作分析的理解程度。特别需要提醒的是，向公司高层管理者尤其是业务部门的管理者进行宣传和解释是整个工作分析成功开展的基础。

3. 与有关员工建立良好的人际关系，并使他们做好心理准备

工作分析在进行过程中将不可避免地涉及有关人员的利益，因此，取得这些人的理解与支持是工作分析科学进行并得到实施的重要保障。

4. 以精简高效为原则搭建工作分析小组

工作分析涉及企业的流程，涉及企业方方面面的工作，因此按照本次工作分析的目的和意义确认工作小组人员将促进工作分析的开展。其搭建原则是精简高效，以避免人浮于事和本位主义。工作小组一般由公司相关领导、人力资源部门的领导和具体操作人员以及各个业务部门的相关领导组成。

5. 确定调查和分析对象的样本

需要确定调查、分析对象样本，同时充分考虑样本的代表性为下一个阶段的调查做好准备。

6. 确定难度

将要分析的各项工作分解成若干工作要素和环节，确定工作的基本难度。

（二）调查阶段

调查阶段是工作分析的第二个阶段，其主要任务是对整个工作过程、工作环境、工作内容和工作人员等各方面做一个全面的调查，收集所需的相关信息。具体包括：编制调查提纲和调查问卷；运用各种调查方法，获取现场资料，根据资料描述出特定工作的特征值；将特定工作及其所需人员的特征值加以排序，以确定等级。我们将在第二节对信息的收集方法予以集中介绍。表 2-1 为工作分析中所需资料的基本类型。

表 2-1　工作分析中所需资料的基本类型

序号	名　称	具体内容
1	工作活动	工作活动和过程、活动记录（如照片）、所采用的程序、个人责任
2	体力工作	人的行动（有关工作的身体动作和沟通）、针对方法分析的基本动作、对身体的要求（如体力耗费）
3	采用的机器、工具和设备	机器的型号及基本性能
4	辅助工作	为使工作正常开展所必需的辅助性工作
5	与工作相关的有形和无形内容	所涉及和应用的知识（如会计知识）、加工的原材料、制造的产品和提供的服务
6	工作业绩	作物分析、工作标准、工作计量（如完成任务的时间）
7	工作环境	工作日程表、财务和非财务奖励、工作条件、组织和社会的环境
8	工作对个人的要求	个人因素（如个性和爱好）、所需要的学历和培训程度、工作经验

（三）分析阶段

分析阶段的主要任务是对调查所取得的有关工作特征和工作人员特征结果进行深入而全面的分析和论证。

1. 仔细审核已收集到的各种信息

适当的信息是我们正确决策的基础，因此，我们必须对调查阶段的信息进行审核，确保各种信息相互匹配，并确保信息与决策的相关性。

2. 分析、发现有关工作和工作人员的关键成分

掌握工作和相关工作人员的关键成分，工作分析才有针对性，其结果才有可操作性。这种关键成分的分析与流程设计中关键价值创造流程相关。

3. 归纳、总结出工作分析必需材料和要素

通过对信息的审核以及关键成分的分析，可以归纳和总结出工作分析所必需的材料和要素，这些要素是我们完成工作分析的基本保障。

（四）完成阶段

通过前面三个阶段的工作，我们应该根据工作规范和信息编制"工作描述"和"工作规范"。这两份文件的编制完成意味着工作分析的结束。

四、工作描述和工作规范

工作分析就是要对工作做出相关的说明，并对受聘于该工作的人的任职资格提出相关要求。因此，工作分析的结果要形成两个书面文件：工作描述和工作规范（又叫工作说明书）。

（一）工作描述

1. 工作描述的定义

工作描述是用来说明有关工作的范围、任务、责任、功能、工作关系及工作环境等方面的情况，也就是关于一种工作中所包含的任务、职责以及责任的一份清单。随着现代企业管理理念以及方式的改变，工作描述分为传统的工作描述和新兴的"柔性"工作描述两种。传统工作描述对工作岗位的任务、责任与技能等描述具体。"柔性"工作描述属于开放式工作描述，通常对任务特性做出概要说明，并涉及此岗位人员应具备的能力和技能，但不硬性规定此岗位应属于哪个部门或小组，也不具体界定岗位责任性质。所谓"能力"就是按就业岗位的预期标准完成某种职业或功能性活动的能力。20世纪90年代初，"柔性"工作描述在受日本管理方式影响的企业特别受欢迎。值得注意的是，"柔性"工作描述对于"能力"高低的侧重，已经影响到传统工作描述对人员的"柔性"要求。

2. 工作描述的主要内容

工作描述的内容与目的有关，需要考虑所描述工作的现实状态，还要描述工作应该是什么样。如果描述的目的是招聘，就应该描述工作应该是什么样，而如果描述的目的是薪酬管理或对员工进行考核，就应该描述工作现在的状况以及任务标准。但一般情况下，任何一份工作描述都要包括工作内容、工作条件、工作关系和工作的社会环境四个方面的内容。表2-2

和表 2-3 分别给出了两种格式的工作描述，供大家参考。

表 2-2　锅炉维修工工作描述

工作名称：锅炉维修工
工作的总体描述：在机修组的统一协调下，专职负责 A 厂区内所有锅炉的修理及维护工作，保障企业管理部门和生产部门对锅炉使用的要求。
1. 关键职责（40%）：锅炉维修
任务：要求对锅炉进行检查并提出报废或修理某一零件的建议。如果锅炉需要修理，则需要及时采取相应的措施使锅炉恢复正常的工作状态，其中包括使用各种手工工具和设备与其他维修人员配合对锅炉进行部分或者全部的重组，重要的是燃料系统和废气排放系统的全面大修以及故障排除。维修时协调与其他环节的关系，以保障维修的安全以及整个企业的有效运行。
2. 关键职责（40%）：锅炉保养
任务：保留对锅炉所做维修和保养的所有记录，根据锅炉使用说明的要求及时进行保养；定期检查锅炉的燃料系统和排气系统，以发现可能出现的不良运行情况；还有可能与其他维修人员配合完成相关设备的日常保养；以及有可能包括对执行保养任务的操作工进行建议和培训的任务。
3. 关键职责（10%）：测试与批准
任务：确保所有要求完成的保养和维修工作均已完成，并且必须是按照设备生产商所提供的说明书和授权书来进行维修；建议、批准或否决已经达到在某工作条件中被使用的条件。
4. 关键职责（10%）：库存保持
任务：保持锅炉维修和保养所需要的库存零部件。
5. 非关键职责：上级分配给的其他职责。
6. 工作环境：主要在室内；采用合同聘用形式，与机修组一起协调上班时间；每半年接受一次专业培训；本岗位是初级岗位，可晋升为机修组组长；基本工资每月 2 000 元，全年完成任务可获得年终奖金 5 000 元；按国家规定享受相应的福利。

表 2-3　销售部经理工作描述

职务名称：销售部经理职务　　别名：销售部主任、销售部总管
职务代码：1137—118　　制定时间：2021 年 4 月 1 日
（一）工作任务与权利
1. 通过对下级的管理与监督，实施企业的销售计划，组织、指导和控制销售部的各种活动。全面、及时地向上级管理部门报告销售事务。根据对销售区域、销售渠道、销售定额、销售目标的批准认可，协调销售配给功能，批准对推销员销售区域的分派，评估销售业务报告，批准各种有助于扩大销售的计划，如培训计划、促销计划等。
2. 审查市场分析，以确定顾客需求、潜在的消费量、价格一览表、折扣率、竞争活动，以实现企业的目标；亲自与大客户保持联系；可与其他管理部门合作，建议和批准用于研究和开发工作的预算支出和拨款；可与广告机构就制作销售广告事宜进行谈判，并在广告发布之前对广告素材予以认可；可根据销售需要在本部门内成立相应的正式群体；可根据有关规定建议或实施对本部门员工的奖励或惩罚；可调用小汽车 2 辆、送货车 10 辆、摩托车 10 辆。
（二）工作条件与物理环境
75%以上的时间在室内工作，一般不受气候影响，但可能受气温影响；湿度适中，无严重噪声，无个人生命或严重受伤危害，无有毒气体。有外出工作要求，一年中约有 10%～20% 的工作日出差在外，常年工作地点在本市。
（三）社会环境
有一名副手，销售部工作人员有 25～30 人；直接下级是销售部副经理；需要经常沟通的部门是生产部、财务部；可以参加企业家俱乐部、员工乐园各项活动。
（四）聘用条件
每周工作 40 小时，法定节假日放假；基本工资每月 5 000 元，职务津贴每月 1 000 元，每年完成全年销售指标奖金 2 万元，超额完成部分再以 10 提取奖金；本岗位是企业中层岗位，可晋升为销售副总经理或分厂总经理。每年工作以 4～10 月为忙季，其他时间为闲季；每三年有一次出国进修机会；每五年有一次为期一个月的公休假期，可报销 5 000 元的旅游费用；公司免费提供市区二房一厅（85 平方米以上）住宅一套（为公司连续工作 10 年以上则产权属于员工个人）或提供一次性购房补贴 15 万元。

（1）工作内容的描述，又称为工作任务和工作程序，说明：工作名称、预先制定的执行标准、工作程序、所要完成的任务与责任、所体现的工作展开程序、所连接的前后工作关系等。

（2）工作条件的描述，又称工作外部环境，说明：使用的原材料与设备，工作地点的温度、湿度、光线和噪声等状况，安全条件，地理位置等。

（3）工作关系的描述，又称为工作关系或人际关系（工作内部环境），说明：工作群体的具体人数、对人际交往程序要求、工作关系的协调、部门交往要求、工作点内外的文化设施、社会风俗、监督关系、汇报关系及同事之间的关系等。

（4）工作社会环境的描述，说明：工作时间、聘用方式、工资结构及支付方式、福利、培训、组织地位与晋升、季节因素等。

3. 工作描述前的准备工作

（1）明确工作描述的目的。如前所述，工作描述目的的确认将在很大程度上决定工作描述的内容。如果工作描述用于更广泛的目的，描述的数量就可以由与每个目的有关的岗位确定下来。在确定哪些岗位将被描述时，应该有客观的标准，否则易引起混乱。

（2）确定工作描述的负责人。一般说来，工作描述都是由人力资源管理人员负责，但是其他部门（如财务、生产等部门）的主管人员也可以负责，这主要取决于工作描述的用途和目的。

（3）确认工作描述的形成过程。一般工作描述的形成要经过这样四个阶段：① 收集工作分析信息；② 起草工作描述的初稿；③ 检查和修订初稿；④ 形成最终的工作描述确定稿。工作描述主要由工作描述人员和责任人参加，有时不需要与工作有关的人参与和认同，因为他们可能夸大工作的难度和负荷，干扰描述工作的进行，但必须取得他们一定程度的配合，以确保工作的有效性。

（4）向组织的管理者（尤其是高级主管）和组织成员介绍工作描述。这样做的目的是取得他们对工作描述的支持，如果没有高级主管和其他管理者的配合，工作描述就很难进行。

4. 工作描述中应该注意的问题

（1）确认工作描述的经济性。工作描述是一个系统、严格而又规范的工作。对于一个人数较少的公司（200 人以下）而言，工作描述没有太大的必要。近年来，企业流程再造和管理再造的理论日益盛行，在这种理论下，工作之间的界限变得相对模糊，员工的工作按照竞争的需要具有相当的灵活性，这一点给工作描述带来了挑战。工作描述的经济性，要求我们在将某一工作的范畴扩大时，应使工作描述对企业的工作产生推动性，而不至于使企业由于分工过细导致效率下降或由于监督减少而导致损失。

（2）工作描述之前的计划是工作描述有效进行的重要保障。工作描述要花费主管人员相当多的时间和精力，科学的计划将确保工作在预期中进行，并使一些工作中的问题及时得到解决。

（3）主管的认同。一般说来，工作描述可以发现组织结构内的一些错误，如果组织主管没有决心或勇气修正错误，则工作描述的作用将大为降低，其实施的结果也很难得到保障。

（二）工作规范（工作说明书）

1. 工作规范的定义

工作规范是根据工作描述的结果，列出的一个人为了完成特定的工作所必需具备的知识、技能、能力以及其他特征的清单。

知识指为了完成某一项特定的工作任务而必须掌握的最低的事实性或程序性信息。技能指一个人在完成某项特定的工作任务方面所具备的熟练水平。能力指一个人所拥有的符合特定工作需要的且具有持久性的才能。在定义中强调的其他特征指一个人达到目标的动力或持久力等人格特征。从这些描述中我们可以看到，知识、技能、能力以及其他一些人格特征在事实上都是一些不能被直接观察到的与人有关的特点，只有当一个员工与特定工作结合，承担起相应工作的任务、职责和责任的时候，才有可能对这些特征进行观察。这就增加了我们在招聘新员工时的考察难度。

2. 工作规范中对人的要求

工作规范主要是对人进行要求。从一般意义上讲，这些要求分为三个方面，即一般要求、生理要求和心理要求。

（1）一般要求，指从事该项工作所需要的一般性要求，包括员工的年龄、性别、学历、外语水平和工作经验等。

（2）生理要求，指的是从事该项工作所需要的生理性要求。一般可以用九种能力标准来分析工作对生理能力的要求，即① 运动能力；② 躯干能力；③ 视力、听力能力；④ 爆发力；⑤ 运动的灵活性 ⑥ 延伸的灵活性；⑦ 身体的协调性；⑧ 身体的平衡性；⑨ 耐力。我们可以将每一种能力划分为几个等级，来确定工作所要求的能力范围以及对哪几种能力要求更严格。

（3）心理要求，指从事该项工作所需要的心理性要求，包括事业心、合作性、观察性、领导力、沟通能力、压力承受力和影响力等。不同类型的考试可以鉴别不同的心理能力，如一般的认知考试测验的是记忆、分析、判断和推理等能力，而心理测验则能说明一个人的个性特征。

3. 工作规范的内容

工作规范要求的内容，大致有两种不同的方法进行规范：一种是评测岗位与应聘者合适程度的传统方法，又称"七点计划"（A·罗杰：《七点计划》，伦敦：国家工业心理学研究所，1952 年版）。其要点是：① 体格，指健康、外貌等；② 学识才能，指学历、知识结构、资历、经历和经验要求等；③ 一般智力，指智力水平；④ 特殊才能，指动手能力、数字和交际能力等；⑤ 兴趣点，指文化、体育等的兴趣爱好；⑥ 性情，指可爱程度、可靠性和主见性等；⑦ 特殊条件，指准备好转换工作、适应出差等。另一种评测人员的规范方式被称为"五点评分系统"，1958 年由管理学家芒罗·弗雷泽提出。其要点是：① 对他人的影响（通过体格、外貌、表达方式）；② 已有资历（教育、培训和经历）；③ 固有特质（快速切入实质、渴望学习）；④ 动机（树立目标并关心实现）；⑤ 调整（能承受很大外界压力，与他人相处随和）。

近年来，工作规范越来越注意特定岗位上的"关键成效领域"，即要求关注雇员被雇用后可能的成绩表现，这将为后续的业绩评价打下基础。实践中有相当多的企业将该岗位的关键业绩指标纳入其中。需要强调指出的是，由于《中华人民共和国劳动法》（以下简称《劳动法》）等法律规范的实施，有关可能涉及职业歧视（如年龄、种族、残疾、性别等）的要求，在书写工作规范中应避免出现。表 2-4 是一种工作规范的表述方法。

表 2-4　销售部经理工作规范

职务名称：销售部经理年龄：26～40 岁
性别：男女不限学历：大学本科以上
工作经历：从事销售工作 4 年以上
1. 生理要求
无严重疾病，无传染病，能胜任办公室工作，举重 5 公斤，有时需要走动和站立，平时以说、听、看、写为主。
生理要求标准：
　　A——全体员工中最优秀的 10% 以内。总经理为 100 分，他们在 90 分以上。
　　B——70～89 分；
　　C——30～69 分；
　　D——10～29 分；
　　E——9 分以下。
2. 心理要求

一般智力：A	观察能力：	B 集中能力：	B
记忆能力：A	理解能力：	A 学习能力：	A
解决问题能力：A	创造力：	A 知识域：	A
数学计算能力：A	语言表达能力：	A 决策能力：	A
团队精神：A	性格：外向	气质：多血质或胆汁质	
态度：积极、乐观	兴趣爱好：喜欢与人交往，爱好广泛		
事业心：十分强烈	领导能力：卓越		

科学的工作分析，是在企业领导、典型工作代表与人力资源管理专家组成的工作分析小组领导下进行。一般说来，工作分析的结果表现为书面的工作描述和工作规范，二者合在一起，统称为"工作说明"（参见表 2-5）。不论是单独还是合在一起，书写文件时要求做到：① 清晰；② 具体；③ 简明扼要；④ 规避法律法规的限制；⑤ 经常调研，适时修改。

表 2-5　A 公司销售总监工作说明书

基本情况	职位名称	销售总监	职位编号	
	所属部门	A 事业部	职位职级	总监级
	直接上级	分管副总裁	直接下属	大区经理
	设置目标	制定并推行销售战略、销售方案，有效地管理客户，打造并带领销售团队完成公司全年的销售任务		
组织架构				

组织架构图：分管副总裁；下属：市场总监、销售总监、营销调度、商务部、发运部；市场总监下属：市场部；销售总监下属：大区经理

续表

工作职责	10%	1. 根据营销规划，制订区域营销计划并报告营销副总裁审批		
	30%	2. 带领大区经理完成销售目标，对销售系统应收款、对账、销售预测等业务活动进行检查和控制		
	10%	3. 做好销售费用的预算和控制		
	10%	4. 组织完善并维护营销网络，做好战略市场新客户的开发和大客户管理		
	5%	5. 参与制定、调整产品价格		
	15%	6. 拟定销售系统人员配置及薪酬方案，负责销售系统核心骨干的培养和选拔，指导并考核下属的工作，保证核心员工的稳定性		
	10%	7. 与市场总监密切配合，确保营销方案的实施及调整		
	10%	8. 及时了解市场信息、销售情况，供分管副总裁决策		
	不定期工作	1. 与各部门交流沟通；2. 各片区巡视，与员工见面交谈；3. 听取下级工作汇报，督导下级工作推进；4. 组织协调多部门参与重大活动；5. 应急处理市场、客户的重大问题；6. 向上级汇报工作，反馈信息；7. 市场巡视督导，拜访客户	定期工作	1. 拟定周度、月度工作计划和总结；2. 召开月周工作例会；3. 定期述职和汇报工作；4. 每天批阅有关文件、资料、报告和财务表单等
权责	权力	1. 对公司营销政策、制度、计划的建议权		
		2. 具体的营销方案的审核权		
		3. 重大销售活动的决策权		
		4. 产品价格的建议权		
		5. 一定范围的客户投诉赔偿和退货审批权		
		6. 授权内的财务审批权		
		7. 对公司供应和生产情况的知情权		
		8. 公司品牌策略的建议权		
		9. 管理范围内的人事配置建议权		
		10. 对下属部门绩效考核的决策权		
		11. 对重大质量事故处理的建议权		
	责任	1. 对业务目标负直接责任		
		2. 对部署的工作效率和纪律行为负直接责任		
		3. 对部门预算和合理开支负直接责任		
		4. 对各类营销政策和制度执行的效果负直接责任		
		5. 对部门计划的科学和正确性负直接责任		
		6. 对公司营销系统培训效果负间接责任		
		7. 对经销商会议的效果负间接责任		

续表

工作条件			办公室、电脑、电话	
关键业绩指标	指标权重		考核指标	指标定义及目标值
	25%		销量目标完成率	对年度和季度目标完成情况进行综合年销量完成 X 万吨
	10%		销售产品品种结构合理性	
	10%		应收款回款率	100%
	10%		重要客户成长水平及流失率	
	10%		销售费用控制率	预算范围内
	10%		商务事故预防的有效性、处理汇报的及时性	
	10%		销售系统骨干人员流失率及人才培养完成率	
	10%		对下属考核的及时性	及时制定半年、一年考核方案
	5%		协作性	360度考评
工作关系	内部工作关系	请示	向分管副总裁请示大区经理的销售战略、销售计划和量化的销售目标 向分管副总裁请示大区经理的销售方案和销售政策 向分管副总裁请示销售系统的绩效考核方案 向分管副总裁请示重大的订单预接、生产计划调整、库存准备及发运安排 向分管副总裁请示销售队伍的人员配置方案	
		汇报	定期向分管副总裁汇报销售进展、市场主要竞争对手及市场变化情况 定期向分管副总裁汇报工作计划和工作进展	
		督导	督导大区经理进行销售目标的分解、市场与客户的合理规划及布局、销售政策的合理调整 督导大区经理做好费用预算 督导业务人员做好资金、汇款计划以及账目核对，对欠款情况进行追踪处理 督导各业务部门做好销售工作	
		落实	落实重大营销合同的谈判和签订工作 落实全公司订单及生产计划的安排、调配及库存的准备工作 落实大区经理执行公司销售政策	
		协调	协调市场总监及时制定季节性市场促销方案 协调供应总监及时调整原材料的采购计划 协调生产技术部做好最新配方的算价	
	外部工作关系		定期拜访大客户，做好大客户的管理工作	
任职资格	学历		本科及以上	专业 不限
	年龄		35～45	性别 不限
	性格		能承受较大工作压力	
	工作经验		八年以上大型企业中高层管理经验，五年以上同等职位管理经验 掌握企业、营销、人力资源、财务、信息管理的现代化管理方法和手段	
	岗位所需知识		企业管理知识 战略、营销、人力资源、财务、信息管理知识 行业知识	

续表

任职要求	岗位技能要求	有市场预测和洞察能力，能引导企业适应行业市场竞争的决策能力； 能制定适应企业销售发展的规划战略、中长期销售规划和实施的组织能力； 有很强的决策、计划、组织、领导、协调创新能力； 有较强的沟通协调、写作和表达能力	岗位技能培训要求	科目名称	课时数
				战略、营销、人力资源、财务、信息管理	一个月
				企业概况与文化	一天
				行业知识	二天
				战略、营销、人力资源、财务、信息管理	一个月
	职前培训				

职业发展	可晋升的职位	营销副总裁		
	可转换的职位	市场总监		

修订履历	提案部门	提案人	审核人	审批人

表 2-6 罗列了岗位职责描述中常使用的动作术语提供给大家参考，不同的动作意味着不同的责任。

表 2-6 岗位职责动词使用规范

一、岗位职责动词使用规范表
管理职责与业务职责
1. 决策层
主持、制定、策划、指导、督办、协调、委派、考核、交办、审核、审批、批准、签署、核转
2. 管理层
组织、拟定、提交、制定、支持、督促、布置、提出、编制、开展、考察、分析、综合、研究、处理、解决、推广
3. 执行层
策划、设计、提出、参与、协助、代理、编制、收集、整理、调查、统计、记录、维护、遵守、维修、办理、呈报、接待、保管、核算、登记、送达
二、常用动词
1. 针对制度、方案、计划等文件
编制、制订、拟定、起草、审定、审核、审查、转呈、转交、提交、呈报、下达、备案、存档、提出意见
2. 针对信息、资料
调查、研究、整理、分析、归纳、总结、提供、汇报、反馈、转达、通知、发布、维护管理
3. 关于某项工作（上级）
主持、组织、指导、安排、协调、指示、监督、管理、分配、控制、牵头负责、审批、审定、签发、批准、评估
4. 思考行为
研究、分析、评估、发展、建议、倡议、参与、推荐、计划
5. 直接行动
组织、实行、执行、指导、带领、控制、监管、采用、生产、参加、阐明、解释、提供、协助
6. 上级行为
许可、批准、定义、确定、指导、确立、规划、监督、决定
7. 管理行为
达到、评估、控制、协调、确保、鉴定、保持、监督

续表

8. 专家行为 分析、协助、促使、联络、建议、推荐、支持、评估、评价 9. 下级行为 检查、核对、收集、获得、提交、制作 10. 其他 维持、保持、建立、开发、准备、处理、执行、接待、安排、监控、汇报、计划、经营、确认、概念化、合作、协作、主持、获得、核对、检查、联络、设计、带领、指导、评价、评估、测试、建造、修改、执笔、起草、拟定、收集、引导、传递、翻译、组织、控制、操作、保证、预防、解决、推荐、介绍、支付、计算、修订、承担、支持、谈判、商议、面谈、拒绝、否决、监视、预测、比较、删除、运用

五、工作分析中常见的问题

（一）员工的恐惧和抗拒

工作分析的结果有助于我们对员工的工作行为及绩效进行考核，有助于我们分析员工工作的饱满程度，有助于我们招聘与工作职责相吻合的人员，因此，工作分析在一定程度上会引起员工的恐惧并可能最终导致抗拒。员工恐惧是因为员工害怕工作分析会对其已熟悉的工作带来变化或者引起自身利益的损失，因而对工作分析小组的人员及其工作采取不合作甚至抗拒的行为。

1. 员工恐惧、抗拒的表现

（1）访谈的过程中，员工对工作分析小组的工作有抵触情绪，不支持其访谈或调查工作。取得被调查对象的支持和合作是调查成功的重要保障，正是因为员工产生了恐惧感，因此对调查采取排斥、不支持、不合作态度，导致调查难以进行。这是一种消极的抗拒。

（2）员工提供有关工作的虚假情况。员工对调查结果产生恐惧，并不是采用消极的方法不合作，而是故意夸大其所在岗位的实际工作责任、工作内容；对企业其他岗位的工作予以贬低，其目的是提供工作的虚假信息，给工作分析制造障碍，甚至影响工作分析的结果。这是一种积极的抗拒，但是调查人员难以察觉。

2. 员工恐惧、抗拒的原因

（1）员工认为工作分析的结果会对他们目前的工作、薪酬水平造成威胁。工作分析的结果有助于企业进行科学的人力资源考核，许多企业的减员、降薪也正是在工作分析之后，利用工作分析的结论进行工作评估之后实施的，工作分析成为一些企业所谓科学减员的理由。因此，很多员工对工作分析有一种天生的恐惧感。

（2）工作分析可能会导致员工的责任增加。霍桑实验研究表明，员工在工作中一般不会用最高的效率从事工作，而只是追随团队中的中等效率的伙伴，这是其团队归属的需要。而且员工认为，如果自己的工作效率太高，反而会增加自己的工作任务。工作分析的科学进行，有助于管理者充分认识员工应有的工作绩效，从而导致员工必须以高效率的方式进行工作。因此，员工对工作分析产生恐惧并进而抗拒从理论和现实意义上来讲都是合乎情理的。

3. 员工恐惧、抗拒的消除

要使工作分析顺利进行，我们就必须最大限度地消除员工的恐惧及抗拒行为，确保工作分析顺利和有效地进行。

（1）事前的充分沟通。事前沟通是员工恐惧消除的重要策略。工作分析之前，应事先取得员工的信任，使员工明白实施工作分析的原因，可以为员工带来的好处以及员工提供的信息对工作分析的重要意义，并且以某种方式向员工承诺，企业不会因为工作分析的结果而解雇任何员工或降低企业的工资水平。

（2）事后结果的沟通。在工作分析结束以后，将其结果与调查者进行沟通。一方面使员工知晓其在这项工作中所做的贡献，另一方面使员工科学认识自己行为，推动自身工作效率提高。

（二）动态环境

尽管我们习惯上把工作看成是静态和稳定的，而且也只有这样我们才能确保工作分析的进行。实际上，工作总是随着时间而不断发生变化，特别是对于现代企业而言，工作的性质和状态已经在很大程度上发生了变化，即动态的因素已经在更大程度上推动我们对工作的认识，使传统的工作分析引进了新的动态因素。

举例来说，在当今产品和市场竞争变化迅速的时代，一些人认为工作仅仅是一种已经不再有用的社会性人造产品而已。事实上，更多的研究者和实践人员指出，在组织中已经出现了一种所谓的"工作废除"趋势，这种趋势的内容就是把组织看成是一个需要被人完成的工作领域，而不是一系列由个人所占据的零零散散的工作集合。例如，在英特尔公司，个人往往是首先被安排到一个项目中去，这个项目会随时间的变化而发生变化，个人所扮演的角色以及工作对他的要求在这个过程中也会发生相应的变化，在一个项目完成之前，该员工可能已经被安排到另外一个项目或另外一些项目中去了。因此，除了担负起新职责外，这名雇员还被要求在许多不同的团队里工作，管理各种不同的目标和工作时间表，同时还要在各种不同的团队位置以及不同团队成员的多种时间表之间进行协调。这就要求企业取消传统的层级式结构安排，而代之以更为灵活和更具有流动性的组织结构和工作过程，而从竞争需要出发再造企业的流程已经成为许多企业的管理实践。这些变化对传统的工作分析提出了新的挑战，编制一份比较宽泛的适应企业发展需要的工作描述成为新的管理的要求。

第二节　收集工作信息的主要方法

一、观察法

（一）定　义

观察法指有关人员直接到现场，亲自对一个或多个工作人员的操作进行观察、了解并记录有关工作的内容、工作间的相互关系、人与工作的作用以及工作环境、条件等信息。为了及时准确地获取所需要的信息，这种观察应具有结构性，事先应做好充分准备并取得工作者的支持与配合。当然，由于员工个体的差异，在工作中会显出一定的差异性。这就要求我们在利用观察法收集工作信息时应该求同去异，使工作分析的结果具有相对的通用性而不是员工个性。

（二）观察法的操作原则

1. 观察的工作应相对静止

观察法在实施的时候以能够观察到的行为为基础，因此，要求在一段时间内，工作内容、工作程序、对工作人员的要求不应发生明显的变化。

2. 适用于大量的、标准化的、周期短的以体力为主的工作

观察法特别适用于对手工的操作、设备使用的工作方法、危险因素和工作条件等信息的收集，其优点是能够获得第一手的资料。对于思考和研判工作即脑力工作者很难使用观察法对其工作进行描述。而要对所观察的工作进行准确的描述，使得描述的结果不因为观察者的不同而产生差异，这就要求观察的工作必须是标准的工作。此外，观察法比较费时间，因此按经济的原则，被观察的工作应该是企业大量存在的工作。从这些角度出发，我们可以得出结论，观察法适用于大量的、标准化的、周期短的以体力为主的工作。

3. 注意工作行为样本的代表性，避免对被观察者产生影响

一般情况下，工作者不愿意被别人看着工作，因而有时工作者会因为紧张而不能表现出其最典型的工作状态，或在有人观察的时候其工作状态表现不一样。因此，在使用观察法收集信息时，为确保相关信息的客观性，应该尽可能不引起被观察者的注意，至少不应干扰被观察者的工作。但是我们必须取得被观察者的配合，这是工作分析所必需的。

4. 观察前要有详细的观察提纲和行为标准

观察法费时较多，且受观察者和被观察者行为角度的影响而影响工作效率，因此，在具体实施观察法对工作进行描述之前，应该拟订详细的观察提纲和具体的行为标准，确保不同的观察者能得出具有相对统一且规范的结论。

（三）观察法的观察提纲

详细而准确的观察提纲是工作的必需。表 2-7 是一份工作分析观察提纲举例。

表 2-7　工作分析观察法提纲（部分）

观察者姓名：_____　　　　　　日期：_____

被观察者姓名：_____　　　　　观察时间：_____

工作类型：_____　　　　　　　工作部门：_____

观察内容：_____

1.什么时候开始工作？_____。

2.工作之前的准备时间有多长？_____。

3.上午工作多少小时？_____。

4.上午休息几次？_____。

5.每一次休息的时间分别是从_____到_____。

6.上午一共完成产品多少件？_____。

7.在工作中平均多长时间完成一件产品？_____。

8.出了多少次品？_____。

9.去洗手间的次数以及每一次所用的时间？_____。

10.喝了几次水且每一次喝水所用的时间？_____。

11.室内的温度是多少度？_____。

12.室内的噪声是多少分贝？_____。

13.室内的光照情况怎么样？_____。

14.工作中与同事交谈几次？_____。

15.每次交谈时间约_____分钟。

（四）观察法实施中应该注意的问题

观察法因为自身的缺陷，不能对脑力工作者或劳动中的脑力劳动部分进行分析，并在具体的实施中又存在其他一些问题，这些问题可以通过下面的一些做法进行不同程度的纠正：第一，在有相似工作的地方，应多观察几个人，避免个人的独特行为对观察结果的影响。第二，对被观察者的工作要充分地观察，以免漏掉细节。第三，观察者应尽可能地不引人注意，并避免讨论工作过程的问题。智能时代的到来，大量重复性、机械式、无创造力的工种很大程度上将被机器所淘汰。观察法的适用范围减少。

二、访谈法

（一）定义

调查者通过与被调查者面对面交流的方式收集工作岗位分析资料的方法。面谈法可能是使用最广泛的数据收集方法，一般是在离开工作地的地方进行的，面对面的访谈可以最大限度地获取工作信息。

（二）主要方法

访谈的主要方法有三种：① 个人访问法，即与每个雇员单独面谈；② 集体访问法，即与同一种职业的员工集体讨论；③ 管理人员访问法，即与一个或几个通晓如何进行工作分析的管理人员座谈讨论。不管运用哪种方法，都应当让被访问者完全明确访问的意图，因为常常有一种倾向，访问容易被误解成是在对他的工作效率进行考核。如果产生了这种误解，被访问者就不愿意把他们的看法和盘托出。

（三）访谈法的实施

访谈提出的问题大致包括：你做的是什么工作？你的岗位的主要任务是什么？你具体干什么工作？这项工作需要什么样的教育程度、经历、技能以及证书、许可证？你做过什么工作？该工作的任务和责任是什么？你的基本责任或工作任务标准是什么？你的责任是什么？完成任务的环境条件是什么？这项工作有什么身体要求、情绪要求和精神要求？这项工作的卫生安全条件有哪些？有没有在危险或容易发生意外的工作条件下工作的经历等。

访谈法调查往往是将问题按逻辑关系排列在一起，一个个往下问，或者最重要的问题先提问，次要的或不太重要的问题后提问。面谈的结果一般要经过监督者的确认和说明才算有效。

（四）访谈法实施中应该注意的问题

访谈法要取得预期的效果，应当注意如下事项：① 职业分析人员和管理人员应当携手合作，弄清最了解员工工作和最能客观描述其职责与责任的员工；② 提前研究每项工作的基本情况，使面谈者熟悉工作，便于提问；③ 迅速掌握被访问人员的基本情况，并用通俗、亲切的语言简要说明访问目的，尽快与对方建立友好关系；④ 设计调查问卷或调查提纲；⑤ 访谈结束时，应回顾和核实一下有关情况。

三、问卷法

（一）定义

问卷法指向被调查者提供事先设计好的问卷，要求被调查者按照要求填写以获取有关其工作信息的一种快速而有效的方法。一般要求被调查者对各种行为、工作特征和工作人员特征的重要性或频率评定等级。一般说来，问卷法可以分为两种：即一般工作分析问卷法和指定工作分析问卷法。一般工作分析问卷法适用于各种工作，问卷内容有普遍性；而指定工作分析问卷法适用于特定的工作，问卷内容在了解基本情况的基础上，还具有一定的特定性，一张问卷只适用于一种工作。

（二）问卷设计

为在短时间内收集到大量的有用信息，有关人员要事先设计出一套工作分析的问卷，把要收集的信息以具体问题的形式提出，由工作人员填写，再将问卷加以归纳、分析，并做好详细的记录，从同职务的问卷中找出共同的有代表性的回答，并据此写出职务描述，再征求该职务工作者的意见，进行补充和修改。为了全面系统地进行职务描述，避免遗漏每一项工作任务，最好将各项工作任务一一列举，越全越好，然后再归类整理、分析评估。

问卷设计的质量在很大程度上会影响工作分析的质量，因此，问卷设计者在设计问卷时可以先对要分析的工作进行了解，或简单地观察，然后与一些专业人员合作设计问卷。得到分析部门负责人的支持是设计好问卷的关键。也就是说，在设计问卷时，可以训练各部门的负责人，由他们分别分析本部门的工作，再加以汇总评估，设计问卷。这样做可以调动这些部门负责人的积极性和责任感，对做好工作分析也是十分必要的。

问卷设计一般应该遵循明晰、高效、合理和完整的原则。

1. 明晰原则

在设计问卷时应该做到明晰。首先，问卷语意必须明确、清晰地表达出调查者的本意，不应产生歧义或误解。其次，问卷应考虑被调查者的知识结构和认知水平，也就是说，必须考虑被调查者的群体特征，考虑其认知水准，防止问卷设计用语晦涩难懂或过分肤浅。

2. 高效原则

设计问卷必须最直接地体现出调查的目的，减少或消除与调查主题关系不大的一些过渡性问题，力求问卷主题突出，便于回答，且便于调查者整理和分析。

3. 合理原则

问卷法实施成功的关键是被调查者的积极配合。因此，问卷的设计必须考虑被调查者的合作程度。问卷设计结构要合理，便于调查者回答，不会令调查对象反感、厌倦。如果问卷使调查对象产生对立情绪或为难情绪，那么，调查活动一定不会成功。

4. 完整原则

通过问卷调查所得到的结果要能够对工作进行准确而全面的描述。为企业的人力资源管理以及经营管理决策提供依据，就必须使问卷设计的问题能够完整地涉及调查者工作过程中的各种行为。

（三）调查问卷的基本格式

表 2-8 是一份简单的一般工作分析问卷样本。

表 2-8 工作分析调查问卷

公司名称：

问卷编号：

被调查者姓名： 性别： 年龄： 职务：

在本公司供职时间（年）：所在部门：部门职数：

管理人姓名： 管理人职务：

1. 主要任务

2. 专业证书：列出与工作任务相关的登记证、许可证、资格证等。

3. 设备：列出与完成工作任务相关的机器、设备或工具，如打字机、计算机、汽车、
机床、叉车、钻压设备等。

4. 固定任务：每月必须完成的任务及其占总工时的比例。

5. 合同：列出有必要与其他部门及其个人、公司或其代理人签订的合同。

6. 监督：所任职务有无监督责任，是直接监督还是间接监督。

7. 决策：完成固定任务时拥有的决策权。

8. 登记责任：列出需要准备或保存的报告、文件。

9. 监督检查时间：经常检查、偶尔检查、很少检查、从不检查。

10. 工作条件：

11. 职业要求：列出圆满完成工作任务必需的最低要求。

（1）教育：最低学历、学习年限、专业或方向；

（2）经历：类型、年限；

（3）专门训练：类型、年限；

（4）专业技能：打字（每分钟多少字符）、速记（每分钟多少字符）、其他。

12. 其他情况：以上各项未包括，但有助于说明工作职位重要性的情况。

被调查者签名 日期： 年 月 日

表 2-9 是一份指定工作分析问卷样本（部分）。

表 2-9 推销员工作分析问卷（部分）

说明以下职责在你工作中的重要性

（最重要的打 10 分，最不重要的打 0 分，标在右侧的横线上）。

1. 和客户保持日常沟通。

2. 详细介绍产品的性能。

3. 开发新客户。

4. 掌握必要的销售知识。

5. 拟订月度生意计划。

6. 及时送货。

7. 及时向上级主管汇报工作。

8. 及时准确地把客户有关质量的问题反馈给有关部门。

9. 与有关部门和同事保持良好关系。

10. 拒绝客户不正当的送礼。

11. 及时催收货款。

12. 及时清点存货。

（四）问卷法实施中应该注意的问题

问卷法的优点是快速和调查结果真实，而且使用一般工作问卷还可以将其剪接以适合不同组织的需要，因而其应用很广泛。但问卷法在使用中也存在一些问题，如问卷中有些问题是叙述性的，使被调查者难以用准确的语言描述和回答问题，且答案难以进行量化分析，给后续工作带来麻烦。因此，问卷设计应尽量少提出主观性问题。

四、职位问卷分析法

（一）职位问卷分析法（Position Analysis Questionnaire，PAQ）

职位问卷分析法是美国普渡大学研究人员提出的一套数量化工作说明，由熟悉分析对象的专门分析人员填写。问卷包含若干项目，每一项都是一个基本因子，代表公司的一个职位。公司的全部工作可以归纳为决策活动、技能活动、体力劳动、设备操作和信息加工等。它的基本思路是，每个职位都会从不同角度对公司的工作产生影响，并获得相应的分值。该分值表明某项工作对于公司全部工作的重要性及其程度，进而对公司内部不同职位的作用进行横向比较，达到提高人力资本运营效率和整体生产效率的目的。

（二）职位问卷分析的主要内容

职位问卷分析在设计中充分体现了工作流程分析在工作分析中的运用，是一种包括 194 个问项的标准化工作分析问卷。这些问项代表了从各种不同的工作中概括出来的各种工作行为、工作条件及工作本身的特点，共分为 6 块，即信息投入、脑力过程、工作产出、同他人的关系、工作环境和其他特点。

1. 信息投入

工作者从哪里以及如何获得完成工作所必需的信息。

2. 脑力过程

工作者在获取信息之后，如何去推理、决策、计划及处理资料。

3. 工作产出

研究工作者在执行工作的时候所发生的身体活动以及所使用的工具和设备等。

4. 同他人的关系

研究工作者在执行工作时与他人发生的关系，这种关系实际上也影响着信息投入。

5. 工作环境

研究执行工作的时候所处的物理环境以及社会环境。工作环境对工作的开展以及绩效都有十分明显的影响。

6. 其他特点

研究除了上面所描述过的同工作有关的其他活动、条件以及特征。

在对某一工作进行分析的时候，工作人员首先要确定上述的每一个问题是否都适用于被分析的工作，在此基础上，工作分析者要根据 6 个维度对这些问题加以评价。这 6 个维度分别是：应用范围、时间长短、对工作的重要性、发生的可能性、适用性以及特种代码（在某一特定问项中所运用的评价尺度）。这些评价结果被提交到职位分析问卷公司总部，在那里运用专业的计算机程序产生报告，说明该工作在工作的各个维度上的得分情况。

研究表明，我们可以对 12 个维度（见表 2-10）用 5 个基本尺度进行评价。这 5 个基本尺度是：① 具有决策、沟通和社交能力；② 执行技术性工作的能力；③ 身体灵活度；④ 操作设备与器具的技能；⑤ 处理资料的能力。

表 2-10　职位分析问卷的 12 个维度

1	决策、沟通及一般责任
2	事务性活动及其相关活动
3	技术性活动及其相关活动
4	服务性活动及其相关活动
5	常规性工作时间表及其他工作时间表
6	例行的、重复性的工作活动
7	环境知觉性
8	一般身体活动
9	监督、协调或其他人事活动
10	公共关系、顾客关系以及其他接触活动
11	令人不悦的、伤害性的、高强度要求的环境
12	非典型工作时间表

知道某种工作在工作维度上的分数，我们就能够为确定此种工作所需要的能力类型提供一些指导。

（三）职位问卷分析法的局限

应该说职位问卷分析法是一种客观的量化工具，可以推动工作分析的进行，但是在使用中也存在一些局限。这些局限主要体现在两个方面：一方面，职位问卷分析法是一种专业性比较强的分析方法，对使用者的要求比较高，既要求具有一定的文凭（如大学本科水平），还要求具备相应的专业知识，这对企业的有关人员提出了严峻的挑战，也限制了这种方法的大范围使用。另一方面，职位问卷分析法强调利用通用化和标准化的格式对工作行为进行调查，这种方法的使用在带来方便的同时，却导致了工作特征的抽象化，不能很好地描述出构成实际工作的那些特定的、具体的活动。

五、工作体验法

工作体验法指工作分析的编写人员亲自体验工作，从而细致、深入地体验、了解和分析工作的特点与要求，掌握工作要求的第一手资料，这种方法的优势是人力资源管理人员可以了解工作的实际内容以及对雇员体力和脑力的要求。

工作体验法在一定程度上可以克服一些有经验的员工并不总是了解自己完成工作的方式或不善于表达的缺点，还可以得到使用其他方法无法得到的内容。但是这种方法的缺陷也十分明显。现代企业经营管理中的许多工作其专业化程度都比较高，体验者往往不具备从事某项工作的知识和技能，因此无法参与，而且这种方法耗费时间较长。因此，工作体验法主要适用于一些比较简单的工作。

第三节　工作设计

组织的一项重要任务就是决定、保持和吸引高质量、高水平的工作所要求的内部和外部条件，而工作设计就是其中的一个重要内容。

一、工作设计概述

（一）工作设计的概念

工作设计是由于企业原有的工作规范不适应组织目标、任务和体制的要求，或由于现有的人力资源在一定时期内难以达到职务规范的要求，或由于员工的精神需求与按组织效率原则拟订的职务规范发生冲突时，为了有效地达到组织目标与满足个人需要而进行的对某个职务的任务、责任、权力以及组织中与其他职务关系的过程进行的规定，是一门让人与工作相匹配，从而使人们的终身兴趣得以表现的艺术。好的工作设计是企业留住人才的艺术手段。研究表明，那些拥有较高价值创造能力的人，在工作与其潜在终身兴趣相匹配的背景下拥有较好的稳定性，且绩效较高。

（二）工作设计的主要内容

一般说来，工作设计的主要内容包括五个部分，即工作内容、工作职能、工作关系、工作结果及工作结果的反馈。如图 2-4 所示。

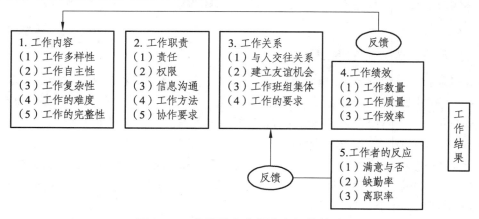

图 2-4　工作设计各个部分之间的关系

工作内容确定工作的一般性质问题；工作职能考察每项工作的基本要求和方法，包括工作责任、权限、信息沟通、工作方法和协作要求；工作关系指个人在工作中所发生的人与人的关系，包括与他人交往的关系、建立友谊的机会和集体工作的要求等；工作结果指工作的成绩与效果的高低，包括工作绩效和工作者的反应，前者是工作任务完成所达到的数量、质量和效率等具体指标，后者指工作者对工作的满意程度、出勤率和离职率等；工作结果的反馈主要指工作本身的直接反馈和来自别人所做工作的间接反馈，即指同级、上级、下属人员的两方面的反馈。

（三）工作设计思想的提出及发展

工作设计思想起源于泰勒的"工作和任务的合理化改革"。泰勒在时间与动作研究分析中提出应该考虑 17 个因素，这 17 个因素至今仍然是很多国家进行动作划分和动作分析的基础。随着泰勒科学管理的推广，人们在泰勒研究的基础上，发展和形成了"时间研究"和"动作研究"的基本原理和方法，并把研究的对象扩大到工厂以外的领域。这一系列的研究成果使人们认识到可以从工作本身的结构设计入手提高工作效率。

梅耶（Elton Mayo）提出了"工作满意"的概念，它强调正式组织中工人满意程度的研究。而赫茨伯格（Herzberg）等人进行了进一步的研究，他们的研究发现，对工作满意与否、工作表现的好坏产生重大影响的是工作的结构和内容，而不是工作环境及条件。这些研究结果导致了用"工作丰富化"手段提高工作的满意度和表现。

从 20 世纪 50 年代开始，人们试图把工作体系和孕育工作的社会体系联系起来。基于这样的研究成果，又提出了"角色满意"的理论。在研究中，人们发现职业角色对工作过程比工作本身更具有相关性，因而强调"角色满意"而不是"工作满意"。此外，研究者还认为，组织内的非正式小组成员间的无领导性、合作性和同等性对角色的满意非常重要。在"角色满意"理论提出以后，人们进一步提出了"工业民主"。它强调通过工人自治，即通过工人自己管理小组，或通过参加生产会议、工作顾问等形式表现的工业民主促进工作效率的提高。有些国家甚至还为此专门制定了相关的法律，以促进工业民主的实现。

哈克曼和奥德姆于 20 世纪 80 年代提出了工作特征理论，如图 2-5 所示。他们明确指出：通过重新设计工作，从而增加工作的多样性、完整性、重要性、自主性和反馈性，进而使员工的心理状态被改善，如员工能够体验到所从事的工作很有意义，对工作更加负责任，更能及时知道努力工作的结果。在这种心理状态下，员工的内在工作动机被高度激发出来，表现出更优秀的工作绩效，对工作更加的满意以及保持较低的缺勤率和离职率。

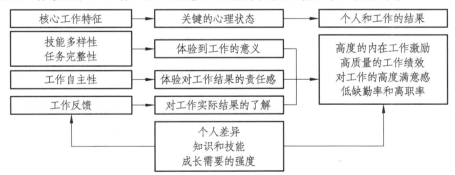

图 2-5　哈克曼和奥德姆的工作特征模型

一般说来，好的工作设计可以减少单调重复性工作的不良效果，有利于建立整体性的工作系统，为充分发挥劳动者的主动性和创造性提供更多的机会和条件。

二、工作设计的要求及需要考虑的因素

（一）工作设计的要求

1. 确保组织总任务的完成

工作设计应该从组织完成总任务的角度进行，这样才能保障组织运行的每一件工作都能

够落实到工作规范中去。如一车间为二车间的生产做配套，则对一车间的工作进行设计时，我们就应该充分考虑二车间的要求，二车间的工作设计也需要考虑一车间的实际情况，只有这样，才能确保组织总任务的完成。

2. 确保组织总目标的实现

要求组织运行所要达到的每一工作结果，组织内每一项资产的安全及有效运行都必须明确由哪个工作负责，不能出现责任空当的情况。也就是说，一、二车间的工作设计除保证总任务的完成以外，还必须考虑二者能够彼此协调，能够在组织总目标的约束下完成组织的任务。

3. 提高组织的运行效率

我们知道，人是具有能动性的，工作设计应该全面权衡经济原则、社会原则和人文原则，力图找到一个最佳结合点，保证组织内的每个人有效地工作和发挥其积极性，而且彼此合作，最终推动整个组织运行效率的提高。

4. 充分考虑资源条件对工作的约束

我们知道，组织总是在一定资源约束条件下开展工作的，因此，每一个工作设计所规定的任务、责任应该与对应的资源条件相结合，考虑适当的工作人选，而不能简单地仅从组织需要的角度考虑问题。

（二）工作设计需要考虑的因素

1. 组织因素

（1）专业化。按照所需工作时间最短、所需劳动量最少的原则分解工作，形成最小的工作循环。

① 劳动分工。专业化与劳动分工水平密切联系，而劳动分工与一定的经济发展水平相适应。劳动分工的基础是相关的动作研究，对动作的专门研究和运用使得人们学习一项技能的时间大大缩短，而且可以提高技能的运用效率，减少人力和物力浪费。对劳动专门的研究还导致对设备的专门研究和机械设计方面的专门研究。过去我们强调劳动分工的精细，强调专业化分工的单一化，这样既可以提高效率，还方便绩效考核。现代企业管理理论提出：专业化分工必须充分考虑人的社会性要求，即要给人安排具有挑战性的工作，使人能够享受工作的乐趣，避免人成为机器；专业化分工要确保整个组织运行的效率，能够按照市场的需求设计企业的专业化劳动分工程度。

② 工作研究。专业化研究的基础是工作研究。工作研究从泰勒时代开始已形成了很多技术和方法，这些技术和方法已经成为现代工作设计的基础。工作研究主要涉及标准时间、中等水平的人、有代表性的工作条件、正常的工作速度和学习时间等。

第一，标准时间。标准时间是以标准绩效完成一项工作所需要的总时间，也是对一般人完成一项任务所需要时间的估计，是由基本时间（以标准速度完成一项任务的时间）和宽放时间（消除疲劳的休息时间）构成的。标准时间可以作为制定奖励制度的依据或作为工作描述的一部分。

第二，中等水平的人。中等水平的人指具备必要的身体素质、智力水平和教育程度的一般人。在进行工作研究时，要选中等水平的人作为样本才具有代表性，时间、动作、速度等方面的都是以中等水平的人为研究依据的。这样有利于确定适当的标准时间、标准速度等，而不至于过快或过慢。

第三，工作条件。工作条件主要是考察某一项工作在具体发生时的现实状况，即使在一个企业内工作条件也可以因为时间的改变而不同。

第四，正常的工作速度。所谓正常的工作速度是假定人们经过一定的培训，具有完成某一任务所需要的技能和知识，能以标准的时间完成一项任务，而且在 3 ~ 4 小时内没有疲劳感觉，即为正常的工作速度，这也说明标准时间的确定是以正常工作速度为基础的。一般人在工作的开始、结束和中间阶段，速度、精力和体力并不均衡，参见图 2-6。

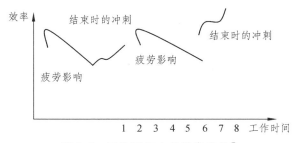

图 2-6 工作时间内的效率变化[1]

工作过程中会产生疲劳感，而疲劳会影响效率，在临近工作时间结束时会有一个冲刺。这种冲刺会在一定程度上抵消一部分疲劳的损失，但并不是每个人都是相同的，这取决于冲刺与疲劳的力量对比。当然也存在另外一种情况，即刚开始工作的时候，疲劳感不会影响工作，反而会因为逐渐熟练而导致工作效率提高，而在工作时间结束前效率降到最低，因为人们会提前为下班做准备，或等待下班的来临。或因为一个工作必须连续完成，而导致在本时间段内无法完整地完成某一个工作步骤，而必须等下一个工作时间段的来临，从而使得本时段剩余时间无法工作。由此可见，一定工作时段内工作效率高的时间段是比较少的，我们研究的正常工作速度是从一般意义上平均来看的。

第五，学习时间。有经验的人和初学者完成同一项任务的时间显然是不同的。因此，学习时间也是影响工作效率的一个方面。学习时间的长短除了与个人的素质有关外，还取决于所学技能的性质。有些技能掌握很快，而有些技能（尤其是专业技能）在掌握的过程中可能会有时快时慢的特征。参见图 2-7。

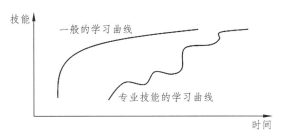

图 2-7 学习曲线

图 2-7 说明，专业技能的掌握开始可能比较快，但到了一定水平后，技能增加的速度放慢，甚至没有明显的变化，如果进行新的学习，技能的掌握又会上升到一个新的水平。

③ 动作经济原则。动作经济原则即为最快完成某项任务的最佳动作系列，要减少那些无

---

[1] 安应明，吴菁：《人力资源管理学》，中共中央党校出版社，1998 年版，第 153 页。

用的、慢的和错误的动作，从而形成一套最佳的动作系列。

巴恩斯教授把动作经济原则分为三类：利用人体、布置工作地点、设计工具和设备。[①]利用人体原则指尽量使用不易使人感到劳累而又最节约时间的有效动作。布置工作地点原则指工作地点的布置应努力减少无效动作，如在固定的地点提供材料和工具、提供能保持良好姿势的座椅、提供充足的照明，以及工具和材料的放置应尽可能接近工作者等。设计工具和设备原则指工具和设备的利用应最大程度地利用人体，使四肢配合起来。如有时工具可设计为用脚操作而把手节约出来以利他用，应尽可能把两种或多种工具组合在一起，以提高工具的通用性和多功能性。

（2）工作流程。工作流程指在相互协作的工作团队中，考虑每个岗位负荷的均衡性问题，以便保证不出现所谓"瓶颈"，不出现任何等待停留问题，确保工作的连续性。工作流程的设计与专业化分工的发展是密切相关的，特别是现代组织的流程设计和再造已经成为管理学和管理实践的一大热点。

（3）工作习惯。工作习惯是人们在长期工作实践中形成的传统工作方法，反映工作集体的愿望。习惯往往具有强大的约束力，因此，是工作设计中必须考虑的因素。也就是说，我们在进行工作设计时必须把科学分工与人们的习惯结合起来，不因为习惯而改变科学设计，也不因为要推行新的工作设计而忽略习惯的制约。

2. 环境因素

环境因素主要包括人力资源和社会期望等因素。工作设计必须充分考虑到人力的供应问题以及人力的满足欲望。

（1）人力资源。人力资源指在进行工作设计时要考虑到能够找到足够数量的合格人员，也就是说，我们要考虑社会人力资源供给结构与组织工作完成所需要的人力资源结构之间的关系。在知识经济时代，新技术层出不穷，企业对掌握新技术、新设备的人力资源有强烈的需求，而人力资源供给却与需求之间存在时滞关系，这就要求我们在进行工作设计时充分考虑社会人力资源的供给结构，避免企业的工作设计不符合人力资源的实际情况，导致工作设计的结果无法得到实施。

（2）社会期望。社会期望是人们希望通过工作得到什么样的满足。工业化初期，由于在城市找工作不容易，许多人可以接受时间长、体力消耗大的工作，其需求较为简单。但随着文化教育水平的提高，人们对工作、生活质量有更高的期望，单纯从工作效率、工作流程考虑组织的效率往往欲速则不达。所以在工作设计时，必须同时考虑"人性"方面的诸多要求和特点。

3. 行为因素

行为科学提示我们，工作设计不能只简单考虑效率因素，还应当考虑满足员工的个人需要，找出影响员工行为的诸多因素以及企业可控因素。其主要表现在自主权、多样性、任务一体化、任务意义以及反馈等方面。

（1）自主权。对从事的工作在一定的范围内承担相应的责任，并拥有与之相关的决策权力可以使员工在工作中更具有能动性。因为提供附加责任可增强员工自尊及受重视的感觉，而缺乏自主权可引起员工的冷淡及低绩效。在现实的企业管理中，许多企业对员工进行绩效

[①] 吉尔布雷斯夫妇首先提出"动作经济与法则效应"之后在实践中不断完善，最后由加州大学巴恩斯教授提出了完整的22条原则并分为了三大类。

考核，要求员工承担一定的组织责任，但却并不赋予其相应的决策权和支配权，导致权利与义务不对称，其结果必然是效率的低下。

（2）多样性。工作时需要使用不同的技巧和能力，如缺乏多样性，会导致其疲劳、厌烦，可能产生更多的失误。通过工作设计充分考虑工作的多样性，能减少疲劳引起的失误从而减少效率降低的损失。研究表明，工作轮换对于有效的工作会产生积极的作用，自主权以及多样性的运用是员工满意的主要原因。增加工作多样性的途径还包括我们在前面所提到的避免劳动分工过于专业化。

（3）任务一体化。专业化工作的突出问题就是缺乏任务的一体化，员工不能感受到自己工作的意义，他们对自己的工作成果也几乎没有责任感和很少以工作的成果为傲，缺乏任务的一体化，员工不能感受到自己工作的意义，在完成本职工作后无任何成就感，将工作简单理解为完成任务，感觉自己与企业之间就是一个干活与挣钱的关系。在这种情况下，企业缺乏凝聚力，员工的能动性和积极性难以发挥。如果工作任务组成能够使员工感到自己做出了可以看到的贡献，则其工作满意度将增加，并进一步带来工作效率的提高，促使员工能动地、积极地工作。

（4）任务意义。和任务一体化密切相关的是任务意义。做任何一种工作，如果本身缺乏意义就不可能使执行者对工作产生满意感。任务意义就是使工作人员知道该项工作对于组织中或外部的其他人是重要的，看到自己在企业价值链中的位置，并因而加强自身重要性的感觉，自豪、允诺、激励、满意及较好的绩效就可以自然产生。

（5）反馈。如果工作不能给予员工其工作做得如何的反馈，那么对员工就几乎没有引导和激励。例如，让员工知道自己的产量与日定额相比如何，就给予了工作人员的反馈，并允许他们调整自己的努力，在这种情况下，就可以通过反馈改善激励状况。在许多学校实行的成绩排名就是利用反馈促进学习的一种方式。

以上三大因素之间往往是有矛盾的。行为因素要求工作设计增加自主权、多样性、任务的完整性、意义及反馈，从而提高员工的满意度，但这往往会导致组织劳动成本的上升和效率降低；组织因素要求提高专业化程度，指挥的统一性，分工的细化，但这又可能引起员工不满从而导致怠工、缺勤和离职。因此，必须在三者之间权衡好，找到三者的结合点，才能最终确保工作设计的有效性。

三、工作设计的方法

（一）工作专业化

工作专业化是一种传统的工作设计方法，它通过动作研究和时间研究，把工作分解为许多很小的单一化、标准化和专业化的操作内容及操作程序，并对工人进行培训和激励，使工作保持高效率。此种工作设计的方法在流水线生产上应用最为广泛。

1. 工作专业化的主要特点

工作专业化具有以下特点：① 机械动作的节拍决定工人的工作速度；② 工作的简单重复性；③ 对每个工人所要求掌握的技术单一，且技术水平较低；④ 每个工人只完成每件工作任务中比重很小的工序；⑤ 工人被固定在流水线的单一岗位上，工人之间的工作交往和社会交往较少；⑥ 工人采用何种设备和工作方法，均由管理职能部门做出规定，工人只能服从。

2. 工作专业化的优缺点

（1）优点。专业化和单一化紧密地结合，可以最大限度地提高工人的操作效率；把工作分解为很多高度专业化的操作单元，对工人的技术要求低，可以节省大量的培训费用；还可以因为只需廉价的劳动力来完成工作设计所规定的岗位要求，从而降低企业的生产成本，并且有利于劳动力在不同岗位之间的轮换，而不致影响生产的正常进行；机械化程度高，有标准化的工序和操作方法，加强了管理者对工人生产的产品数量和质量的控制，以保证生产的均衡。

（2）缺点。只强调工作任务的完成，而不考虑工人对这种方法的反应，因而专业化程度高所带来的高效率在一定程度上往往会因工人对重复单一的工作不满与厌恶所造成的缺勤、离职而有所抵消。

（二）工作轮换与工作扩大化

1. 工作轮换

定期地将工人从某一工作岗位换到另一工作岗位，但必须保证工作流程不受影响，这种方法并不改变工作设计本身，员工定期进行工作轮换，员工具有更强的适应能力。对工作的挑战性以及在一个新职务上产生的新鲜感，能够激励员工做出更大的努力。此外，此种方法给员工提供了发展技术和较全面地观察与了解整个生产过程的机会，有助于增强员工对自己当前工作在企业中地位的感性认识，客观上增强企业的凝聚力，并为员工日后从事管理工作奠定基础。日本企业就经常采取工作轮换方式，并取得了良好的绩效。

工作轮换方法的缺陷也较明显：员工实际从事的工作并没有得到真正的重大改变，只是为了解决员工对某一专业化的单一性、重复性工作所产生的厌倦感在一定范围内做适当的缓冲，轮换后的员工长期在几种常规的简单工作之间重复交替工作，最终还是会感到单调与厌烦；不利于培育员工的核心专长，造成"什么都能干而又什么都干不好"的局面。

2. 工作扩大化

通过增加职务的工作内容，使员工的工作内容增加，要求员工掌握更多的知识和技能，从而提高员工的工作兴趣。通过工作扩大化可提高产品质量，降低劳务成本，提高工人满意程度，提高工作效率，并使生产管理变得更加灵活。美国很多有名的公司都普遍用此种方法提高工效，降低生产费用。工作扩大化的实质内容是增加每个员工应掌握的技术种类和扩大操作工作的数目，目的在于降低员工对原有工作的单调感和厌烦情绪，从而提高员工对工作的满意程度，发挥内在热情。但此方法没有从根本上真正解决工人不满的情绪，所以要真正通过工作设计解决员工的不满与厌烦，还必须应用现代的工作设计方法。

（三）现代的工作设计方法

现代的工作设计方法的主要内容是工作丰富和工作特征的再设计。

1. 工作丰富

这是一种纵向扩大工作范围，向工作深度进军的职务设计方法。与工作横向扩展的工作扩大化的工作设计方法相比较，此种职务设计方法的扩充范围更为广泛，主要是由于此种方法可以集中改造工作本身的内容，使工作内容更加丰富，从而使职务设计本身更富有弹性。

工作丰富化主要通过增加职务责任、工作自主权以及自我控制，满足员工心理的多层次需要，从而达到激励的目的。实现工作丰富化需要一定的条件，主要在员工责任及责任感的添加、决策权赋予、工作绩效的及时反馈、工作过程中及时地考核、与工作技能相关的日常培训以及员工成就感的培育等六个方面进行变革，实现工作丰富化。

与其他的工作设计方法相比较，工作丰富化能够给予员工更大的激励和更多的满意机会，从而提高工作者的生产效率和产品质量。此种方法的不足在于，要使工作丰富化得以实现，就必须使员工掌握更多的技术，企业会因此增加培训费，以及付给员工更高的劳动报酬等。

2. 工作特征的再设计

不同的员工对同一种工作会有根本不同的反应，个人工作成效及其是否从工作中获得满足，取决于工作设计的方式和对个人有重要影响的满足程度。工作特征的再设计就是充分考虑个人存在的这种差异性，区别对待各类人，以不同的要求把员工安排在适合于他们独特需求、技术、能力的环境中去。

工作特征再设计的基本条件是：① 组织能够使员工获得高层次需求满足的条件和心理状态；② 工作设计的范围直接影响工作者需求的满足程度和工作成果；③ 员工成长需求的存在，以及在其工作范围、工作成绩上能起到重要的调节作用。

工作特征的再设计可以最大限度地发挥每一个员工的工作积极性，促进其能力的充分发挥，但是容易导致企业管理成本的增加和管理结构的零散。

四、数智时代工作设计发展趋势

人工智能（AI）、机器学习、物联网（Internet of Things）、大数据和预测分析等现代数字技术被企业大量使用，尤其是 2020 年新冠疫情加速了数字技术与工作的融合，开启了人机协作新时代，员工将重点转移到更具价值的活动上。

麻省理工学院信息系统研究中心（斯隆管理学院的一部分）的研究科学家 Kristine Dery 解释说：“由于公司进行了数字化，交给员工做的工作将更复杂，更难做。员工要具备的经验就是弄清楚如何更轻松地参与到工作环境中，这个环境使员工能更轻松地完成更复杂的工作。” Dery 的团队使用两个因素来定义数字时代员工体验：工作的复杂性，或者在组织中完成工作的难度，以及基于协作、创造力和授权的行为规范。Dery 团队认为，数字化真正出彩的地方在于它可以利用数字技术重新定义工作，替换、扩充或创造新的职责和任务。埃森哲的研究称，近四分之三接受调查的高管（74%）表示，他们计划在未来三年内用人工智能对任务进行大规模的自动化，但几乎所有人（97%）都打算使用人工智能来提高工人的能力。数智时代的组织基于技术而实时服务在线，以算法驱动组织形成网状协同而不是基于流程的线性协同，埃森哲调查中有 46% 的人认为传统的职位描述已经过时，29% 的人已经对岗位职责进行了广泛重新设计。

第四节 岗位评价

岗位评价是在工作分析和工作设计的基础上跟进的工作环节，其工作内容直接服务于企业的薪酬设计，是科学合理的企业薪酬体系赖以生存的基础。

一、岗位评价概述

（一）概念

1. 岗位

岗位是企业进行生产劳动组织管理的基本单位，是在企业经营中，由一个或若干个劳动者组成的，使用一定的技术装备、完成一定的具体工作（一道工序或一种产品）的相对独立的区域或位置。

由此可见，岗位与工作是有区别的，岗位是工作中具体的一个环节。如同属于企业的后勤保障工作，但 A 的岗位是门卫，B 的岗位是烧开水等。岗位是工作的细化。

2. 岗位评价

岗位评价是以具体的生产岗位为评价的客体，通过对决定生产岗位劳动者劳动状况的多种因素定量的测定和决定，并根据各因素的作用和重要程度进行综合，得到具有可比性的评价数值，以体现不同生产岗位劳动量和价值大小的差别，并以此作为员工等级评定和工资分配的依据的过程。岗位评价的对象是岗位本身，是客观存在的"事"，而不是现有岗位的人。

（二）岗位评价的作用

1. 为企业薪酬制度的设计提供依据

薪酬体系的设计是现代企业人力资源管理中的一个重要课题。通过岗位评价，我们可以确认某一个工作岗位在本企业的价值，并进而确定该岗位的薪酬水准。因此，在岗位评价基础上建立的薪酬体系，能够保证同工同酬原则的实现，有利于消除薪酬结构中的不公正因素，维护企业工资等级间的逻辑和公正关系，并容易被员工了解和接受。

2. 为其他人力资源管理活动提供决策依据

岗位评价中所提供的信息可以为确定企业人力资源招聘条件、培训技术标准等各种人力资源管理活动提供依据。通过岗位评价，还可以明确该工作岗位的价值，根据企业当前的资源合理安排各项人力资源活动的投入，以实现投入产出最大化。

（三）岗位评价的不足

首先，岗位评价是对企业各种工作岗位的价值进行评定，其评价因素、确认的权重等评价标准在一定程度上都带有较强的主观因素，使得岗位评价缺乏完全客观和公正的结果。其次，岗位评价内容繁多，需要很多的时间和资源，并需要专业的技术，因此，工作成本较高，制约其作用的发挥。再次，同样的工作，对于不同的企业，或同一个企业不同的发展阶段，其价值是不同的，这使得评价的结果具有一定的时限性，在此基础上制定的工资制度难以充分适应生产和技术的变化。

为了克服上述缺陷，我们在进行岗位评价时一定要采取相应措施尽量避免主观因素以及人为偏见的影响。通过专业的人力资源顾问机构来完成本项工作，以避免人为的偏见，但是顾问机构的费用较高，且对企业的专业技术情况不熟悉，使得评价的结果存在一定的差异。当然，我们也可以在评价时通过参考同行的流行做法以及充分吸引企业员工代表的民主参与，对能量化的指标尽可能量化，在一定程度上将各种非客观因素降低到最低的水平。此外，必须明确的是，岗位评价只适用于具有基本稳定的组织机构的企业，如果已经进行了岗位评价，还必须注意对岗位评价系统定期进行检查和修正，使其适应企业动态发展的需要。

二、岗位评价构成

岗位评价是一个系统工程，主要包括评价指标、评价标准、评价技术方法和数据处理四个方面。

（一）评价指标

岗位评价是一种多因素的定量评价系统，最终目的是通过对岗位劳动量和价值的定量评价，反映不同岗位劳动之间的差异，从而为企业管理活动提供科学依据。人类的劳动分为具体劳动和抽象劳动，具体劳动的形式多种多样、千差万别，难以比较，而各种形式的抽象劳动是人在劳动过程中的体力和智力的消耗，本身没有本质的差别，可以抽象为同质的量，便于比较。因此，岗位评价是以人类一般劳动所具有的共同特性为考察对象的。

影响劳动数量和质量的因素很多，但我们不能也没有必要把所有的因素都作为岗位评价的因素，而应该选择一些具有代表意义的关键因素建立岗位评价的指标体系。

一般说来，我们把影响岗位劳动价值的因素归纳为五个方面：劳动责任、劳动技能、劳动强度、劳动环境和劳动心理。每个因素包含一些可定量测评的指标，从而构成多因素定量评价指标体系。岗位评价的指标体系详细内容见表 2-11。

表 2-11　岗位评价的指标体系[1]

因素	劳动责任	劳动技能	劳动强度	劳动环境	劳动心理
指标	1. 质量责任 2. 产量责任 3. 管理责任 4. 安全责任 5. 消耗责任 6. 看管责任	7. 技术知识要求 8. 操作复杂程度 9. 看管设备复杂程度 10. 品种质量难易程度 11. 处理预防事故复杂程度	12. 体力劳动强度 13. 工时利用率 14. 劳动姿势 15. 劳动紧张程度 16. 工作规则	17. 接触粉尘危害程度 18. 接触高温危害程度 19. 接触毒物危害程度 20. 接触噪声危害程度 21. 其他有害因素危害程度	22. 择业心理 23. 择岗心理 24. 岗位位置

（二）评价标准

任何同类事物间的比较必须以统一标准为基础，以保证评价工作的正确性和评价结果的可比性。岗位评价标准就指由有关部门对岗位评价的方法、指标及指标体系等方面所做的统一规定，包括评价指标标准和评价技术方法标准。

企业岗位评价标准的确认应该根据国家或行业的有关规定进行，如国家没有统一的标准，企业应根据国家制定标准的基本思路以及要求，由企业根据实际情况制定。岗位评价的标准可以分为测定指标和评定指标。测定指标是数据性的标准，根据测定数据按标准确定级别，而评定指标是文字性的标准，评价依据多是模糊量。对于具体的指标，我们还应该按照数据量的大小（数据性指标）或级别（评定指标）分出不同指标的级别。

（三）评价技术方法

岗位评价内容较多，涉及面广，其测定方法多种多样。我们在后面将介绍几种常用的方法。

---

① 廖泉文：《人力资源考评系统》，山东人民出版社，2000 年版，第 473 页。

（四）数据处理

评价数据的整理是为分析论证提供系统、完整的资料，并使之条理化的综合资料的工作过程，是整个评价实施阶段的主要工作。通过数据的处理和分析，揭示被掩盖的现象之间的相互关系，并通过整理使这种固有的内在关系能明显地用数量关系表示出来，并使各岗位间的差异性表现出来。

三、岗位评价方法

岗位评价的方法很多，我们在这里仅简单介绍三种常见的方法，供大家参考。

（一）工作排序法

工作排序法是根据各种工作在组织中的相对价值或它们各自对组织的贡献由高到低地进行排列的一种岗位评价方法。

1. 实施要点

第一步，恰当选择岗位评价者和需要评估的工作。岗位评价者应该由专业人员、企业的有关管理人员联合组成，并由他们确定需要评估的工作。

第二步，获取排序所需要的资料。这些资料可以通过前面的工作分析和工作说明书得到。

第三步，进行评价排序。选择适当的排序方法是关键。一般说来，有简单排序法、交错排序法和成对比较法三种排序方法。简单排序法是最常规的排序方法，评估者通过对每项工作特点的分析确认其高低顺序。交错排序法首先是确认被评估工作中最有价值的工作，将其放在第一位，再从剩下的工作中选出价值最低的工作，放在最后一位，然后再依此类推进行，直至最后一个。成对比较法是先把排列的工作对象两两地选择出来，通过对比分出高低，然后再将两两对比的结果进行综合，比较出全部工作的排列顺序。研究结果表明，成对比较法的可靠性较高。

2. 适用范围及优缺点

工作排序法实施的关键是利用工作分析和工作说明书的信息对每一项工作进行价值判定，适用于结构稳定、实力较弱的小公司。

正因为工作排序法实施的基础是工作分析，因此具有方便简单、容易理解和应用的特点。但是其主观性强，且因为缺乏定量分析，仅能够按价值大小排列出各种工作的相对秩序，无法显示各个岗位之间价值差距的具体数值大小。

（二）工作分类法

工作分类法是将各种工作与事先设定的一个标准进行比较的一种岗位评价方法。它在一定程度上克服了工作排序法的缺陷。美国联邦政府雇员的薪酬体系就是根据这种方法设计的。

1. 实施要点

第一步，对工作进行分类。我们可以把企业有关岗位按照其性质分为几个不同的类型，如某个企业将工作分为决策型、管理型、服务型、技术型、生产型和操作型等。

第二步，在分类的基础上确认每个岗位的工作内容和要求，包括责任大小、学历要求、上岗资格、专业职称以及实际技能等。

第三步，依据上述信息在各个类型中进行工作分级和排序，明确各项工作的相对价值关系，并将各种实际的工作与上述确定的标准进行对照，以便对其定级。

2. 适用范围及优缺点

该方法适用于工作岗位多、工作之间要求差别大的企业，尤其适合对公共部门及大公司的管理岗位和专业技术岗位进行评价。从实施要点我们可以看出，该方法的优点主要有灵活性强、简单明确、容易了解和接受，但是工作类型的合理划分是实施的一大障碍，容易导致对工作定位的主观牵强的判断。

（三）点数法

点数法是对各种工作评定点数，以便取得它们的相对价值，并据此制定工资等级的一种方法。该方法是目前国内外企业使用最普遍的岗位评价方法。

1. 实施要点

第一步，进行工作分析和准备工作说明书，在此基础上确定补偿因素。所谓补偿因素也就是报酬因素，指的是能够为各种工作的相对价值提供比较依据的工作特性，包括技能、责任、工作条件和努力程度等。一项工作的补偿因素数目一般在 3～25 种，典型的情况是 10 种左右。

第二步，在确认了补偿因素之后，我们就要建立补偿因素的结构化量表。建立的前提是确认各种补偿因素的权重，表 2-12 为某企业的补偿因素权重表。

表 2-12　某企业补偿因素权重表

评价项目	工作因素	点数%（合计 100%）
劳动技能	专业知识 工作熟练程度 技术 主动性和灵活性	10 5 5 10
	合　计	30
劳动强度	体力强度 脑力强度	2 18
	合　计	20
劳动环境	工作场所 危害性	8 2
	合　计	10
劳动关系	材料消耗和产品生产 设备使用、保养 他人安全 他人工作	5 5 10 10
	合　计	30
劳动责任	质量责任 管理责任	4 6
	合　计	10

来源：谌新民，张帆：《工作岗位设计》，广东经济出版社，2002 年版，第 257 页。

第三步，在补偿因素权重表的基础上，对工作因素进行分析，并给各个级别配置相应的点数，某一因素各级之间的点数差是相等的。如可以把每个工作因素分为 5 级，5 级为最高级，每一个级别给予一定的数值。比如，按照满分为 300 分来计，则体力强度（2%）5 级的分值分别为 2，1.6，1.2，0.8 和 0.4，依此类推。

第四步，计算出各种工作岗位的总得分即点数合计，并把它们与各个工资等级的点数分布表相对应，得出各个工作岗位的工资等级。

2. 适用范围及优缺点

点数法较为充分的体现定量性，可靠性强，能最大限度减少评价中的主观随意性，评定人员无须熟悉每一工作全部详细情况，只是按照工作说明书一个因素一个因素地对每一工作展开分析，但工作量大，适用于生产过程复杂、岗位类别多、数目多的大中型企事业单位。

案例思考

CIO100（cio.com）隶属于 IDG 集团。CIO 吸引了最高层次的企业 CIO 和业务技术高管，他们拥有无与伦比的业界洞察力、商业战略、创新和领导力方面的专业知识。 CIO 读者可以获得关于自己和员工职业发展的重要见解，包括认证、招聘实践和技能开发，以及他们业务数字化转型的坚实基础。IDG 的 CIO 100 研讨会每年在会议上授予两个奖项计划的获奖者：CIO 100 创新奖和 CIO 名人堂领导奖。CIO100 大奖是旨在表彰在全球范围内利用信息技术、加速推进信息化并增加企业核心竞争力的奖项。名人堂是杰出的 CIO 的个人荣誉，他们为公司和商业技术世界做出了巨大贡献。

我们一起看看 2018 年 CIO 100 五家公司如何利用数字浪潮改变工作并提升员工体验。

1. 转变远程协助

应用材料公司与生产 Skylight AR 软件平台的 Upskill 合作，并使用 Osterhout Group ODG R7 智能眼镜，创建了一个安全的远程协助平台，这个平台用于问题解决、质量审计以及员工培训。专家现在可以通过增强现实实时地进行远程协作，通过最大限度地利用应用材料公司训练有素的专家来减少问题解决的时间，同时最大限度地减少长期出差所造成的停工。

应用材料公司的副总裁兼首席信息官 Jay Kerley 解释道："这一切都与加速有关——我们要在有限的时机内满足新客户的需求，压力很大。我们的客户遍布全球，我们正在努力将人员、流程和技术的生态系统整合在一起，以做到人尽其才。"

由 Skylight 提供支持的增强现实眼镜可以促进几种新的工作场景。这些眼镜使分散在全球各地的团队能进行免提视频协作；这些眼镜为远程专家提供有关现场技术人员工作的第一手资料，以便专家能提供帮助；它们在工作实际完成的过程中能推动在职培训和专业技术。增强现实解决方案还在新的审核和质检工作流程中找到了归宿，它可以让技术人员在构建过程中实现免提的实时视频和音频传输，而不像传统的做法——手动拍摄和编目，以供将来参考。如今，消息、注释，甚至工作指令和机器图示等补充文件都可以通过免提访问的方式提供给技术人员，这极大地改善了团队成员的体验。

Kerley 说："这关系到将影响力延伸到正在完成工作的网络的边缘……并将正确的知识带到我们赖以解决问题的交叉点。"

除了增强现实/虚拟现实之外，应用材料公司还在寻找其他可视化工具以及大数据和高性能计算技术来改变员工的工作方式，并为流程注入灵活性。

2. 管理虾的健康

嘉吉的数字实验室小组（Digital Labs Group）是嘉吉动物营养（CAN）部门的一个商业化业务，该业务专注于销售数字解决方案，推出了 iQuatic 移动数据跟踪应用和实时操作仪表板，旨在为虾类养殖业务带来更高的精度和生产力。该应用和仪表板旨在取代纸质笔记本和数字电子表格，构成了一个新的数字系统，该系统利用数据分析和可视化为虾农提供实时洞察，帮他们更好地管理虾的健康状况，从而提高产量。

嘉吉动物营养部门的水产饲料和营养管理总监 Sri Kantamneni 解释道："直到最近，虾养殖还充满未知数。我们从笔记本中获取手写的信息，将其数字化并整合到一起，以便养殖场的经理和主管可以实时查看信息并在日常工作中做出决策。"

数字平台的目标是改变虾农喂虾的方式，以最大限度地提高收成。几十年来，虾农通过纸质笔记本和电子表格跟踪池塘的性能和养殖场的优化。Kantamneni 说，这种方法很麻烦，效率很低，在跟踪大量数据的情况下容易出现人为错误，当然也不利于产生能提高产量的任何洞察。

iQuatic 平台通过提供一个支持物联网的平台来颠覆传统的虾类收获方法，该平台设在池塘中，收集有关水温和含盐量的数据，同时使用声学传感器来跟踪虾在什么时间吃了多少饲料。这些数据与其他信息来源的结合使农民得以对饲喂时间或饲喂量进行实时调整。当数据与 Cargill iQuatic 的虾饲喂系统结合使用时，这种结合就可以利用虾的自然饮食模式对饲喂过程进行自动化，以便养殖场的经营者可以专注于更重要的任务。

嘉吉动物营养部门的首席信息官 Tiffany Snyder 解释道："过去，人们不得不去采集水样本或测试温度和盐度。我们将不同的传感器和分析功能结合在一起，为人们提供以往无法获得的洞察……并逐渐将手动流程自动化。"

嘉吉动物营养部门除了能提高生产力之外，它还与虾类养殖场的经营者合作，利用更多数据集和机器学习来推动预测性决策，从而在收获季节引入一个全新的周期，以增加收入。与很多农业部门一样，养虾业一直受到不同系统和信息的阻碍，这些系统和信息没有任何有意义的联系，无法为养殖场的经营中发生的事情提供预测背景或采取积极行动。

Kantamneni 说："大多数时候，他们发现自己对信息或当时正在发生的事情总是后知后觉。我们希望将他们从后知后觉转变为先知先觉，并让他们专注于可衡量的高效生产力。"

3. 将低效流程自动化

作为政府资助的管理可负担抵押贷款（Affordable Mortgage Loan）的机构，房利美正在迈向最新的技术前沿，其战略是创建一个弹性的，按需地与人类同行携手合作的虚拟劳动力。

房利美（Fannie Mae）的虚拟王牌就是机器人过程自动化（RPA），这是一种类似于"机器人"（通常称为 Bot）的软件，用于模拟业务流程由人类从事的单调重复的任务。必须多系统登录的任务需要输入大量数据，或者是需要上传或下载扫描文档的任务应该首选机器人过程自动化，这就是为什么机器人过程自动化能在客户服务、普通会计、医疗索赔处理和金融贷款工作流程等领域扎根的原因。机器人过程自动化比传统的 IT 自动化更进一步，因为它具备适应、自学和自我纠正的能力。

房利美已经大规模利用机器人过程自动化，将其视为一个协作平台，这个平台将不同的人类职能、学科和技能与机器人同行保持同步。房利美的证券化和服务技术高级副总裁 Ramon Richards 解释道："我们正在寻找新的方法来发掘运营专员的能力，这些运营专员正在处理多个优先事项。我们非常关注能够提高内部效率并有助于我们为客户提供更好解决方案的新技术"。有了机器人过程自动化，房利美就可以用自动化解决这一难题，而无须变更大量核心应用或深入研究内容，这使团队能够相对快速地实现交付。

首个机器人过程自动化试点项目于 2017 年 3 月启动，在项目上合作的 IT 和运营团队很快就发现了机器人过程自动化的潜力。他们创建了一个智能过程自动化与机器人（SPARC）小组，该小组专注于扩展该机构的机器人过程自动化、机器学习、人工智能和其他智能自动化技术的使用。该团队建立了三个基础组件来推动机器人过程自动化，包括将发现技术的正确用例的过程、监督部署的生产指挥中心以及 IT 和运营参与和协作的新模型正式化。自智能过程自动化与机器人小组启用一年多以来，该小组已使用机器人过程自动化将 28 个内部流程自动化，以支持运营、采购和财务团队。

由于这些流程得到了自动化，因此房利美的工作人员得到了解放，他们可以专注于高价值的活动。该团队估计，机器人过程自动化项目在实施的第一年就已经为业务提供了 700 多个小时的服务，同时通过减少人为错误提高了质量和性能。此外，课题专家也得到了解放，他们可以把时间花在创新项目上，并解决客户关注的问题。Kahn 解释道："人们欣喜若狂，动力十足——他们以成为机器人过程自动化之旅的一部分而津津乐道。"

4. 用数据赋予员工权利

很多公司都对将数据即公司货币这样一个想法光说不做。埃森哲则拿出了实际行动，它通过企业级分析工作将资金投入其中，旨在实现数据的民主化，并通过数据驱动的决策赋予员工权力。

从 2015 年底开始，这家全球咨询巨头开始构建现代数据管理和分析平台，该平台将搁置由来已久的信息孤岛和静态报告流程，转而将分析嵌入到业务的各个方面，并实现可操作的、覆盖整个用户范围的数据驱动的决策制定。

埃森哲所做的工作都是以企业分析平台为基石，这是新一代数据管理和安全治理的基础，该基础用来摄取、处理、建模并将数据可视化，以将其转化为洞察力。还有 Enterprise Insight Studio，这是一个卓越中心，它可以支持整个企业分析的快速开发和操作。这种双管齐下的方法将数据作为一种资产，降低了与孤立的数据管理实践相关的传统障碍，并在埃森哲快速增长和扩展业务范围的各个层面和各个功能中赋予用户权力。

该公司的首席信息官 Andrew Wilson 说："每项工作都可以从企业全部的现有数据中受益，这是一个巨变。人类执行工作的格局要求我们对如何用数据展现、通知、启用和育人采用完全不同的方法。我们处在形式、性质和地点上拥有太多数据的经典场景中，在这里，这些数据并没有帮我们高效地完成工作。"

未来的工作将利用人工智能和机器学习来发展洞察引擎并重新定义人与机器之间的工作的本质。Wilson 表示，这一切都是为了让埃森哲的员工拥有数据驱动的智能，而不是取代员工。他说："根据数据显示，员工因此能取得更大的成就，并可以自由自在地做其他事情，比如花时间与客户合作。"

5. 向数字助理发出请求

要求 Alexa 或 Siri 在购物清单中添加牛奶或关闭恒温器，这现在已成为越来越多消费者的老生常谈。同样的数字助理正在帮美国宇航局的喷气推进实验室（Jet Propulsion Lab）的员工找到更高一级的问题的答案，并促进日常办公任务，这是该组织改革工作的广泛举措的一部分。

　　数字助理是喷气推进实验室的高级数字研究资源管理器（ADRE）项目的最新成员，该项目将神经网络、机器学习、弹性搜索和图形数据库等技术用作情境感知平台，以帮助员工快速搜索喷气推进实验室的数以拍字节计的文档、数据库、视频和其他重要内容，找到问题的答案，不管问题是大是小。喷气推进实验室的信息技术总监兼首席信息官 James Rinaldi 表示，添加语音命令数字助理可以让所有类型的喷气推进实验室用户（从科学家到管理员）以更加轻松和熟悉的方式与系统互动。

　　Rinaldi 说："人们一贯使用的接口正在发生变化。我们的理念是，如果你可以在家里使用它，你就可以在工作中使用它——人们喜欢一致性，不管他们身在何处。"

　　喷气推进实验室团队于 2017 年开始研究创建数字助理的原型，该原型使喷气推进实验室的人员能够在几秒钟内通过语音、打字、触摸或手势来搜索、过滤和汇总大量数据。除了以科学格式的形式出现的视频、图片的原始数据之外，这家研发巨头还拥有数十亿的数据——所有这些数据都分布在多个地点，这使员工和科学家要花很多时间来寻找完成工作所需的东西，而非专注于手头的工作。Rinaldi 解释说，数字助理的目标是帮员工快速回答问题并免去昂贵的人工研究时间，使他们能够做真正重要的事情。

　　Rinaldi 解释道："去年，我们演示了如何在传统输入或数字输入中大海捞针，我们对很多东西进行了自动化，现在，最重要的是，我们希望用数字助理来做更多主流的事情"。例如，数字采集助理（Acquisition Digital Assistant）现在能通过对话机器人提供从 100 000 个文件中精选出来的答案，这比使用传统的类型搜索要快 9 倍，他这样说道。

　　新的数字助理（该助理可以抓取外部和内部信息和数据源）利用亚马逊网络服务、高级人工智能和自动化功能等技术以及 Alexa 接口，以帮助员工执行越来越多的任务。人们要求 Alexa 能揭示数据墙口最关键的网络安全入侵，而 RoomBot 助手的任务是在下午 1 点和 3 点期间找到可用的会议室。

　　喷气推进实验室刚刚开始使用数字助理，Rinaldi 认为数字助理对新员工特别有用，新员工可以获得关键的信息和服务，而不必知道去哪里找。Rinaldi 说："这使员工的工作变得更加容易，因为他们可以完成多任务的工作。而且，这更有趣——他们正在享用新的接口。"

　　（来源：www.d1net.com/cio/ciotech/537359.html. 企业网 2018 年 8 月 31 日相关材料，有所删减）

　　问题：

　　1. 数智时代工作分析面临哪些挑战？

　　2. 工作分析主要解决的问题是什么？

　　【关键概念】

　　工作分析　工作设计　工作流程　工作描述　工作规范　　岗位评价

复习思考题

　　1. 现代流程设计对工作设计提出了什么样的挑战？

　　2. 工作分析在人力资源管理中的作用是什么？

　　3. 收集工作信息的方法各有什么样的利弊？

【补充阅读材料】

《工业互联网产业人才岗位能力要求》标准正式发布

工业互联网是互联网从消费领域向生产领域、从虚拟经济向实体经济拓展的核心载体，是新一代信息通信技术与现代工业技术深度融合的产物，是全球产业布局的新方向、产业竞争的新高地。为贯彻习近平总书记关于深入实施工业互联网创新发展战略的指示，社会各界正在加快推进工业互联网新技术、新业态、新模式、新人才等方面的研究与探索工作，为"后疫情"时期我国产业转型提供强劲发展动力。

2020年6月15日，在2020世界工业互联网大会主论坛上，工业和信息化部正式发布了《工业互联网产业人才岗位能力要求》（下面简称《要求》），赋予了信息安全专业人才全面的定义，也使得人们对工业互联网领域有了更深层次的了解。

作为工业互联网人才方面的首个标准，《要求》的发布，将为工业互联网产业创新型、复合型、应用型专业技术人才、高技能人才培养、评价等提供重要依据，极具引领示范作用。

《要求》明确，是国内工业互联网领域首个岗位能力要求的标准研究成果，具有开创性意义，本标准是开展工业互联网产业人才能力提升、人才评价、人才服务等工作的基础，具有重要的现实意义。基于工业互联网技术架构及相关企业的实际工作需求，通过广泛征集意见，《要求》选取了4大能力要素（附表1）维度以及工业互联网网络、平台、标识、工业大数据、边缘、安全、应用、运营8大方向（附图1），共计制定了41个具体岗位的能力要求（附表2）。

附表1　四大能力要素

维度	要素	说明
综合能力	软能力	指相应岗位人才为完成工作任务所应具备的行为特征和综合素质，包括学习追踪、沟通协调、需求与趋势分析、业务场景把握等技能
专业知识	基础知识	指相应岗位人才应掌握的通用知识，主要包括基本理论、相关标准与规范知识以及有关法律法规、安全、隐私等
	专业知识	指相应岗位人才完成工作任务所必备的知识，主要指与具体岗位要求相适应的理论知识、技术要求和操作规程等
技术技能	基本技能	指相应岗位人才为完成工作任务所应具备的对基础知识应用的水平以及熟练程度
	专业技能	指相应岗位人才为完成工作任务所应具备的对专业知识应用的水平以及对特殊工具使用的掌握
工程实践	经验	指相应岗位人才在实际工程与项目推进中应当具备的经验

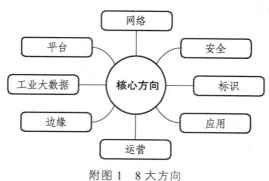

附图1　8大方向

附表2 41个细分岗位

序号	方向	岗位名称	岗位职责
01	网络	工业互联网网络架构工程师	负责工业企业内外网、5G专网、工业数据互通解决方案的设计与规划
02		工业互联网网络开发工程师	负责工业企业内外网、5G专网、工业数据互通系统的设计与开发
03		工业互联网网络集成工程师	负责工业企业内外网、5G专网、工业数据互通系统的集成与实施
04		工业互联网网络运维工程师	负责工业企业内外网、5G专网、工业数据互通系统的集成、运行与维护
05	标识	工业互联网标识解析架构设计工程师	负责对标识解析应用系统、节点及应用场景进行架构设计
06		工业互联网标识解析研发工程师	负责对标识解析应用系统进行设计研发
07		工业互联网标识解析产品设计工程师	负责对标识解析应用服务产品进行设计
08		工业互联网标识解析运维工程师	负责对标识解析应用系统进行部署和运维
09		工业互联网标识解析系统集成工程师	负责对标识解析应用服务进行系统集成
10	平台	工业互联网平台架构工程师	负责工业互联网平台建设方案制定和架构设计
11		工业互联网平台开发工程师	负责工业互联网平台系统建设研发
12		工业互联网平台测试工程师	负责工业互联网平台系统功能、性能及接口测试
13		工业互联网平台运维工程师	负责工业互联网平台系统运维部署、管理及优化
14		工业APP开发工程师	负责工业APP的功能设计、开发、测试、部署与运维
15		工业APP产品化工程师	负责工业APP的市场调研、需求挖掘、开发指导、成本估算及产品推广
16	工业大数据	工业大数据架构师	负责工业大数据架构、技术路线、规范标准设计,核心数据规划和建设
17		工业大数据工程师	负责工业大数据采集、脱敏、分级分类、存储和可视化处理
18		工业大数据应用研发工程师	负责分析、处理、服务相关大数据应用研发
19		数据库开发工程师	负责数据库集群开发、大数据算力优化
20		工业大数据管理师	负责工业大数据预处理、脱敏标注、存储管理、分级治理等管理
21		工业大数据分析师	负责工业大数据的统计分析、深度挖掘与业务预测
22		工业大数据建模工程师	负责算法模型、机理模型研究和设计及大数据解决方案的制定设计
23		工业大数据测试工程师	负责工业大数据测试方案的制定与实施
24	安全	工业互联网安全架构工程师	负责制定工业互联网安全架构的顶层规划与设计,制定工业互联网安全管理组织架构和安全管理体系架构设计
25		工业互联网安全开发工程师	负责工业互联网安全检测、防护、审计、运维管理等工作,以及相关产品、工具、平台及业务系统安全的需求设计与安全功能开发
26		工业互联网安全实施工程师	负责制定工业互联网安全规划实施方案设计、计划制定和实施联调工作
27		工业互联网安全运维工程师	负责对工业互联网网络、设备和管理平台的日常运行状态的监控与管理,以及安全事件的分析诊断、应急处置、安全管理制度的日常执行
28		工业互联网安全评估工程师	负责工业互联网信息系统和产品安全风险评估,制定安全评估方案、工具、流程与评估方式,并根据评估结果提供相应的安全技术与管理措施建议
29	边缘	工业互联网边缘计算系统架构师	负责制定边缘计算系统的技术架构、技术路线、技术标准设计和核心代码开发,带领研发团队完成边缘计算系统建设
30		工业互联网边缘计算硬件工程师	负责边缘智能传感器、智能网关、智能控制器、智能服务器、边缘加速模块的硬件原理图、PCB图设计
31		工业互联网嵌入式开发工程师	负责基于主流嵌入式硬件平台和操作系统的边缘计算产品应用软件设计和开发
32		工业互联网边缘计算应用开发工程师	负责边缘计算设备中算法研究和实现,以及轻量化边缘智能应用软件的设计和开发
33		工业互联网边缘计算实施工程师	负责边缘计算产品的现场安装、调试和维护,以及相关培训和问题解答
34	应用	工业互联网行业应用架构工程师	负责面向行业应用实施的解决方案设计,包括顶层规划、场景设计、实施路径研究、软硬件选型部署等
35		工业互联网行业应用开发工程师	负责面向行业的新应用软件研发、成熟应用软件云化部署开发、系统集成、整体解决方案开发
36		工业互联网应用成熟度评估工程师	负责工业互联网应用水平、实施效果的评价和咨询
37		工业互联网解决方案规划工程师	负责面向企业战略、运营管理、业务流程以及生产布局等的优化解决方案规划制定,指导企业进行智能化转型
38		工业互联网解决方案系统集成工程师	负责系统集成项目总体架构设计与集成方案编制,提供设备配置、系统测试、技术文档等技术支持
39		工业互联网解决方案系统运维工程师	负责智能化产品安装配置、性能功能测试,软件升级及补丁安装、故障响应、技术交流与巡检等运维工作
40	运营	工业互联网运营管理师	负责工业互联网整体运营模式及方案策划,负责精细化运营管理工作
41		工业互联网运营工程师	负责工业互联网平台、社区、生态、产品、数据等内容的具体运营推广工作

《要求》还明确了编写示例,如工业互联网网络架构工程师岗位能力要求:

a)综合能力

——熟悉工业互联网体系架构及其发展趋势;

——了解1~2个工业互联网典型业务场景和业务流程;

——具备良好的项目方案及技术文档编制能力;

——具备良好的沟通表达及团队合作能力。

b）专业知识

——掌握现行工业互联网网络通信相关技术标准、规范及相关法律法规；

——掌握交换。路由及安全领域相关协议原理及应用；

——掌握通信理论基础。熟悉主流通信技术原理和技术规范；

——熟悉工业网络通信系统及各类通信协议，如 Ethernet/IP. Profinet. Profibus 等；

——熟悉数据互通互操作技术与协议，如 PC. OPCUA、MITConnect. MOTT 等；

——掌握工业企业内网、骨干网、数据中心等典型网络应用环境的运行模式及架构设计。

c）技术技能

——掌握公有云网络技术原理和特点，掌握 SDK. Overlay. VLAN. IPI6 等网络技术；

——熟悉 C/C++. Python. Java 或具备其他工业编程软件编译及调试能力。具备一定的软件开发与设计能力；熟悉 5G、时间敏感网络、工业 PON、 确定性网络等新技术应用；

——熟悉工业网络的架构设计。设备选型、工业通信、安全管理；

——熟悉市场主流网络及通信设备，具备主流网络架构技术选型能力。

d）工程实践

——具备工业互联网大型网络规划、设计能力及实施经验；

——具备工业互联网网络故障定位、分析和解决能力；

——具备 5G、光纤网、工业以太网、工业总线、工业无线等混合组网的设计和规划能力。

【数字化应用】

第三章　胜任力管理

★ **本章学习要求与要点** ★

　　胜任力强调人每个人都是有用之人，关键是人岗之间的动态匹配。本章的学习从胜任力概念解读出发，在详细介绍素质冰山模型、洋葱模型基础之上，要求大家把握胜任力特征要素，特别是能否有效对胜任力特征要素进行等级分析，掌握胜任力模型构建流程与方法。

引入案例

　　没有无用之人，只有没有用好之人。他胜任这个岗位吗？"人才观"是企业人才管理的"顶层设计"，包括人才战略、人才导向、人才理念……就像一个公司的愿景和使命一样。字节跳动是中国发展迅速的一家互联网企业。创立之初，每一位候选人都要接受张一鸣本人采访，其优点除了表示重视人才外，更重要的是能直观地评判被采访者的标准、价值、潜在特质与企业是否相符，进行有效筛选。在字节跳动内部，所有事业部的"老大"都必须精通人力资源职能，所有高管必须懂得：识人、用人、育人。从管理风格看，字节跳动是一家不太强调制度和流程的公司，最重要的管理工作就是如何让员工更高效地达成目标。管理的终极目标是实现公司高绩效目标，任何人都能这样做，而非规章制度。以字节内部常用的人才评价方式为例，大家可以很清楚地看到，对于一个项目，字节跳动评价的维度有四个：项目成果、项目预算、项目进度、里程碑管理。

　　管理学大师彼得·德鲁克说过，经理人对企业的贡献分为三个层次：第一层，直接创造利润，如推销员卖产品，这是企业最基础的工作；第二层，研发、改进技术、产品和服务，这是提高企业能力的层次；第三层，培养人才，这对企业来说是最具远期效果、最具战略贡献的。

　　对照上述层次划分，我们自己处于哪一个层次？与我们自己今天所处的岗位匹配吗？

第一节　胜任力内涵及辞典

　　数智时代，市场瞬息万变对企业人力资源管理形成巨大挑战，新科技试图解决未来社会的三大问题，"虚"与"实"、"人"与"机"、"时"与"空"，决胜的关键一方面是企业家面对混沌的决策，另一方面则是企业对员工与使命、战略以及阶段性目标的胜任力管理。

一、胜任力内涵

　　对胜任力的研究最早可追溯到"管理科学之父"泰勒（Taylor）对"科学管理"的研究，泰勒认为可以按照物理学原理对管理进行科学研究，他所进行的"时间—动作研究"就是对胜任特征进行的分析和探索。作为一个明确的概念，胜任力运用始于 20 世纪 70 年代初。著名心理学家大卫·麦克利兰受邀美国政府为他们选拔适宜的外交官，美国政府发现，运用传统的智力测验选拔外交官时，发现许多测验优秀的人表现并不如人意。经过深入调研，麦克利兰博士抛弃了人才条件的预设前提，提出采用行为事件访谈法来获取被选拔人员的第一手资料，通过对工作表现优秀与一般的外交官的具体行为特征的比较分析，识别能够真正区分工作业绩的个人条件。麦克利兰在完成此项任务之后，于 1973 年发表了《测试胜任特征而不是"智力"》（Testing for Competence Rather than for "Intelligence"）一文。麦克利兰在文中批评了当时美国普遍采用的以智力测验、性向测验和学术测验作为选拔、考核和预测工作绩效的标准和工具的做法，提出应该以胜任力作为选拔和考核的标准。

麦克利兰对那些干得好的、干得不好的两组人进行行为事件访谈，通过对比，发现他们之间有几项重要的能力存在较大差异，其中有一项叫"跨文化敏感度"，就是干得好的外交官都特别理解、认可、尊重当地的文化习俗，而干得不好的那些根本就不认可、不尊重当地的文化，因此跟当地人产生了冲突。与此类似的还有"对他人的积极期望""快速进入当地政治网络"这几项核心能力。

通过这项研究，麦克利兰认为胜任力模型是"能区分在特定的工作岗位和组织环境中绩效水平的个人特征的集合"，也就是说决定一个人在一个岗位上干得好不好、业绩出色不出色的是胜任力，而不是智力、学习成绩等。

麦克里兰提出进行基于胜任特征的有效测验的六个原则：① 最好的测验是效标取样；② 测验应能反映个体学习后的变化；③ 应该公开并让被受测者知道要测试的特征；④ 测验应该评价与实际的绩效相关的胜任特征；⑤ 测验应该包括应答性行为和操作性行为两个方面；⑥ 应该测试操作性思维模式，以最大限度地概括各种行为。

传统的人事选拔关注特定工作岗位的知识、技能、态度及其他要素，即 KSAOs（Knowledge，Skill，Attitude，and Others），通常用智力测验和职业性向测验来预测从业者未来的表现，从麦克利兰提出应该使用胜任特征测试取代智力和能力倾向测试之后，胜任力理论受到研究者和实践者的广泛关注，学术界掀起了对胜任力研究的热潮。20 世纪 70 年代美国管理协会（AMA）开展了"什么样的胜任力是成功管理者所特有的"的研究[①]，胜任力成为各大管理咨询公司讨论的焦点话题（表 3-1）。

表 3-1　学术界和咨询界关于胜任力定义汇总[②]

学者	时间	胜任力定义
麦克利兰	1973	绩效优秀者所具备的知识、技能、能力和特质，关注成功者的特征
美国管理协会（AMA）	1979	在异乡工作中，与达成优良绩效相关的知识、动机、特征、自我形象、社会角色与技能
麦克拉根（Mclagan）	1980	足以完成主要工作的一连串知识、技能与能力
博亚特兹（Boyalzis）	1982	个人因有产生满足组织环境内工作需求的能力，强调胜任力通过行为的引导最终影响绩效
斯潘塞（Spencer）	1993	能可靠测量并能把高绩效员工区分出来的潜在的、深层次的特征

---

① 该研究涉及 1 800 位管理者在 5 年中的工作。

② 胡艳曦，官志华：《国内外关于胜任力模型的研究综述》，《商场现代化》，2008 年 11 月（上旬刊）总第 556 期。

学者	时间	胜任力定义
曼斯菲尔德（Mansfield）	1996	精确技能与特性行为的描述
美国合益集团（Hay Group）	1996	既定的综合情境中能够预测高绩效人员的知识、技能、能力、行为特征和其他方面的个人综合特征
理查德·马洛（Richard J.Mirabile）	1997	与工作的高绩效相联系的知识、技能、能力或特性，例如解决问题、分析思维和领导力
格林（Green）	1999	可测量有助于实现任务目标的工作习惯和个人技能
桑德伯格（Sandberg）	2000	在工作中人们所使用的知识和技能
斯普曼（Shippmann）		一项任务或一个活动中"成功"的表现以及在某些知识或技能领域拥有的"充分"知识
艾丽斯（Ennis）		利用知识、技能、能力、行为和个人特质成功完成该项任务
盖洛普公司（Gallup Organization）		个人所展现的自发而持久的并且能够产生效益的思维、感觉和行为模式

研判上述概念，胜任力有三个关键点：相关性，胜任力是与优秀绩效相关的一系列个人素质和特征；可预测，胜任力的构成要素可以预测被测试人员担任某项具体工作可能的绩效特质；可测量，胜任力的各种要素可以通过特定的标准予以测量和评估。

事实上，我国古人在识别人才的时候也高度重视对实践能力的重视。东汉王充在《论衡》指出："齐地世代刺绣，普通妇女没有不会的；襄邑世代织锦，再笨的妇女也是织锦的巧手。天天看，日日做，手就熟练了。"又说："处理政务能力需要经验的不断积累，当然从事机关文案工作的文吏在前，而钻研学问的儒生在后，这是从朝廷的角度来看。如果从讲论儒学的角度来衡量，则儒生在上，而文吏在下。要说种田，那农民最棒；要说经商做买卖，则商人最能。"一个人在某方面能与不能，关键是看他所表现出的行为。

依据学者们对胜任力的定义以及实践，本书将胜任力（Competency）定义为：能将某一特定岗位工作绩效卓越者与绩效一般者区分开来的个人的深层次特征，包括动机、特质（身体的特性以及拥有的对情境或信息的持续反应）、自我概念、态度或价值观、某领域的知识、认知或行为技能——任何可以被测量并且能显著鉴别优秀者和一般绩效者的个体特征。

胜任力不同于 KSAOs 和能力。KSAOs 是知识、技能、能力和其他性格特征的简写，包括生理能力、认知能力以及其他抽象的人格特质，它有复杂的结构范围，并强调在录用和选拔人员时要综合这些因素，不同的岗位有不同的 KSAOs 要求，传统的人力资源管理一般关注的是员工的 KSAOs，而现代人力资源则关注员工的胜任特征。研究和实践证明，胜任特征比 KSAOs 更能预测员工的成功。能力（Ability 或 Capacity）是胜任力的先决条件，但两者并不相同，胜任力针对的是一个人的职业工作绩效，更强调个体潜在特征，并可用一些被广泛接受的标准对它们进行测量，而且可以通过培训与发展加以改善和提高。

【专栏】

高绩效人员行为特质示例

核心任务：联系来公司考察产品的外地客户

老板：联系到客户了吗？

老王：联系到了，他们说下周过来。

老板：具体是周几？

老王：这个我没有细问？

老板：他们一行几人？

老王：不清楚。

老板：他们准备待多久？

老王：这个您没有让我问呀！

小王：我早上联系了。他们说下周五上午 8:00 的航班，由他们的采购总监带队，一行 6 人，估计待 4 天，我准备找行政部安排 2 部车接。酒店就预订公司旁边的 Y 酒店，上次他们就住那里的，他们说不错。周五中午就预备在酒店就餐便于休息。如果可以，我明天就把酒店先订了。顺便问问老板，你大概什么时候有空？我们把见面的时间定下来。如果情况有变，我会及时向您汇报！

应用拓展：

核心任务：你想与任课老师约个时间请教问题。

二、胜任力辞典

1989 年起，McClelland 和 Spencer 对 200 多个工作进行分析和研究，记录了大约 760 种不同的行为类型（指标）。其中，有 360 种行为类型归属成为 21 项胜任力的要素，这 21 项胜任力能够解释每个领域工作中 80%～98%的行为及结果，因此这 360 种行为指标便组合成了早期胜任力辞典的基本内容。

按照相似程度，胜任力辞典将胜任力划分为六个基本的特征族（分组），包括成就与行动族、帮助与服务族、冲击和影响族、管理族、认知族和个人效能族。在这六个特征族中，又依据每个特征族中，对行为与绩效差异产生影响的显著性程度划分出 2～5 项具体的胜任力，同时针对每一项具体的胜任力，都有一个具体的定义，以及至少 5 级的分级说明和典型行为描述（图 3-1）。

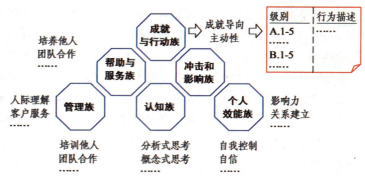

图 3-1　McClelland 和 Spencer 胜任力辞典

在 McClelland 和 Spencer 胜任力辞典基础之上，众多咨询公司或研究机构都建立自己的胜任力辞典，这些辞典的开发为推动胜任力理论的运用做了重大贡献。美国智睿企业咨询有限公司（DDI）认为，高管成功与四个领域的能力有关，包括人际技能、领导技能、商业管理技能和个性特征。表 3-2 所示为 DDI 构建的管理者胜任力辞典。

DDI 智睿咨询致力于为全球企业提供领导力战略、领导者遴选、领导力发展与继任管理咨询服务。北森公司从 5 个方面构建了胜任力辞典，如表 3-3 所示。

表 3-2　DDI 公司管理者胜任力维度辞典

胜任力分组	人际技能	领导技能	商业管理技能	个性特征
胜任力项	· 富有影响力的沟通 · 跨文化的人际沟通 · 客户导向 · 发展战略性的关系 · 说服力	· 打造企业人才 · 变革领导力 · 辅导与教育 · 委托授权 · 影响其他人 · 传播愿景 · 团队培养	· 业务敏感度 · 创业精神 · 建立战略方向 · 全球视野 · 管理工作 · 有效利用资源 · 制定运营决策	· 自知之明 · 适应性 · 以结果为导向 · 活力 · 性情脾气 · 重视学习 · 积极 · 审时度势 · 重视多元化

表 3-3　北森公司胜任力辞典（部分）

	个人贡献者	管理他人	管理管理者	管理事业部/职能	管理组织
确保工作结果	1. 分析与解决问题 2. 专业 3. 达成结果 4. 精益求精 5. 客户邀识 6. 创新	12. 理解战略 13. 系统化思考 14. 高质量决策 15. 制定可行计划 16. 高效执行 17. 持续改善 18. 客户导向 19. 创新	31. 推进战略 32. 系统化思考 33. 高质量决策 34. 制订可行计划 35. 推动执行 36. 善用数据 37. 客户导向 38. 推动创新	49. 战略性思考 50. 高质量决策 51. 确保执行 52. 善用数据 53. 创造客户价值 54. 推动创新	65. 商业洞察 66. 确保结果可见 67. 促进组织优化 68. 以客户为中心 69. 创新管理
带领团队成功		20. 承担管理责任 21. 分配任务 22. 激励人心 23. 辅导 24. 促进绩效达成	39. 选拔英才 40. 授权 41. 激励人心 42. 发展他人	55. 建立成功团队 56. 选拔英才 57. 愿景领导 58. 培育人才	70. 招揽英才 71. 愿景领导 72. 人才管理
促进人际协同	7. 沟通互动 8. 团队协作	25. 沟通互动 26. 影响说服 27. 协同增效	43. 建立人际网络 44. 影响说服 45. 协同增效	59. 建立人际网络 60. 发挥影响力 61. 促进开放沟通	73. 发展伙伴关系 74. 发挥影响力 75. 倡导无边界
发挥个人效能	9. 积极主动 10. 敏锐学习 11. 韧性	28. 建立信任 29. 追求卓越 30. 敏锐学习	46. 建立信任 47. 追求卓越 48. 敏锐学院	62. 建立信任 63. 追求卓越 64. 敏锐学习	76. 建立信任 77. 敏锐学习
战略主题	78. 全球化视野 79. 引领变革				

第二节　胜任力模型

胜任力模型（Competency）就是用行为的方式定义和描述的针对特定职位表现优异的绩优员工所需具备的关键能力及能力组合而成的胜任力结构，是人力资源管理与开发实践的基础。

一、胜任力模型的内涵

麦克利兰认为胜任力模型是，"一组相关的知识、态度和技能，它们影响个人工作的主要部分，与工作绩效相关，能够用可靠标准测量和通过培训和开发而改善"。吉尔福德（Guiford）认为，"胜任力模型描绘了能够鉴别绩效优异者与绩效一般者的动机、特质、技能和能力，以及特定工作岗位或层级所要求的一组行为特征"。

胜任力模型是针对特定职位群体的人的胜任力描述，因此界定胜任力需要强化企业使命导向，强化企业发展的动态性以及行业个性的影响。本书对胜任力的界定是：驱动个体在某个情境中为了完成某项工作，达成特定绩效目标所具备的一系列不同胜任力的组合，描述的是组织中有效地充当一个角色所需要的知识、技能和性格特点的特殊组合，每个胜任力模型由胜任力项、胜任力行为化描述等构成，最终将抽象的胜任力具体化为可感知、可测量的行为。

根据建模适用对象的不同，一般分为三大类型：① 全员通用胜任力模型；② 专业岗位胜任力模型（如研发、销售岗等）；③ 管理者胜任力模型（高层管理者、中层管理者、基层管理者），管理者胜任力模型也称为"领导力模型"，企业实践中以建立领导力模型居多和应用最为广泛。详见图 3-2。

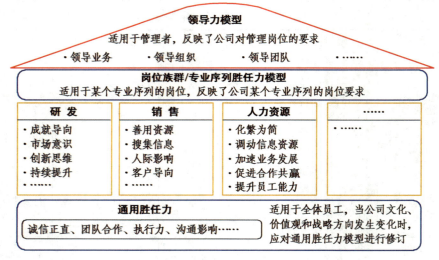

图 3-2　胜任力模型分类

胜任力模型具有四个特点：

第一，使命价值驱动。

第二，战略文化优先。

第三，选拔培养可为。

一个完整的胜任力模型，应该包括：模型结构、指标维度、指标要素、指标定义、要素等级等几个部分，简单的胜任力模型包括指标维度、指标要义和指标等级三个部分。

胜任力模型结构示例[1]见图 3-3。

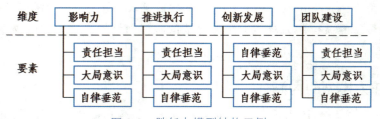

图 3-3　胜任力模型结构示例

---

① http://www.heyeehrm.com/index.php?c=article&id=2373，有局部改编。

指标定义及行为等级界定示例 ——影响力（表 3-4）。

表 3-4　影响力定义及行为等级

维　度		要　素	子要素
影响力	以独特的个人魅力（高尚的品格、出众的才能、渊博的知识、真挚的情感）潜移默化地感召和带动周围的人，获得其信赖和追随	大局意识　强烈认同组织核心理念及价值取向，正确认识局部和整体关系，能身体力行追随组织事业发展，时刻主动站在组织整体和长远角度考虑问题或开展工作，当局部利益与整体利益发生冲突的时候，局部利益主动让步于整体利益	全局意识
			价值认同
		自律垂范　做事有原则、有底线，凡事能从使命感、责任感、人生理想和积极的价值观出发，对内严格自我约束、自我管理，对外带头示范、主动表率	严格自律
			率先垂范
		责任担当　以高度的责任心对外工作为保工作目标达成，尽职尽责，敢作敢为，勇挑重担，敢于担责	尽职尽责
			勇于担当

进一步对子要素进行分级界定，如表 3-5。

表 3-5　影响力子要素分级界定

子要素	一级	二级	三级	四级
全局意识	总是能够站在公司全局、长远的角度看问题、做决策，主动积极为组织整体发展献计献策，当局部利益与整体利益发生冲突时，能够影响和带动局部成员主动做出让步	看问题、做决策时能够考虑公司的大局利益，主动参与组织整体建设，当局部利益和整体发生冲突的时候，自己能够主动让步	根据组织需要兼顾大局利益，愿意参与组织整体建设，当局部利益与整体利益发生冲突时，经过劝说能主动做出让步	看问题做决策时较多能考虑公司的大局，参与组织整体建设，当局部利益与整体利益冲突时，有时会配合要求让步
价值认同	清晰理解和强烈认同组织核心理念及价值取向，主动积极践行和宣导企业文化和价值理念，坚定地追随企业的事业发展，持久地充满热情地工作，并身体力行影响和带动他人	了解和认同组织的文化和价值理念，能在日常管理工作中加以践行，坚信自己事业追求，个人持续地付出以推进和实现事业目标	了解企业的价值理念，言行与公司价值基本一致，在他人鼓励或者制度约束下能够持续推进工作以实现组织目标和事业追求	对企业价值理念和文化理解存在一定偏差，按部就班工作，工作缺乏主动性和持久性
严格自律	做人做事严守法则和标准，能时刻保持头脑清醒，即便没有明确的法律法规或者规章制度的监管，也能主动约束自己的言行	做人做事原则性较强，能够把握好分寸，能主动遵守规章制度，严格约束自己的言行	多数情况下能按原则办事，基本能够把握分寸，能够响应规章制度的要求，约束自己的言行	做人做事不太强调原则，容易受环境和他人影响，不能自觉克制自己的不良言行
率先垂范	在制度践行方面处处起到领导带头表率作用，主动了解下属工作难点并针对性地加以示范督导，要求他人做到的事情自己均能率先、高质量地做到或主动加以示范	主动严格执行公司管理制度，在管理职责范围内能够针对下属工作难点主动以身作则、带头示范	能根据制度规定为下属做出工作示范，或应他人要求提供相应示范指导	制度执行较被动，不能对他人的示范请求给予配合
尽职尽责	尽职尽责履行高位赋予的各项职责，对待工作中每一个环节总是保持高度认真、一丝不苟，对新出现的问题或职界界定不清的职责也能不计私利、尽力应对	全面、较好履行高位赋予的各项职责，对待现有常规工作能够认真负责、善始善终	按规定履行岗位赋予的职责，履责结果基本能够满足要求	岗位履责较被动，做事虎头蛇尾或不认真履行岗位职责
勇于担当	勇于承担各种责任，当自身或团队成员工做出现失误时，应以团队目标为重，主动承担责任，并积极寻求解决方法	能够承担自身岗位和管理职责范围内责任，自身或下属工做出现失误时，愿意承担相应责任	能够承担自身岗位职责相关责任，下属工作失误时，偶有推卸或回避责任现象	不太愿意承担责任，下属工作失误，推脱自身的责任

一般来说，胜任力的等级可以用多三个维度来区分（如图 3-4）。

胜任力的研究重视与绩效关系，数智时代的大数据技术的开发和运用，可以更加深度地剖析绩效数据与胜任力数据之间的关系，从而更加精确地确定组织中某个岗位的胜任力要素。此外，个体胜任力虽然可以预测绩效，但往往会受到环境变量或其他非胜任力变量的中介作用，从而导致胜任力与绩效的关系更加

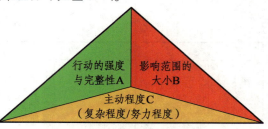

图 3-4　描述胜任力定义与等级的维度

复杂化。事实上，很多时候态度比能力更重要，行为倾向比知识更关键。数智时代，人才的能力结构数字化与数字化人才得到深度应用，数字员工的应用要思考新引入的人才是否具备数字化技能，也就是人才能力结构的数字化。传统意义上只具备单一技能或者初级技能的员工将面临挑战。

二、胜任力基本模型

（一）素质冰山模型

"冰山模型"从精神分析学派的冰山理论发展而来，由麦克利兰（McClelland）于 1973 年提出。麦克利兰认为，个体素质可划分为海平面的冰山上部分和深藏海平面下的冰山下部分。冰山上部分是外在表现，包括知识和技能，相对而言比较容易通过培训来改变；冰山下部分是人的内在部分，包括社会角色、自我形象、特质和动机，不太容易观察，也不太容易通过外界的影响而改变，但却对人的行为表现起着关键性作用。Spencer.L.M 和 Spencer.S.M（1993）通过 20 年的研究和应用，在其著作《工作胜任力：高绩效模型》中对麦克利兰的冰山模型中冰山下部分进行了改进（从六分层次改为五层次），他们从特征角度提出了"素质冰山模型"（图 3-5）。素质冰山模型把个体素质形象地描述为漂浮在洋面上的冰山，其中知识和技能是属于裸露在水面上的表层部分，这部分是对任职者基础胜任力的要求，但它不能把表现优异者与表现平平者区别开来，这一部分也称为基准性胜任力或显性胜任力（Threshold Competence），这部分胜任力容易被测量和观察，也较为容易被模仿，可通过针对性培训习得。自我概念、特质和动机等属于潜藏于水下的深层部分的素质，这部分称为鉴别性胜任力或隐形胜任力（Differentiating Competence）。它是区分绩效优异者与平平者的关键因素，且职位越高，鉴别性素质的作用比例就越大。相对于知识和技能而言，鉴别性素质不容易被观察和测量，也难以改变和评价，很难通过后天的培训形成。

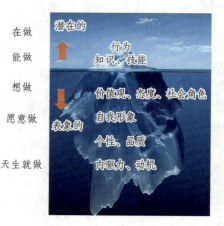

图 3-5　素质冰山模型

冰山下部分是动机、特质和自我概念。冰山下部分的"动机""特质""自我概念"是一个人所具有的潜在特质，深层且持久，能预测一个人在复杂的工作情境及担当重任时的行为表现。

知识：从事某一特定职业领域获取信息的学习、组织、理解和运用；

技能：高质量完成任务所表现出的能力；

社会角色：个人基于对社会规范和职业规范的认识，从而在他人面前表现出的社会形象；

自我形象：对自己身份的认识或知觉；

个性特质：认知、情感、意志和行为表现出来的心理特征，包括气质、智商、情商和逆商等；

动机：驱动行为的深层次需要，是决定一个人外显行为的内在稳定的思想。

【专栏】

尝试回答关于胜任力的几个问题？想一想你的内驱动机是什么？

你的思维方式体现着你的价值观

你的行为方式体现着你的内驱力

你的情绪态度最终决定你的成就

问我们五个多少 ——量变

你有多少时间花在专业知识学习上？

你有多少时间花在兴趣爱好上？

你有多少时间花在公务处理上？

你有多少时间花在家人的陪伴中？

你有多少金钱花在学习、兴趣、特长上？

问我们五个什么？

你有什么专业领域喜欢又愿意钻研？

你有什么特征本领真正拿得出手？

你有什么值得朋友向你学习？

你有什么骄傲的事情要与家人分享？

你有什么样价钱观、价值观？

亚马逊创始人杰夫·贝佐斯说过："成功的关键不在于'怎么做''做什么'，而在于'谁来做'。"你正在寻找的这份工作，是你的吗？

在心理学领域同样有冰山理论（如图 3-6）。

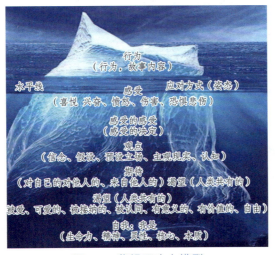

图 3-6 萨提亚冰山模型

维琴尼亚·萨提亚（Virginia Satir）是美国最具影响力的首席心理治疗大师，是一位女士的名字，也代表以维琴尼亚·萨提亚名字命名的一种成长模式。根据萨提亚的理论，一个人和他的原生家庭有着千丝万缕的联系，这种联系有可能影响他的一生。一个人和他的经历有着难以割断的联系，我们不快乐的根源可能是因为儿时未被满足的期待。萨提亚用了一个非常形象的比喻：这就像一座漂浮在水面上的巨大冰山，能够被外界看到的行为表现或应对方式，只是露在水面上很小的一部分，大约只有八分之一露出水面，另外的八分之七藏在水底。暗涌在水面之下更大的山体，则是长期压抑并被我们忽略的"内在"。揭开冰山的秘密，我们会看到生命中的渴望、期待、观点和感受，看到真正的自我。对比可以看到，胜任力的冰山素质模型与心理学的冰山模型具有异曲同工之妙，追求的都是寻求特征以及行动的内驱力。

（二）洋葱模型

美国学者 R·博亚特兹（Richard Boyatzis）和斯潘塞（Spencer）等人对麦克利兰的素质理论进行了深入和广泛的研究，提出了"素质洋葱模型"，展示了素质构成的核心要素，并说明了各构成要素可被观察和衡量的特点。该模型如图 3-7 所示。

洋葱模型把麦克利兰对素质划分的六个层次分为三类，即：核心部分的个性和动机，相当不容易培训获得，也难以真正发现；中间层包括社会角色或价值观和自我概念；最外层则是知识和技能。与冰山模型相对应，洋葱模型中的素质越向外层越容易培养和评价，反之则难以评价和培养。

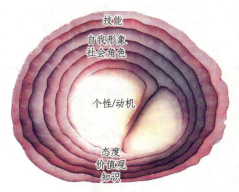

图 3-7　人力资源素质体系的洋葱模型

素质洋葱模型具体包括如下几个方面：

（1）动机是推动个体为达到目标而采取行动的内驱力；

（2）个性是个体对外部环境及各种信息等的反应方式、倾向与特性；

（3）自我形象是指个体对其自身的看法与评价；

（4）社会角色是个体对其所属社会群体或组织接受并认为是恰当的一套行为准则的认识；

（5）态度是个体的自我形象、价值观以及社会角色综合作用外化的结果；

（6）知识是个体在某一特定领域所拥有的事实型与经验型信息；

（7）技能是个体结构化地运用知识完成某项具体工作的能力。

洋葱模型同冰山模型相比，本质是一样的，都强调核心素质或基本素质。对核心素质的测评，可以预测一个人的长期绩效。相比而言，洋葱模型更突出潜在素质与显现素质的层次关系，比冰山模型更能说明素质之间的层次关系。

利用洋葱模型的理念，学者们拓展了洋葱的应用。如荷兰学者霍夫斯蒂德针对文化的层次提出了文化层次洋葱模式（图 3-8）。

霍夫斯蒂德认为，文化是由不同层次组成，如洋葱一样，每一层之间不是独立的，而是相互影响。

我们还可以进一步利用洋葱模型思考什么呢？

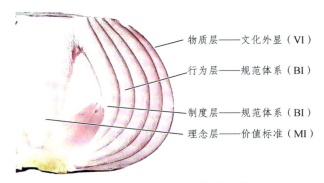

物质层——文化外显（VI）

行为层——规范体系（BI）

制度层——规范体系（BI）

理念层——价值标准（MI）

图 3-8　霍夫斯蒂德的文化洋葱模型

第三节　胜任力模型构建流程与方法

一、构建胜任力模型的流程

一般来说，胜任力模型构建大致经历四大流程，即准备、研究开发、评估确认和模型应用四个阶段（图 3-9）。

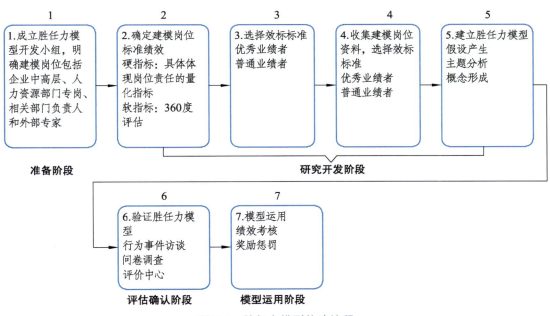

图 3-9　胜任力模型构建流程

（一）准备阶段

胜任力模型构建专业性强，一方面需要领导高度重视，另一方面则需要专业人士的参与。

本阶段首先需要组建专业的模型构建工作小组，包括领导小组和技术小组，技术小组既要包括胜任力模型专业开发人员，也需要对被建模岗位熟悉的专业领导，公司的相关领导担任领导小组组长，并对被选定岗位提出明确的工作要求。其次，建模工作小组成员要充分把握企业使命、企业发展阶段、企业发展战略以及当前企业形势对本项工作的具体要求，通过小组讨论或者专项培训会的方式，形成相关人员对本问题的统一理解。最后，本阶段要对目标建模岗位、时间进度、责任人进行最终确认。

（二）研究开发阶段

本阶段主要任务就是对已确定的岗位进行具体的建模工作（图 3-10）。

图 3-10 胜任力模型构建考量的要素

第一，明确绩优的标准。对选定的目标职位，明确绩优标准，包括具体工作场景、工作条件和业绩结果，业绩结果既包括能具体衡量的量化指标，也包括一些上级领导评价软指标。

第二，确认研究样本。绩优是做出来的，充分利用数智时代的技术手段，依据绩优标准寻找适宜的绩效考核优秀员工。一般可以把员工分成两组，一组是具备胜任力、业绩不够突出但能完成任务的人员，一般选择 2 ~ 3 名，一组是绩优人员，一般选择 3 ~ 6 名作为样本。

第三，任务要项分析，是从使命、战略、目标、任务、流程等角度对待分析岗位的具体任务以及任务的排序，发现并归纳驱动任职者产生高绩效的行为特征。

第四，关键行为事件访谈，重要的不是具备的素质，而是具体的表现行为，且是特定场景下的行为表现。关键行为事件（重大问题解决过程中成功或失败的典型事件）访谈是对同一职位的优秀任职者和一般任职者分两组进行结构化面谈，理解他们在事件处理中的思想变化、情绪表现、行为特质，了解挖掘发起动机、个性以及事件中的自我角色认知，对比二者的访谈结果并从中发现导致两组人员绩效差异的关键行为特征，继而差异为特定职位任职者的关键胜任力特征（图 3-11）。

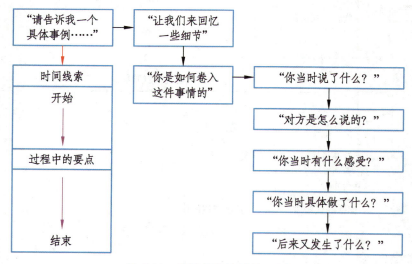

图 3-11 关键行为访谈法示例

第五，信息分析（表 3-6）和胜任力模型的初步搭建。强化对调研信息的规范化整理，找出重点分析对个人关键行为、思想和感受有显著影响的过程和片段，围绕胜任力基本模型架构（见图 3-12）发现处理事项中绩优人员和绩效一般人员之间的差异，从中提炼出具有区分性的胜任力特征，并最终确立每一个特征的层级。

表 3-6　信息分析内容清单[①]

- 通过分析访谈资料而归纳的各个胜任力要素是否都整合到一起？
- 考虑到胜任力出现的频率，具备该胜任力能取得的成效，缺乏时会产生的后果、在未来工作中的必要性、对公司业务及战略执行的影响等方面的因素，哪些胜任力是最重要的？
- 胜任力表现是否具有典型性？是大多数绩效人员都具备该胜任力，还是仅有一部分人具备？是大多数一般人员都不具备该胜任力还是只有一部分不具备？
- 在忽略无关或较少出现的胜任力的前提下，哪种胜任力出现的频率较高？级别如何？（一个有效的胜任力模型通常包含 4~6 项最重要的胜任力）
- 这些胜任力是如何表现出来的？是落实在行动上，还是反映在绩效的结果上？
- 访谈及其他相关资料是否可信？有无特殊的或遗漏的方面？

图 3-12　胜任力模型要素

二、构建胜任力模型的方法

（一）行为事件访谈法

1. BEI 访谈法

本方法是哈佛教授麦克利兰发展的一套访谈程序和方法，是指通过对被访者的叙述进行反复提问，收集被访者在过去有代表性的事件中的具体行为和心理活动的详细信息，进而通过对收集信息的对比分析，发现那些能够导致人员绩效差异的关键行为特征，继而演绎成为特定职位任职者所必须具备的素质特征。BEI 访谈法关心的是被访者"如何表现得"以及"采取了哪些行动"，这是 BEI 访谈法和其他访谈法的最大区别。BEI 访谈法的核心是反复提问、追究细节。图 3-13 为 BEI 与传统访谈的比较。

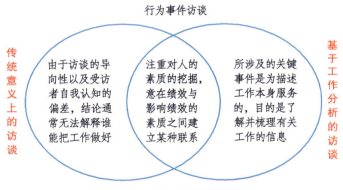

图 3-13　BEI 与传统访谈的比较

2. STAR 法

STAR 法将一个事件分为 Situation、Task、Action、Result 四个部分，包括了事件发生的情景；

[①] 彭剑锋主编：《战略人力资源管理：理论、实践与前沿》（第 2 版），中国人民大学出版社，2022 年版。

事件发生时被访者要完成的任务及目标；被访者为了完成任务采取了哪些行为以及步骤；被访者当时行为的结果。STAR 法假设，如果被访者能够描述某个事件的全部细节，则认为这个事件是被访者亲身经历过的，反之则不是。将 STAR 法融入 BEI 访谈法，可以获取更细致的信息，来判断被访者陈述的事件的真实性，只有两者一起使用才能获得 BEI 访谈法的理想效果。

Situation/Task　情景和任务：

（1）事件发生的情景？时间、地点和人物？

（2）您在事件中主要扮演的角色是什么？您需要完成的主要任务是什么？

（3）您决策的时候情景是？您具备什么样的行为条件？

（4）是什么样的因素导致这样的情景？

（5）您行动想达到的目的是什么？

Action（Behavior）行为：

（1）在事件过程中您是否碰到障碍、困难或存在哪些难点？您是如何看待这些障碍、困难？

（2）您当时采取了什么行动？（您是如何推进这件事情？）

（3）是什么原因让您采取了这些行动？

（4）您对当时的情况有何反应，心里怎么想的？

（5）您在整个过程中扮演什么角色？

Result（Outcome）　结果：

（1）事情最终结果如何？对您完成任务以及公司整体业务发展或目标有哪些影响？

（2）这件事情让您有什么体会？您在以后处理类似问题时，会有哪些不同？举例说明。

（3）您得到了什么样的反馈信息？您领导的评价如何？评价之后您的意见是？

图 3-14 为 STAR 流程的展示。

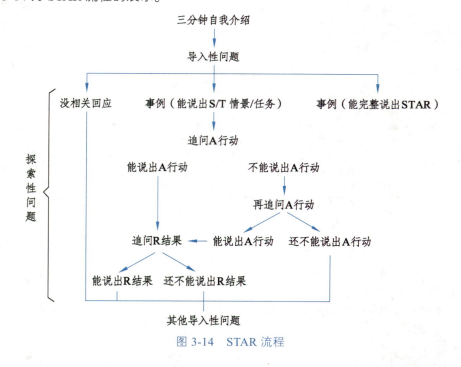

图 3-14　STAR 流程

（二）问卷调查法

问卷调查法是采用书面形式间接搜集信息的一种调查手段，通过向被调查者发出简明扼要的征询单（表），请其填写对相关问题的意见和建议来间接获得材料和信息的一种方法。调查法经常被用于调查更大范围内的在职者和利害关系人，检验前期建立模型的正确性，方法操作便利、高效，但不确定因素较多。

一般来说，从开放和封闭两个维度设计问卷并展开调查。

1. 开放式问卷

主要用于收集企业内部的行为范例，让胜任力模型的行为表现更具企业特色和个性，利于传播。

开放式调查问卷范例：

作为公司的一位管理者，您本人有很多行为模式可以帮助您也可以帮助我们公司其他同事有效完成工作，并产生高绩效。我们将把从您这里收集的行为进行整理，并在全集团推广，希望得到您的支持。

请列出 10 项可以帮助您在目前工作中完成工作任务并产生高绩效的行为模式，并用一句话将它表述出来，写在下列表格中。

示例 1：以一种稳健的、建设性的方式激发讨论，营造一种对平庸的绩效水平不能容忍的氛围。

示例 2：重视对信息的分享，用心聆听各方面的意见，并根据实际情况及时做出调整和回应。

按照上述范例，继续追问有效完成工作任务并产生高绩效的行为模式 3、4、5、6、7、8、9、10。

同样，作为一名中高层管理者，在您身上也可能有一些行为模式会对您完成工作任务产生制约，使您不能有效完成工作任务，这方面是您的弱项。我们将把从您这里收集到的这类制约工作的行为进行整理，并采取相应的手段帮您提升。

请列出 5 项制约您完成工作任务的行为模式，并用一句话或一段话将它表述出来。

示例 1：不善交际，常常独来独往，在人际关系的维持方面往往处于被动、消极的一面。

示例 2：喜欢按照既定的步骤行事，按部就班，不愿意冒险。

按照上述范例继续追问 3、4、5。

2. 封闭式问卷

封闭式问卷只列出胜任力素质的名称和定义，让调查对象选出他们认为最为重要的若干胜任力素质。请从下列 16 项胜任素质中选择 6 项您认为是财务经理岗位所必需的胜任素质，并在后面的方格里打"√"（表 3-7）。

表 3-7 封闭式问卷

素质名称	定　　义	您的选择（√）
执行力	为了确保计划和目标的达成，知道怎样把决定付诸行动，并持续向前推进，最终完成计划和目标	
沟通协调	妥善处理与上级、平级及下级的关系，促成相互理解，获得支持与配合的能力	

续表

素质名称	定 义	您的选择（√）
创新能力	以积极、有效的方式应对瞬息万变的业务环境，主动深入思考、寻求新的方式，提出创新性的意见和方案，付诸实践来应对挑战并最终提升团队能力和绩效	
团队合作	团结并密切配合各部门的同事完成工作任务，同时争取各部门同事的支持和协助，完成工作目标	
员工培养	教导与训练、确保部属能够成长和发展；指导员工，对员工施以实际正面的关注并提供支援	
学习能力	通过各种渠道，学习新知识，吸取各种经验，增加学识、提高技能并学以致用，从而获得有利于未来发展的能力	
责任感	能够认识到自己的工作在组织中的重要性，把实现组织的目标当作自己的目标，在没有其他人鼓励的情况下，主动寻找适宜方法并采取必要行动的能力，并愿意承担起相关责任	
人际理解	了解他人的能力，以及为了了解他人而清楚地倾听及体会他人没有表达出来的或是说明不清晰、不完整的想法、感觉和考量	
关系建立	通过同他人建立和保持友好、互益、轻松自然的关系，建立起有助于工作及业务的人际网络	
团队建设	明确团队目标，建立规则和体系，实现团队有序运作并激励团队，培养团队能力，有效提升凝聚力，最终打造高绩效团队	
计划管理	能够迅速理解上级意图，形成目标，整合资源，制定具体的、可操作的行动方案并监督计划实施的能力	
资讯收集	在业务的驱动下，主动收集和业务相关信息的能力	
分析能力	通过演绎思维和归纳思维的有效操作，提高问题判断、问题解决的能力	
情绪管理	通过有效管理自己和他人的情绪，以适应不同环境、不同个性或不同人群并提高自己有效工作的能力	
顾客导向	把顾客需求作为自己的"行动指南"，从顾客角度看待和解决问题	
关注细节	在工作中，注重具体的问题：以可操作、可实现、具体化的词语来描述任务、工作过程及任务结果；在考虑到全局的时候，同样深入地了解把握关键细节，以细节的完美作为服务客户的努力方向。	

（三）工作分析法

工作分析是指通过系统全面的信息收集手段，提供相关工作的全面信息，以对某特定的工作职位作明确规定，并确定完成这一工作需要有什么样的行为的过程。工作分析的方法多样，但工作日写实法是目前最为典型的，也是应用最广泛的方法之一。工作日志法又称工作写实法，指任职者按时间顺序、详细记录自己的工作内容与工作过程，然后经过归纳、分析，达到工作分析目的的一种方法。在现实中，多采用"工作日志"的形式。

工作日志法的信息可靠性高，费用花费少，对分析高水平与复杂的工作，显得比较经济有效。但是适用范围小，只适用于工作循环周期较短、工作状态稳定无大起伏的职位。整理信息的工作量大，归纳工作烦琐。工作执行者在填写时，会因为不认真而遗漏很多工作内容，从而影响分析结果。另外在一定程度上填写日志会影响正常工作。

案例思考

董明珠：格力不看文凭，只看能力

格力集团董事长董明珠曾多次强调，企业不看文凭只看能力的理念。她认为学历可以帮助人们获取知识，但并不代表一个人的全部能力和素质，更不能成为衡量一个人是否适合某项工作的唯一标准。因此在格力集团招聘和选拔人才时，重点关注应聘者的实际能力和综合素质，而非仅仅看重他们的学历背景。据报道，格力集团曾有一位研究生在公司生产线上干了8年，这位员工凭借着出类拔萃的工作表现，最终得到了内部提拔和晋升的机会，成了一位优秀的管理者。这也充分说明了，在格力集团，重实际能力而非学历背景对于员工的职业发展是非常重要的。

在格力集团，实际能力和个人素质是被认为比学历更加重要的因素。这也是公司一直以来所追求的企业文化和价值观。董明珠表示，格力集团的成功离不开优秀的人才团队，而这些优秀的人才通常都是富有激情和创造力的人，他们具备很强的自我激励能力和适应力，并且拥有解决问题和创新的能力。这些特质并不是仅仅凭借一张优秀的学历证明就可以达到的，而是需要员工在实际工作中不断锤炼和积累。

当然，格力在人才招聘时还是会参考应聘者的学历背景，但学历并不是必选条件。如果一个人在其他方面表现出众，比如有很好的专业知识、工作经验和沟通协调能力等，法定学历证书未必会对其职业发展构成阻碍。总之，在格力集团内部，确保员工是能够胜任自己岗位并为公司创造价值的，而不是单纯看重他们毕业的学校和学位等级。

此外，格力集团在选拔人才时也注重综合素质评价，包括对于应聘者的个性、态度、组织协调能力、表达能力、业务技能和工作经验等方面进行全面考量。公司会对应聘者进行面试、笔试、心理测试、技能测评等环节，从多个角度来考察他们的能力和素质，并根据招聘程序的要求制定相应的面试试题和评分标准。

同时，格力集团还鼓励员工进行不断学习和进修，提高自身的综合素质和专业技能。公司为员工提供了各种培训和晋升机会，包括内部培训、员工技能竞赛、海外游学、管理干部培训等，帮助员工实现职业成长，并在公司发展中做出更大的贡献。

总之，格力集团在人才选拔和培养方面一直秉持以人为本的管理理念，注重发掘人才的潜力和能力，不拘泥于学历和背景的束缚，在实践中探索符合公司特点和文化的人才培养方式，为企业的可持续发展提供源源不断的动力。

（来源：https：//baijiahao.baidu.com/s?id=1764952265667270697&wfr=spider&for=pc.）

问题：

1. 请你从胜任力角度谈谈你对知识就是财富的理解？
2. 态度决定一切，你觉得呢？

【关键概念】

胜任力　冰山模型　洋葱模型

复习思考题

1. 素质冰山模型的核心思想是什么？
2. 请尝试从4个层级对执行力进行描述？

【补充阅读材料】

做党的"四有"好干部

党的干部是党和国家事业的中坚力量。干部敢于担当作为，既是政治品格，也是从政本分。新征程上，加强对干部的正向激励，充分调动广大干部干事创业积极性主动性创造性，加强对干部全方位管理和经常性监督，防止和纠正干部不作为乱作为，是建设堪当民族复兴重任的高素质干部队伍的重大课题，是全面建设社会主义现代化国家、全面推进中华民族伟大复兴的重要保证。

思想引领：习近平总书记关于激励干部担当作为的重要论述为干部实干担当、拼搏奋斗指明了前进方向，提供了根本遵循

思想是行动的先导。党的十八大以来，习近平总书记高度重视调动和激发干部干事创业积极性主动性创造性，做出一系列重要论述，为干部实干担当、拼搏奋斗指明了前进方向、提供了根本遵循。关于筑牢干部担当作为的思想根基，习近平总书记指出："干部干事创业要树立正确政绩观，有功成不必在我的精神境界、功成必定有我的历史担当""干事担事，是干部的职责所在，也是价值所在"。针对干部担当作为的时代要求，习近平总书记指出："为了党和人民事业，我们的干部要敢想、敢做、敢当，做我们时代的劲草、真金""党员、干部特别是领导干部要以居安思危的政治清醒、坚如磐石的战略定力、勇于斗争的奋进姿态，敢于闯关夺隘、攻城拔寨"。对于激励干部担当作为的方法路径，习近平总书记围绕"要多选一些在重大斗争中经过磨砺的干部""树立重实干、重实绩的用人导向"等进行了深刻阐释。关于提升干部素质能力，习近平总书记指出："领导干部不仅要有担当的宽肩膀，还得有成事的真本领""各级领导干部要加快知识更新、加强实践锻炼，使专业素养和工作能力跟上时代节拍，避免少知而迷、无知而乱，努力成为做好工作的行家里手"。

习近平总书记关于激励干部担当作为的重要论述，以高远的战略眼光、清晰的理论脉络、严密的实践逻辑，深刻阐明了干部担当作为与事业发展的内在联系，抓住了新形势下影响干部干事创业积极性主动性创造性的关键因素，明确了激励干部担当作为的方法路径，为新时代新征程更好激励干部敢于担当、善于作为提供了根本遵循。

事业感召：党和国家事业大踏步向前发展为干部担当作为提供了广阔舞台

疾风知劲草，烈火见真金。中心任务、大战大考从来都是广大干部勇担当、善作为的试金石、磨刀石。党的十八大以来，以习近平同志为核心的党中央坚持围绕发展所需、事业所需、岗位所需选派干部投身第一线，把脱贫攻坚、疫情防控、推动高质量发展等作为主战场，推动广大干部撸起袖子加油干、风雨无阻向前行，以发展目标定位干部担当坐标、以发展成效评判干部担当实效。

面对脱贫攻坚、全面建成小康社会的历史任务，数百万扶贫干部倾力奉献、苦干实干，1 800 多名同志将生命定格在脱贫攻坚征程上，为打赢人类历史上规模最大的脱贫攻坚战做出了重大贡献。面对突如其来的新冠疫情，各级干部临危不惧，困难面前豁得出、关键时刻冲得上，最大限度保护了人民生命安全和身体健康，统筹疫情防控和经济社会发展取得重大积极成果。面对高质量发展艰巨任务，广大干部立足质量和效益推动经济持续健康发展，以钉钉子精神担当尽责，依靠顽强斗争打开事业发展新天地。面对人民日益增长的美好生活需要，广大干部牢固树立以人民为中心的发展思想，不断提升为民服务的本领和水平，人民群众获得感、幸福感、安全感更加充实、更有保障、更可持续。

政策激励：逐步构建起一套激励干部担当作为的制度政策体系

政策是指南针和风向标，有什么样的政策取向，就有什么样的干事导向。党的十八大以来，围绕贯彻落实习近平总书记关于激励干部担当作为的重要论述和重要指示要求，中共中央办公厅印发《关于进一步激励广大干部新时代新担当新作为的意见》，中央组织部制定进一步激励干部担当作为 9 条具体措施，各地各部门坚持问题导向、目标导向，及时出台配套制度，综合施策、持续用力，正向激励效应不断显现。

针对少数干部"心态佛系、精神倦怠不想为"的问题，始终坚持把学深悟透习近平新时代中国特色社会主义思想作为首要任务，健全党委（党组）"第一议题"制度，从新时代党的创新理论中汲取智慧、提振信心、增添力量，推动广大党员干部坚定拥护"两个确立"、坚决做到"两个维护"。针对少数干部"瞻前顾后、患得患失不敢为"的问题，落实新时代好干部标准，大力选拔政治过硬、敢于担当、成绩突出、群众公认的优秀干部。此外，还按照"三个区分开来"要求做好容错纠错工作，为担当者担当、为负责者负责、为干事者撑腰。针对少数干部"能力欠缺、本领恐慌不善为"的问题，突出实战实训精准赋能，有侧重有选择地推进干部培训历练，帮助干部弥补知识弱项、能力短板、经验盲区，增强担当作为的硬核本领。针对少数干部"空喊口号、虚张声势假作为"的问题，认真贯彻执行《中国共产党问责条例》《党政领导干部考核工作条例》等一系列党内法规，把干部担当作为情况作为选人用人专项检查的一项重要内容，加大形式主义、官僚主义专项治理力度，坚决纠正"工作落实在口号上，决心停留在嘴巴上"等问题。针对少数干部"急功近利、盲目决策乱作为"的问题，聚焦规范"关键少数"施政行为，党中央印发《中共中央关于加强对"一把手"和领导班子监督的意见》，中共中央办公厅印发《推进领导干部能上能下规定》，健全完善干部考核机制，引导干部特别是领导干部树立和践行正确政绩观。

组织担当：为鼓励干部干事创业提供坚强后盾、解除后顾之忧

干部越为事业担当，组织越要为干部担当。新形势下，推动和激励干部担当作为，最根本的是要扭住以组织担当激励干部担当这个牛鼻子，坚持正向激励主基调，打好思想引领、崇尚实干、精准赋能、撑腰鼓劲、关心关爱、减负增效、监督问责"组合拳"，让愿担当、敢担当、善担当蔚然成风。

持之以恒为干部担当作为注入强大思想动能。要结合当前正在开展的学习贯彻习近平新时代中国特色社会主义思想主题教育，切实加强党的创新理论武装，把习近平新时代中国特色社会主义思想转化为坚定理想、锤炼党性和指导实践、推动工作的强大力量，突出抓好换届后领导班子思想政治建设，在以学铸魂、以学增智、以学正风、以学促干方面取得实实在在的成效。把习近平总书记关于激励干部担当作为的重要论述，作为各级党委（党组）理论学习中心组的必学内容、各级干部日常学习的重要内容，推动广大干部在系统学习中夯实担当作为的思想根基。

进一步树牢有为者为的鲜明导向。要落实新时代好干部标准，坚持德配其位、才配其位，坚持事业为上、依事择人、人岗相适。在干部使用上，做深做实政治素质考察，注重向那些身处改革发展主战场、经过艰苦岗位历练、长期扎根基层一线的干部倾斜。加强正确政绩观教育，把践行正确政绩观情况作为考核考察的重要内容，深化口碑考察、实绩追溯考察，切实考准考实干部"显绩"和"潜绩"，从思想深处解决好"政绩为谁而树、树什么样的政绩、

怎样树好政绩"的问题。按照《推进领导干部能上能下规定》要求，区分问题的性质、程度、危害，精准适用处理措施，以调整不适宜担任现职干部为重点常态化推进干部能上能下。

精准赋能提升干部推动现代化建设的能力。紧扣党的二十大做出的各项重大战略部署，以制定实施新一轮干部教育培训规划和修订《干部教育培训工作条例》为牵引，聚焦现代化建设重点领域精准开展培训，健全"干中学、学中干"能力提升机制，帮助干部及时填知识空白、补素质短板、强能力弱项。强化专业训练和实践锻炼，探索实施专业干部复合培养，对专业能力较强但管理经验不足的干部，可先从中层岗位开始培养，积累领导经验，在他们处于进取心和创造力的黄金期时委以重任，推动其展现最大作为。

突出加强对重点对象的精准激励。区分不同干部群体对激励担当的个性化诉求，精准施策、有的放矢。有的要更加注重在职务（职级）晋升、先进典型选树等方面畅通渠道、加大力度；有的要更加注重防止"大锅饭"；对年轻干部，应更加注重运用综合激励手段，对看准的苗子敢于打破隐性台阶、大胆使用。

以上率下示范担当、带动担当、引领担当。充分发挥中央和国家机关"第一方阵"示范作用，推动各级领导机关大兴调查研究，打通决策部署直抵基层的渠道，避免因任务指标不合理难落实挫伤基层干部工作积极性主动性。在推进重大改革、重点项目、重要任务中，探索建立上级单位下派联络、协同推进、跟踪指导工作机制，推动形成上下联动、齐抓共推的生动局面，防止和纠正任务指标"一下了之"、考核检查"空中作业"。完善并落实"三重一大"决策监督机制，及时发现和纠正政绩观偏差，对查明属实、造成严重后果的，严肃处理、追责问责。

健全权责对等、相互匹配的工作运行机制。进一步厘清不同层级、部门、岗位之间的权责边界，全面推进党建引领基层治理，解决干部因权责不清造成的不敢为、不能为问题。定期对各类审批、考核、评比、创建以及"一票否决"、责任书（状）等事项进行排查清理，建立健全督查检查考核事项审核准入机制，实实在在减轻基层干部负担。

全方位加强对干部的关心保护。进一步明确干部容错纠错、减责免责情形，准确把握政策尺度，优化容错工作程序。着力构建精准科学的问责操作规范体系，准确把握问责的尺度和范围。关注干部身心健康，确保制度执行到位。（全国党建研究会）

《人民日报》（2023 年 09 月 08 日第 10 版）

【数字化应用】

第四章 人力资源招聘与配置

★本章学习要求与要点★

从人力资源的招聘和配置的概念入手，详细地介绍了招聘的原则、方法和程序；从数智时代出发描述人力资源招聘与甄选的新模式。通过本章学习，学生明确了招聘过程的步骤和有效使用招聘的工具做好人才的招聘和甄选。

引入案例

"专业不符，不能报，你看不懂中国字吗，和你说了三遍了。"×县一播音与主持艺术专业应届毕业生邓明（化名）收到这样一封回复邮件，发件人是该省某县2016年引进急需紧缺人才工作领导小组的一名工作人员。

在招聘日益规范化的今天，大多数用人单位在招聘过程中，都会明确招聘岗位的专业要求。这既符合用人单位专业化的需求，也能够让应聘者"有的放矢"。但是近日发生在应届毕业生邓明身上的事情，却让公众们对招聘公告里的"专业要求"产生了质疑。

7月底，邓明看到了《×县2016年面向社会公开引进急需紧缺人才简章》，其中有一个由县文体广电旅游局招聘的县广播电视台的岗位，专业要求是播音与主持专业，并且只招聘一人。毕业于播音与主持艺术专业的邓明信心满满地在网上报了名，但得到的答复是"专业不符，不能报"。当时他还以为是自己报错了职位，仔细查看职位表、申报材料，发现都没有问题，于是再次发邮件询问"为何资格审查会不通过？"收到的邮件写明："我们只要播音与主持，你是播音与主持艺术，不能报。"正当邓明为"专业不符，不能报"发愁的时候，居然有工作人员通过领导小组的邮箱给他发了一封邮件，"专业不符，不能报，你看不懂中国字吗，和你说了三遍了"，这种强烈的语气让邓明感到非常的尴尬和疑惑。

"播音与主持艺术专业"与"播音与主持专业"相比，就多了"艺术"两个字，怎么就会有这样大的差别，成了"专业不符"？电视台的用人需求就真的得这样精准，连专业方向都有明确的要求？每一年都有很多大学生在报考公务员时面临专业不符合的尴尬。如何从工作分析出发，明确任职资格从而明确招聘条件是公务员招聘的重要内容。

在以信息化、知识化和全球化为特征的新经济时代，企业竞争的实质是人才竞争，招聘并选拔出合适的员工，使组织拥有富于竞争力的人力资源，成为组织兴衰存亡的战略关键。从需求层面上看，传统招聘管理方式的固有弱点和缺陷难以满足快速增长型企业的人才需求。从供给层面上看，科技的发展使得数字化技术具备解决此类问题的能力。有需求有供给，因此，数字化技术和招聘管理的结合具有一定的合理性和必然性。

第一节　招聘概述

招聘又称为人力资源的获取与准备，即人员与配置，作为人力资源管理的一大模块，招聘不仅是简单的人员招募，完整的过程包括四个阶段：招募、甄选、配置、评估。传统的招聘是招聘者通过各种渠道发布有关招聘信息，经过一定的选拔程序和测试评价方法，把符合组织发展目标和文化价值观需要的，具有一定素质、能力和其他特殊性潜质的潜在雇员（应聘者）吸引或招募到组织空缺职位上的持续不断的过程。在数字化时代的推动下，招聘的过程也注入了新的活力。

一、招聘的概念及意义

（一）招聘的概念

招聘就是指通过不断搜集有关信息，进行筛选，做出取舍决定等活动，把具有一定能力和资格的适当人选吸纳到组织空缺职位的过程。

一般情况下，组织招聘的任务主要在以下几种情况下提出：① 新成立一个部门。② 人员队伍结构不合理，在裁减多余人员时需要补充短缺人才。③ 晋升、退休等造成职位空缺。

系统的人员招聘工作一般是以下列四种理论假设为基础的：每一职位都有相对稳定的对人的能力和资格要求；每个人都有相对的能力特长和基础素质；职位的要求与人员的能力特征和基本素质相匹配；人与职位之间的良好匹配会产生较好的工作绩效以及组织绩效。这些假设隐含更深一层的意思，即职位所要求的能力特征是随着时间的变化而变化的，而个体的素质和能力会发生变化。因此，在招聘中，还应当对职位要求与个体能力等进行具体而准确的动态测量。

受数字化、智能化概念的影响，出现了一系列融合数字化技术的招聘形式，由此招聘的概念也在不同的技术加持下产生了不同的内涵，如无接触招聘也称零接触招聘、语音招聘、视频招聘、电子招聘、远程招聘、网络招聘、移动招聘、数字化招聘、云端招聘等。智能化无接触招聘模式指招聘双方依托智能化互联网数字信息技术通信平台，在避免人际面对面接触的前提下，完成招聘全部流程的一种组织行为。

（二）招聘的意义

招聘是人力资源的人口管理，即对进入组织的人员进行选择、把关，它是整个人力资源管理过程的关键环节，因而具有十分重要的意义。

（1）有效的招聘有利于人才的优化配置和部门最佳人才结构的形成。人员招聘制可以实现人才和用人部门的双向选择，各得其所。组织实行开放式、"市场"化的人员选聘，可以在较大范围内选择到本部门所需要的人才，组织人员通过应聘，也可以选择到适合自己志向和才能的岗位，既体现了组织工作对人才的需要，也体现了人才个人的工作愿望和自身价值。

（2）有效的招聘可以增加组织人员的稳定性，减少人员流失。因为成功的招聘可以为公共部门的每一个职位找到合适的人选，做到人尽其才，提高对工作的满意度。

（3）有效的招聘可以降低组织人员初任培训和能力开发的费用。因为对高素质合格人员的培训开发要比素质较低的人胜任工作所进行的培训开发更简单、有效。

（4）有效的招聘能够提高组织的效率。因为每一个职位都拥有合格的人才，整个组织的工作效率必定提高。同时，对组织人员的管理可能变得简单，管理者不再需要花很多时间和精力来纠正部门成员的过错或解决成员间的问题而是花更多的时间和精力来考虑组织发展的关键性问题。

（5）有效的招聘有利于将优胜劣汰的原则引入到公共部门的人力资源管理活动中，并增强公职人员的危机意识。一方面，通过竞争上岗，择优录用，把一些服务意识差、工作水平低的不称职公职人员从原岗位上挤下来，换上能胜任本职工作且更为优秀的公职人员，有利于工作效率和公务服务质量的提高，有利于机关作风的转变和机关形象的改善；另一方面，通过竞争上岗会造成部分人的落聘、下岗，这种危机感和压力，在一定程度上会转化为奋发向上、勤政廉政、努力学习的动力，有助于改变机关中存在的一些任人唯亲、吹牛拍马等不良现象，形成唯才是举、任人唯贤的良好风气。

二、招聘的原则

招聘是一项政策性和社会性较强的活动。因此，招聘原则应当是在努力掌握客观发展规律的基础上，充分体现社会发展实践的需求和趋势，以具有一定的科学性，并易于贯彻实施。现阶段，我国在人员招聘中应当遵循以下原则：

（一）遵守国家的有关法律、法规和政策的原则

在招聘中坚持机会均等、相互竞争等原则；禁止未成年人就业，不得歧视妇女，同时要注意照顾特殊群众，先培训后就业等原则，由于用人单位的原因订立无效劳动合同或违反劳动合同，组织应自觉主动承担责任。

（二）择优录用的原则

要根据组织人力资源规划工作需求和工作说明书中对应聘人员的要求，运用科学的方法和程序展开招聘工作，以保证录用人员的质量。

（三）效率优先的原则

力争用尽可能少的招聘费用，招聘到高素质的人才，努力降低招聘成本，提高招聘的工作效率。这里的招聘成本包括：招聘所花费用即招聘费用；因招聘不慎，重新再招聘时所花费用即重置费用；因人员离职给组织带来的损失称之为机会成本（费用）。

（四）因事择人的原则

因事择人是根据岗位，选择有相当资格条件的人员担任，这才能专人专用，适才适所。这样既可保证人才的有效利用，不造成额外的浪费，又是防止机构膨胀的有效手段。

（五）公开和公平竞争的原则

通过公开的招聘渠道能吸引足够多的应聘者；通过公平竞争能使人才脱颖而出，能够吸引到真正的人才，进而能够对组织内部员工起到激励作用。

三、招聘的目的

以最小的代价招聘组织最需要的、合适的人，并将其安排在合适的岗位上使其发挥作用，这是任何组织用人的重要目标。

（一）组织招聘的一般目的

组织在迅速变化的市场环境里获取和保持竞争优势面临着许多挑战，包括：经济全球化带来的管理变革与创新、引进新技术、保持低成本、改进服务和产品的质量、实现多样性与协同的平衡等。应对这些挑战需要组织与员工的才能、素质、健康体魄和工作绩效同步增长。

1. 增强组织核心竞争力的需要

要想在瞬息万变的市场环境下生存与发展，成为长寿公司，企业就必须注重其核心能力的培养。人力资源管理对于企业核心能力的培养，起着至关重要的决定作用，特别是对于以知识为基础的高科技企业，能否取得成功更加依赖于掌握关键技术或技能的关键员工——这正是构成企业核心能力的重要组成部分。对任何组织而言，招聘选拔并拥有一批富于创造力、想象力及新知识、新能力的高层次人才是构成组织核心竞争力的源泉。

2. 适应组织结构调整和管理变革的需要

依据组织发展战略、目标及内外环境的变化，及时地调整组织结构并进行相应的管理变革，为完成未来的组织任务和满足环境变化对组织的新要求，需要确保组织在适当的时间和不同的岗位上获得适当的人选（包括适当的数量、质量、层次结构）。一方面，通过招聘满足变革的组织对人力资源的需求；另一方面，最大限度地开发和利用组织内部现有人员的潜力和价值，使组织与员工的需要均得到充分满足并实现同步发展。在制度型组织中，"人员配置是一种终生性事务"；在当今灵活型组织中，"管理者必须'准确及时地进行人员配置'，一旦有需求就要将合适的人安置到合适的岗位上去"[1]。

3. 组织参与人才竞争的需要

美国人力资源管理专家詹姆斯·W. 沃克分析"灵活型组织"面对不确定性、复杂性及快速变化的外部环境所应具备的态度时指出，激烈的全球化竞争，迅速发展的技术，不断改变的人口结构，起伏波动的经济及其他动态环境因素要求组织具有良好的适应性和敏捷度。疫情之后企业之间分化加剧（行业分化以及龙头企业分化），外向型、复合型、创造型和协作型的人才正成为组织争夺的焦点。在全球范围内配置人力资源特别是高科技人员、高级管理人员等关键人才已成为现实。

招聘工作并不仅仅只解决职位空缺或企业扩张的人员需求，优秀企业的人力资源管理实践中，招聘还起到以下作用：① 储备人才；② 引进新的理念和技术；③ 进行内部人员置换；④ 提升组织的知名度和美誉度；⑤ 人才竞争战略的需要。

（二）组织招聘的具体目的

由于组织外部环境因素、内部环境因素和人力资源自身因素变化而引起的人力资源招聘需求如下：① 空缺职位需要人员的补充；② 组织因业务扩张突发的人员需求；③ 招募组织

---

[1] 詹姆斯·沃克：《人力资源战略》，中国人民大学出版社，2001年版，第159-160页。

发展所需的专业技术人员；④ 确保新规划事业运营所需人员；⑤ 应对人员流入、流出引起的人力资源数量和质量的变化，招聘满足现在和未来的人力需要；⑥ 人力资源规划的需要，尤其是对于那些关键的职位或者劳动力市场供不应求的职位，为引进稀缺人力资源早做准备；⑦ 调整不合理的员工队伍。

现代组织人力资源管理工作的首要任务，就是建立一个开放、有效并且健全的人力资源管理系统。当人力资源需要系统性扩张和补充时，组织必须建立起完善的招聘制度，依据其确定的人力资源规划明确人力资源需求，即通过分析组织当前人力资源的现状特别是岗位的空缺状况，经常性地进行增加、维持和调整总劳动力的活动，保持人力资源需求的动态平衡，最终满足组织生存与发展的长远目标对人力资源配置的要求。

有效招聘是企业效益的重要源泉：① 一次有效招聘，可为组织不断补充新生力量，实现组织内部人力资源的合理配置，为组织扩大经营规模和调整结构提供人力资源的可靠保证；② 合理招聘使录用人员完全胜任工作，并从工作中获得高度满足感，减少人员流动，提高组织员工队伍稳定性；③ 成功招聘可减少人员培训与开发费用支出，也间接地提高了人力资本投资的效益，同时还能提高培训的效率；④ 招聘工作做得好，能使管理者的管理活动更多地投入于如何使员工发展得更好，提高管理的效率，而不是花费精力去改造不称职的员工。

四、现代招聘的基本理念

人力资源管理发展到能本管理阶段，能力素质和人格特质成为现代招聘的关注焦点。

（一）能岗匹配原理

人的能力水平、能力结构与岗位能力要求动态匹配，是以能为本的人力资源配置的基本要求。能岗匹配包括三个方面的内容：一是人的能力水平与其所在的岗位级别相适应；二是人的能力结构与其岗位性质相适应；三是人的能力的动态变化与岗位要求的动态变化保持相对一致。

古人云：闻道有先后，术业有专攻。人的能力水平以及能力结构不尽相同。对某一特定的岗位而言，能力最强的员工并不一定是最适合的员工；对确定的相关人员而言，最令人羡慕的岗位也并不一定是最适合他的岗位。在性质相同、级别不同的岗位中，对能力要求的差异主要是能力水平的高低，如一般会计、主管会计与财务总监三个岗位之间的能力要求差异是财会能力水平的由低到高；性质不同而级别相同的岗位中，对能力要求的差异主要是能力结构的差异，如销售部经理、生产部经理和财务部经理三个岗位之间的能力要求差异主要是能力结构的不同（图 4-1）。

能岗匹配的过程是一个双向选择的过程：一方面，按能配岗，即按人的能力水平和能力结构将其安置在适合的岗位上；另一方面，因岗选人，

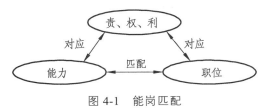

图 4-1 能岗匹配

即按照岗位的能力要求来选择适合的人。只有人的能力与岗位的能力要求相适应，才能实现资源合理配置，最大限度地运用人的能力来实现岗位目标，否则将出现资源的浪费和低效率的情况。当员工的能力大于岗位要求的能力时，员工的能力没有实现最大限度的发挥，将出

现人力资源的浪费；岗位能力要求通常与岗位的薪酬水平相对应，低的岗位能力要求往往意味着低的岗位收入，这就难以留住能力强的员工，出现人才外流。相反，当员工的能力小于岗位的能力要求时，他将无法有效利用组织资源来完成其工作任务，导致组织资源的浪费和绩效下降。

能岗匹配的过程是一个动态的过程。人的能力是不断发展和变化的，岗位对能力要求随着组织发展目标的变化也不断调整。如企业的规模扩大了，对管理人员的能力要求就要相应提升。因此，能岗匹配的工作不是一劳永逸的，而是一个不断调整的动态平衡过程。企业必须建立起员工能力表现与岗位能力要求的反馈机制，并根据能力的变化对员工岗位进行相应调整，包括晋升、调动、降职甚至解雇。

（二）合适的才是最好的

人才不是越优秀越好，合适就好。企业在招聘的时候本着"合适"的基本原则，为组织寻求动态匹配的人员，什么样的人是合适的呢？

（1）明确企业价值观一致。道不同不相为谋，具备竞争力的企业具有鲜明的价值观主张，其员工刻有企业价值文化的烙印。优秀的企业文化就是清晰明了的制度、流程、工作方式等，员工高度认同并主动践行。企业必须首先清晰定义自身的价值观，定义体现企业自身价值观的关键行为，并在此基础上识别候选人与我们倡导的行为是否具备契合度。侧重于考察应聘者兴趣、态度、个性等方面。

（2）明确企业不同阶段的人才偏好。从企业特定发展阶段入手，强调人才的行为偏好，是选德才兼备、以德为先还是以才为先？还是强调个性突出又或是团队合作？是需要开拓型人才还是要稳健型人才？等等，这些软素质既取决于企业文化，更取决于企业不同发展阶段对人才的需求， 侧重于员工行为偏好。

如创新人才的偏好界定：对未知或陌生的事物具有探索的热情和强烈的好奇心，乐于跳出舒适圈，勇于接受挑战；敢于失败，敢于担责，敢于挑战常规；能够包容失误，愿意分享技术信息，致力于团队创新合作。

（3）明确界定岗位价值以及人才标准。明确岗位需要什么样的人，人力资源招聘部门要通过职务分析，明确某岗位所需人才要具备如学历、年龄、技能、体能等哪些条件，侧重于考察应聘者的能力、素质等方面，这些都属于硬性条件。与此同时，我们还需充分把握企业对候选人列出对应的支持，一个候选人使用成本是否适宜？候选人对企业开列的招引条件是否认同？合适是双方认可的合适。

（4）阶段性合适是关注重点。企业在发展，人也在变化。招聘时关注的是当前及未来一段时间是否与企业合适。

（三）选聘态度端正的人

相关研究针对 2 万名新招聘人员的研究表明，46% 的新招聘员工在 18 个月内证明其不适合应聘的岗位，选聘以失败告终。除了让人惊叹的失败率之外，更让人惊讶的是，有 89% 的情况都是因为新招聘员工的态度导致，而仅有 11% 的情况是由于技能的缺乏。关于态度的考察，则包括其情商水平、工作的主动性、情绪控制能力、他人成功的配合态度以及内部条件不完善条件下工作主动性和自我挑战欲望等。

【专栏】

科学精神和科学工作者的基本态度

沈志云院士的大半生都致力于中国高铁事业发展，他参与、推动和见证了中国高铁技术从无到有的发展历程。讲座上，沈院士结合自己的科研经历和人生感悟，指出科学精神就是做科学研究必须具备的观点与工作态度；强调，培养科学精神要做到志存高远，具备历史观点和全球视野，高瞻远瞩；要脚踏实地，深入实践为生产服务，实践第一；要刻苦耐劳，吃得苦中苦，方为拔尖人；要团队为先，走上大团队、大项目、大设施、大成果的道路，不搞小型分散。

第二节　招聘规划与准备

一、招聘途径

招聘主要分为内部招聘和外部招聘两种途径。

表 4-1 即为择才之道——招聘方式的比较：内部培养选拔人才与面向社会招聘人才。究竟是内部招聘优于外部招聘，还是外部招聘优于内部招聘？这需要一个组织充分考虑自身条件和对人力资源的需求分析、工作分析，以及在此基础上制订的人力资源规划、招聘计划，还要考虑到潜在员工的特征与各种招聘方式的优缺点及适用范围。

表 4-1　内部招聘与外部招聘的比较分析

选拔比较 方式项目	内部招聘	外部招聘
优点	（1）招聘有效性和可信度高 （2）内部候选人在组织中工作了一段时间，已经融入组织文化中，对组织目标和价值观、行为规范更有认同感，对组织的忠诚度较高，不会轻易辞职 （3）现有员工更容易接受管理，易于沟通和协调，组织目标任务也容易得到贯彻执行，还易于发挥组织效能 （4）内部选拔、提升容易鼓舞员工士气并改善工作绩效，激发雇员的创造力和献身精神，使组织与员工共同成长 （5）内部招聘比外部招聘减少了人力成本，招聘程序更简化且所花时间较少，提高了上岗人员的适应性，减少了培训期和培训费用。内部招聘的成功率较高	（1）新员工带来新价值观、新思路、新方法和新的生产力，这种与新人同在的特有"人力资本"有时对组织来说是一笔巨大的财富 （2）无形中给组织老员工施加压力，形成竞争意识、危机意识、合作意识，激发员工队伍士气和潜能，产生"鲶鱼效应"、榜样群体效应，带动共同进步 （3）是一种组织与外部环境有效的交流形式，组织借招聘展示其风采，在潜在的员工、客户和其他公众面前树立积极进取、锐意改革的良好企业形象 （4）挑选员工的余地很大，能招聘到许多优秀人才，尤其是一些关键性或稀缺性人才，从而可能节省培训开发的费用 （5）在全社会甚至世界范围内优化人力资源配置，促进人力合理流动，改善人力资源结构，具有明显社会效益

续表

选拔比较方式项目	内部招聘	外部招聘
缺点	（1）产生老员工的竞争，且失败者占多数，竞争失败者势必会士气低落、沮丧，势必影响员工工作积极性，不利于组织的内部团结 （2）同一组织内的员工有相同的文化背景和同质性，内部培养易造成"近亲繁殖""团体思维""长官意志"等现象，抑制了个体的创造性和创新思维 （3）用人原则可能是按年工序列或人际关系或领导喜好而非业绩能力，易产生不正之风。管理者选用"他们很了解的人"，可能会给有能力的员工的职业生涯发展设置障碍，将导致优秀人才外流或被埋没 （4）可能产生"裙带关系""小帮派"等现象，会削弱组织效能 （5）对于某些关键性的职位，现有员工可能不具备胜任空缺职位所需的知识、经验和技能。内部发展计划的成本有时可能比雇用"已经过外部培训"的外部人才要高	（1）筛选难度大，所花成本高。由于信息不对称，就会加大应聘者夸大有利于自己一面的能力，弱化不利于自己一面的风险，即出现"逆向选择"的风险，组织要付出较大的信息收集成本 （2）从外部招来的员工需要花费较长时间来进行培训和定位 （3）容易挫伤内部老员工的上进心、工作积极性和自信心，影响老员工的长期服务观和事业心 （4）新员工可能会出现"水土不服"现象，其个人特质融入企业文化的过程较长，对组织价值观、目标人物的认同感较老员工低；可能导致外来人员与老员工之间的矛盾，使组织人际关系复杂，会影响团队合作 （5）存在"中转站"的风险。当新员工个人发展与组织发展不同步或者新员工不适应岗位和组织文化，就会产生"跳槽"现象。如果组织对新员工的投入较大而又留不住人，势必增加"为他人做嫁妆"的风险
适用范围	为了塑造提供长期工作保障的企业形象；为了维持现有的强势企业文化；为了最经济实惠地招聘，提高招聘的成功率；为了保持现有员工队伍的稳定性；为了减少招聘风险；为了将招聘当作一种激励，提高雇员士气和忠诚度 对管理职位和专业职位这些关键职位、高级职位而言，组织现有的雇员常常是最大的人员增补来源	为了改善和重塑现有的强势企业文化；为了补充新的生产力；为了引进多样化的思维方式；为了在社会公众中树立良好的组织形象；当一个组织在创业初期或者业务范围、工作领域等需要加快扩张时；当内部招聘不能满足组织对人才的质量需求时，或者组织要增加人力资源总量、改善人力资源结构时；当组织考虑人才储备、满足长期发展目标所需时

二、招聘方法的分类

1. 委托招聘

委托招聘包括：① 委托各类学校的毕业生分配部门推荐人才；② 委托各种职业介绍所招聘；③ 委托各种人才市场、劳务市场等招聘；④ 委托猎头公司招聘；⑤ 委托专业招聘网站招聘。

2. 自行招聘

自行招聘包括：① 利用雇员推荐、人际关系网络招聘；② 个别聘用或建立人才库；③ 利用大众传播媒体进行广告招聘；④ 利用组织自己的网站开展特色招聘；⑤ 利用人才招聘会或进行校园招聘。

三、内部招聘的形式

内部招聘指在组织出现职务空缺后，从组织内部选择合适的人选来填补空缺位置。

1. 晋升选拔

选择那些可以胜任某项空缺工作岗位的优秀员工。这种做法给员工以升职的机会，会使员工感到有希望、有发展的机会，对于激励员工非常有利，有利于调动员工积极性，增强组织凝聚力。内部选拔的人员对本单位的业务工作比较熟悉，能够较快地适应新的工作。此外，内部招聘的风险小、成本低。然而内部选拔也有一定的不利之处，如内部选拔的不一定是最优秀的，因为选择范围较小；还有可能在少部分员工心理上产生"他还不如我呢"的思想，因为任何人都不是十全十美的，一个人在一个单位待的时间越长，别人看他的优点就越少，而看他的缺点就越多，尤其是在他被提拔的时候。因此，许多单位在出现职务空缺后，往往同时采用两种方式，即从内部和外部同时寻找合适的人选。

2. 工作调换

工作调换也叫作平调，是在内部寻找合适人选的一种基本方法。这样做一方面能有效填补空缺，另一方面还可以使内部员工了解本单位内其他部门的工作，与更多的同事进行深入地接触、了解，也为今后的工作安排做好准备。

3. 工作轮换

工作轮换也称为岗位轮换，让员工（包括管理人员）轮换担任若干种不同工作，从而达到增强员工的适应性和开发员工能力、进行在职训练、培养复合型员工特别是管理骨干的目的。它和工作调换有些相似，但又有所区别。如工作调换从时间上讲往往较长，而工作轮换则通常是短期的，有时间限制的；工作调换往往是单独的、临时的，而工作轮换往往是两个以上的、有计划进行的。工作轮换给那些有潜力的员工提供日后可能晋升的条件，同时也可以减少部分员工由于长期从事某项工作所带来的烦躁和厌倦感。

4. 人员重聘

有些组织由于某些原因会有一批不在位的员工，如下岗人员、长期休假人员、停薪留职人员等。在这些人员中，有的恰好是内部空缺需要的人员。他们中有的人素质较好，对这些人员的重新聘用会使他们有再为单位效力的机会并能够尽快上岗，为组织减少了新员工上岗实习、培训等方面的费用开支。

5. 内部公开招聘

组织可以通过内部公告的形式进行公开招聘，如在公司网站的内部主页、公告栏或以电子邮件的方式通告全体成员，符合条件的员工自由应聘。内部选拔评价、录用的程序和标准与外部招聘一样，为广大员工提供了一个公平竞争、平等发展的机会，鼓励成绩突出的员工合理流动、内部晋升。

6. 内部员工推荐

当组织出现职位空缺时，不仅要鼓励内部员工积极应聘，而且要制订雇员推荐计划，鼓励员工利用自己的人际关系网络为本单位推荐优秀的人才。若找到了合适的雇员，则给予推荐者一定的奖励。

四、外部招聘的形式

在许多情况下，内部招聘往往满足不了组织对人员的需求，尤其当一个组织在创业初期或者快速发展时期，或者因为扩大了业务范围、工作领域等，组织会把目光转向外部这个巨大的人才市场。这时就需要通过外部招聘来解决这个问题。

1. 媒体广告招聘

这是许多组织广泛使用的招聘方式，通过大众传播媒体以广告的形式发布招聘信息，吸引并获取职位候选人。因为不同的大众传播媒体有其不同的优缺点和适用范围，而不同的招聘广告其效果也不一样。因此，根据组织人员需求分析、工作分析以及招聘对象特征分析等选择合适的媒体和设计恰当的广告，成为广告招聘效果好坏的关键或前提。好的招聘广告一方面能吸引所需的候选人踊跃报名应聘，另一方面还会扩大本组织的知名度。在招聘广告中，除了介绍本单位及有关部门职位的情况、职位的要求和待遇、联系方式等外，还要说明应聘者应该做哪些准备、应聘的方式等。

2. 校园招聘

每年都有成千上万的大专院校毕业生走向社会，他们当中有足够数量的高素质人才，会成为组织最富有发展潜力的员工。有许多单位都已经与有关院校挂钩，预定本单位所需的人员；还有的单位甚至在相关院校专门设立奖学金或合作办学，为自己培养、储备专业人才；有的组织还经常到校园开展各种形式的活动，有的还邀请学生到本企业进行社会实践，充分展示企业形象以吸引大中专学生毕业后选择本单位。这种有目的的预定方法，是组织根据自身的人力资源规划，提前同有关院校在培养、招聘人才方面进行合作。校园招聘一般来讲较适合于招聘专业职位或专门技术岗位的人员。众多跨国公司高度重视校园招聘，其招聘活动组织严密，从企业历史介绍、企业文化展示到招聘相关环节，周期长，费用高，往往能吸引众多优秀学生前往应聘，一些学生以能参加某些公司招聘走到第几个环节作为自身能力的一种证明。

3. 利用各种人才中介机构招聘

随着经济的发展、社会的进步，人才流动现象越来越突出，出现了人事部门开办的人才交流中心、劳动部门开办的职业介绍所以及私营的职业介绍机构等，这些中介机构已成为人才交流的桥梁。它们既为用人单位推荐人才，也为求职者介绍工作，同时还要举办各种形式的人才招聘会。招聘会有专场的、非专场的；有大型的、小型的；有专业性的、综合性的。组织要选择对自己有价值的人才招聘会。招聘前，组织必须进行事前策划、精心准备才会有所收获。

4. 利用专业猎头公司

"猎头"一词源于英文"Head-Hunting"，这是"二战"以后在美国出现的新词汇。当时美国政府在占有战败国科技资源的同时，更不遗余力地网罗顶尖的科技人才。其行动方式是先找到目标，然后再使用各种手段将其"捕获"，颇似丛林狩猎，由此就有了"猎头"的说法。时至今日，在国外猎头已成为一个成熟的行业，中国的猎头公司早期都是以外企为服务对象的，即便今天，由于体制和组织领导人观念的原因，各猎头公司的客户依然以外企为主。实际上，猎头公司所做的事情，是组织人力资源部门工作的拓展。组织的人力资源部门受到工作范围、信息资源的限制，有些事情是心有余而力不足，猎头公司则弥补了这个缺陷，同时有远见的猎头公司也有意识地将自己放到这个位置上，全方位地为组织人力资源开发服务，甚至提出作为组织的人事部门代理，以谋求自身更好的发展。可见，猎头公司的职能并不仅是人才的交流，而是一种综合性的人才开发。在招聘高级管理人才或专业技术人才时，一些组织已经逐渐习惯于聘请猎头公司进行操作，因为资深的"猎手"，对特定行业中的高级人才有深入的了解并保持着密切的联系，可以为组织寻觅到所急需的各类高级管理人员、专业技术人员，甚至是总经理、副总经理等高级管理人员。尽管付给猎头公司的费用较高（在费用上，国内猎头公司一般也依照国际惯例，即完成任务后，按该职位第一年年薪的30%收取佣金，有的具备一定影响的猎头公司也要求在签约时预付相当于佣金总额1/3的定金），但与得到的效果和节省的资源相比，这笔费用还是值得的。

5. 互联网

互联网正以惊人的速度超过招聘会和报纸、广告成为人才交流的主流媒体，现已形成了一个日益庞大的网上人才资源库。越来越多的人选择上网求职，越来越多的组织利用互联网求才。网络招聘以其招聘范围广、信息量大及可挑选余地大、相对稳定的受众、廉价快捷等优势获得了越来越多的组织的认可。网络招聘一般来说有这样几种渠道：注册成为人才网站的会员，在人才网站上发布招聘信息，收集求职者信息资料，查询合适人才信息；在自己公司的主页或网站上发布招聘信息；在某些专业的网站上发布招聘信息；在一些浏览量很大的网站上或在一家有影响力、服务好的网站上发布招聘广告；利用搜索引擎搜索相关专业网站及网页，发现可用人才，自己做猎头；通过网络猎头公司。

第三节　招聘的实施

一、初步筛选

（一）筛选求职者

招聘信息发布后，求职者通常会寄来个人简历以及有关证明材料。个人简历、自荐信或推荐信给人的印象是有些不可靠或者有"包装"嫌疑。为了保证应聘人员提供的信息的规范性，组织在人员招聘活动开展时，都预先设计求职人员登记表或应聘人员登记表，以供求职者填写，再将应聘者的材料输入计算机，建立一个组织的人才库以供未来招聘甄选所用。

1. 应聘人员登记表的设计

应聘人员登记表是快速收集资料，进一步研究决策的有效依据。组织还应针对不同招聘对象制作不同的应聘人员登记表。例如，招聘管理人员和技术人员的登记表就应不同于普通工人用的登记表，前者偏重教育水平及相关问题，后者偏重操作技能等。应聘人员登记表的设计主要依据职务说明书，表中栏目可反映以下几个方面的信息：

（1）个人情况：姓名、年龄、性别、婚姻状况、联系地址及电话等。

（2）教育背景：最后取得的学历、学位，受教育年限，在校期间的学习成绩，接受培训教育的经历及相关证书和外语等级证书等。

（3）工作技能：与岗位工作相关的某些特殊的技能、专长等，如计算机操作水平。

（4）工作经验：工作年限，曾获得的职务职称，主要工作成就等。

（5）个性品质：性格特点及个人的兴趣爱好等。

（6）身体素质：身高、体重、健康状况等。

（7）其他情况：家庭成员构成，发明与获奖情况，社会任职，离职原因，应聘新职位动机，工作意向，对薪酬及福利待遇要求等。供筛选用的应聘人员登记表在符合国家有关的政策法规基础上，不应含有歧视性项目和可能涉及个人隐私等敏感性内容。

2. 应聘人员登记表的筛选

对应聘人员登记表或个人简历的初审及评价是招聘录用系统的重要组成部分。初审目的是从求职者信息库中排除明显不合格者以挑选出符合招聘条件、有希望被聘用的求职者，在其后的选拔过程中再收集有关该求职者的更详细的信息。筛选应聘人员登记表可依据人员录用标准来进行，将求职者分为等待正式面试、再进一步接触、明确拒绝三类。首要工作就是对收到的大量简历与证明材料进行第一遍筛选，将明显不符合条件的申请者筛掉，控制求职人数，为面试作准备。其次在筛选过程中留有选择空间，真正确定为"面试人选"的应聘人员既可以是多学科、多专业综合素质较为突出的一些人，也可以是适合从事空缺职位的专业人才；最后要做好拒绝的工作。拒绝时，要讲求拒绝艺术，通常是在尽可能短的时间内，以正式信函的形式通知本人，信中要有感谢、鼓励之类的措辞。

（二）审阅应聘者提供的文字资料

仔细阅读和分析求职者的应聘材料及简历，有两个基本作用：一是熟悉求职者的背景、经验和资格，并将其与职位要求和工作职责相对照，对求职者的胜任程度做出初步判断；二是发现求职者应聘材料及简历中的问题，供面试及下一步测评时参考。在审阅求职者的应聘材料（如求职信）和个人简历时，应主要关注以下几方面的问题：

1. 浏览外观与行文

应聘材料外观与行文是求职者给招聘者的"第一印象"，其书写是否整洁、流畅，排版是否美观、大方，文字语言、语法结构及修辞是否恰如其分，从中可以看出该求职者的文字表达水平和应聘态度。应聘材料及简历的结构、内容是否有逻辑性、有条理或有重点，求职者对招聘单位和工作岗位的了解程度，求职者在书法或英文翻译等方面是否擅长等，都可以加以审视和分析，从而考查求职者的基本功是否扎实和专业水平高低。

2. 注意材料中的空白处

招聘单位一般会提供标准化的应聘表格或简历范本给求职者，如应聘人员登记表。招聘者很容易看出求职者的登记表中哪些栏目是空白或被省略掉，有助于对求职者遗漏的信息进行鉴定和分析。

3. 注意求职者的相关工作经历

求职者一般都会选择一份与自己过去经历或经验相关的工作应聘，其所填材料会明白无误地反映出来。招聘单位在了解该求职者相关工作经历的同时，要善于思考和分析该求职者工作变动的原因和动机、意向，对求职者与应聘职位的合适度做出初步判断。

4. 了解求职者的教育背景

对大多数人来说，教育背景与所从事工作的内容、性质是密切相关的，但也有人所从事的工作与自己所学的专业没有直接关系或关系不大，这就要根据招聘目标、招聘标准对求职者知识背景的要求进行选择，同时也要注意求职者在选择职业时对个人职业生涯发展方面的考虑，如对在职培训和继续教育的需求。

5. 其他方面

招聘者要留意求职者的薪酬要求，以便与该职位所能提供的薪酬水平作比较；还要特别关注材料中前后不一致的地方。有的应聘者还特意对招聘单位或职位做出评价或建议，这也是需要注意的。

此外，初步筛选时还可以采用电话沟通筛选，即在面试之前，花一些时间进行简短的电话访谈，既可以确认求职者应聘材料中信息的真实性，又可以初步了解该求职者的语言表达能力、应变能力及职业兴趣等是否与招聘职位相符，从而进一步做出评价与筛选。需要提醒的是，电话访谈的目的并非选拔出胜任的应聘者，而是筛选掉明显不符合要求的求职者，所以在电话筛选中应注意提问的内容与方式。

（三）智能筛选

智能筛选可以使企业招聘者轻松淘汰大部分不合格的求职者，大大减少一个岗位所需面试人选数量，减少重复解答各个应聘者的问题。另外，数据分析对整个招聘的流程、结构等都可以起到辅助作用，例如将流程自动化、可视化，将人才数据化、标签化，进行人才智能推荐、智能背景调查等。当然，人工智能存在它的局限性，在招聘这种存在部分主观和变数的事情中暂时很难完全代替人工。招聘负责人参考人工智能数据，最后根据招聘经验和与应聘者交流后的综合评价，进行再判断。将人与机器结合起来，高效、科学地完成招聘工作，决定人员的去留，让人力资源的工作真正实现事半功倍。

二、面试

面试是指主考人员直接面对应聘者，通过语言表达或实际操作的方式获得评价的一种测评工具。通过面试观察，主考人员可以得到很多关于应聘者的丰富信息。观察的主要内容包括：面部表情、形体语言、仪表风度、求职动机和工作期望、专业知识、工作经验、工作态度、语言表达能力、综合分析能力、自我控制能力、反应力、人际交往倾向、活力、兴趣爱好等。

（一）面试的分类

1. 面试按应聘者的行为反应，分为言谈面试和模拟操作面试

言谈面试是通过主试与被试的口头交流沟通，由主试提出问题，由被试口头回答，以考察应聘者知识层次、业务能力和头脑机敏性的一种测试方法。

模拟操作面试是让被试者模拟在实际工作岗位上的工作情况，由主试者给予被试者特定的工作任务，考察被试者行为反应的一种方法。这种方法是一种简单的功能模拟测试法。例如，企业在招聘技术工种时，可采用实地操作的测试方法，考察应试者技术的娴熟程度。又如，招聘速记、打字、绘图等人员时均可采用实地考试的方式。另外，招聘公关、销售等有

关人员时，也可结合模拟操作面试。例如：

主考官：（手拿一件产品）这是我公司的一件新产品，现在你作为本公司销售人员，我作为一名消费者，请向我推销。

主考官：假设你是我公司负责媒介工作的公关人员，我公司有一重要广告要在三天内见报，而某热门报纸的广告一个星期内均已排满，你将采取哪些行动？

2. 面试按其操作方式可分为结构性面试和非结构性面试

结构性面试又称直接性面试，指依照预先确定的程序和题目进行，过程与结构严密、层次分明、评价维度确定，面试者根据事先拟好的谈话提纲逐项向应试者提问（答案也是既定的），应试者针对问题进行逐项回答，是一种比较正规的面试方式。

非结构性面试又称非直接性面试，指在面试中所提的问题以及谈话时所采用的方式都是由面试者自由决定，谈话层次交错，具有很大偶然性的面试方式。面试人员可以即兴地向应聘者提出各种问题，问题可以是预先准备好的，也可以是即兴发挥的。因此，即使是招聘来做同样的工作，对不同求职者所提的问题也不一定相同。这对富有经验的面试考官来说是有效简便的方法，但对大多数面试考官来说还是应当采用结构性面试方式。

3. 面试按其人员组成，可分为个人面试、小组面试、集体面试

个人面试又可分为一对一的面试和主试团面试两种方式。一对一的面试多用于较小规模的组织或招聘较低职位员工时，有时也用于人员初选，另外当公司总经理对人员进行最后录用决策时也常采用这种方式。一对一的面试能使应聘者的心态较为自然，话题往往能够深入，谈话过程容易控制；但其缺点是受主试者的知识面限制，考察内容往往不够全面，而且易受主试官主观因素的影响。主试团面试是由 2 ~ 5 个主考人组成主试团，分别对每个应聘者进行面试。采取这种方式时，主试团成员需要进行角色分配，各自以不同的角色相互配合。一般主试团由 3 人组成，一位是人事部门经理，一位是用人部门业务经理，另一位是聘请咨询机构的人才招聘专家。3 人的分工主要侧重于评价维度的分配上，如公司人事部经理可侧重于对应聘者求职的动机、工资要求、人际关系的考察；人才招聘专家侧重于对其责任心、应变能力、领导才能等方面的考察；用人部门业务经理一般负责考察其相关专业知识和过去的工作成绩。主试团面试容易给被试人构成一种心理压力。小组面试是当一个职位的应聘人员较多时，为了节省时间，将多个应试者组成一组，由数个面试考官轮流提问，着重考察应试者个性和协调性的面试方式。集体面试将被试者分成数组，每组 5 ~ 8 人，几个主试人坐在一旁观察。主试中确立一个提问者，提出一个能引起争论的问题展开讨论，从而考察被试者的沟通能力、协调能力、语言表达能力和领导能力。这种方法是现代评价中心技术中的无领导小组讨论在面试实践中的应用，与单个面试相比较，具有其不可超越的优越性。计算机面试是大公司日益重视的一种面试方法，它把一系列相关问题列成一个表格，应聘人员按要求填写，然后交计算机阅读判断。

4. 面试按其进程又可分为第一次面试、第二次面试、第三次面试直至第五次面试

一般常用的是三次以内，称为三级面试方式。第一次面试常由人事部门的人才招聘专员接待，对应试者的基本条件进行核实，确认应试者的学历证明及其工作业绩。第二次面试是面试中最重要的一次，常由人事部门和业务部门联合主持，有可能的话还邀请专门面试考官参加，是对应聘者个性特征、能力倾向、愿望动机和业务能力等方面的综合考察，并写成评语报公司人事总裁。第三次面试由公司人事总裁直接约见，主要是在第二次面试的基础上，考察应聘人的适用性和应变力。第三次面试往往是短时间的面谈。一般来说，录用人员的层次越高，面试的次数也越多。普通人员的录用常由人事部门和业务部门面试后直接决定，只有公司中层干部的录用，非由企业人事总裁直接参与不可。

5. 面试按其目的，可以有重点面试和评价性面试

重点面试是一种特殊的选择性面试，往往是突如其来地向应聘人员提一些不太好回答的问题，其目的在于考察应聘者的敏感程度与耐性。评价性面试是雇主与雇员之间进行的工作评价和补救措施的讨论，当一个雇员因故离开公司的时候，管理人员有必要同该雇员进行一次离职谈话。其目的是希望他把在公司工作期间的有关想法谈出来，以便于公司改进工作。

6. 面试前的"面试"

一些公司在面试时故意设置一些"秀"让面试者"表演"。如当应聘者爱好唱歌，就让他当场高歌一曲；面试场所设置一些道具（如倒地的扫把等），看应聘者是否留意及反应。通过观察以掌握对应聘者第一印象或判断其是否与公司的用人标准一致，面试前的面试有时会收到奇效。

7. 能力面试

与注重应试者以往所取得的成就不同，这种方法关注的是他们如何去实现所追求的目标。在能力面试中，面试主考官要试图找到应试者过去成就中所反映出来的特定优点。要确认这些优点，主考官寻找 STAR 方法来确定被试者的能力优势。

8. 人工智能面试

人工智能面试通过人体特征，识别岗位最适合求职者。这些特征包括语言词汇、眼神、微笑、身体姿势、做题速度、声音大小等。通过算法进行分析得到每个求职者各维度的表现数据。

（二）面试的过程

面试一般分为关系建立阶段、提问阶段和结束阶段。也有的把面试归结为五个阶段：关系建立阶段、导入阶段、核心阶段、确认阶段和结束阶段。后者倾向于把提问过程细化，其实质和效果并无多大差别。

1. 关系建立阶段

这一阶段的主要任务是面试者要为求职者提供宽松、友好的氛围，建立和谐融洽的关系，这样有助于双方在面试过程中更加开放地沟通，使前来面试的求职者放松且不感到拘束。除选不受干扰的场所外，还可以通过谈论一些题外话题，如天气或交通状况来开始谈话。这样做的目的是使求职者能够轻松自如地回答提问，而且不论他是否被聘用，都能受到友好、礼貌的对待，并以此展示组织的良好形象。

2. 提问阶段

面试提问分为导入、核心和确认三个环节，因此面试者的提问技巧显得极为重要。面试者应首先选择开放式问题，让求职者逐渐消除紧张情绪，进入应试状态，随后回答一些具有决定作用的行为式问题。此间还可以穿插一些探索性问题、假设性问题以及封闭性问题，要

让应试者自由发表一些评论，以充分了解求职者的有关信息。提问可以是一对一的方式、小组方式或由一系列主试者提问的方式。无论哪种提问方式都要注意做到以下几点：

第一，积极有效地倾听。面试者应该少说多听，留给求职者最大限度的发挥空间；要注意提取求职者的回答要点，充分理解他的本意，做好阶段性的总结；提问中要排除各种干扰，并不带个人偏见；要善于分析和思考隐藏在语言后面的各种信息，如求职者的个性、态度和职业兴趣等。面试者如果用心聆听，可以从一个看似平凡无奇的问题中，获得求职者的珍贵资料。例如：

"做到现在，你最喜欢的工作或项目是什么？为什么？"仔细聆听求职者喜欢的工作特质是否与空缺职位要求的主要工作内容相符。

"描述一下你做过的一件复杂的工作，你当时是如何执行这项工作的？"仔细聆听求职者是否能有条有理地描述做一项工作的细节。

"你可不可以告诉我，你工作中有哪一次必须自动自发地完成，结果如何？你做了哪些事情？"仔细聆听求职者如何界定"自动自发"，了解他是自己主动提出想法并且完成，还是在主管的要求下依照指示行事，只是自己必须决定一些小细节。

"你对我们公司以及这个工作有什么想法？"仔细聆听求职者是否正确解读信息，他是否把公司或工作美化了或者有不切实际的幻想。

第二，注意求职者的身体语言。求职者的面部表情、行为姿势等也会传达一些信息，有经验的面试者应从中判断出该求职者的情绪、心理状态以及言谈的真实性。如果应试者身体前倾，目光直视，面带笑容，则表明他正集中精力，完全进入了状态；如果其双手交叉于胸前，身体后倚，则可能表示一种反感情绪；如果其双腿交叉，双手也交叉，则表明求职者有紧张情绪。聪明的考官，会根据诸如以上的各种身体语言，及时调整提问策略或气氛，保证面试的顺利进行与面试的质量。如对于情绪紧张的求职者，面试者可抛出一些轻松的话题或通过自己的身体语言（一个鼓励的眼神和善意的微笑）来缓解其紧张情绪，使对方能够轻松交谈。

第三，做好面试记录。人的记忆力是有限的，面试者面对那么多前来面试的求职者，很难全面准确地把握他们各自提供的信息，这就需要做一些记录。做记录时不用把每一句话都记下来，只是记一些重点。面试记录是面试者对求职者做出客观评价的依据之一，有的单位还专门制订了面试评定表供面试记录使用（见表 4-2 和表 4-3）。

表 4-2　ABC 公司面试评定表

编号：No.

姓名		性别		年龄		应聘职位	
考察/评价内容	得分	评价（从"差""一般""好"可分为 3、5、7、几个评价等级）					
离职原因							
求职动机/期望							
语言表达							
仪表风度/气质							
兴趣爱好							
教育背景/修养							

续表

专业知识/特长	
工作经验/经历	
人际交往/沟通	
自我认知/自信	
情绪控制	
应变能力/创意	
综合分析能力	
胜任能力	
总体水平	
综合评语以及录用意见	□建议录用　□可考虑　□建议不录用 理由：
面试人	（签字）　　　年　月　日

表 4-3　某知名中外合资企业面试测评表

要素	观察内容	提问项目	评价要点
礼仪风度	仪容、衣着 行为、举止 敲门、走路、坐姿和站立等仪态 口语		1. 衣着整齐得体无明显失误 2. 沉着、稳重、大方 3. 走路、敲门、坐姿等符合礼节 4. 口语文雅、礼貌
求职动机愿望		1. 你选择本公司的原因 2. 你选择本公司最重视什么 3. 你对本公司的了解 4. 你希望公司如何安排你的工作待遇	是否以发展为目标兼顾个人利益 回答完整、全面、适当 说服力
表现力和语言表达能力	1. 将自己表达的内容有条理地、准确地传递给对方 2. 引用实例、用词准确 3. 语气、发言合乎要求 4. 谈话时的姿态表情合适	1. 请谈谈你自己 2. 谈谈你的优缺点 3. 你的兴趣爱好 4. 据你自我分析，最适合你的工作是什么	1. 谈话前后连续性 2. 主题、语言简洁明了 3. 逻辑清楚 4. 说服力 5. 用词准确
社交能力人际关系		1. 请你介绍你的家庭 2. 你的朋友如何看待你 3. 你希望在什么样的领导下工作 4. 你交朋友最注重什么	1. 自我认识 2. 交往能力
判断力情绪稳定性	1. 准确判断新面临的情况 2. 处理突发事件 3. 迅速回答对方的问题 4. 处理难堪问题的反应	1. 假如 A 公司与 B 公司同事录用了你，你将如何…… 2. 公司工作非常艰苦，你将如何对待 3. 你怎么连这种问题都听不懂 4. 你好像不太适合本公司的工作	1. 理解问题的准确性、迅速性 2. 自我判断能力 3. 是逻辑判断还是感情判断 4. 有自己独到的见解

要素	观察内容	提问项目	评价要点
行动与协调能力工作经验	1. 对自己认定的能够坚持进行 2. 工作节奏紧张、有序 3. 集团工作的适用性 4. 组织领导能力 5. 能够更多地从他人的角度解释问题	1. 你从事过何种勤工俭学的工作 2. 你参加过何种组织活动 3. 你对某问题有过何种研究 4. 谈谈你的论文写作过程	1. 表现力 2. 考虑对方处境和理解力 3. 实践能力 4. 交往能力
责任心、纪律性	1. 负责到底的精神 2. 对工作的坚持 3. 令人信服地完成工作 4. 考虑问题全面 5. 对本职务的要求	1. 你对委派任务完成不了时如何处理 2. 对学校的规章制度的看法是什么	1. 自信力 2. 纪律力 3. 意志力
个人性格品质	1.有无不良的性格（过分狂妄和过分自卑） 2.有无偏激的观点 3.回答问题得认真、诚实可靠	1. 你认为现在社会中一个人最重要的是什么性格 2. 你能否"受人之托忠人之事"	1. 诚实真诚 2. 人生观 3. 信用
专业技能学识	1. 对专业知识的了解程度 2. 成绩 3. 对所要从事工作的认知	1. 你为何选择你的专业 2. 介绍一下自己的成绩和擅长的科目 3. 你有何特长和具备何种资格 4. 谈谈你从事这项工作的优势 5. 你有什么重要工作经验	1. 专业学识是否符合工作要求 2. 有无特殊技能 3. 有无工作经历
	面试结束后你的评价	经过上述面试，请你对你的面试结果做初步的评价，说明为什么	1. 综合、全面评定 2. 尽量减少误差影响

第四，注意对求职者的尊重。面试是双方的交谈过程，而不是面试者一方对求职者的"审问"，因此要采取友好、平等交谈的态度提问，特别是不能企图控制对方。此外，对求职者特别是女性应聘者在面试中必须尊重她们的隐私权。

现实中，一些面试者以自己的强势身份，夸夸其谈，甚至有意贬低求职者，这些都是错误的做法。要知道，每一个求职者都是优秀的，关键是人事匹配。

3. 结束阶段

结束阶段是面试者检查自己是否遗漏了哪些关乎求职者胜任能力的问题并加以追问的最后过程。同时，求职者也可以借此机会作最后的自我总结和推销，还可以向面试者提问。一般来说，面试结束并不意味着人员录用与否的确定，必须经过下一轮选拔和最后评定。

面试结束后，面试者应对面试过程作简要的回顾，检查和完善面试记录，并初步决定下一轮选拔的候选人名单或递交评估班子对面试结果进行讨论。

三、人员录用

主要任务是通过对甄选评价过程中得到的信息进行综合评价与分析，确定每一位应试者的素质和能力特点，根据预先确定的录用标准与录用计划进行录用决策。在对求职者进行招聘选拔的过程中，有若干个评价者参加，所获得的信息也并不一致，因此在决定人员录用前必须进行讨论，按照统一录用标准充分考虑用人部门的意见进行决策。

（一）制定甄选标准与录用决策

1. 确认甄选标准

测评数据资料的综合分析通过专门的人事测评小组或评价总结会议进行。测评小组共同讨论应聘者在每个评价维度上的行为表现，得出关于某一求职者的一致评价意见。在对每一评价维度进行类似综合后，可勾画出求职者在所有评价维度上的优点和弱点，依据事前拟订的岗位任职资格做出最后的录用决策。需要注意的是，如果人事部门与用人部门在人选问题上意见有冲突，应尊重用人部门意见；组织应尽可能地选择那些与企业精神、企业文化相吻合的个性特点的应聘者，即使他们没有相应的知识背景和工作经验，因为这些可以通过培训获得。相对而言，一个人的个性品质难以改变。招聘目的不是为了寻找少数拔尖的、最优秀的人，而是寻找更多的、最合适的人，甄选标准既要科学，又要合理，还要适度。

科学就是对求职者的胜任能力进行系统化的评估和比较，定量与定性相结合对求职者各胜任特征进行评估和比较，找出其主要优缺点以及与所拟聘职位的合适度。科学的甄选应该在五个方面得到体现，即信度、效度、普遍适用性、效用和合法性。信度指一种测试手段不受随机误差干扰的程度，比如，像智力这样相对较为稳定的特征，其测试手段在不同的时间和不同的环境中所得到的分数应当具有一致性。效度指测试绩效与实际工作绩效之间的相关程度。普遍适用性指在某一背景下所建立的甄选方法的效度同样适用于其他情况的程度。效用指甄选方法所提供的信息对于组织的基本有效性进行强化的程度。一般来说，甄选方法信度越高、效度越高、普遍适用性越强，则其效用也就越大。合法性指一切甄选方法都必须符合现行的政策及司法先例。

合理即在各个求职者中善于取舍，挑选出最适宜该职位的人选。选择的目标在于利用个人差异挑选那些更具有某种特性的人，这些特性被看作是干好工作的重要因素，工作分析是整个选择过程的基础。通常招聘单位会遇到这样的难题：到底是要智商高的，还是要认真负责的，或者二者兼得最好？其实这要视组织的实际情况来定。一般来说，智力高低、负责任的态度和表现都与工作性质有关。如果工作职务并不需要高级的解决问题的技能，员工的工作自主性程度不高且有足够的时间熟悉工作，或员工本身技能要比吸收学习能力重要得多的时候，智力就居于次要，而严谨的基本技术和专门性能力倾向、负责任的态度就更为重要，如机械师、水电工、律师和外科医生等。反之，如果入门后的学习才是重点，那么智力就很重要了。例如，微软的比尔·盖茨就是一个高智商的拥护者，据称，他在决定员工人选时，最为重视的特质是智力，对他来说，人才的首要条件就是要聪明，脑筋好往往比经验更重要。因此，微软公司选人先找 IQ 高的，专业技能等进了门再说。

所谓适度，就是说标准不宜太高。如果招聘一名普通的助理人员，就不必要求他聪明绝顶、名校毕业、有丰富的实践经验和卓越的领导才能。事实上，一个特别出众超出了职位本身要求的人，会要求更高的待遇，或者不安心当前工作，反而会影响其业绩和工作稳定性。

2. 录用决策

甄选标准一旦确立，就应尽快地做出录用决策。在做出录用决策时，应注意以下几点：

（1）背景调查。

招聘所有的信息都源于求职者简历、应聘材料、面试及各种素质测评中的表现，但要最终确认求职者的任职资格，需对其背景信息进行调查证实，即开展背景调查。聘前测试是为了预测未来，而背景调查则是追溯过去并作为未来的指标。背景调查的范围通常包括违法乱纪、信用的不良记录、教育培训、学历学位和从业经历等各种记录。忽略背景调查，可能给组织造成巨大损失。如据有关媒体报道，一家微电子企业在招收了 5 名技术开发人员后的半年里，公司许多重要技术被竞争对手掌握，凡是新开发产品，对方都会抢先一步推向市场，专利也会被抢先申请，为此，公司遭受巨大损失。这个情况引起公司高度重视。内查外调后发现新招聘的 5 名技术人员，有一个是竞争对手的员工，他的任务就是窃取技术秘密。尽管部门对此事作了处理，但企业遭受的损失却无法弥补。

对录用人员，特别是关键岗位担任重要责任的人员的背景进行审查不但必要，而且必须。对录用人员背景的审查，包括对其学历、职称、工作经历和人品等内容的核实，审查的最基本方法是认真审阅档案，因为档案是由组织填写的，本人很难接触到，所以可靠性较强。档案的记载还有相当大的连续性，在学历、经历上造假都可以在档案里发现蛛丝马迹。另一个方法是，还可以通过对其曾工作过的单位进行实地调查、核实。当然，对其原来的单位进行工作调查时，要注意对方的评价偏见，特别注意事实性陈述，更要注意在应聘人员没有辞职的背景下维护应聘人员隐私。

（2）确定薪酬。

初步决定录用某人之后，招聘者应与该员工讨论有关薪酬福利的问题，并达成共识（在招聘面试中已经有对其薪酬的基本描述）。一般来说，一个特定的职位往往处于一定的薪酬范围之内，根据求职者的胜任力水平决定具体的薪酬档次，同时考虑到其原有的薪酬水平、对薪酬的期望值和现有的市场水平，对求职者的薪酬水平（标准）不应定得过高或过低，过高会引发内部已有员工不满，过低则会挫伤该求职者的信心和积极性。双方协商的薪酬水平要有书面协议或签订聘用意向书，以备查证。

（3）确定备选人名单。

背景审查和讨论薪酬需要一个过程，可能导致无法录用某些人，因此，应有一个备选人名单。备选人名单应按优先次序排列，当人员录用完毕之后，这个名单连同他们的资料一并存入人才库。

（4）通知未被录用的求职者。

对未被录用的求职者进行答复能展现招聘单位的良好形象。一般来说，最好采用书面通知的形式，并注意内容与措辞，既要简洁明了，又要礼貌尊重，同时应对落聘者表示感谢和鼓励。

（二）员工入职程序

应聘者经过层层选拔、评定环节被录用，再到正式进入该单位工作，还须经过一个入职程序。入职前，该应聘者需要做好以下几件事：① 从原雇主处辞职、解除劳动合同；② 将人事档案转移到新单位统一指定的档案管理机构；③ 体检合格；④到人力资源部报到，领取并填写（新）员工个人档案登记表；⑤ 签订劳动合同；⑥ 进行入职教育（岗前培训）；⑦ 到行政部门领取办公用品；⑧ 到财务部门办理相关手续；⑨ 到任职部门报到、上班。详细的员工入职流程见图4-2。

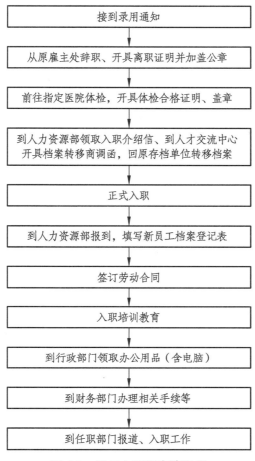

图 4-2　员工入职程序流程图

（三）签订劳动合同与入职教育

1. 签订劳动合同

劳动合同一般分为短期聘用合同和长期聘用合同，新员工入职通常签订短期聘用合同，即试用期合同。试用期满合格者则签订长期聘用合同。劳动合同应严格按照《中华人民共和国劳动法》的有关规定进行签订，其内容一般包括：① 被聘任者职位、职责、权限、工作内容、任务、劳动保护和劳动条件；② 被聘任者劳动报酬、工作时间、休息休假、劳动安全卫生、保险、福利待遇等事项；③ 劳动合同期限；④ 劳动纪律；⑤ 聘用合同变更条件及违反合同时双方应承担的责任；⑥ 解除、终止、续订劳动合同的条件及规定；⑦ 经济补偿与赔偿；⑧ 双方认为需要规定的其他事项。

2. 岗前培训

为了使招录的新员工尽快熟悉、了解招聘单位的情况并融入组织文化中，并尽快掌握员工工作相关的制度规范和知识技能，招聘单位将对新员工展开入职培训（入职教育）。入职培训的主要内容包括：了解单位的发展历史、现状及未来，组织结构、各种管理制度；进行企业文化熏陶和训练；相关工作程序、设备及技能的熟悉和掌握等。入职培训与员工的集体荣誉感、归属感和责任感紧密相连的，只有在大量沟通、了解的基础上才能够参与和融入，使员工个人努力与组织发展保持一致。入职培训形式多样，既可以是授课、讨论方式，也可以是训练、活动方式；还可以运用多媒体进行演示或直接参观，以增强员工感性认识和认同感。

（1）岗前培训的目的。

实事求是地向新员工介绍其工作、工作规范、工作环境及工作同事的有关情况，使其迅速熟悉业务流程和工作要求，激发新员工的士气。通过全面地、设身处地地向新员工提供组织及其岗位信息，尽快消除新员工对新工作、新工作环境及新同事的神秘感，有助于新员工对其工作群体、整个组织以及工作环境建立积极的、真实的、有利于其工作成功的看法。

（2）岗前培训的内容。

岗前培训的内容包括以下几项：① 熟悉岗位工作的内容、性质、责任、权限、利益和规范；② 了解企业文化、管理模式、人事政策及各种规章制度；③ 熟悉企业生产经营与生活环境、工作岗位环境、人际关系环境；④ 熟悉并掌握工作流程、专业技能。

企业高层领导应该尽可能亲自参加对新员工的培训，高层领导的介入会使新员工感受到组织的关怀，提升对自己被尊重的感觉，加速其融合步伐。

（3）培训周期。

培训周期一般为三天至一星期，特殊岗位的入职培训可以适当延长，个别企业甚至长达半年一年。

（4）对不合格者的处理。

培训合格者取得入职资格后上岗工作，培训不合格者给予机会再培训，若仍不合格，应予以辞退。

第四节　基于大数据背景下人力资源招聘管理

一、基于人工智能的人力资源的招聘系统

众所周知，人力资源是推动企业发展和社会进步的重要力量，因此在人力资源招聘管理中，人岗匹配是至关重要的一环。然而，传统的人工筛选求职简历、进行集中面试的方式存在着招聘人员主观性强、应聘人员数据量低、评判不科学等限制，需要寻求更为科学的解决方案。在这样一种情况下，如何通过计算机智能化手段对求职者的个人信息及能力水平做出合理判断并及时做出反馈就显得尤为重要。随着大数据、云计算、智能机器人、VR、神经网络技术的蓬勃发展，"人工智能"已经深入到现实世界，并扮演着越来越重要的角色。通过将这些先进的计算机技术与人力资源管理有机结合起来，形成了人工智能时代下的"人工智能+人力资源管理"模式。通过利用海量数据进行科学分析服务，我们实现了管理模式的创新，为管理者提供了个性化的数据信息服务需求，同时也为人力资源管理部门提供了更加高效、科学、客观的应聘者和员工分析和评价方式，从而最大限度地提高了"人-企"双方的相互满意程度和吻合度。在人力资源招聘系统中，人岗匹配是一个动态的、半结构化的、双向的过程，需要供求双方共同寻找共同点，因此，我们提出了一个基于人工智能的智能框架，以实

现全过程智能化、系统化管理，包括简历填写、简历智能筛选、人岗吻合度初次评价、智能辅助面试和人岗吻合度综合评价。

（一）人力资源招聘系统的整体设计

图 4-3 所呈现的是人力资源招聘系统的整体设计流程和业务流程的综合规划。招聘系统主要是根据企业对人才素质要求以及岗位设置的情况来制订招聘计划并实现招聘功能。应聘者须按照简历模板从系统中输入自身相关信息，这些海量简历数据将被存储于简历数据池中。由于简历数量庞大，且个性化内容繁多，因此需要进行高效地筛选。为此，我们采用了基于神经网络的学习机技术，即前期以人工为主筛选简历，而学习机通过这个过程不断学习、接受训练，经过一段时间后，学习机会掌握管理者的想法和做法，建立自己的工作思路和体系，逐步取代人的一些工作，直至接近完全取代。在海量简历池中完成数据筛选后，我们将成为合格的简历池，接下来则是面试。由于传统的面试方式存在时间成本高、面试官主观性强等问题，因此，系统仍然采用学习机的方式，从训练开始采用"场景+语音识别"的方法，以接近完全代替人完成面试。同时为了提高企业招聘效率，系统还加入了员工评价模块，将员工的个人能力与企业的实际需求结合起来。完成这两项任务后，系统将根据管理者的设定，对应聘者的岗位要求进行个性化的综合评估，并采用量化评分制度，最终得出招聘结论（图 4-3）。

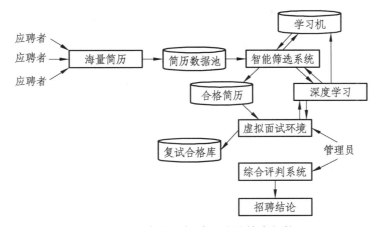

图 4-3 人力资源招聘系统的技术架构

（二）系统的实现方法

1. 简历的筛选过程设计

为了实现简历的自动筛选，需要建立一个岗位模型，该模型由学习机指挥着智能筛选系统，通过设定的阈值将符合要求的简历导入到"合格简历池"中。该系统采用了人工神经网络技术，即 Back Propagation（BP）来实现。它的程序如下：

（1）制定岗位的人才选拔体系、指标和指标权重。

人力资源管理部门根据不同岗位的特点和用人标准，运用"人员-岗位"匹配原则，构建了一个需求模型，该模型可使用多个维度的指标库，包括基本状况指标、人格特征指标、工作动机指标、基本技能指标、个人能力指标等，并将其细分为多个子指标，详见表 4-4。

表4-4 "人-岗"匹配指标体系表

一级指标	二级指标	说明
基本状况（A）	学历情况（A1）	填入简历
	外语程度（A2）	填入简历
	计算机程度（A3）	填入简历
	个人简历（A4）	填入简历
	……	……
基本技能（B）	专业情况（B1）	填入简历
	在校成绩（B2）	填入简历
	科研成果（B3）	填入简历
	论文著作（B4）	填入简历
	……	……
个人人格（C）	自信心（C1）	场景面试
	包容心（C2）	场景面试
	……	……
……	……	……

（2）根据指标体系上传简历模板。

根据指标系统的规定，需将简历模板上传至系统中，其中包括个人姓名、年龄、学历等信息，同时还需解决一些个性化问题，例如程序设计时间的安排以及系统样本的上传等。

（3）利用学习机控制"智能筛选系统"完成简历筛选。

通过运用学习机，智能筛选系统对应聘者的基本情况、技能和个人人格等特征进行了深入分析，从而从简历数据池中筛选出符合要求的简历。由于求职者与企业之间存在着大量的不确定因素，因此如何准确地将这些信息进行过滤成为一个重要课题。为了提高数据筛选的精度，系统运用了 BP 神经网络和深度学习的算法，该算法首先从简历信息资源池中提取大量数据，然后建立以岗位匹配模型为基础的约束方程，以判断各指标是否在预设的阈值范围内，特别是在主观指标方面。通过提取个例的数据特征，并进行必要的分析和计算，结合人工干预，利用卷积神经网络技术（CNN）实现深度学习，学习完成后向后反馈卷积值，从而调整加权参数、阈值权数和控制参数，最终完成学习和训练过程，如图 4-4 所示。

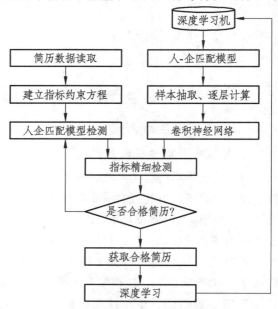

图4-4 基于"深度学习"的简历筛选技术架构

随着对海量简历数据进行筛选的"经验"不断积累，再加上人工干预的加持，学习机的控制能力将逐渐增强，直至接近取代人工的程度。

2. "机器+VR 虚拟"面试过程设计

机器可以采用学习机的方式首先进行"训练"，然后在实践过程中深度学习，从而完成对应聘者的面试。这里要解决以下几个问题：

（1）如何解决机器语义判断的问题；

（2）如何解决应答匹配的问题。

首先，机器本身对于语义的判断和匹配的精度是有限的，为了解决这一问题可以采用训练知识库的方式解决，知识库的训练过程是以卷积神经网络为基础，应用"深度学习"相关算法和"模式识别"相关技术，自主提高机器自身能力，以便于处理更加口语化的问题，通过机器训练和人工训练，不断完善自身的知识库，理解应聘者对问题的回答含义，通过"交流"不断判断和收集其技能程度、敬业程度、专业吻合度等，并将这些主观回答转换为可量化的数据，以便最终形成评判分值。"人-机"对话还需要考虑应聘者上下文的连续问题、个性化问题等，这样，前者可以在 En-coder 阶段把上下文信息 Context 及当前输入 Message 同时编码，从而促进 Decoder 阶段可以参考上下文信息，最终生成应答 Re-sponse；随后，系统还可以定义不同身份、不同个性和不同语言风格的个性化助理，信息通过 Word Embedding 的表达方式来体现，在不同的聊天风格的背景下，选择不同的聊天助理来解决这一问题。

其次，随着学习机"知识"的不断积累，机器将在分析应聘者问题的基础上，自动从各种数据源中匹配与之近似程度高的答案，以应对应聘者提出的诸如待遇问题、企业发展问题等，从而提高回答的准确性。机器运用自然语言处理技术即 NLP 技术，在关键词匹配的基础上，实现了机器与人之间更接近于人与人之间的交流和沟通，应聘者的问题不再需要采用关键字识别的方式，而是需要先理解一个完整的句子。

二、大数据背景下人力资源招聘分析

（一）树立大数据意识

在进行人力资源招聘时，企业需要运用大数据技术进行深入分析和研究。通过对大数据技术在企业招聘中的应用情况进行研究发现，大数据技术可以帮助企业提升招聘效率。为了帮助企业招聘高素质、高技能的人才，必须树立大数据理念，并加强对企业管理者的培训，以使他们更深入地理解大数据，并在实际工作中运用大数据协助企业开展相关业务。此外，企业还要积极运用大数据技术提升招聘效率。当前，我国众多企业在大数据招聘方面存在认知不足、数据公开整合和共享滞后等问题，因此，企业必须深刻认识到大数据的重要性，并将其有机地融入招聘流程的各个环节中，以推动招聘模式的创新。

（二）优化招聘流程

与传统的网上招聘方式不同，传统的招聘企业只会将企业的招聘信息和要求上传到网站平台上供求职者阅读，而求职者在找到适合自己的工作时会产生一些意愿，然后再进行简历投递，这种招聘方式无法促进企业与求职者之间的深入沟通，从而导致招聘效率较低。因此，企业为了能够提高招聘的效果，就必须要采用更加高效的方法来实现这一目的。在当今的招聘环境中，企业需要对传统的工作模式进行革新和创新，以适应时代的发展和人才的需求。网络招聘是一种新型的招聘形式，它能够为企业带来更多的经济效益。在目前的形势下，众多企业已经建立了自己的在线平台。企业通过互联网发布招聘信息，可以及时地获取最新的职位需求等情况。因此，通过利用网络平台对新的职位信息进行进一步的优化，企业可以实现更高效、更精准的管理和利用。同时，企业也应该将招聘流程与网络技术相结合。在招聘大学生和白领时，企业可以运用社交软件对招聘目标进行精细化，从而有效减少无效的应聘者数量，进而提升招聘效率。此外，企业也应该加强与互联网公司之间的合作，以促进招聘效果。此外，为了优化企业的招聘流程，可以采用以下三个方面的措施：首先，利用大数据发布招聘信息，并通过多种渠道发布以提高招聘信息的曝光率，从而扩大招聘范围，让更多的人了解企业的招聘计划。同时，可以借助互联网平台进行宣传推广，让企业知道有哪些职位可以录用这些求职者。其次，通过运用大数据技术对所获得的信息进行汇总和统计处理，企业可以利用计算机技术对海量求职信息进行智能筛选，从而精准地筛选出具有针对性的人才，实现信息化的首轮筛选。再次，在企业内部建立相应的职位数据库，根据岗位设置相关规则，确定每一个员工的任职资格，便于企业对其进行管理和考核。最终，借助大数据分析功能，将职位空缺与求职者进行精准匹配，以筛选出最合适的人才，为企业提供最优质的招聘服务。

（三）提高企业人力资源管理人员的大数据运用能力

随着未来的发展，传统的招聘技术将逐渐被大数据技术所取代，这也对企业人力资源管理人员的工作能力提出了更为苛刻的要求。目前，我国很多企业都存在人力资源缺乏以及人才短缺现象，这些问题的出现主要是因为企业对于管理类人才需求不足，同时也由于管理人员的综合素质较低。因此，为了提高企业的数据处理效率，必须对管理人员进行全面的技能培训，以提升其综合素质和数据处理能力。在大数据时代下，如何利用数据挖掘技术来实现高效准确的人力资源预测是一个重要问题。在传统的招聘过程中，由于企业对应聘者的了解不足，只能通过阅读简历、进行面试交流以及进行背景调查等方式进行判断，而无法深入分析该应聘者是否真正能够在岗位上展现自己的价值，因此通常需要进行试用才能进一步验证，这不仅浪费了大量时间和成本，还在一定程度上增加了离职率。所以，在招聘过程中必须有针对性地使用大数据技术，将人力资源与大数据相结合，才能有效提升企业人力资源管理水平。通过运用大数据技术，我们不仅能够获取应聘者的个人简历，还能够深入了解他们的生活习惯、财务状况、日常生活和社交群体等方面，以便全面分析他们的工作习惯、为人态度、办事效率和工作能力等，从而更好地筛选出优秀人才，为企业的发展打下坚实基础。

案例思考

你如何看待大疆开设的 RM 人才招聘专属通道

RM 大赛，即 Robo Master 机甲大师赛，由大疆创新发起，专为全球科技爱好者打造的机器人竞技与学术交流平台。一批学生通过参加 RM 大赛之后，以肉眼可见的速度飞速进步成长。

RM 赛给这些选手们的锻炼完全超出课本所学了。

一个本科生在校阶段就有成熟项目经验，这在就业时是个巨大的优势。大疆作为 RM 大赛的主办方，也是给自己培育了一批实践能力强的科研人员。橄榄枝就近原则伸向了他们，以专属的招聘通道直接把这些经过 RM 大赛锤炼过的人才直接收入囊中。

我经常接触的两个学生在参加了 RM 大赛之后的变化真可谓是吴下阿蒙。其中一个同学是我们专业的，刚开始的时候还会跟我讨论一些相对基础的机械问题。随着比赛的临近还有在实操中的经验积累，再来跟我讨论的时候有些问题我都有些接不住了。甚至不能说是他来请教我，只能说是我们之间互相学习，共同进步。

这种技术上的提升、心理上的成熟，相对于本科阶段的同学来说，可能需要非常长的时间去体验和感悟。

而大疆作为智能机械领域的顶尖公司，则通过了非常精准的 RM 大赛招聘通道直接把这种有经验又有想法的人才招进公司。无论是对选手个人，还是对大疆公司本身都是一个非常有利的选择。

选手个人能依靠着自身的经验和对专业的热爱，进入到顶级公司得到锻炼；大疆也能依靠着优秀的人才，做到共同发展，取得双赢。

但大疆的这个 RM 大赛人才专属通道，给了参赛选手一个实现自我价值的机会。在这里，学生可以通过自己的经验、技能等优势，获得一份相当不错的工作和学习的机会。

重要的是，绝大多数 RM 大赛的参赛选手，对自己的本专业都有一种发自内心的热爱。把自己热爱的事情当作事业去奋斗，这对于职业规划来说绝对是一件非常有帮助的事情。

因为有着这种热爱，所以在今后的职业生涯中会有着事半功倍的效果。这是大疆 RM 人才专属通道带给他们的一个完美选择。让他们不必放弃自己学习了四年的专业，而去跟大多数人在公务员考试的赛道上拼杀。

大疆作为全球范围内智能机械的领跑者，在行业内的地位举足轻重，大疆的背书给参赛选手的一种隐形财富，多少抹去了一些并非 "985" "211" 学校带来的劣势。

大疆举办 RM 大赛的初衷，就是要为整个科技行业源源不断地输送新鲜血液。参赛选手们也竭尽所能，在各个方面提升自己的能力。

或许有些业内企业也注意到了这一点，会去关注这些 RM 大赛的选手们。但大疆作为行业巨无霸，起步更早，走得更远，给选手的待遇也更加优厚，今后的发展前景也更加美好。

对于那些 RM 大赛的选手来说，大疆为他们搭建的这个 RM 大赛人才专属通道给他们提供了一个非常难得的机会。

大疆作为一个智能机械化领域内的企业，一切技术都是从无到有。而 RM 大赛的选手们，也都是从每一个框架每一个螺丝开始，从无到有地把自己的机器人开进赛场。这种开拓进取、不受思维限制的精神，其实正是科学发展的核心动力，也是大疆在高科技行业内的发展之本。

而 RM 大赛的选手们，在通过人才专属通道进入大疆后，把这种进取精神继续发扬光大。与大疆一起发展前进，一起赢得更好的未来。

（来源：https://www.zhihu.com/tardis/bd/ans/ 2488121383?source_id=1001. 知乎相关文献修改）

问题：

1. 通过 RM 赛招出来的人有什么特点？
2. 在校应该更多课堂学习还是更早获取就业经验？

【关键概念】

能岗匹配　招聘　面试

复习思考题

1. 数智时代的招聘有什么新特点？
2. 能岗匹配原理的核心思想是什么？
3. 利用专业猎头公司招聘需要注意哪些事项？

【补充阅读材料】

腾讯为想换工作的员工提供的方案，入选了清华哈佛案例库

腾讯官方表示，腾讯的活水计划近期已正式进入了哈佛商学院的案例库，而在此之前，活水计划的中文版已经进入清华大学经管学院的案例库。

活水计划是由腾讯员工依照个人意愿，主动发起的内部调岗及应聘行动。适用于那些希望更换工作环境或岗位，但依旧想留在腾讯工作的员工。在岗满一年，且最近一次绩效最少为二星的员工，均可进入活水系统。

据介绍，员工可在活水计划系统里挑选适合自己的岗位，系统会通知该岗位的相关人事或领导，审核员工的资料，并向其发出面试邀请。面试通过后，员工便可自由地选择与上级进行沟通的时间，在 60 天内完成交接，到腾讯的新部门报到。

与常见的内部转岗机制不同的是，腾讯的活水计划，并不需要员工的当前部门领导知情。而且在整个的申请转岗、参加面试的过程中，所有参与者都被要求保密。直到最终调岗通知下发，当前的领导才会知晓。这时，即便当前部门领导反对，活水计划也会以公司名义为员工提供保障，在 60 天内完成交接。

早在 2012 年，腾讯人力资源团队就在内部上线了一个内部应聘平台，用于员工查看内部招聘信息并申请转岗。但由于时常传出当前管理层干扰手下员工转岗，甚至是引发矛盾的情况，该内部应聘平台并不活跃。

直到 2013 年初的一起事件，促使了活水计划的改革。

当时深圳总部的某位员工因为女友在广州工作等原因，通过内部招聘渠道，申请并拿到了位于广州的微信团队 Offer。但当他向当前直属领导沟通转岗事宜时，突然被安排了一个紧急项目，领导希望他完成任务后再考虑转岗。等此任务完成后，又被安排了一个更难的项目。新任务完成后，还有新项目在等着他。

最终，这名员工主动终止了内部应聘流程，并向公司发起了离职流程。后来腾讯方面了解到，这位员工早已拿到了广州其他互联网公司的 Offer，只是他本人更希望留在腾讯，才选择通过内部的应聘平台，申请转到微信团队的机会。最终因为当前领导不放人，而导致其离职。

时任腾讯 CTO 张志东在得知此事后，立即与时任腾讯集团高级副总裁奚丹，以及腾讯其

他的招聘调配负责人进行了深入讨论,最终完善了管理层不能干预员工内部转岗的活水计划。为了安抚各部门领导未来可能遇到的员工"背刺",腾讯高层也由上至下依次向各管理层传达公司推出活水计划的决心。

据官方数据,从 2012 年到 2021 年,腾讯公司内部已有 6 万多人次申请参与活水计划,并且有超过 16 000 人成功活水。

（来源：https：//www.163.com/dy/article/GT7KK83M052682V2.html）

【数字化应用】

第五章 人力资源培训与开发

★本章学习要求与要点★

　　通过了解现代培训的含义，学习有关的培训理论，特别是人力资本投资理论，掌握培训规划、培训流程的设计要领，熟悉各种不同类型的培训方法、技术的优缺点和适用范围，懂得培训体系的结构与运行机制并理解培训者——学习者的角色扮演。

引入案例

　　公司 XYZ 决定进行人力资源数字化转型。他们意识到传统的人力资源管理方式已经无法满足其快速增长和复杂性的需求，因此决定采用数字化解决方案来改进其人力资源管理流程。

　　他们选择了一个综合的人力资源管理软件，该软件提供了各种功能和模块，以满足各个方面的人力资源需求。以下是该软件帮助公司 XYZ 实现的一些关键功能：

　　（1）招聘管理：该软件允许公司在一个集中的平台上发布职位，并自动筛选和管理应聘者信息。面试和背景调查也可以通过该软件进行管理，使整个招聘过程更加高效和一致。

　　（2）员工信息和档案管理：每个员工的信息都可以在软件中建立和维护，包括个人和职业资料、培训记录、绩效评估等。这使得管理和访问员工信息变得更加简单和方便。

　　（3）培训和绩效管理：该软件提供了培训管理模块，可以帮助公司计划、跟踪和评估员工培训过程。此外，绩效管理模块可用于设定和跟踪员工目标，评估绩效并提供反馈。

　　（4）薪酬和福利管理：公司可以使用这个软件来管理薪酬结构、绩效奖金、员工福利和假期等方面的信息。这样，薪酬计算和管理变得更加自动化和准确。

　　（5）员工自助服务：该软件为员工提供了自助服务门户，使他们能够管理个人信息、查看工资、更新税务信息等。这样的自助服务功能减轻了人力资源部门的工作负担，并提供了员工更大的自主性。

　　通过数字化管理，公司 XYZ 取得了许多好处，包括提高了工作效率，降低了人力资源管理成本，减少了人为错误，提供了更好的数据分析和决策支持等。

　　这只是一个人力资源数字化管理的案例示例，实际上，数字化管理可以根据组织的具体需求和特点进行定制和实施。

第一节　人力资源培训概述

　　英国管理学家柯普（K.Keep）认为，开发和培训不是可有可无的选择性事件，而是人力资源管理的重要组成部分，是对人力的投资。作为人力资本内涵式扩张的有效途径，培训与开发已成为现代组织获取竞争优势的有力武器。近十年来，工作和劳动力已经发生了极大的变化。工作性质本身发生剧烈的变化，由单纯生产型向生产服务型持续而长久的转变；工作手段和工具也发生了变化，大量高新科研技术的运用取代了简单重复的脑力劳动；随着全球经济一体化的发展，国际商业往来的增多，需要员工具备越来越多的技能，掌握多种语言、国际法律法规和他国风俗人情等。由于教育趋向完善，新生劳动力素质得到不断提高，对已经迈入工作岗位的员工造成巨大的压力，迫使他们急需不断提高自己的学识和能力[①]。

一、人力资源培训的内涵

（一）培训的定义

培训与开发、训练、教育、学习总是联系在一起的。员工的培训，从广义上讲，指通过一定的措施和手段，比如通过学习和实际操作，补充和提高员工的知识与技能，改善员工的工作态度和胜任特质，激发其潜在的创造力、创新的生产（服务）活动与意识，促使员工努力实现自身价值，增强员工的工作满意度和对组织的归属感与责任感，从而有利于提高组织的工作效率和人力资源的学习能力及生产力，实现组织人力资本增值和预期的社会经济效益是一项有目的、有计划的、有组织的连续不断的人力资源管理活动。从狭义上讲，指通过教育、培养和训练，提高员工的知识技能并改善员工的价值观、工作态度与行为方式，使他们能在自己现在的或未来的工作岗位上胜任或称职，从而实现组织预期目的和员工个人发展目标的有计划、有组织的、连续的工作过程或管理手段。

在人力资源管理实践中，培训与开发、培训与教育，是一个系统化的行为改变过程，二者很难截然分开。他们的区别、联系如下：培训与开发总是被看作相互密切联系的系统，"员工培训的面广，是以广大员工为对象的，而人力资源开发则是主要针对科技、工程等专业人员和管理人员而言的，培训是开发的基础，而开发则是在培训基础上有针对性地提高或知识的再更新"[②]。二者的目的相同，都是为了提高员工的知识和技能，而区别在于目标达成的时间不同，培训是为了完成近期的工作任务，开发则是为了满足组织发展的需要，实现长远的目标。我们认为，培训与开发的对象都可能是普通员工或经理人员，只是培训的阶段性较清晰。培训也是一种教育，它属于成人继续教育或终身教育范畴。培训的目的是"知其行"，而教育的目的是"知其然"。教育有广义的社会教育和狭义的学校教育之分，培训是系统教育的一部分，是普通学校教育的补充和延续。员工培训是长期的活动，贯穿于员工整个职业生涯时期。通过培训使员工获得其所从事职业或岗位需要的知识、技能和规范、价值，组织已成为员工接受终身教育的一个场所、一所学校。组织的培训教育是依照其经营战略需要，特别是为了达成其近期的发展目标，针对某一特定的职业或岗位，进行知识更新和掌握新的技能，组织员工定期学习，其中包括员工脱产接受正式（学校）教育、群体（组织）学习和自学成才的学习方式。

（二）培训的角色与职能

1. 员工培训为实现组织的发展目标服务

员工培训不是可有可无的事情，也不是赶时髦。根据世界银行 1995 年发展报告的数据，

---

① 杨蓉：《人力资源管理》，东北财经大学出版社，2013 年版，第 150 页。
② 郑绍濂等：《人力资源开发与管理》，复旦大学出版社，1995 年版，第 118 页。

"员工每增加一年受教育经历，其劳动生产率便会提高 9%"①，为培训而培训不会收到良好的效果，必须将培训作为组织的功能，围绕组织发展目标开展培训活动，才可能收到成本低、收益大的培训效果。通过有效的员工培训，可以提高员工的综合素质，使他们更胜任工作，更适应现代化生产和改善企业文化的要求；通过培训来提高员工的生产率已被证明是组织最有效的发展手段。

2. 员工培训为实现员工个人的发展目标服务

真正有效的员工培训活动不仅能够促使组织目标的实现，而且能够提高员工的职业能力和拓展职业发展空间，直接或间接地满足员工自身发展的需要。比如，希望掌握新的知识和技能，希望得到适合自己发展的工作岗位，希望获得较高的薪酬福利，希望晋升，希望获得教育训练的学习机会使自身人力价值增加等。因此，人力资源培训被喻为员工职业生涯的阶梯和员工职业发展的助推器。

3. 员工培训是一种重要的人力资本投资方式

现代人力资源管理与传统的人事管理不同之处在于，将员工视为一种资源，对员工的知识、技能和健康等的投资是组织更有潜力、更有收益的投资方式，最终形成知识资产或人力资本，实现组织人力资本内涵式扩张，从而保持和提高了组织的竞争优势地位。"通过教育与培训等方式，对劳动者个人'充电'，开发员工的潜力，提高企业劳动生产率，已经不是组织一种可有可无的选择，而是人力资本管理运作的内在组成部分"②。

4. 员工培训是组织有计划、有目的、有组织的一种有效的管理手段

从管理变革来说，培训是改变员工对工作和企业组织态度的重要方式。通过培训可塑造员工的合理行为——符合组织发展目标所需要的工作行为及工作态度，通过行为目标和行为方式的改进提高受训员工的工作绩效，最终促进组织目标的实现。培训不仅仅是组织发展的需要，更重要的是选拔、培养、使用人才与有效管理员工的一个途径。一名合格的管理者，应首先是一名合格的培训者或者学习者。"所有的管理者都应当是人才代理者，他们应将为人才服务作为自己的职责，应负责管理雇员的职业发展"③。

（三）能力导向的人力资源培训与开发

从历史发展看，人力资源培训的目的，经历了从 19 世纪以前重视员工技艺，到 19 世纪重视员工的工作效率，再到 20 世纪重视员工满足感的转变，再到能本管理的今天，员工能力的开发成为培训与开发的重中之重。以能为本的人力资源培训与开发，紧紧围绕员工的能力状况和企业岗位能力需求，通过制订并实施一系列培训计划，全面提升员工能力水平，优化员工及团队的能力结构，实现员工个体能力、团队组合与企业岗位、阶段任务的匹配，最终构建起企业的核心竞争能力。以能为本的人力资源培训与开发的根本目的和直接目的是提高员工的胜任能力和增加发展个人潜能的可能性。以能为本的人力资源培训与开发各有其侧重点。培训的重点是学习特定的行为、活动和阐述技能的程序，而开发的重点则是理解概念和

① 黄维德：《现代人力资源开发与管理概论》，华东理工大学出版社，1998 年版，第 138 页。
② E·麦克纳，N·比奇：《人力资源管理》，中信出版社，西蒙与舒斯特国际出版公司，1998 年版，第 200 页。
③ 詹姆斯·沃克：《人力资源战略》，中国人民大学出版社，2001 年版，第 152 页。

情景，拓展能力。

二、人力资源培训的理论基础

开展培训工作应以一定的理论为指导，在理论上对培训工作认识含糊，则会导致培训工作的盲目性。西方人力资源培训理论十分丰富，美国古典管理学家、科学管理之父泰勒早在1911年就在其《科学管理原理》一书中第一次提出了"培训"的理论，之后各种培训理论相继产生并运用于实践，从最早的科学管理制度培训理论，到人本主义培训理论、管理教育培训理论、行为主义培训理论、人力资本培训理论、分析与评估培训理论、群体学习培训理论、建立学习型组织培训理论、终身教育培训理论等。

（一）社会学习理论

社会学习理论是心理学学习理论的流派之一。具有广泛影响的学习理论还有：巴甫洛夫的经典条件反射学习理论（S-R 论），新行为主义心理学家斯金纳的"刺激-反映"理论，教育心理学家桑代克的"尝试-错误"理论，完型学派代表人物科勒等人的"顿悟"理论，哈佛大学布鲁纳的认知学习理论，人本主义心理学家罗杰斯的"群体学习"理论等。美国社会心理学家班杜拉是社会学习理论的著名代表人物，他不同意早期行为主义提出的"强化-惩罚"行为模式，提倡观察模仿学习，强调学习者对变化的环境的反应能力（互动过程）。所谓观察学习有四个过程：注意过程、保持过程、行为再现过程、强化和动机过程。班杜拉认为，人们为了达到目的，除了强化作用之外，还会自己奖励自己，对既有成绩的满足与不满足成为人们努力学习的动因。社会学习理论的观点认为，学习不能仅仅依赖于经验，人们更应该通过信息处理、理解行为与结果之间的联系来学习，否则就不会有进步。这里的学习指的是由经验引起的在知识、技能、理念、态度或行为方面发生的相对持久的变化，所以要使学习有效果就要使一些基本的前提成立。

前提之一，明确目标。目标设置理论认为，个人的行为方式为其有意识的目标所规范。培训对象的动机在培训中具有重要作用，而强化学员动机的最有效的途径就是确立目标。

前提之二，树立榜样。榜样的所作所为被认为是最理想的和最恰当的行为模式。如果榜样人物能够由于他们的行为而得到益处，那么与榜样相同的行为就会增加。

前提之三，事实材料。通常，事实材料应该能够使学习者产生丰富的联想，从而便于理解和接受，使得学习要点更鲜明和生动。

前提之四，实践操作。只有经历足够的实践，才能真正掌握所学知识和技能，也只有通过充分实践，学员应用所学的内容才能成为一种自然的反应，而不仅是一种自发反应。

前提之五，评价反馈。一般情况下，人们不知道行为的后果，就很难改进其行为方式。只有在其行为发生后能够及时知道后果，才能使后果和行为紧密地联系起来。

前提之六，效果分析。人们的整个学习过程具有明显的共性，即实践初期，学员进步明显，但在一段时间后，就会出现学习效果停滞不前的现象，之后学习效果还是呈现进步的态势，因此，我们将这一停滞阶段称为学习的平台期。出现学习平台期的原因是多方面的，但通常可以归纳为三个方面：第一，学习的过程遵从收益递减规律，使学员的积极性减弱；第二，随着学习的进步，学员经历一个将各种不同的技能结合在一起的比较复杂的整合过程；第三，学员学习的深化需要一种与原来不同的指导方式。

可见，组织培训不同于学校中的学习，它是由组织战略规划，特别是人员配置和人力资源规划所决定的，并为组织经营目标服务的。

（二）认知心理理论

20 世纪 70 年代后期，认知心理学的理论研究渐趋成熟，这个学派提出的认知模式有效地解释了人们的知识和技能的构成和获取的关系。人们认知能力的基础是有益知识的积累，当代的理论研究发现，人们的记忆特点是以"组块"的方式组织和存储信息的，在记忆的网络中，信息以一种有序的方式排列和组合，代表这些信息的关系和内在联系。我们可以把这个模式应用于获取知识和技能的过程。

在学习技能的时候，第一阶段是认知阶段，从全面了解该技能各部分间的联系开始，一般是由已掌握该技能的人用语言把该技能的要点描述清楚，学员尝试着从理念上把这些要点联系起来；第二阶段是操作阶段，在实践中加以演练，可以由熟练的操作员示范，也可以用一些其他的媒介让学员了解到作业在实际中是怎样完成的。在演练中学员不断改进动作，去除无关动作，这是外部强化。另一个过程是内部强化，形成对整个操作的认知系统，等操作可以从外部强化完全转化为内部强化时，这个阶段就转入最后阶段，即自动化阶段。自动化的过程就是程序化的过程，在这个阶段，操作员的认知可以放到其他方面，操作几乎是在自动地连接成一个整体。先做什么，再做什么的顺序，遇到什么情况该做出什么反应以及不用过多地考虑[①]。

（三）终生教育培训理论

1965 年，法国成人教育专家保罗·郎格朗率先提出了持续教育培训和终生教育的创新理念。他在其出版的《终生教育引论》一书中提出了终生教育培训的五项原则：第一，保证教育培训的连续性，以防止知识过时；第二，使教育培训计划和方法适应每个社会组织的具体要求和创新目标；第三，在各个阶段都要努力培育适应时代的新人；第四，大规模地调动和利用各种训练手段和信息；第五，在各种形式的行动（政治的、技术的、工商业的行动等）与教育培训目标之间建立密切联系。美国未来学家约翰·奈斯比特在其《再创公司》一书中也指出，在只有变化是唯一不变的信息社会里，我们再也不能期望某种教育是万无一失的了。今天已经没有能持续一生的教育和技能了。伦纳德·R. 赛利斯和乔治·斯特劳斯在他们合著的《人力资源管理》一书中也论及了持续培训问题。他们认为，高效率的管理者应把培训当作是一个不间断的、连续的过程，而不是一个短期行为。因为新问题、新工序、新设备、新知识和新工作都在不断地创造着培训雇员的需要。

事实上，教育应该贯穿于人的一生，这绝不是什么新的观点。早在中世纪和远古时期，先哲们就在书面文字中经常强调成人坚持学习的重要性。例如，我国古代教育家孔子"活到老、学到老"的朴素思想里就已经包含着终身学习观和终身教育观。这一观点在西方社会也早已有之，实现由一次性培训到持续性培训、终身培训的转变，是全体人民在未来得到和谐发展的唯一途径，是更新劳动者知识技能的战略投资。如英国"21 世纪新概念"中就包括一个庞大的持续培训、终身培训计划，目的是通过多种方法的持续教育和培训，提高受训人员的知识和能力素质，增强竞争能力。1996 年，联合国教科文组织在成立 50 周年之际发表了

---

① 裴利芳：《人力资源管理》，清华大学出版社，2013 年版，第 332 页。

一份"教育：财富蕴藏其中"的报告并提出了一个重要观点：终身教育是进入 21 世纪的一把钥匙。该报告把"学会知识，学会做事，学会共同生活，学会生存"列为教育的四个支柱。这表明，以互联网为基础的知识经济时代，阶段性教育思想将被终身教育思想所取代，学习型社会即将到来。今后的教育应该是根据每个人不同时期的发展需要，以最好的方式提供最需要的或最新的知识和技能。终身教育需要实现教育的纵向一体化和横向一体化，使教育既贯穿于人的一生，又始终与现实生活保持密切联系。在这个意义上说，社会必须提供给那些离开了学校的成年人接受继续教育的足够机会和广阔空间，现有的学校教育体系必须予以重构，使之具有相当的灵活性、多元性和伸展性，为学习化时代的终身教育、继续教育开辟一块崭新的空间，以适应社会的发展和个人的选择。

目前，我国的成人继续教育事业有了较大的发展，但组织的持续性培训工作还很落后，特别是观念陈旧。传统观念仅仅是把教育局限于中小学和大学，教育只不过是作为年轻人或未成年人的成年生活的一种一次性完成的准备，而人的一生首先经历准备和培训阶段，然后才是发挥作用阶段。在相当多的人的心目中，正规的学校教育才是教育，总是习惯于一次性教育，习惯于拿文凭和学历的教育，对职业性教育、技能性教育、培训以及继续教育等不以为然。因此，我们必须重视人才的持续培训工作。首先要转变"一劳永逸"的观念，以终身教育的思想观念改革教育，要改变过分看重学校教育的传统观念和以学历评价人的能力以及将学历与工资、职务直接挂钩的制度和政策；其次就是要根据组织内外环境变化，适应社会、组织和个人需求，实施持续培训、终身培训；最后，在保证组织当前任务顺利完成的情况下，要分析和预测未来环境变化及其引起组织的新需求，从而进行有针对性、预见性和超前性的培训。

（四）学习型组织理论

美国麻省理工学院史隆管理学院以"系统动力学"为核心，开发出了最先进的"系统思考、学习型组织"管理科学新技术。其代表人物为麻省理工学院著名的弗雷斯特教授，他深入思考复杂变化背后的本质——整体动态运作的基本机制。弗氏思想源于麻省理工学院数学教授维纳于 20 世纪 30 年代创立的控制论。弗雷斯特在 1965 年还发表了"企业的新设计"一文，准确地预知未来组织必须如何改造并提出了重新改造企业的构想。20 世纪 80 年代后，弗雷斯特的学生彼得·圣吉汇集一群有崇高理想的杰出企业家和麻省理工学院一批学者包括他的老师的一些构想，融合了其他几项出色的理论、方法和工具，从而发展出学习型组织的蓝图。1995 年，圣吉博士出版了凝结他 10 年心血的名著《第五项修炼——学习型组织的艺术和实务》一书。他认为，我们应将学习看作是个人能力（创造和生产成果能力）的拓展，通过"五项修炼"及其工具，不断学习，提高组织的竞争力并采用电脑模拟系统，使网络时代的企业能立于不败之地。

学习型组织是这样一个组织，"在其中，大家得以不断突破自己的能力上限，创造真心向往的结果，培养全新、前瞻而开阔的思考方式，全力实现共同的抱负，以及不断地一起学习如何共同学习"[①]。所谓学习型组织，指通过培养整个组织的学习气氛，充分发挥员工创造性思维能力而建立起来的一种有机的、高度柔性的、扁平化的、符合人性的和能持续发展的

---

① 彼得·圣吉：《第五项修炼》，上海三联书店，1998 年版，第 3 页。

组织。这种组织具有持续学习的能力，具有高于个人绩效总和的综合绩效，其具体特征如表 5-1 所示。在学习型组织里有五项新技术正逐渐汇聚起来，使学习型组织演变成一项创新。这五项学习型组织的技能被圣吉博士称之为"五项修炼"，依次为：自我超越、改善心智模式、建立共同愿景、团体学习和系统思考。

表 5-1　学习型组织的关键特征

特征	描述
持续学习	员工们相互分享所学东西并且将工作作为运用和创造知识的基础
知识创造与分享	开发和建立起创造、获取以及分享知识的系统
批判性的系统思考	鼓励雇员用新的方法思考问题、看待关系和反馈回路以及对假设进行检验
学习文化	学习会得到奖励、晋升，会得到管理人员以及公司目标的支持
雇员的价值评价	建立一种确保每一位员工都能得到开发以及福利改善的制度和环境

来源：雷蒙德·A. 诺伊等：《人力资源管理：赢得竞争优势》，中国人民大学出版社，2001 年版，第 263 页。

圣吉博士还预见性地指出，全球组织正在形成一个共同学习的社会，"未来真正出色的企业，将是能够设法使各阶层人员全心投入，并有能力不断学习的组织" [①]。

不仅如此，诺伊教授认为，高层次培训有助于营造鼓励持续学习的工作环境，高层次培训实践是成为所谓学习型组织的那些公司的特征之一。在学习型组织中，培训的每一个过程都是经过深思熟虑的，并且与组织的目标紧紧联系在一起，培训被看成是专门用来创造智力资本的整个系统中的一个组成部分。学习型组织还非常重视系统级学习，即使公司的雇员甚至部门都已经不复存在了，但是他们的知识、技能仍然能够被留在公司之中。

（五）人力资本投资理论

人力资源并不等同于人力资本。人力资源一般指组织中的所有成员；而人力资本指存在于人体之中的具有经济价值的知识、技能和体魄（健康状况）等质量因素之和。人力只有经过培训教育，才能真正成为资本。值得注意的是，重视人力资本投资，已成为国际知名跨国公司的共识。西方的一些先进企业，继设立首席执行官（CEO）、首席财务官（CFO）、首席技术官（CTO）等职位之后，又有了首席知识官（Chief Knowledge Officer，CKO），又译为知识总监，这一重要职位，主要负责将员工的知识变成公司资本这类的业务。

资本是经济学中一个十分重要的范畴，它随着时代的变迁不断地发展、演变并带着强烈的时代烙印。它不仅指一切能够带来价值增值的生产要素、产品等物质资本的总称，而且包含着人的知识与能力，即人力资本，它指依附人体体力和智力所具有的劳动（包括体力劳动和脑力劳动）价值的总和。追根溯源，对人的经济价值的研究和分析始自英国的古典经济学创始人之一——威廉·配第。他在其代表作《政治算术》中提出了"土地是财富之母，劳动是财富之父"的著名命题，并充分肯定了人的经济价值。最早把人的能力当作资本的亚当·斯密，在其代表作《国民财富的性质和原因的研究》一书中区分了四种固定资本，其中第四种就是由"一个社会全体居民所具有的有用的能力"所构成。斯密的观点被 19 世纪许多经济学

---

① 彼得·圣吉：《第五项修炼》，上海三联书店，1998 年版，第 4 页。

家所接受。1836 年英国经济学家纳索·威廉·西尼尔在《政治经济学大纲》中指出，大不列颠的智力资本和道德资本不仅在重要性上，而且在生产能力上已远远超过了她所拥有的全部物质资本。国家税收的绝大部分来自利润，而这些利润中来自物质资本的可能还不到 1/3，其余均来自个人资本，或者说来自教育……知识是一种力量，它远不只是财富。马歇尔在《经济学原理》一书中强调，知识和组织是资本的重要组成部分……知识是我们最有力的生产引擎，它可以使我们征服自然，使之满足我们的需要。

被称为人力资本理论的创立者、人力资本之父的则是美国著名经济学家舒尔茨教授在 1960 年美国经济学年会上发表的题为《论人力资本投资》的演说。他系统、深刻地论述了人力资本理论，开创了人力资本研究的新领域。他在演讲中提出了：人的知识、能力和健康等人力资本的提高，对经济增长的贡献，比物质资本、劳动力数量的增加重要得多。其人力资本理论有五个主要观点：

（1）人力资本存在于人的身上，表现为知识、技能、体力（健康状况）价值的总和，一个国家的人力资本可以通过劳动者的数量、质量以及劳动时间来度量。

（2）人力资本是投资形成的。投资渠道有 5 种，包括营养及医疗保健费用、学校教育费用、在职人员培训费用、择业过程中所发生的人事成本和迁徙费用。

（3）人力资本投资是经济增长的主要源泉，人力投资的增长无疑已经明显地提高了投入经济腾飞过程中的工作质量，这些质量上的改进也已成为经济增长的一个重要源泉，有能力的人民是现代经济丰裕的关键。

（4）人力资本投资是效益最佳的投资，其目的是获得收益，人力资本本身具有收益递增的重要特征，人力资本会导致其他物力资本生产效率的改善，一国人力资本存量越大，越可能导致人均产出或劳动率的提高。

（5）人力资本投资的消费部分的实质是耐用性的，甚至比物质的耐用性消费品更加经久耐用。

如果把舒尔茨对人力资本的研究看作是教育对经济作用的宏观分析的话，微观分析则主要由加里·贝克尔来完成。他认为，人力资本是通过人力资源投资形成的资本。一些活动主要影响未来的福利，另一些活动主要影响现在；一些活动影响货币收入，而另一些活动影响心理收入即消费。这些影响可以通过物质资源或人力资源发生，用于增加人的资源、影响未来货币收入和消费的投资为人力资本投资。贝克尔主要强调了正规教育和职业培训的支出所形成的人力资本。此外，1995 年，诺贝尔经济学奖获得者卢卡斯提出新经济增长理论，运用更加微观的定量分析方法，将舒尔茨的人力资本与索洛的技术进步概念结合起来，形成每个人的专业的人力资本。他认为，人力资本的积累才是产出增长的真正源泉。美国管理学权威彼得·德鲁克也精辟地指出，在现代经济中，知识正成为真正的资本与首先的财富。20 世纪 80 年代以来，西方学者开始把"人力资源"当作带来利润的"资本"，人力资本投资是效益最佳的投资，而人力资本中的智力资本，则是人力资本中的核心。20 世纪 90 年代中期开始，在全球范围迅速兴起的知识经济，更使人们清醒地认识到，处在人力资本最高层次的人才资本，是能够在更高数量级上创造利润的最宝贵的资本。

综合人力资源管理大师们的论述，人力资本的类型有两种：一种是有形的人力资本，包括正规学校教育及在职培训、医疗和保健、人口的迁移。另一种是无形的人力资本，即人们在一个组织中为共同的目的去合作的能力，主要表现为社会文化传统在员工头脑中的渗透。

人力资本投资对组织发展有积极的影响，这已成为经济学界的共识。具体来说，其重要作用主要表现为：

（1）大量有熟练工作技能和经验的员工的存在，有利于节约生产成本，提高生产效率，进而提高组织的经济效益。

（2）大量高科技人员的存在，有利于开发适合市场需求的新产品，提高组织的竞争能力。

（3）优秀的管理人才可以为组织的发展制订正确的目标和计划。

（4）各种高素质人才的存在，有利于培训组织的核心竞争力和持久竞争力。

那么，组织如何运用人力资本投资理论指导培训工作呢？

首先要树立符合国际标准的人才观、资本观和投资观。组织从上至下应树立人力资本投资的作用或重要性大于物质资本投资的人力资本意识，确立人力资本培训开发、利用与人才竞争战略。作为组织第一资源的人的价值会受到管理方式不同、岗位职务变动、知识技能陈旧等因素的影响而可能会增长、损耗或保持不变。在实际工作中，员工的劳动能力不是固定不变的，且员工相当部分的工作能力是潜在的，组织可以通过恰当的方法和措施加以开发利用。一般而言，通过培训开发，丰富知识，改善技术，积累经验，塑造态度，人力资本就可能升值，产生"滚雪球"效应。此乃人力资本价值的可变性，也即人力资源的可开发性、可塑造性、可再生性。

其次要将培训作为人力资本投资的一个主渠道、重要渠道。在经济全球化背景下，人力资源配置的国际化、市场化步伐将大大加快，人力资源的竞争将更加激烈，人力资本将取代物力资本在社会经济运行中日益占据主导地位。而组织又该如何应对呢？最直接和最有效的方式是结合本企业的优势，借鉴国际上成功企业的用人之道，不断完善和提高本企业的人力资本及其使用绩效。具体来说，一是用全球标准和适应国际经济竞争的要求来衡量人力资源管理，讲究科学性和有效性；二是从增强企业竞争力的角度来加强对员工的教育培训工作，增加人力资本投入，重视教育学习与市场需求相结合；三是注重建立人力资源管理与开发的终身化和手段多样化，充分发挥和调动员工的潜能，使组织真正建立起人才竞争优势。

再次，实施人力资源综合发展战略，既要注重员工的知识、技能方面的学习，又要重视员工职业道德、思想情操与健康向上的人生价值观的培养。最重要的是培育积极向上的企业文化。

最后，建立健全并逐步完善人力资本的投资及其保障保护机制与组织机构。人力资源激励，应将物质激励和精神激励相结合。要建立把员工和组织紧密联结在一起的经营方式，通过合同或契约，把实现组织的生产经营目标和提高员工收入、改善劳动条件、增加福利要求的措施具体化，形成人人关心组织前途命运、共谋组织发展大计的局面。

第二节　人力资源培训的意义和目的

一、人力资源培训的意义

（一）培训开发是人力资源管理工作中重要的一环

现代企业人力资源部门或人事部门被视为"利润中心"，人力资源投入的增长会提高组织绩效，表现为生产力的改进、工作生活质量的提高、产品服务的改善、促进组织变革、建设企业（组织）文化等五个方面。培训开发活动同人力资源管理其他工作环节紧密相连，共同构成人力资源管理体系。"培训可以为雇员在现任岗位、晋升、平级调动、转岗和降级这些人力资源计划中可能担当更大的责任做好准备"①。

1. 培训与人员招聘的关系

一方面，培训的有关要求和标准与员工招聘的有关要求和标准直接相关，比如培训是提高员工更好地适应组织并随着组织的发展不断地改进自己的知识、技能和态度、行为的过程，而招聘就是为了遴选出更多的符合组织及工作岗位要求的合适人才，招聘标准的制订可参考已有的培训计划及其具体要求，以提高招聘到的人员的合适度和招聘的有效性及成功率。另一方面，招聘提供了新的培训资源，每一个新员工都要接受不同层次、不同类别的岗前培训，以建立其服务的组织和工作岗位所要求的工作规范、职业能力和相应的价值理念。在招聘吸引人才的策略中，培训是组织最好的福利，提供培训开发机会更有利于吸引应聘者加盟。

2. 培训与人员配置的关系

人员配置的原则即"适人（适才）适岗"，将员工的素质、能力和态度、行为倾向等与工作岗位甚至组织文化做到最佳的配置。培训正是一种使"人"和"事（职）"相匹配的手段和方法，通过培训开发，促进员工的价值理念、素质能力尽量达到或胜任工作职位的要求，从而提高员工的绩效及员工对组织目标的贡献度；同时也能为不同的员工寻求最适合其个人特点和潜能发挥的工作岗位，以实现员工个人职业生涯发展目标。

3. 培训与选拔任用的关系

通过不同方式的培训，组织便能掌握谁能胜任更高层次的工作岗位。经过培训考核，凡具备任职资格的优秀员工及管理人员，都可以被选拔任用。也就是说，选拔任用的员工是需要培训上岗的。

4. 培训与工作绩效考核的关系

员工绩效不佳的原因可能在于员工的素质能力低于工作要求，这就需要通过培训去提高员工适应组织和工作岗位的素质、能力和态度、行为倾向，以解决绩效问题；通过比较员工培训前后的工作绩效，可以对培训效果进行分析和检验，据此指导以后的培训，努力做到最佳的培训效果，从而增进员工工作绩效的进一步提高。

5. 培训与薪酬奖励的关系

薪酬奖励是与工作绩效挂钩的，培训与工作绩效的关系是显著的。大量实证研究表明，受过良好培训的员工其工作绩效将得到明显改善。美国著名经济学家西奥多·舒尔茨曾估算过，物力投资增加 4.5 倍，利润相应增加 3.5 倍；而人力投资增加 3.5 倍，利润将增加 17.5 倍。目前一些国际知名企业都非常重视在员工培训方面的投资，只要组织有效地利用人力资源，并挖掘员工潜力去实现组织目标，则员工个人生产率提高 50%并不是不可能的。因此，如何让员工树立通过培训改善工作绩效以获取合理的薪酬奖励的观念，如何按照人力资本报酬理论设计薪酬制度，对人力资源管理工作影响极大。

---

① 雷蒙德·A. 诺伊：《雇员培训与开发》，中国人民大学出版社，2001 年版，第 26 页。

（二）培训开发是现代组织适应科技迅猛发展、环境快速变化和市场激烈竞争的需要

知识经济时代，人力资源培训开发具有紧迫性。现代科学技术发展日新月异，组织时刻处在变化不定的、竞争日益激烈的市场环境之中。把握市场机会，谋求生存与发展，提高竞争能力并确保竞争优势，是每一个组织都必须正视的问题。因此，组织面对内外环境的复杂性、变化性，不仅要考虑其发展战略、产品技术的调整和组织结构、管理方式甚至文化理念的调整，更为重要的是要使普通员工和管理者跟上变化的形势，尽量减少或缩短因环境变化、不适应变化而出现的"磨合期"。通过培训使员工获得新知识、新技能及新价值、新理念，把员工培养成为有更大生产潜力和创新意识的个体，将培训开发变成组织应对挑战的"第一动力"，形成人力资源是组织的"第一资源"、人才资本是增强组织核心竞争力的"第一资本"的现代经营理念，最终提高组织的综合实力和经营绩效。

培训开发为什么如此重要？美国人力资源管理学家雷蒙德·A.诺伊认为，原因在于现代组织面临四种竞争性挑战：

（1）全球化挑战，指进军世界市场并让雇员做好在国外工作的准备。

（2）质量挑战，指满足客户对服务与产品的需求。

（3）社会化挑战，指关于如何管理多元化员工队伍及如何提高他们的阅读、写作和运算能力。

（4）高绩效工作系统的挑战，指如何将新技术应用于工作设计中。

每一种挑战都代表了一种培训需求。利用培训迎接竞争性挑战，这便是诺伊教授给美国公司的忠告。

虽然古代社会的先哲们早就将培训教育作为社会功能和组织职能的一部分，但认识到培训并不等同于学习却只是近代的事。一些人力资源培训的理论可以在古典经济学名著中寻找到，但直到第二次世界大战以后，西方一些国家才开始正式的工业培训活动。20世纪50年代以来，西方组织的培训费用一直在稳定地增加。目前，虽然仍有一些组织没有开展正式的培训活动或者没有将培训经费预算与营业利润大小相联系，但是，将员工培训作为一项投资而不是一项费用已成为主流的价值观和一种明显的趋势。随着科学技术进步带来的生产经营管理方式的不断发展，组织结构越来越复杂，岗位分工及专业化、协作化要求越来越高，大量新工艺、新工种、新岗位、新职务的不断涌现，必然要求提高劳动者的工作态度、工作行为和价值观念，这也为人力资源的培训开发带来了巨大的发展空间和更高的要求。在以知识经济为代表的信息社会中，关键的战略资源已转变为信息、知识和创造力，对人力资源进行培训已成为生产力发展、市场竞争能力提高和经济效益增长的决定性因素。人才的数量、质量和结构的优化比其他任何因素都显得重要。

（三）培训是实现企业发展与个人职业生涯规划有效结合的最佳投资渠道

1. 使员工找到位置

培训使新员工在组织中找到恰当的位置，使个人职业生涯发展目标与组织发展目标相协同。

培训能使新员工对组织使命、目标任务和文化价值理念有深刻的体会，能培养和增强新

员工对组织的认同感、归属感。

培训能使新员工熟悉、了解工作岗位的要求，通过提高职业素养、专业技术水平和工作能力，达到人职匹配或胜任职务。

培训能增强新员工与老员工合作的团队意识，获得更加高昂的士气。工作团队的兴起增加了对培训的需求，工作团队内的成员可进行交叉培训（互换工作）。

培训能提高"P-J""P-O"合适度，既能满足员工的自尊、自我实现的需要，增加员工个人的人力资本价值，又能充分调动新员工的工作积极性、主动性和创造性，通过培训改进员工工作行为和激发员工潜能的发挥，为组织带来实际效益和未来的增值效益。

2. 培训是一种战略性投资

员工培训是组织风险最小、收益最大的战略性投资，能使其人力资本存量不断增加，提高用人成本的使用效益。

美国著名经济学家加里·S. 贝克尔认为："培训会降低现期收益，并提高现期支出，但是，如果它可以大幅度提高未来的收益，或者大幅度降低未来的支出，企业就将乐于提供这种培训。"[1]在他看来，工人在生产过程中学习新技术，能增加工人身上人力资源的存量。如果再加上培训，就会使其人力资本存量继续增加，从而提高劳动效率。据国内的一项调查表明[2]，经过培训的员工同未经过培训的员工相比，完成产量高出 10.8%，优秀产品合格率高出 60%，工具损耗率低于 40%，创造净产值高 9%。目前，人力资源管理理论家与实践家一致认为，培训教育是一种投资，高质量的培训是一种投资回报率很高的投资。摩托罗拉培训部一位主管曾说过："我们有案可查，由于培训员工掌握了统计过程控制法和解决问题的方法，我们节约了资金。我们的（培训）收益大约是所需投资的 30 倍——这就是为什么我们会得到高层经理大力支持的原因。"[3]

3. 培训可以在一定程度上解决组织人才瓶颈

培训能解决因为教育资源的限制和教育体制的缺陷或外部招聘失败带来的组织人才瓶颈问题，依靠内部培训或者说内部培养也能获得优秀员工。此外，培训能消除"员工的无力"现象。

4. 成功的培训可以降低企业员工的流失率

通过员工知识技能的提高，可以有效地减少工作压力并增加工作乐趣，减少员工的流动率和流失率（跳槽），既有助于强化员工的敬业精神和对组织的忠诚度，也有助于降低劳动管理成本。

5. 培训是极为有效的促进观念更新的手段

在组织准备变革时，通过培训改善员工的态度、知识和技能，有利于营造良好的改革氛围，获得广大员工的理解和支持。而培养员工积极的态度、卓越的技能和广博的知识，更为重要的是他们的开拓创新意识，能使组织与员工一道共同应对社会环境与市场环境的快速变化，在激烈的竞争中立于不败之地，永葆活力。

---

① 加里·贝克尔：《人力资本》，北京大学出版社，1987 年版，第 8 页。
② 李春苗等：《企业培训设计与管理》，广东经济出版社，2002 年版，第 5 页。
③《培训能给企业带来什么》，引自中国人才热线（China Job Online.com），2002 年 5 月 14 日。

6. 培训具有激励作用

当员工接受一项合适的培训时，他们就会有一种被承认和受重视的感觉；受训后的员工会感激组织为他们提供个人成长、发展和在工作中取得更大成就的机会；就会将"要我做"转化为"我要做"，也就会更加主动应用和发挥所学知识并施展其创造力，为组织做出更大的贡献。

7. 有利于企业文化建设和实施

将企业文化和企业形象的建设转化为具体的学习活动，通过培训造就训练有素、德才兼备的员工，能使顾客满意度提高，并让顾客透过员工良好的行为表现去感受优秀的组织文化。可以说，培训的总体效果良好，有利于组织文化建设和塑造更完美的组织形象。

8. 增强竞争力

培训让员工和组织赢得未来，有利于他们在全球化的市场竞争中胜过竞争对手。

日本松下电器公司的创始人松下幸之助认为，一个不培训的决策，实际上是一个不要效率、不要利润的决策。而他更强调，一个天才的企业家总是不失时机地把对职员的培养和训练摆上重要的议事日程，教育是现代社会大背景下的撒手锏，谁拥有它谁就预示着成功，只有傻瓜或自愿把自己的企业推向悬崖峭壁的人才会对教育置若罔闻。可见，培训是组织获得人才优势的最后手段。培训帮助企业获得竞争优势；增加员工对于国内外竞争对手及其文化的了解；确保员工掌握运用新技术所必需的一些基本知识和技能；帮助员工理解如何在团队中进行有效的工作，从而为产品和服务质量的提高做出贡献；确保组织文化的创新性、创造性和学习性；为员工提供实现"双赢"的新方法，确保他们在所从事的工作发生变化、个人兴趣发生转移或者在技能过时的情况下，也能够稳定地工作。

9. 高层次培训有利于建立学习型组织

自《第五项修炼》一书推出后，人们意识到企业应是一个学习型的组织。"在一个学习型组织中，培训被看成是专门用来创造智力资本的整个系统中的一个组成部分"[①]。未来唯一持久的优势是有能力比你的竞争对手学习得更快，学习得更好。员工的学习能力可在培训中得到不断提高，经常性地开展培训活动可以培养更多的学习者，营造企业组织共同学习的环境，有利于打造学习型组织。学习型组织中的员工总是不断努力地学习新东西，并且将他们所学到的东西直接运用到产品或者服务质量的改善等方面;学习型组织能使员工的学习能力、适应能力以及变革能力得到不断强化与提高。

二、人力资源培训的目的

一般认为，培训的目的在于让雇员掌握培训项目中所强调的知识、技能和对工作绩效起关键作用的行为，进一步地讲，是让雇员提高自我意识水平、转变态度和动机。但雷蒙德·A.诺伊教授则认为，培训不能仅仅局限于对员工的一般或基本技能开发，培训从广义上来看应该是创造智力资本的途径。智力资本包括基本技能（完成本员工工作所需的技能）、高级技能（比如如何运用技术来与其他员工分享信息）、对顾客或者生产系统的理解以及自发的创造性，特别要求员工能够分享知识，综合性、创造性地运用知识来改进某一产品或者向客户提

---

① 雷蒙德·A.诺伊等：《人力资源管理：赢得竞争优势》，中国人民大学出版社，2001年版，第262页。

供服务，并且能更好地理解服务或产品开发系统。为了获得竞争优势，组织更应该重视与组织经营的战略目标和宗旨联系在一起的高层次培训以及建立学习型组织。大多数组织的培训侧重于两个目的：一是向员工传授基本技能（专业知识与技术能力、人际关系能力、创新管理能力），二是利用培训来强化雇员的奉献精神。现代组织的人力资源培训开发是一项系统工程，它涉及组织中的两个方面，根据不同层次、不同岗位的雇员需求，即培训对象的不同，其培训的目的便有所差异。因此，新员工培训、普通员工培训、骨干员工（工作表现突出者，如班组长、主管）培训、管理人员培训、全员培训、高层次管理者培训等诸方面的培训重点与培训内容、培训方式等都各不相同。参见图 5-1。

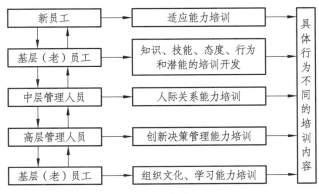

图 5-1　不同对象的人力资源培训的侧重点

第三节　人力资源培训规划

　　培训是一门科学，组织培训的对象是成人。培训不仅仅是组织或员工某一阶段、某一方面的事情，它应该贯穿于组织实现长远发展目标的过程中和每一位员工的整个职业生涯中。人力资源培训规划是组织人力资源规划中的重要内容之一，它属于组织发展的整体性与长远性规划战略系统中的子系统。因此，培训规划是在经营发展战略（一项综合了组织目标、政策和行动计划的规划）和人力资源规划指导下，建立在培训需要分析（组织分析、人员分析和任务分析）以及职业生涯设计基础上的一项战略设计和在此指引下的具体工作计划和安排。具体地讲，指分析培训需求，确立培训目标（时间性、层次性）和原则，确定培训对象和培训内容，选择合适的培训方法、培训技术和培训者，编制培训方案及实施细节（包括教学计划与培训课程的设计、选择合适的培训时间和场所），进行培训投资预算并评价培训方案，以及在动态的培训过程中获得培训效果反馈。日本松下电器公司有一句名言："出产品之前先出人才"，换言之，一个好的培训架构就是这样一套生产人的程序，能让每一个接受培训教育的员工的人力资源价值增值。

一、培训的目标与原则

（一）培训目标

确立培训目标也就是培训定位，它来源于组织与员工个人两个方面。通过培训可以使受训者进一步提升其工作绩效，进而促成组织目标的达成，而组织的成功，有利于员工个人发展和社会进步。从总体上讲，组织培训旨在扩大员工的知识、技术和能力并改善员工的工作态度、行为倾向及价值观念，培养团队精神和优秀的企业（组织）文化，提高员工个人的人力资源价值并由此增加组织的人力资本存量，将培训造就合格的、出类拔萃的人才作为组织核心竞争能力的关键因素，以适应不断变化着的经营环境和工作挑战。

培训目标有广义和狭义之分。

总之，确立培训目标既要注重近期实效性，又要考虑长期性的员工潜能开发和组织经营战略目标的实现等问题；既要将其视为一项投资，运用人力资源会计评估其经济效益，又要从人力资源可持续发展和利用以及社会责任角度出发，考虑社会效益和受训员工个人职业生涯发展等问题。开展多层次、多种形式、多样方法以及兼顾组织和员工近、中、远发展目标的培训开发活动，以满足环境变化的要求和不同的培训需求，这是人力资源开发的本质目标。

1. 狭义的培训目标

让员工掌握培训项目中所强调的知识、技能和行为规范，并且要求他们将其应用于日常工作中。诺伊教授为此举了一个例子：售货员的顾客服务培训项目的目标是，受训后雇员能够通过简短的（不超过 10 个单词）道歉向愤怒的顾客表达自己的关心（绩效：说明雇员应该做什么），而且必须是在顾客停止抱怨后进行（标准：阐明可被接受的绩效质量或水平），同时不管顾客采取什么样的态度和方式（条件：说明受训者完成指定学习成果的条件）。由此可见，良好的培训目标能向受训者清楚地说明他们在培训结束后该做些什么，可以测量或评估绩效满意标准，受训者达到目标要求采取的某种行动（行为）所需的资源以及实现预期目标的背景条件等。

2. 广义的培训目标

将知识性目标、态度性目标、技术性目标和能力性目标整合起来，将组织目标同员工个人目标结合起来。不仅将培训的重点放在员工基本技能和高级技能如何提高的目标要求上，而且将员工培训目标同组织创造智力资本、获取竞争优势、提高人力资本投资效益的途径结合起来，要求员工努力获取更广博的知识，学会知识共享，学会如何学习，并综合性地、创造性地运用所学知识来改善产品或服务质量，同时还应了解产品或服务的开发系统。

培训目标定位随培训对象和培训内容、外部条件、工作性质、管理方式、绩效考核等多种因素的不同而有所不同。对于普通员工的培训，侧重于操作技能的熟练及与工作岗位匹配或能级对应（人员的能力等级必须与所承担的工作职位的责任、权力等级相对应，从而达到职得其人、人得其职、人职相宜和相得益彰的效果）；对于中层管理人员的培训，侧重于人际关系能力的娴熟（如沟通能力、执行能力、理解能力和组织能力等）和接受与传播新知识、新理念等态度转变方面；对于高层管理人员的培训，侧重于思维训练和决策、管理的创新能力提高方面；对于企业全员的培训，则侧重于知识、技能与价值观念的更新以及创新精神、创造力潜能和学习能力等方面的开发。针对某一特定的培训对象和具体的培训内容，如普通员工的基本技能训练，其培训的目标又可以具体化，比如，认知领域目标、情感领域目标、态度领域目标和行为领域目标。就某一项培训项目而言，又可分为项目目标和学科目标或者课程目标。表 5-2 是世界论坛发行的《未来工作报告》（2023）列出的未来 5～10 年因技术发展将受到影响的职业，对这些职业重要的不是既有技能提升而是职业转型。

表 5-2　数智时代部分职业前景展望

序号	未来 5～10 年最快走下坡路岗位	未来 5～10 年增长最快的职业
1	银行出纳员及相关职员	人工智能和机器学习专家
2	邮政职员	可持续发展专家
3	收银员和售票员	商业智能分析师
4	数据录入文员	信息安全分析师
5	行政及执行秘书	金融科技工程师
6	材料记录和库存管理文员	数据分析师和科学家
7	会计、簿记和工资文员	机器人工程师
8	立法会议员及官员	电工技术工程师
9	统计、金融和保险文员	农业设备操作员
10	上门销售人员及相关人员	数字化转型专家

　　世界知名管理咨询公司麦肯锡于 2021 年 6 月发布一份《定义公民在未来世界的所需能力》报告，该报告数据源于对全球 15 个国家 1.8 万人的分析。报告指出，随着工作型态更加自动化、数位化，工作者具备 13 个技能（表 5-3）有助于达到以下 3 个标准在未来胜任难题：增加自动化系统以及 AI 无法达到的价值；能在数位化的环境工作；能不断适应新的工作方式和新职业。

表 5-3　未来职场所需的 13 种技能

序号	必备能力	维度
1	批判性思考	·解决结构性问题　·逻辑推理　·找出相关资讯　·认知到偏见
2	工作计量与方法	·制定工作计划　·学习能力　·时间管理以及分辨轻重缓急·敏捷思考
3	沟通	·说故事的技巧及公开演说　·问对的问题　·整合讯息　·积极聆听
4	心理的弹性	·创意及想象力　　　　　·将知识运用到不同的背景 ·采纳不同观点　　　　　·适应力
5	动员	·成为典范　·创造双赢谈判　·塑造鼓舞人心的愿景　·洞察组织
6	发展关系	·同理心　·建立信任　　·谦逊　　·合群
7	团队合作的效能	·鼓励多元性　　　　　　·机理不同个性的人 ·解决纷争　·协作　·成为教练　·授权
8	自我觉察以及自我管理	·理解自己的情绪及触发原因　·自我控制　·理解自身优势 ·真诚　·自我激励与健康　·自信
9	创业	·勇气及承担风险　　·带领变革与创新 ·有活力、热情及乐观　·打破正规
10	达成任务	·承担责任及果断　　·成就导向　　　·勇气、毅力 ·应对不确定性　　·自我发展
11	流畅运用科技及数位公民身份	·数位认识（处理数位数据、使用流行软件、与 AI 交流的能力） ·数位学习　·数位合作　·数位伦理
12	软件运用及开发	·程式识读（理解软件开发、编码的原理） ·数据分析及统计数据　·计算及演算思维
13	了解数位系统	·智慧系统（例如使用智慧设备改进产品或流程）·数据识读 ·网络安全识读 ·技术翻译与实现（成为科技专家与商业专家或客人间的沟通桥梁）

传统意义上的培训只是作为传授特定知识和技能的途径，但是当管理者和培训者认识到培训对实现组织经营目标的贡献后，培训所扮演的角色就被扩大了，包括知识的创造和共享（属于一项战略性投资）。越来越多的企业愿意投入巨资于研究开发及教育培训，但是还有一些组织仍期望得到立竿见影的培训效果。成功的组织把培训当成一项战略性的工作来做，他们根据经营环境和经营发展战略变化的需要，将组织的培训职能与培训活动同实现经营战略目标结合起来，制订出长期性、全局性、前瞻性和方向性的人力资源发展规划——培训战略，用以指导培训工作顺利进行，以取得最佳的培训效果，形成"多出人才，快出人才，出好人才"的局面，最终实现组织与员工个人的同步发展目标。一些企业已经认识到培训工作的重要性和紧迫性，但还是经常听到这样的怨言："我们已搞了不少培训，但培训效果并不理想。"原因在于最高管理层存在错误的认识和做法，他们将培训仅仅当成一项事务性工作，未制定出合适的培训战略规划并据此开展有效的培训，即以一定的培训程序和方法、技巧达成预期的培训目标；或者培训工作没有与组织经营发展总体战略、目标任务相结合；也可能只是培训了少数人员等。这些均招致培训失败。

（二）培训原则

培训原则也是培训定位一个不可忽视的问题，无论何种对象、何种层次、何种形式与何种内容的培训，都必须同人力资源管理其他工作联系起来，并且要考虑环境变化和市场竞争带来的新情况、新要求，使培训工作与组织的发展目标、经营管理方式及实际情况紧密结合起来，兼顾员工个人的职业发展计划等。分析影响培训工作的因素以及处理好培训与这些相关因素的关系，有利于提升培训定位的准确性并取得卓越的培训绩效。

1. 战略性原则

考虑到培训在企业人力资源管理系统中的重要地位，知识经济时代企业应对全球化等问题的挑战开展培训工作的紧迫性、重要性，企业及其员工的结构与需求的多样化特征，企业与员工之间建立"伙伴"关系以及实现"双赢"结果等复杂因素、关联关系，我们在设计培训工作时，必须首先树立战略意识。即将培训计划同企业的整体经营发展战略规划和员工个人职业生涯发展计划结合起来考虑，需要制订出并处理好近期培训计划（目标）、中期培训计划（目标）、长期培训计划（目标）之间的关系，防止发生脱节和短视、片面化的做法。培训计划既要立足当前又要前瞻未来；既要有针对性又要保持连续性；既要注重实效性又要兼顾整体性、长远性。战略性的培训是符合本企业特点及其员工个人发展需求，符合经营战略及经营目标要求的以及适应经营环境变化的一项立足现实、谋划未来的培训。

2. 理论联系实际、注重实效的原则

企业培训教育与学校教育的根本区别在于前者更强调针对性、实践性，即需要什么学什么，缺什么补什么，干什么学好什么，讲求理论知识的应用和验证。既注重提高基础理论知识素养，又特别讲求全面提升专业技术和职业技能水平、综合性与创造性地运用理论知识解决实际问题的能力。工作分析、绩效分析和组织同员工的需求分析已成为实施培训工作的基础。培训要适应组织的现实需要，反对"为培训而培训"的形式主义做法。

3. 因材施教与综合性培训兼顾的原则

培训要处理好个性与共性的关系。不同的培训对象应设计不同的培训目标和培训内容及相应的培训方法和技术，不同的培训方式也应设计不同的培训策略和培训方法、技术，但整体性的培训则要求将基本能力的培训开发与高层次能力的培训开发有机地结合起来，达到所谓"品行兼优、德才兼备"。对不同的培训对象，其培训的侧重点也不同，但无论是新员工、老员工，还是普通员工、中高层管理人员，都需要接受特定组织所具有的诸如经营哲学、企业文化与精神、道德伦理、制度规范、价值观念和团队意识等方面的熏陶。任何有针对性的培训方法与技术都不能单独应用于某项培训，要想达到理想的培训效果，培训方法与技术手段甚至课程的合理搭配使用，其效果才可能最佳。

4. 全员培训与重点提高相结合的原则

在科学技术迅猛发展、经济全球化及知识经济时代，客观形势要求企业建立学习型组织以获得竞争优势，全员培训应为现实的选择。全员培训中应根据组织实际情况分先后主次、轻重缓急，优先培训急需人才，既可调动广大员工参与培训的积极性，又使培训层次分明、重点突出，增强培训效果也能增进组织的整体绩效，还能起到激励的作用。此原则涉及如何处理培训的广度和深度、普遍性与典型性之间的关系。

5. 主动参与原则

培训是组织与员工、培训者与受训者互动的学习过程，如果一项培训不能调动受训者积极主动参与，其效果便可想而知了。不仅只是根据组织需求、任务分析确定培训计划，还应根据员工需求编制培训计划。让员工填写"年度培训需求表"这类做法不失为良策，可提高受训者的自主性和主人翁地位。如果受训者形成"我要培训"的强烈要求，其效果自然不言而喻。

6. 讲求人力资本投资效益原则

培训教育属于人力资本投资行为，其投入容易计算，但其产出和回报却难以量化计算。而且人员培训的投入—产出周期一般较长，加之人力资本投资的成本核算与价值测量比较复杂，可能导致一些组织忽略该项投资的效益评估问题。这就要求我们在制订培训计划时，既要考虑培训经费预算问题，又要对该项培训方案所产生的经济效益与社会效益进行预测，在培训过程中和培训结束后还要及时地进行培训效果的评估。

7. 培训管理的统一性和科学性原则

员工培训是组织人力资源管理的内容之一，是实现组织经营目标和管理目标的保证。培训部门应是组织人力资源部的一个下属职能部门或一项职能的执行机构。职能相近原则、有利职能完成原则和低成本原则要求培训的组织管理应由人力资源管理部门负责，需要相关职能部门的配合，共同建立培训体系并科学地划分培训职责，使培训管理的计划、组织、指挥、协调与控制五项活动统一起来，构建合理的培训流程，顺利地完成培训工作并取得良好的培训效果，以满足人力资源的配置需要。

8. 严格考核、合理配置与择优奖励原则

要求将培训工作与其他人力资源管理工作衔接起来，形成一种"招聘—培训—考核—使用—激励"协调发展、良性运行的机制。提高招聘的有效性将充分保证培训对象的数量、质量与层次结构要求，严格考核是检验培训效果与培训质量的重要手段，择优提拔使用与相应的薪酬福利待遇是调动员工积极主动参与培训的有力杠杆。因此，人力资源管理中各环节的工作都不能偏废，它们构成了一种相互联系、相互制约、相互影响和相互促进的机制。

二、培训的计划与程序

（一）培训计划

1. 培训计划概述

培训计划是根据组织的经营战略和近期、中期、远期的发展目标，在预测分析培训需求的基础上，制订切实可行的培训活动方案的过程。培训计划的制订应考虑以下几个问题：

（1）系统性。首先，培训计划必须是标准化的设计，在设计过程中要受正式的规则制约，如为什么要进行培训？培训什么？谁接受培训？接受谁的培训？何时何地培训？如何培训？用何种方式培训？要达到什么样的培训结果？采用何种培训标准？下一步如何进行等。合理的规则是标准化（规范化）的关键因素，可减少设计者个人因素对培训的影响或偏好。其次，一项培训计划应采用统一的、一致性的培训标准和正式规则，加强培训活动各项目之间的有机联系并使之同培训目标保持一致，保证培训工作有序地进行。再次，仅靠制订规则是不够的，欲使培训计划的实施达到预期效果，只有规则被持续可靠地应用、执行，培训计划才有效。最后，培训计划还要关注培训成果的转化，使培训与培训结果的利用密切结合起来。

（2）普遍性。培训计划的制订必须适应不同的工作（岗位）任务、不同的培训对象和不同的培训需要。换言之，培训设计要明确每一种工作任务的要求，并针对特定的岗位，还要满足不同受训者的兴趣与需要。此外，也要满足不同的培训类型、不同的培训方式及程序所特有的要求。

（3）有效性。指培训计划必须针对组织目标达成、取得工作绩效，同时有助于员工个人职业发展，并立足于客观实际来设计，还要从整体上考虑影响培训效果的相关因素。培训计划要能经受培训实践的检验，产生良好的社会经济效益。

2. 制订培训计划的基础——培训需求分析

（1）基本概念。培训需求分析指在规划和设计每一项培训目标、培训计划和培训活动之前，由培训部门、经理人员、主管人员和工作人员等采用个案分析法、全面性分析法、绩效差距分析法（缺口分析）等各种方法与技术，对工作层次、组织层次、员工个人层次和战略层次的现有状况与应有状况及存在的问题进行系统地调查分析，以确定是否有培训的需要，以及需要什么样的培训的一种活动或过程。培训需求分析既是开展现代培训活动的第一步，也是进行培训评估的基础。

（2）培训需求分析的地位。通过培训需求分析，可以找到绩效差距；是进行组织变革的前瞻性分析，给员工指出发展之路；它还能保证人力资源培训开发工作的有效性，为培训投资的成本和价值分析提供大量信息并建立起基本的培训评估标准，改变和创新人力资源分析预测方法。同时，经过培训需求分析的培训计划的实施将获得内部和外部各方面的支持，能促进传统人事管理系统向现代人力资源开发管理系统的转换。

（3）培训需求分析的内容。培训需求分析一般包括组织分析、人员分析和任务分析，参见图 5-2 和图 5-3。

培训需求原因或"压力点"培训内容需求评估结果
· 法规制度 · 受训者需要学些什么
· 基本技能欠缺 · 谁接受培训
· 工作业绩不佳需要哪些 · 培训的类型
· 新技术的应用 · 培训的次数
· 顾客要求 · 外部购买还是自行开发培训的决策
· 新产品 · 进行培训还是采取其他人力资源
· 高绩效标准措施或进行工作的重新设计
· 新的工作谁需要培训

图 5-2　培训需求评估过程

来源：雷蒙德·A. 诺伊等：《雇员培训与开发》，中国人民大学出版社，2001 版，第 43 页。

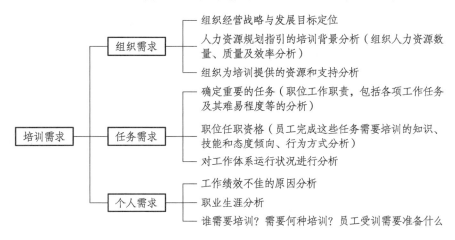

图 5-3　不同层次的培训需求分析示意图

从图 5-3 我们不难看出，培训需求分析具有如下几个特点：① 培训需求分析的主体具有多元性；② 培训需求分析的客体具有多层次性；③ 培训需求分析的对象具有广泛性；④ 培训需求分析的方法和技术具有多样性；⑤ 培训需求分析的结果对培训工作具有指导性、前瞻性。

表 5-4 对不同层级培训对象的要求进行了归纳。

表 5-4　不同层级培训对象的培训需求对比

	高层管理者	中层管理者	基层管理者	一线员工
组织分析	培训是否有助于实现企业战略目标	怎样分配企业可供培训用的资源	怎样利用企业资源组织好培训	培训旨在提高自己哪方面能力
工作分析	企业的能力状况是否与企业的发展要求相一致	哪些工作领域员工能力与工作要求不一致	每个工作岗位的能力要求是否都得到满足	能力是否能够胜任工作岗位的要求
人员分析	哪些职能部门是企业短板，需要培训	哪些岗位的员工需要培训	具体需要参加培训的人员名单	怎样通过培训提高自身能力

来源：唐志红等：《能本管理实用图解手册》，中国工人出版社，2006 年版，第 112 页。

进一步地，从现代能本管理角度出发考虑问题，培训需求分析的指导方法包括以能力为对象、以任务为对象以及以绩效为对象的分析方法。

以能力为对象的分析法，就是在测评员工能力的基础上，对员工能力的水平和结构状况进行分析，找出需要并且能够通过培训来提高能力的方面。以任务为对象的分析法，是从工作岗位的任务要求出发，分析员工完成任务的质量、效率、程序和态度等情况，找出需要并且能够通过培训加以改善的方面。以绩效为对象的分析法，就是通过分析员工工作的最终结果，比较期望绩效和现实绩效之间的差异，找出那些影响绩效且能够通过培训来促进的因素。三种分析方法彼此存在交集但各有侧重点。只有综合运用三种方法考察，才能更加客观地分析、了解企业的培训需求。

（4）培训需求分析指引培训之道：让组织和员工共同发展。我们在确定培训需求时，不应忽略人的因素。如今越来越多的组织都重视帮助员工具体设计及实现个人合理的职业生涯发展计划（Personal Performance Development File，PPDF）或通路。一般认为，PPDF可使组织与员工形成合力，形成充满活力和战斗力的团队，因为员工个人为了组织的目标去努力奋斗的同时还要争取实现自我价值。

一个人从出生到死亡，会经历生物生命周期、家庭生命周期和职业生命周期，最关键的是其职业生命周期，它是个人生存与发展的重要阶段和主导条件。职业生涯，指一个人一生中的职业或工作经历，特别是职业、职位的变动及工作理想、自我价值实现的整个过程。职业生涯发展计划，指将员工个人在整个"职业生涯阶段"[①]中的职业变动与发展、职业转换、平行调动与晋升、职业教育培训等方面结合起来，设计、制订可行的职业发展和职业援助目标计划。

个人的PPDF有三个方向：一是纵向发展，属于职务变动发展，晋升是成功的标志，对晋升的渴求是一种积极的动机；二是横向发展，通过平行调动或横向调整，如通过工作丰富化在"原地成长"，属于非职务变动发展，包括工作范围的扩大、改变观念以及方法创新等，这是一种通过发展职务责权利的方式，使其职业生涯得到发展的重要形式；三是向核心方向发展，量才使用，实现最佳能级对应度和人职匹配度。

面对社会经济快速发展对人力资源越来越高的要求，组织必须重视研究、分析员工职业生涯，设计和规划员工职业生涯发展道路，加强员工职业生涯管理和开发，即通过传授知识、转变观念或提高技能等培训手段，改善员工当前或未来的工作绩效，发展与职业生涯目标相应的潜在职业能力。

职业生涯开发的根本目的是人的全面发展。美国学者罗斯威尔认为："职业生涯开发有两重目标：向雇员指明个人职业发展的目标和方向，同时保证组织获得现在和将来所需的人力资源。"[②]管理学大师彼得·杜拉克所言意义更加深远："企业的最终目标不应当是利润，利润并不是目标而是生存的必需条件。目标应当是人民的发展。"[③]因此，我们在进行培训需求分析时，在制订培训目标和计划时，必须考虑组织中员工个人全面发展这一核心概念。

（5）培训需求分析的方法。培训需求分析的方法较多，可以用表5-5做一个简单的汇总。

---

① 美国社会学家施恩将职业生涯分为内职业生涯与外职业生涯，包括成长探索阶段、进入工作世界阶段、基础培训阶段、获得正式成员资格阶段、职业中期阶段、职业中期危险阶段、职业后期阶段、衰退和离职阶段、离开组织和职业阶段 —— 退休。

② 张再生：《职业生涯管理》，经济管理出版社，2002年版，第149页。

③ 张再生：《职业生涯管理》，经济管理出版社，2002年版，第151页。

表 5-5　不同培训需求分析方法优劣评价

	优点	缺点
观察法	1. 最大限度减少评估工作对日常工作的干预 2. 可以同时考察工作环境与工作条件	1. 对观察者的要求很高 2. 员工的工作行为可能因为观察而有所改变
面谈法	1. 可以直接与员工进行交流，沟通渠道顺畅 2. 有利于发现具体问题和细节问题	1. 员工不一定会说出真实的想法 2. 耗费的时间成本较高
问卷法	1. 成本较低，员工可广泛参与 2. 得到的数据易于归纳总结	1. 可能存在填写的随意性 2. 调查内容局限于问卷内，不利于发现问题
测试法	1. 测试结果容易比较和量化 2. 测试的结果比较客观	1. 测试结果不能完全反映员工工作中的表现 2. 容易给员工造成心理压力
讨论法	1. 有利于听取不同的意见和观点 2. 有利于提高员工参与的积极性	1. 得到的信息资料不具规律性，难以系统分析 2. 耗费的时间成本高
自我评价法	1. 员工对自身情况最为了解，因此结果比较符合实际 2. 针对性强，可引起员工的自我促进	1. 对员工自身的能力和素质要求高 2. 不容易判断其评价的客观性

3. 培训计划的内容

培训计划的内容可参见图 5-4。

图 5-4　培训计划图

（二）培训程序

培训程序可参见图 5-5。

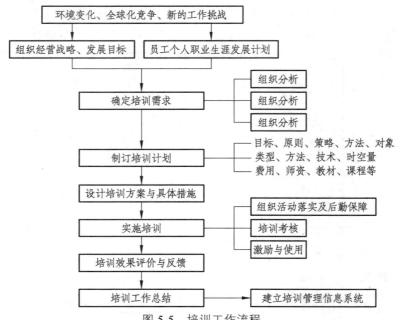

图 5-5 培训工作流程

三、培训的内容与方法

（一）培训的内容

组织目标的实现有赖于员工的创造性和竞争力。在现代不断发展变化的社会政治、经济和文化环境中，要使组织充满活力，富于竞争，员工的素质必须与环境要求相适应，并不断提高。因此，培训的内容应着重于员工素质的提升，这不仅包括员工的知识、技能，还包括与组织文化相适应的态度，三者缺一不可。具体来讲，培训内容至少应该包括如下几个方面：

（1）专业知识培训。知识是人力资源素质的主要组成部分，也是组织培训的主要内容之一。对于行政部门人员来讲，知识培训的目的在于其具备完成本职工作所需的各项基本知识，所以知识培训的内容既应包括各类行政人员均须具备的基础理论知识，如法学、政治学、管理学等，还应包括与行政人员工作领域相关的各类专业知识，如行政部门学习的行政管理，人事部门学习的人事管理学等。

（2）专业技能培训。技术人员履行职责，不仅需要理论，还需要专业知识和专业技能，如公文写作的技能、社会调查方法的掌握、人际关系的处理、谈判交往的技巧、计算机和自动办公系统的操作等。在实际工作中，技术人员不仅仅是上级命令的简单执行者，他所面对的具体环境要求其具备独立分析、探索和解决问题的能力，因此提高技术人员观察、记忆、模仿、应变、概括、协调和表达的各项技能也是技术人员培训不可少的组成部分。

（3）态度的培训。员工的态度是关系到组织绩效的至关重要的因素。组织与员工之间相互信任的关系、员工对组织的忠诚以及建立在此之上的团队意识这些事关员工态度的成果并不是从一开始就存在的，需要在长期的工作中培养，也需要通过培训的着力引导。态度培训可以使员工明确组织希望他们以何种姿态出现，促使其行动与组织目标更为接近。

（二）培训的方法

根据培训的具体目标不同，培训的对象不同以及培训的内容不同，培训方式有多种选择，也可以按时间、培训机构以及是否脱离实际工作等标准进行多样的分类。从一般的培训手段讲，培训的方法分为传统培训与运用新技术进行培训。

1. 传统的培训方法

在传统的培训中，培训的方式主要以教师讲授为主，受训者在培训中的大量时间里是被动地接受知识。这种培训方式的优点在于受众面广、传递的信息量大以及成本低、节省时间；但缺点也是显而易见的，如学习的沟通主要是单向的——从培训者到受训者，缺少受训者的参与和反馈等。按照美国密歇根州立大学雷·A. 诺伊教授的划分，一般来讲，有如下几种传统的培训方法：

（1）演示法，即将受训者作为信息（包括事实、过程及解决问题的方法）的被动接受者的培训方法。

① 讲座法。培训者用语言表达他（她）想传授给受训者的内容，又分为标准讲座、团体讲座、客座发言、座谈小组和学员发言等几种方式。该方法是现实中使用最普遍、最传统的方法，对于向大批受训者提供单一的大量信息，讲座法还是成本最低、时间最节省的一种培训方法。其不足之处主要在于本方法的互动性不够，从而使得信息传递单向，培训者难以迅速有效地把握学习者的理解程度。② 视听教学法。使用投影胶片、幻灯片和录像等设施进行讲授。本方法可以用来提高学员的沟通技能、谈话技能和顾客服务技能，在信息技术迅速发展的今天，很多企业采购了众多视听培训材料，利用业务时间组织学员学习。该方法成本低，可以反复使用，培训时间也比较灵活。当然这种方法同样存在缺乏互动沟通等缺陷。

（2）传递法。指受训者积极参与学习的培训方法。本方法有利于开发特定技能，理解技能和行为如何应用于工作当中，可使学员亲身经历一次任务完成的全过程，学会处理工作中发生的人际关系问题。现场培训是其中一种重要的方法。

所谓的现场培训指新雇员或没有经验的雇员通过在工作现场观察并效仿同事或管理者工作时的行为来学习，特别适用于新员工的培训、新技术培训以及岗位发生变化的员工的培训。该方法确保了培训效果的实效性，问题在于培训者在传递科学方法的同时也可能将一些操作中的偏差无意识传递出去。

2. 现场培训法

（1）自我指导学习。指由雇员自己全权负责自身的学习，按自己的进度学习预定的培训内容。培训者以辅助者的身份介入其中。在学习型组织建设的背景下，企业更多地主张员工能自主学习、能动学习而不是被动学习，自我指导学习也就成为一种普遍应用的培训方式。本方法的主要不足在于要求受训者必须愿意自学，且有强大的学习动力。

（2）师带徒。这是一种既有在职培训又有课堂培训并且兼顾工作和学习的一种传统的培训方法。本方法主要适用于传统的技能性培训内容。其优点在于学习者在学习的同时获得收入，不但能学到一些技能，还可以学到一些技巧，能在实战中不断学习和完善。师带徒的方法在欧洲以及我国一些传统的机械制造业大量存在。其主要不足在于师傅的水平在很大程度上决定了徒弟的水平，且有些师傅害怕"教会徒弟饿死师傅"，从而有意将自身的绝活予以隐藏。

（3）仿真模拟法。这是一种代表现实中真实工作与生活情况的培训方法。本方法是体现真实生活场景的培训方法，受训者的决策结果能反映出如果他在某个岗位上工作会发生的真实情况。模拟可以让受训者在一个人造的、无风险的环境下看清他们所作决策的影响，常被用来传授生产和加工技能及管理和人际关系技能。

（4）案例研究。对受训者如何处理棘手事件的培训。此方法得到了企业的高度重视，在针对管理层进行培训时比较有效。一些商学院在教学中也引入了此方法。使用此方法的关键是案例本身要具有代表性和信息相对完整性，组织者能有效引导讨论，参与培训的人具备相对应的决策能力。

（5）商业游戏。要求受训者收集信息并对其进行分析，然后做出决策，主要用于管理技能的开发。市场上可以买到很多培训游戏大全之类的书籍。沙盘模拟作为一种新颖的商业培训游戏得到了企业培训者的追捧。

（6）角色扮演。给受训者提供有关方面的背景信息，让其扮演分配给他们的角色。关键是训练被培训对象担任不同角色的行为能力和决策能力。

（7）行为示范。指向受训者提供一个演示关键行为的模型，然后给他们提供实践这些关键行为的机会。

3. 团体建设法

用以提高团队或群体绩效的培训方法，旨在提高受训者的技能和团队的有效性。

（1）冒险性学习，又叫野外培训或户外培训。侧重于利用有组织的户外活动来开发团队协作和领导技能，如自我意识、问题解决、冲突管理和风险承担等。

（2）团队培训。通过协调工作团队中个人的绩效从而实现共同目标，可以采取交叉培训和协作培训的形式。

（3）行动学习，即培训一个团队或工作群体中的成员如何制订并实施一个行动计划以合作解决其实际面临的问题。

4. 其他传统培训方法

（1）示范。指受训者先观摩示范者如一位有经验的雇员的工作示范，然后自己动手并逐渐熟悉，进行行为模拟。这种方法的优点是学习的内容与工作直接相关，缺点是有经验的示范者（也许并不是一位培训专家）可能不太擅长解释事物，并给受训者以明确的提示。受训者造成的失误很可能代价昂贵。此外，这种方法不能提供有效的反馈，说明什么是改善有效业绩所必需的。

（2）辅导。这可以算作是示范方法的一种改进形式。优点是受训者与培训者之间存在互动关系，具有示范方法所不具备的多种要素，如构架、反馈和激励。

（3）指导。这是一种在职培训方法，特别适合高级经理的培训，越来越受到重视。受训者观察指导者演示的技能（指导者通常不是受训者的顶头上司），然后受训者模仿指导者行为。指导者在学员完成一系列作业练习的过程中提供支持和帮助，使之对组织的方针与文化能有透彻的了解。如果指导者在组织中有一定的地位，则通过受训者与指导者持续不断的对话，后者能为前者争取到许多有意思的工作，发现更多机会并施加其影响，从而使受训者受训成果提高。指导体系虽然有如上所述的引人注目的特性，但还是有其不足：① 未被选中得到受训资格的雇员会提出"杰出人物统治论"的意见；② 指导者和受训者之间会有不和谐声音；

③ 受训者也许对指导者过分依赖；④ 指导者在有效地处理与受训者的关系方面能力欠缺。

一般而言，部门经理对此种方式表示怀疑，并表现出抵触和缺乏合作诚意。因为它打乱了自己建立的上下级关系。

5. 岗位轮换

这是一种有系统的换岗安排，目的是丰富雇员的经历。它的优点是不同部门之间可以建立更紧密的关系；雇员则可以通过参与各类活动而发展自身的灵活性。但其明显的缺点是它不能使雇员有完整地运用某些技能的机会，因为每种工作轮到的时间都很有限。同时，由于雇员操作不熟练而容易失误，当经理将业绩不佳者安排进轮值计划时，就会诱发相关的问题。

除了岗位轮换外，岗位扩展也会拓展雇员的在岗经历。与岗位轮换不同，岗位扩展是在横向上而不是在纵向上扩展岗位职能。它是通过增加雇员的任务种类使岗位任务多样化。岗位轮换可以作为后备管理干部的一种培训方法，有助于被培训对象熟悉相关岗位的工作。

6. 正规培训

这种培训所用的方法有讲座、讨论、案例研究、角色模拟以及有计划地学习。案例研究使用预先设计的情景，使受训雇员既有机会进行相应的数据分析，并提出解决方案，又避免了决策失误的风险。角色模拟使受训者在仿真的环境中操作，如飞行员的模拟训练。有计划地学习是在计算机辅助条件下，检测基础知识和能力，并逐步提高到比较有难度的工作。

7. 自学与自我发展

自我发展的控制与导向完全掌握在个人手中，主要是从经验中学习。这种方法不必强调完全避免过去的失误，不必把以往零星的经验组合成一个有得有失的过程，在有关自己利益的基础上使自我发展体系最大限度地运作起来。

8. 外部培训

外部培训项目多用于提高独创性、解决问题的能力和团队合作等素质。若组织有意于开发管理人员团队建设和领导才能，可以使用这一方法。其中拓展训练就是最常见的一种外部培训方式。一些大企业还组建内部学院对外部企业员工提供培训，如华为。

（三）运用新技术的培训方法

在网络时代，知识陈旧的周期正在缩短，知识以"爆炸"的方式增长，几乎每 3～5 年便增加一倍，知识成为中心资源，生产和创造知识成为国家、企业竞争力的基础。而传统培训方法已不能完全满足于新时代的要求，必须在雇员培训中融入新技术，为雇员提供更为有利的学习环境及开展学习和进行培训成果转换。随着人们生活的信息化，网络的扩展正以爆炸性的速度增长，人类社会已经完全融入了网络之中。互联网的普及、计算机技术的成熟与完善都为利用网络技术进行雇员培训提供了技术支持。

1. 网络培训技术对培训所产生的影响

首先，随着网络技术的出现，可以在 24 小时内对分布在各地的雇员同时进行培训。其次，通过网络培训，还可以简化培训管理，降低培训费用并使培训管理更为简洁。最后，网络技术还能为培训提供支持服务，通过电子绩效支持系统和电子会议系统，雇员可以按照自己的需要随时从培训专家那里获取有关信息。可以在任何时间、任何地方、任何方式提供培训，这是网络时代雇员培训的重要特征。

利用网络技术培训可以使愿望一下变为现实：雇员能完全控制培训时间和培训地点；雇员和经理可以按照自己的要求随时获得有关的知识、技能及专家的建议；雇员可以自行选择培训媒体；实现电子化培训管理（课程登记、检测、记录等）；取消对培训进度的监控。

2. 网络时代的雇员培训方式

（1）多媒体培训。是把视听培训和计算机培训结合在一起的培训方法。这种培训综合了文本、图表、动画及录像等视听手段。由于多媒体培训以计算机为基础，受训者可以用互动的方式来学习培训内容。在培训中可以采用交互式录像、国际互联网和公司内部网等多种培训方式。多媒体培训可以促进雇员学习，提供及时的信息反馈和指导（通过在线服务），测试雇员的掌握程度，并可以让雇员按照自己的进度来学习。

多媒体培训的一个最大问题在于培训费用。根据所用材料和媒体的复杂程度，计算机化版本的开发费用可能十分昂贵。如果培训内容不需要经常更新，那么计算机培训所带来的交通费用和指导费用的降低可以使培训自行收回成本。另外，多媒体培训也不太适用于对人际交往技能的培训，尤其是当学习者需要了解或给出微妙的行为暗示或认知过程时更是如此。

（2）计算机培训方式。用计算机开展的培训（CBT）指首先由计算机给出学习的要求，受训者必须做出回答，再由计算机分析这些答案并向受训者提供反馈的一种互动性培训方式，它包括互动性录像、光驱和其他一些计算机驱动系统。CBT是最先应用于培训的网络技术之一，最普遍的计算机培训项目是通过个人电脑的软盘来运行软件。随着教学软件的发展和网络的日益广泛使用，计算机培训也更趋于先进。与单纯的运用计算机相比，通过这些技术可以更好地运用视听手段。

第一，CD-ROM和激光光盘通过个人电脑，可以在培训中融入动画、录像和图表。而且，通过使用操纵标或可触摸式屏幕，使用者还可以互动地使用培训教材。CD-ROM通过激光从光盘上读取文本、图表、声音和录像。光盘则通过激光来提供清晰的图像和声音，它既可以单独使用也可以作为计算机指导系统的组成部分。

第二，互动性录像（Interactive Video）综合了计算机指导和录像的优点。通过与主键盘相连的监控器，受训者可以单独接受指导，并通过键盘或监控器进行互动学习。互动性录像可以用来指导技术程序和人际交往技能。此外，还可以用录像盘或高密盘（只读光盘）来存储培训程序。

第三，网络培训分为互联网培训和内部网培训。网络培训综合采用了声音、图像和录像等几种方式，可以为虚拟现实、动感画面、人际互动、雇员之间的沟通以及实时视听提供支持。此外，受训者还可以利用网络资源，与其他受训者一起分享信息，并将自身的知识和对培训的感悟储存到数据库里，从而为其他公司的雇员提供帮助。

网络培训的优势在于使培训不受时间和空间的限制，节约成本，能提高培训管理的效率，能实现自我导向和自定进度的培训指导，能监控受训者的绩效，并能使培训易于控制。网络培训还可以让受训者完全控制培训传递，与其他资源结合，并与其他受训者和培训者彼此共享信息，进行有效沟通。此外，受训者还可以根据自身情况进行个性化的培训。它的缺点在于计算机网络无法解决广泛的视听问题（网络的带宽问题），难以制订或修正采用线性学习方式的培训课程。

第四，虚拟现实（Virtual Reality）指可为受训者提供三维学习方式的计算机技术。通过使用专业设备和观看计算机屏幕上的虚拟模型，受训者可以感受模拟的环境并同各种虚拟的要素进行沟通。同时，还可以利用技术手段刺激受训者的多重知觉。

虚拟现实的一个优点在于它可以使雇员在没有危险的情况下进行危险性操作。研究表明，当工作任务较为复杂或需要广泛运用视觉提示时，虚拟现实培训最有成效。虚拟现实的环境与真实的工作环境并无差别。它的另一个潜在优势是可以让受训者进行连续性学习，还可以增强记忆。以前可以通过记忆来把一维或二维的培训转变成三维的形式，而现在可利用其对信息进行加工处理。发展虚拟现实培训的障碍在于劣质的设备会影响人们身临其境的真实感。由于受训者的感觉被歪曲，因此有时他们可能会感到恶心、眩晕甚至头疼（模拟病）。

（3）智能指导系统（ITS）。指运用人工智能进行指导的系统。智能指导系统有三种类型：指导、训练和授权。个别指导旨在提高受训者对某项内容的理解力，训练则可以让受训者在人造环境中灵活运用技能。授权指学员能自行开发培训项目内容的能力。

（4）远程学习。适用于分散在不同地域的组织，可提供关于新产品、政策、程序的信息以及技术培训和专业讲座。远程学习通常采用两种技术实现培训者和受训者之间双向沟通：一种是受训者的同时性学习，即通过培训设备，受训者可以同培训者（位于其他地方）、其他使用个人电脑的受训者进行沟通；另一种方式是通过个人电脑进行的个人培训。远程学习的最大优点在于能为组织节约交通费用。通过这种方式可以使处于不同地区的雇员都能获得专家的培训，而其缺点在于缺乏培训教师和受训者的沟通。要使学习能产生良好的成效，必须在培训者和受训者之间形成良好的互动。

3. 网络培训中应该注意的问题

（1）网络培训并非简单将课程内容一字不差地堆砌在网上。有研究表明，当学员阅读一份内容复杂的书面材料时可理解 70%的内容，但当雇员从计算机屏幕上阅读同样一份材料时，仅仅可以理解 25%的内容。这便要求网上培训的设计者结合网络的特点展开丰富的想象力，创造性地设计课程，使之看起来引人入胜；同时，课程文字简洁明了，以便培训学员记忆。

（2）不要指望雇员在其私人时间内学习。美国著名的网上培训专家 Kruse 有一次给来自某财富 500 强企业的 1 000 名雇员进行网上培训，他要求这些雇员在其私人时间内阅读完成一份 30 分钟的培训资料，但他事后发现，3/4 的雇员是在其工作时间内完成的。

（3）确保网络通畅。美国著名的网上培训专家 Hall 发现：如果学员在两秒钟内还等不到界面的出现，就会感到厌烦。但不幸的是，大多数网上培训都超过了这一极限，有些网上培训的课程中有大量的声音、图片和影音文件，这类文字的字节远大于文本文件，如果要下载，时间会更长，其原因可能在于网络的带宽不够。

（4）确信每个雇员掌握了关于网络的基本操作知识。虽然网络的使用日益广泛，但还是有一些雇员对网络知识一无所知。所以在进行网络培训时，首先要测试雇员的计算机知识，特别是智能时代技术进步快，员工难以跟上。

（5）网上培训不能完全取代课堂培训。虽然网上培训的成本比课堂培训的成本要低，但这并不意味着网上培训可以完全取代课堂培训。事实上，许多大公司的做法是将二者结合在一起的。雇员首先在网上学习课程的基本内容，然后到教室里根据所学内容通过小组讨论、角色扮演等活动来巩固所学的知识与技能。尤其当所学内容是关于团队合作、领导技能时，面对面的学习方式效果显著。

（6）不能忽视人际交流。SUN 公司的培训经理发现，当要求雇员独立完成网上培训的课程时，仅有 25% 的雇员完成了任务；但如果辅之以教师指导，如通过 E-mail、电话或小组讨论等方式，则有 75% 的雇员能够完成任务。

总之，21 世纪是网络时代，是知识经济时代，信息和知识是绝大多数组织前进的推动力量，培训则是提供信息、知识及相关技能的重要途径，有时候甚至是唯一途径。在高手如林的市场上，立于不败之地的必定是那些帮助雇员充分发挥自己全部潜能的组织。科学技术的迅速更新，要求应用技术的人必须不断更新知识，才能跟上科技的发展。这是网络时代组织里每个雇员所面临的最大挑战之一。雇员必须将接受培训作为延长其工作生命周期的一种手段。在团队工作方式日益普遍的背景下，同一工作小组的成员必须进行交叉培训，以便能承担其他人的工作。

四、培训的实施与问题对策

（一）培训的实施

1. 培训系统的构成

一个完整的培训系统，其运作过程通常分为这样几个阶段：分析培训需求，设置培训目标，拟订培训计划，实施培训方案，评估培训效果。

（1）分析培训需求。组织的培训工作应密切结合其经营战略规划和经营管理实践，这是决定培训工作成败的关键。

从能本管理角度看，培训内容直接或间接地与被培训对象的能力（智力、知识、技能和创新能力）密切联系，培训的核心目的就是对员工知识和技能的训练与提高，以满足岗位对员工能力的动态需求。表 5-6 是某公司对销售人员的培训内容。

表 5-6　某公司针对销售人员的培训内容

分类	内容
知识	1. 公司发展战略、经营战略、销售目标、规章制度 2. 市场状况、行业状况、竞争对手、客户群体 3. 产品的特性、功能、质量、价格、销售渠道、促销方法 4. 市场营销学、客户心理学
技能	1. 计算机销售系统操作 2. 商务英语 3. 销售计划、销售报告的编写与分析 4. 客户关系处理方法 5. 推销技巧、谈判技巧
特殊能力	倾听能力、说服能力，沟通能力

（2）设置培训目标。设置培训目标将为培训计划提供明确的方向和遵循的构架。有了目标，才能有针对性地确定培训对象、培训内容、培训时间与地点、培训教师、培训方法和技术等具体内容，并在培训完成之后，对照此目标进行培训效果评估。培训目标必须与组织的宗旨相容，要现实可行，要用书面明确陈述，且培训结果应是可以测评的。

培训目标源于组织和员工个人两个层面。培训目标能否实现取决于组织的管理风格、工作性质和外部条件以及员工自身的因素等。

培训目标与企业培训战略密切相关。培训战略是企业对较长时期培训工作所做的全局性、根本性、方向性的谋划与安排。它有助于企业在较长时期内排除多种变动因素给培训带来的影响,使培训工作有条不紊地顺利开展。归纳起来,企业的培训战略应包括以下内容:① 员工培训的总体方向、指导思想;② 对各种变动因素的评估;③ 培训的基本方法;④ 临时性灵活措施的安排;⑤ 对培训效果进行评估,必要时对培训方案进行修改。

(3)订培训计划。这实际上是培训目标的具体化与操作化,即根据既定目标,具体确定培训项目的形式、学制、课程设置方案、课程大纲、教科书与参考教材、培训教师、培训方法、考核方式等一系列细节问题。要想制订正确的培训计划必须兼顾许多具体的情景因素,如行业类型、企业规模与效益、培训对象的现有水平、国家的政策法规等,而最关键的因素是组织领导的管理价值观与对培训重要性的认识。

培训计划是对培训工作的具体安排,也可以视为培训战略在培训中的具体体现。制订培训计划要以组织的经营计划、人力规划、培训任务等为依据。组织在培训计划中要列明:培训项目、培训目标、培训对象、培训负责人、培训内容、培训进度、培训费用预算和培训的后勤保障等内容,据以指导培训。

(4)实施培训计划。培训活动的具体组织者与企业的规模和结构关系很大。大型组织往往设置专门的教育与培训职能机构及人员,有的还建立了专门的培训中心或学校乃至员工大学,配有整套专职教师与教学行政管理干部;有的经常邀请本公司主管兼课,有的还经常邀请有经验的优秀员工现身说法。现在,越来越多的组织通过校企挂钩进行培训合作。

(5)评估培训。培训评估主要分为五个步骤:确定标准、学员测试、培训控制、针对标准评价培训结果和培训结果的转移。

① 确定标准。标准和目标是息息相关的,只有确立了培训目标才能确立培训标准。标准又是为目标服务的,有了标准才能使目标具体化。确定培训标准的原则是要以培训目标为基础,同时要与培训计划相匹配,更要有可操作性。

② 学员测试。学员测试指让学员在培训之前先进行一次相关的测试,了解学员原有水平,包括知识、技能和态度。

③ 培训控制。在培训过程中,不断根据目标、标准和学员特点,纠正培训方法、进程的种种努力。它是与培训实施紧密联系在一起的。

④ 针对标准评价培训结果。通常是在培训结束后由培训对象填写培训评价表,所以,一份好的培训评价表是相当重要的。

⑤ 评价结果的转移。一个好的培训,就是要将培训中所学到的东西真正转移到工作实践中去,即工作效率的提高是和培训目标息息相关的。因此,正确评价结果的转移是衡量一次培训是否有效果的最重要的因素之一。

培训的过程应该是连续不断的或周而复始的。培训评估只能在培训目标达到一定程度的基础上进行。同样,培训评估也能改变培训目标和程序,因为它能进一步为以后的培训活动提供一些有借鉴意义的教训与经验,从而为以后更有效地开展培训创造条件。

2. 培训的组织及分工

培训工作绝非培训体系中某个部分的单独责任,它需要各方面的配合、协调和支持。

（1）培训者。培训者的水平直接关系到组织培训的效果。组织的培训工作是按组织不同的岗位规范要求所进行的一种特殊教育，要求培训者必须具备一定水平的专业理论知识和实际操作能力。首先，培训者必须能够胜任培训工作，这就要求培训者必须投入一定的时间、精力来提高他们的培训知识和技能；其次，任何一种专业的培训及效果转换都必须与岗位、与组织管理风格、与组织发展阶段及任务要求相结合，培训者要对组织的基本要素有相当的了解，即任何培训者都必须了解被培训对象的一般管理框架，如对财务管理、信息系统、人事政策、组织计划等有一定的了解。尽管这些可能不是培训者的专业领域知识，但忽视这些领域的基本知识将会使其综合开发能力降低。

（2）企业员工。将要成为学员的员工，在培训过程中是一个重要的参与者，获得他们的理解、配合和支持是非常重要的。在选择受训员工时必须考虑学员掌握培训内容的能力，以及他们回到岗位后应用所学知识为其工作服务的能力。这不仅是一个重要的员工激励问题，同时也是一个重要的效率问题。如果员工在培训过程中没有得到应有的收获或者他们回到工作岗位无法应用所学知识，那么这不仅使员工个人在心理上产生强烈的挫折感，而且也浪费了组织宝贵的资源投入。

（3）主管人员。在培训过程中，与主管人员加强联系，取得主管人员的支持也是非常重要的。要使一部分主管人员参与到培训规划设计过程中来，主管人员的态度与行为对培训能否成功进行是有影响的。

（4）经理。通常情况下经理们应该参与培训，尽管他们并不总是做出关于特殊工作人员的培训决定，但他们决定培训政策及培训基调。

（5）决策者。决策者是参与培训过程的既最不重要又最重要的一个团体。他们很少直接参与培训，也很少接受培训，然而他们又是强有力的决策人角色，他们的激励对培训的影响是巨大的。

培训系统的思想中枢包括有组织的培训政策、培训战略，而培训机构及其成员要在培训中落实这些政策与战略。组织应该有明确的培训政策及组织自上而下的理解与支持。培训政策不仅要表明组织政策是为最大限度地培育和发挥员工的能力，而且要使员工对各种培训方案非常清楚，让员工感到培训是一个提高自己知识和能力的宝贵机会，并且还要创造出一种气氛，让员工感到培训机会来之不易，要尽量珍惜。

（二）培训的问题分析

1. 培训功利性色彩太强

有关调查表明，91%的培训计划是临时敲定的，培训的随意性很大。且这91%的培训主要是由于公司在管理上有了较大的问题、经营业绩不好的情况下临时安排的。培训势同救火，无暇考虑规范操作。有的甚至认为，组织的目的就是赚钱，花钱培训完全没有必要；有的还认为，现在高校每年都有很多毕业生，人才市场供过于求，用人完全可以到人才市场招聘，投资培训实属浪费，即使搞培训也不愿意多投入资金，尽可能地削减培训费用。

2. 高层人士对培训的认识有误区

在一些深度访谈中发现，相当多的高层管理者对本企业中层管理人员不是很满意，并抱怨"好的想法得不到贯彻""不少人把我的经念歪了"。其中70%的高层人士认为这个问题是因为"没有招好人"或"只有通过人员调整来解决"。只有30%的被访高层人士认为可以通过培训来解决。这说明企业高层人士对培训的认识还有相当大的误区。现在还有些企业的培训是赶形式、走过场，以应付为主，由于缺乏明显的效果，培训渐渐被视为无用。在培训中没有严格的考评制度，培训对象往往以各种借口逃避培训而不会受到任何处罚；培训内容脱离实际，培训形式简单化，导致学员厌恶培训。再加上培训部门缺乏控制培训过程的权力和缺乏培训的营销努力，使培训在组织和雇员心目中处于可有可无的状态。

3. 培训效果难以评估

从目前大多数企业的培训体系来看，尚无法保证有限的培训投入产生理想的培训效果，因此，尽快建立和完善培训体系，在制度、机构、人员、经费、课程、教材、设施和运作机制等方面规范化、制度化是组织的当务之急。

4. 将企业培训与学校（学历）教育混为一谈

企业培训，有着与学校教育不同的规则和方法，企业培训的目的是通过培训改变行为进而改变业绩。企业培训必须经过严格的需求分析，有针对性地设计培训课程，及时地评估、反馈，有效地辅导，才能取得良好的培训效果。

5. 培训不规范，在实际操作中碰到诸多问题

（1）无培训计划。培训时间的安排随意性很大，没有专门的培训管理制度，缺乏相应的培训规范和培训指导教材，甚至连培训讲师也是临时选择的。一旦遇到组织的其他活动，首先让路的就是培训。

（2）培训项目和内容脱离实际。培训什么？这是培训计划中必须明确的问题。很多组织在确定培训项目和内容的时候不是依据组织的实际需要和雇员需要，而是凭感觉，照搬其他组织的培训。对培训讲师的授课内容也缺乏必要的检查，很多企业在外请培训师之前都没有与培训师进行基本的沟通，盲目追求社会性培训热点。

（3）培训方法单一。组织培训还是采用最简单的课堂式教学，搞单纯的理论灌输。究其原因是培训组织者缺乏培训的专业知识，对培训的内容也知之甚少，认为培训就是学校教育。同时很多培训师习惯于单纯的理论讲授，还没有熟练掌握现代教学手段和教学方法，培训与实际相脱节，培训效率低下。

（4）培训制度不完善。培训工作要点及新雇员指导方法、培训训练方法、培训过程管理制度、培训手册和教材以及培训考核方法和跟踪评价等制度往往被忽视，没有规范的制度就没有规范的培训。鉴于培训成本比较高，组织的培训活动必须经过精心设计与组织实施，并将其视为一项系统工程，也就是采用一种系统的方法，使培训符合组织目标，让其中的每个环节都能实现员工个人、工作及组织本身三方面的优化和共赢。

（三）对策建议

培训固然重要，但培训工作不好搞。是什么因素左右了组织培训？从外部因素看，主要有政府政策因素、法规因素、经济水平（与培训次数和质量成正比）、科技水平（与培训的次数和质量成正比）、劳动力市场（劳动力市场的人力资源质量与组织培训的次数成反比）。

从内部因素看，组织战略与发展前景越远大，组织越重视培训；随着组织的生命周期（创业期、成长期、成熟期与衰退期）的变化，培训的内容和数量都会有不同的特征。不同行业的组织对培训也有一定的影响，一般来讲，第三产业和高新技术的组织进行的培训较多，因

为人力资源的好坏对其发展影响重大；员工素质越高，对组织培训的需求也越大，反之，则少；通常管理人员的发展水平与重视员工培训的程度成正比；组织的文化特征对于培训的影响也极其关键，它直接关系到组织与个人对培训能否认同并接受。

相当多的组织所面临的问题是如何将树上的桃子放到嘴里。而组织往往只能种树却没有吃到果实，或者只吃到一些食之乏味、弃之可惜的果实。这也许使许多组织对培训丧失了信心。那么，如何才能让培训更有效呢？

1. 要得到组织的支持

获得组织的支持是保证培训取得成功的关键。获得支持的程度会因组织实际情况和培训项目的不同而有所不同，但就组织培训的有关事项取得决策者的同意，这是最基本的。对于决策者，人力资源管理部门应当明确表述培训需要，从而确保决策者采取以下五种措施以支持培训的开展：① 培训确定一个明确的目标；② 必要时亲自参加培训；③ 确保重要人物的参与；④ 学员培训内容的实际操作；⑤ 为培训提供必要的财力、物力、人力与智力支持。

2. 要不断鼓励任何进一步学习的行为

如果要使培训对提高组织员工的能力有长期稳定的影响，培训者必须确保他们对组织发展趋势及面临的挑战了然于胸，并与之同步前进。与此同时，必须尽力形成培训的参与意识，鼓励思想交流、资源共享，从而进一步鼓励员工参与培训。任何一次培训的结束都是新一轮培训的开始，通过培训激发员工学习的欲望，有助于提升员工学习的能动性和自觉性，从而提升企业培训的效益。

3. 切勿忽视结果的导向

组织往往花太多的精力去考虑培训过程，而不花必要的精力去确定要达到预期目标所需要的条件。应该用更多的时间去检验培训项目结果是否与预期目标一致。如果在培训的计划阶段就有对培训最终效果的预测分析，以培训结果导向考察组织中的相关问题，就可以使人们早早看清培训过程中潜在的阻力或影响因素。

4. 要贴近组织实际运作情况

大多数组织都不太可能把员工拉去做太多的与工作无关的培训，而且在培训中多一些现实的色彩也可以大大提高培训的效果。培训项目的设计要充分考虑企业现实的需要和发展的需要。针对现实的需要往往是针对问题的培训，要明确企业存在的问题，培训项目的设计针对问题，培训效果的评估就是看问题是否得到了有效解决，或者有助于问题的解决。针对发展的需要，就需要有效考虑培训项目与战略、与职业生涯规划、管理梯队建设等管理项目相结合。

5. 树立学习榜样

通过培训，让组织员工有一个良好的学习目标和榜样，有助于在培训以外的工作中不断提高自己，共同进步。

6. 积极创造培训成果转化的环境

培训—运用—再培训是一个培训的良性循环，众多企业重视培训而忽略培训成果的运用，忽略培训和应用之间的紧密关联。某行政人员得到公司许可和费用支持攻读在职会计学硕士研究生，可毕业一年后该员工交了补偿金之后离开了企业，原因就在于其毕业之后依然从事原有的行政工作。

五、21世纪培训的发展

（一）培训的国际化

随着经济全球化与科学技术的迅猛发展，时间和空间上的距离正在缩短，不断增强的流动性、现代化的交通与通信技术都促使人们认识到跨文化沟通的重要。于是，国际化培训也获得了很大发展。在过去的10年中，越来越多的人认识到企业必须跟上世界先进水平才能生存并获得发展。培训业作为世界经济中一个蓬勃发展的行业同样也需要市场化、国际化，培训业的产品和服务项目具有大量的市场机会。高质量的培训体系和课程设计、培训技术等方面的发展，都使我们看到了极具市场开发价值的培训前景。

如今在美、日、德等国家正在进行培训观念的革新，其员工要求得到战略性的并且能在前沿领域超过竞争对手的培训，包括多媒体技术、高效学习和提高素质等方面的培训等。培训的国际化趋势反映了培训观念的新变化：

① 在培训的内容上，强调了解世界、了解他人的重要性。培训面临双重的使命：了解自己，表现自己的差异，追求自己的变化，加强同社会或群体的团结；同时要致力于克服闭关自守，在尊重多样性的基础上了解他人，最终使得团结更为自然。② 在人力资源教育与培训中开展国际合作，在国家之间公正地分享知识，从而造就更多的培训合作项目。

（二）培训新趋势

21世纪是知识经济时代，也是组织不断发展和创新的时代，培训作为组织中不可缺少的一部分也在不断地发展和完善。

1. 学习方式更为分散

在刚刚过去的几十年，世界经济的变革中产生了更小、更灵活的组织，与此同时培训对象也更为复杂。为适应这一切，员工必须注重现场学习和技能的强化，他们不仅自己要学习而且要促进整个团队的学习。随着培训的权利和职责从集中管理向分散的工作场所转换，过去处于中心位置的培训者将成为学习顾问，帮助、指导并支持所在岗位的工作，不断推进革新，提高绩效。

2. 学习终身化

在当今世界，知识、技能、价值观变化的速度越来越快，学习已经不是人生某个阶段的行为。在处于不断变化的信息社会中，我们已不能期望受到一次教育就一劳永逸了，现在没有一种知识或技能可以终身受用。培训第一次真正成为以各种方式贯穿于人的一生，并尽力使其满足人们在不同阶段发展需要的一种管理手段。培训的未来将倾向于这样一些能培养终身学习习惯的事物：① 善于总结经验，并将其视为一个学习的途径；② 抛弃单调乏味的传统学习方式；③ 善于学习他人的长处；④ 勇于尝试新方法；⑤ 能够主动求教；⑥ 破除一切阻碍主动学习的思想；⑦ 对自己认识更清楚，明确职业生涯发展方向；⑧ 善于突破学员身份的束缚，尝试着向培训者的身份转变。

3. 培训形式的多样化

培训方式、方法本着学用一致，按需施教，讲求实效的原则，并呈多元化的发展趋势。

其主要体现在如下几个方面：

（1）在体制上，趋向于集中化的控制、分散性的管理。

（2）培训方式多元化，有委托培训、自修、职业指导、业务培训、现场培训和岗位轮换等诸多形式。

（3）组织与教育界的联合。企业界和教育界对人力资源的培训开发进行合作，供需双方协调；教育界和企业界相互补充，相互促进，对培训有较大促进。

4. 培训的科技化趋势

随着科学技术的发展，科学技术对培训的影响越来越大，特别是现代信息处理技术在教育培训中得到广泛应用，促使培训技术更加先进。高新技术使人们与数据、信息和先进的教育体系空前密切相关。随着技术水平的提高，交流的潜力也随之提高，而不再受距离的束缚。需着重指出的是，没有哪一项技术具有特殊的优越性。重要的是该技术应能达到组织和学员的要求，而且应当得到适当的支持，必须有足够的时间、资金和人员支撑这一体系，否则技术将成为大而无当的摆设。

5. 学习型组织的潮流

学习型组织是一种具有以下特征的组织：接受新观念的开放性；具有鼓励并提供学习与创新机会的文化；具有整体目标；学习意愿强；强烈地效力于新知识传播；敏于学习组织环境外的新知识。学习型组织反映了当今组织与知识和技术变化的适应。总之，学习型组织的观念强调知识、科学、技术对组织的重要性，并倡导组织作为知识创造中心的作用。在这样一种组织里，每一个人都是学习者；每一个人彼此相互学习，促进组织的变迁；同时强调学习的持续性。实际上，学习型组织已经成为一种发展的现实，而非仅仅是理念。在许多发达国家，企业组织的培训和教育规划如此广泛与深入，实际上代表着学校以外的另一个学习体系。

6. 知识经济时代的培训

世界正在步入一个崭新的知识经济时代，新的理念、思想冲击着一切旧有的事物，培训亦不例外。

（1）信息技术为培训带来的前景。随着现代信息技术的飞速发展，培训手段不断更新。① 再现型传播媒体的应用使培训实现"经验替代功能"，如幻灯、投影、电影和电视等设备的使用，将人们的直接经验和知识，进行从真实到再现、抽象到形象、枯燥到趣味、复杂到简化的转化。② 电子多媒体扩展了培训的"系统学习功能"。通过将数字、符号、声、像等多种信息储存和再现的多媒体技术，人们可以高效实现集理论学习、技能训练、问题解决为一体的完整的、系统的学习过程。③ 现代多媒体巨大的存储和选择功能，极大地扩充了知识储存的空间。④ 全球互联网和信息高速公路使培训具有超越时空的功能。人们的学习冲破了场地、时间和教师的限制，可以随时随地请来世界上最好的教师，学到最需要的课程。

（2）学习者将要面临的问题。与网络的快速、多变和无穷选择功能相比，人的生理和心理特点决定其需要相对的平稳、有序和有所选择。因此，在网络的"人机交融"中，不可避免地存在着矛盾冲突，网络中的学习者将面临诸多挑战。① 信息丰富与"知识贫乏"。与巨大的信息和知识量相比，学习者将会发现自己越来越显得"知识贫乏"。这是由于学习的有限性和滞后性与知识增长的无限性和快速性产生的极大反差所造就的。人类的学习能力将受到极大的挑战。② 学习的阻力——旧的思维模式。根据心理学知识，人类认识事物的过程在时间顺序上一般是：感觉—知觉—思维—顿悟（灵感）。思维活动是人类对外界事物认识的理性过程，是认知的高级阶段，处于相对滞后的状态。当人们感觉到外界变化时，由于理性思维认识尚需要一定的时间，因此，人们常常沿用旧的思维方式看待已经变化的世界，从而妨碍和减慢了对新事物的认识过程。如果外部变化加快，若不树立思变观念，理性思维的滞后性将愈加明显，旧的思维模式对学习新的知识的阻碍作用也会更加突出。③ 人的适应能力将面临考验。在环境变化时，人们为了维持心理状态的平衡，通常以两种方式进行调节：一种是"正向激励型"，另一种是"负向逃避型"。这就使人们面临一定的考验。④ 创新能力是未来的核心竞争力。知识经济时代并不是成功者的乐园，是否取得成功，不仅在于能否掌握知识、技能，关键在于是否具有创新能力。创新是新的经济增长和价值倍增的关键所在，只有不断地创新才能保持领先，创新能力是未来成功者的核心能力。⑤ 信息茧房约束。基于互联网的学习，学习者习惯被系统记录从而被动被同一类信息包围，结论的逻辑被简化。

第四节　人力资源培训的数智化发展

员工培训是人力资源管理的一项重要职能,是实现个人发展和组织最高目标的重要保证。在 AI 时代，以云计算、物联网、区块链和 5G 等为代表的数字科技正推动着企业的人力资源培训数智化转型，使企业的员工培训发生了巨大的变化。一方面，基于大数据和 AI 算法分析，企业可以根据每个员工的实际情况来精准推送培训内容，满足员工的个性化需求，提高员工的培训体验。另一方面，数字科技创新企业培训的方式和组织管理模式，使企业的员工培训更加便捷高效，效果评估更加科学，降低了企业培训的成本。因此，很多企业更加重视并推动员工培训的数智化转型。

本节将从数智化人力资源培训的含义、原则、内容和环节四个方面详细分析企业在 AI 时代如何更加科学、精准地开展人力资源培训。

一、数智化人力资源培训的含义

人力资源培训主要是指有组织、有计划地帮助员工掌握与工作相关的技能的过程，并能够在日常工作活动中加以运用，从而提高工作绩效。员工培训强调的是帮助员工更好地完成当前承担的工作。

AI 时代：人力资源管理数智化转型。数智化人力资源培训是指企业为了更好地实施数智化转型战略，利用数字科技，帮助员工学习与工作相关的知识、技能与能力，提升员工素质并赋能企业不断发展的管理过程。

二、数智化人力资源培训的特点

数字科技应用到人力资源培训工作的各个环节，使人力资源培训工作更好地适应企业内外部环境的变化，表现出优越性，促进企业持续发展。数智化人力资源培训的特点主要包括培训方式多样化、培训内容个性化、培训学习高效便捷、培训评估更科学。

（一）培训方式多样化

在数智化人力资源培训环境中，学习者的培训方式发生了巨大的变化。目前，数智化人力资源培训主要有游戏化学习、模拟环境学习、移动在线学习等多种方式。企业可以根据不同的情况，选择不同的方式对员工开展培训，提升培训的趣味性，增强员工的学习体验，提高企业人力资源培训工作的质量。

数智化人力资源培训游戏化通关的培训方式可以提升培训的娱乐性，激发员工参与学习课程的积极性。例如，DR 集团在员工培训中采用游戏化的学习方式，员工可以使用公司的游戏化平台学习、做题和玩游戏。在这个过程中，重复练习培训内容，不仅可以让员工了解到知识点的有用性，也可以让员工在短期内得到反馈。此外，游戏化的学习方式也促进了 DR 集团培训知识内容的快速转化，极大地提升了公司培训的效果。最终，DR 集团通过跟踪游戏化学习平台的数据发现，使用游戏化学习平台给企业带来了一些积极影响：员工试用期的绩效同比提升了 14%，达到五年以来的峰值；此外，企业的员工保留率同样也达到了五年以来的峰值，提升了 18%。

而模拟环境学习基于虚拟现实（Virtual Reality，VR）、增强现实（Augmented Reality，AR）、混合现实（Mixed Reality，MR）、物联网（Internet of Things，IoT）等技术，可以生成逼真的模拟环境，使员工对学习内容有特别"真实"的感性认识并沉浸到该环境，从而更快速地掌握知识和技能。如 HN 电网公司鉴于电力系统的特殊性，开发完成了虚拟现实数字化电力安全规程培训实用化项目，将虚拟现实技术应用到了企业的技能操作和应急处置培训环节，将安全生产警示教育虚拟和具体化，让员工在最逼真的虚拟场景中，体验最常用的电力操作，模拟最严重的事故后果，拉近了员工与一线的距离，解决了理论与实践相脱离的问题，大幅降低了培训的成本，提高了培训的效能。

（二）培训内容个性化

培训内容个性化是指企业根据员工的职业发展规划、兴趣爱好等实际需求，提供符合员工发展需要的学习内容。随着企业数智化转型的加深，人才发展的个性化趋势越来越明显，企业越来越关注每个人的培训需求。数智化人力资源培训借助人工智能、云计算、大数据等技术手段收集分析员工的培训经历、学习偏好、工作绩效等各类数据，构建员工的现实画像，并将其与该工作岗位上标杆员工的标准画像进行对比，帮助员工获得精准的培训目标，并推送相应的学习内容，合理匹配员工的个性化培训需求，提升企业培训的针对性和有效性。

例如，PA 集团借助大数据、人工智能等数字技术形成"职业教育大脑"，打造千人千面移动学习系统。移动学习系统覆盖了互动直播教学、个性化学习推荐、智能实训陪练、智能学习助理、智能培训管理等培训全流程，同时涵盖新员工快速上岗培训、业务骨干专业能力提升、新晋管理者初带团队训练、中高级管理者业务转型落地等员工培训，以及党建思想宣教、战略文化宣导、业务标准化执行、综合职业素养提升等企业培训全场景应用。这使企业基于员工全景画像、岗位画像与海量课程库，智能识别员工能力与公司发展要求之间的差异，对员工入职、转正、晋升、调岗、绩效考核等关键职业生涯节点，精准推荐个性化学习内容，全流程追踪学习效果，真正将知识转化为价值，为企业人才发展插上科技赋能的翅膀。

（三）培训学习便捷高效

相对于非数智化人力资源培训，数智化人力资源培训具有更加便捷高效的特点。随着学习管理平台和移动设备在数智化人力资源培训中的普及应用，员工只需借助智能手机或者电脑即可随时随地利用碎片化时间进行学习，突破了时间和空间对培训的束缚。这既有利于减少企业培训在场地、差旅费、时间等方面花费的成本，又有利于培育组织良好的学习氛围，促进员工形成终身学习的好习惯，推动企业向学习型组织转变。同时，学习管理平台还可以将培训管理人员从繁杂的培训通知、学员信息收集等基础性工作中解放出来，把更多的精力转移到培训过程管控、培训教材编制、培训策略制定这些创造性的工作中来，极大地提高了培训管理工作的效率。

例如，B 公司为满足其人力发展需求，设立了个人学习与发展中心，综合运用网络、手机等媒介，面向所有员工提供在线培训。培训内容包括技能培训、模拟实验室、初级领导者、中级领导者课程，通过该平台为员工提供互动交流的机会，同时电子图书馆随时向员工开放，保障员工培训在时间和空间上的灵活性。

（四）培训评估更科学

非数智化人力资源培训缺乏对员工学习情况的实时跟踪，很难将培训的效果进行定量化跟踪和评估。而数智化人力资源培训依托于学习管理平台，能够对企业培训全流程进行监控和管理，包括培训需求分析、培训预算制定、学习内容管理、员工学习效果测试等，使企业充分掌握培训的情况。同时企业还可以通过学习管理平台提取员工的学习偏好、学习时长、学习测试分数等多项指标数据进行多维度智能分析，一键生成可视化报告，为企业培训效果的评估和考核提供科学依据。

以 ZS 公司为例，ZS 公司建立了自己的培训平台，将培训转移到"云端"。一方面，通过公司培训平台与人力资源管理系统的互联互通，将员工基本信息和各类学习培训结果整合为信息化档案，为员工的学习地图和岗位变化的动态调整提供科学依据；另一方面，将数字科技充分融入员工培训工作，对培训实施过程中的培训需求、培训设计、培训过程管理等内容进行动态管理，实现培训全流程管控和评估。

三、数智化人力资源培训的原则

员工培训不仅关系企业的现状，更关乎企业未来的发展。数智化人力资源培训作为人力资源管理数智化转型的重要组成部分，在企业的具体实施过程中应遵循以下几项原则。

（一）服务战略原则

服务战略原则是指培训的数智化转型并不是独立的转型，它首先要服务于企业业务的数智化战略转型，数智化人力资源培训的目标要始终与企业的战略目标一致。

将一个企业运营好，战略至关重要，战略分析是第一步。因此，数智化人力资源培训的开展也应从企业的战略出发，服务于企业的数智化转型战略，以此来明确企业为什么要进行数智化人力资源培训，企业数智化人力资源培训的定位是什么，以及怎样建设开展数智化人力资源培训，将来怎样完善发展。具体来看，企业的数智化人力资源培训要充分运用 AI、大数据、人工智能等数字技术赋能企业的人才培养全流程，充分发挥人才培养的价值，提升员工的胜任素质，从而更好地完成工作，为企业的数智化转型战略落地提供强有力的支撑。

（二）以人为本原则

以人为本原则是指企业的数智化人力资源培训要以员工为中心，立足于员工的个性化学习需要，激活员工的学习积极性，提升员工的学习体验，为每一位员工赋能，提升组织效能。

在 AI 时代，企业的员工逐渐以数字原生代为主力军，他们对培训的要求也越来越高。相对而言，他们更加注重培训过程中的学习体验，更加渴望企业的培训能够满足他们的个性化学习需要，从而更加有利于他们吸收知识和提升技能，不断增强自身的竞争力。因此，这就要求企业以员工为中心来设计培训，结合企业的发展战略和员工个人职业生涯发展规划，并充分应用人工智能、大数据、云计算等数字技术分析员工的培训需求，提高企业培训内容的精准度和匹配度，激活人的学习动能，进而驱动企业不断地向前发展。

（三）动态性原则

动态性原则是指企业的数智化人力资源培训不是固定不变的，而是要根据内外部环境变化，不断完善改进组织内部的人才培养工作，以帮助组织不断适应时代发展的需要。

在 AI 时代，企业发展面对的外部环境瞬息万变，推动着组织不断地演化变革，这对企业的培训工作提出了更高的要求。与此同时，中国正面临百年未有之大变局，国际局势复杂多变，国内经济社会发展的不确定性和不稳定性因素增强，企业发展可以借鉴的经验越来越少，需要更多的创新和尝试。因此，动态性原则要求企业培训工作应密切关注行业的总体发展态势和趋势，开拓创新，与时俱进，用新的培训理念、新的培训技术、新的培训方式来对员工进行培训，为企业培养符合时代发展需要的人才。

（四）敏捷性原则

敏捷性原则是指企业培训能够快速捕捉并响应数智化转型背景下员工知识、技能和态度的变化及新需求，维护相对稳定的员工学习状态，提高员工接受新事物的能力，进而提升组织效能。

彼得·圣吉在《第五项修炼》中提道："未来唯一持久的竞争是有能力比你的竞争对手学习得更快。"企业在 AI 时代的竞争力很大程度体现在企业的学习能力上。因此，一方面，培训管理人员要充分利用数字技术收集信息，力求比竞争对手更敏锐地察觉时代的发展趋势，快速识别员工所需要提升的技能，为企业在未来的发展中赢得竞争优势。另一方面，企业要推进人工智能、大数据等数字技术与培训的深度融合，让员工能够通过智能化的学习平台修炼提高数字化技能，推动数字化人才的培养，提升组织的竞争力。

四、数智化人力资源培训的内容

数智化人力资源培训的内容通常涵盖以下方面：

（1）数据驱动的人力资源管理：培训会教授如何收集、分析和利用数据来支持人力资源决策，包括数据收集和整理技术、数据分析方法、数据可视化等内容。

（2）人力资源信息系统（HRIS）的使用：培训将介绍如何使用人力资源信息系统来管理员工信息、薪酬、福利、绩效评估等方面的数据，培训可以涵盖 HRIS 系统的功能、设置和使用。

（3）人力资源分析和预测：培训会介绍如何利用数据分析技术来预测人力资源需求，识别人才缺口，评估绩效和提出改进建议，这包括使用统计、机器学习和预测建模等技术。

（4）员工体验和参与度：培训会强调如何利用数智化工具和平台来提升员工体验和参与度。这包括员工调查和反馈系统、员工自助服务门户、虚拟沟通和协作工具等。

（5）人力资源数字化工具和应用：培训将介绍各种数字化工具和应用程序，如招聘系统、培训管理平台、绩效管理工具等，培训将向参与者展示如何使用这些工具来管理不同的人力资源活动。

（6）数字化人力资源战略和变革管理：培训还将讲解如何制定和实施数字化人力资源战略，并管理与数字化转型相关的变革过程，这包括组织文化的转变、技能培养和组织架构的调整等。

在 AI 时代，企业比以往任何时候都更需要依赖数字化人才的关键技能来推动企业的成功转型，但目前企业面临的一个重要挑战就是缺乏足够的数字化人才来支撑企业的数智化转型。报告显示，在数智化转型的大背景下，到 2022 年，预计将有 7 500 万个工作岗位被取代，同时，也将创造 1.33 亿个新的岗位。一般来说，企业可以通过外部招聘新员工和内部员工技能再培训两种方式来填补因未来技能变革所产生的人才缺口。因此，本节将从新员工入职培训和人才技能再培训这两个方面重点阐述数智化人力资源培训的内容。

（一）新员工入职培训

新员工入职培训又可称为岗前培训，是指通过培训帮助新员工了解企业的基本情况，明确所从事工作的基本内容与方法，以及自己工作的职责、程序、标准，并向他们初步灌输企业及其部门所期望的态度、规范、价值观和行为模式等，从而让他们顺利地适应企业环境和新的工作岗位，尽快进入角色。新员工入职培训内容主要包括三个部分，分别为融入企业、匹配岗位、传达价值。

首先，"融入企业"是指向新来的员工介绍组织的各项情况。向员工介绍企业概况是新员工入职的首要内容，可以增强员工的归属感，降低离职率。企业概况主要包括组织的各项规章制度、组织文化、组织结构、组织经营现状、组织安全措施、组织历史、组织发展前景等内容。例如，G 电网公司在对新员工入职培训时更加突出理想信念教育，重点强化了企业精神、企业战略、企业文化和纪律规矩的宣贯。

其次，"匹配岗位"是指使新员工获得与岗位相匹配的技能与知识等，通常称为业务培训。业务培训是新员工入职的重要内容，可以提高员工的工作效率。业务培训主要包括岗位上下级关系、岗位基础知识、岗位使命、岗位职责等。例如，M 集团在新人培训中通过见习在岗培训来培养员工的产品开发、客户谈判、紧急事件处理等相关业务能力。

最后，"传达价值"是指让新员工知道组织鼓励什么、追求什么。实现理念认同是新员工培训内容的必要环节，可以帮助员工明确工作态度。理念认同包括员工对待职业的责任感、对待工作的态度、对未来自我发展的意识、具有遵守组织规章制度的意识等内容。例如，W 酒店在为学员介绍企业概况的同时也传达工作精神和工作文化，让员工更主动积极地工作，增强工作的责任感。

（二）人才技能再培训

技能再培训是指企业投资于员工的持续发展，提高或重塑员工的技能以解决 AI、大数据、云计算等技术进步所带来的技能短缺问题，从而推动企业数智化的成功转型。对于人才技能再培训，企业培训除了"硬技能"之外——冰山模型的外显部分，还包括"软技能"——冰山模型的内隐部分。

1. "硬技能"培训内容

"硬技能"即数字技能。数智化人力资源培训不单是对拥有互联网、云计算、大数据等技术专业技能的人才进行培训，而是覆盖了从数字技术研发到管理全领域人才的培训。根据所处行业的不同，在数智化转型下，人才大致可分为数字化专业人才、数字化应用人才与数字化管理人才。对待不同类型的人才，需要对其进行培训的内容也存在差异。

数字化专业人才的培训聚焦专业技能打造，搭建基础架构是企业数字化转型的基石；数字化应用人才的培训注重"数字化技能 + 业务场景"，提高业务效率和价值；数字化管理人才培训针对首席信息官（Chief Information Officer，CIO）、首席运营官（Chief Operating Officer，COO）、首席技术官（Chief Technology Officer，CTO）、首席人力官（Chief Human Resource Officer，CHO）、首席执行官（Chief Executive Officer，CEO）等高级管理者，旨在提升高级管理者对推动企业数字化变革的能力。

人才技能再培训是针对目前员工技能现状，同时预测未来培训需求，为员工提供的培训服务，主要满足企业、个人在数智化转型工作环境中与 AI 时代相关的数字技能再发展需求和持续学习需求的服务。

2. "软技能"培训内容

"软技能"即行为技能。与硬技能相比，软技能的构成更为多维和复杂，在很多行业和特定的职位中，已经呈现出软技能的重要程度等同于硬技能的趋势。

过去企业一直大力投资数字技能。实际上，在充满各种数智化要素的新业务环境中，数据科学等全新的专业领域已经渗透到各行业，虽然仍有难以弥合的技术缺口，但企业一直都在努力从多层面去减少这些缺口带来的影响。因此，企业在适应不断变化的环境持续创新并取得成功的过程中，通过行为技能培训员工的重要作用越发明显。

相较于大型企业，中小企业对软技能的重视程度尤为强烈。中小企业成长速度较快但人才规模有限，要求员工承担更多的岗位职责。因此，员工需要依靠驱动力提高自身胜任素质，促进企业发展，真正做到个体和企业共同向数智化迈进。2020 年的一项调查显示，当前职场内部竞争加剧，以下三项素质型软技能正在逐步成为职场竞争力的核心指标。

与此同时，目前我国企业的高层管理者对于软技能的重视程度也在不断提高。据 2018 年的一项调研结果，中国高管对软技能的重视程度有超过硬技能的趋势，他们最看重以下四项素质型软技能，分别是人际沟通与协调能力、团队合作能力或自主学习能力、抗压和情绪管理能力、批判性分析能力。

不断变化的 AI 时代大环境需要员工具备可持续的能力，不仅需要硬技能在当下的应用，同时也需要软技能在未来工作中持续为员工赋能。硬技能即有形的知识技能推动软技能即思维能力等的进一步提高，同时软技能的发展又带来硬技能的创新和突破。软硬技能相结合的过程是让人才具备有效沟通的能力，更好地运用问题解决技能和批判性思维技能，通过新技术推动创新，促进企业的发展。

案例思考

AI 时代，数字化培训让企业焕发新生

近些年来，数字经济的蓬勃发展为企业带来了新的增长机遇，在追求创新增长的道路上，企业经营边界不断被打破。与此同时，企业所面临的先进人才短缺问题越来越突出。毕竟，数字化更关乎人，而非技术；任何企业都可以投资先进技术，可是创建一支随时可以使用最新技术的员工队伍却困难得多。

因此，谁能进行有效的人才培训管理，谁就能找到企业进化升级的钥匙，再造创新能力，重塑企业核心价值。但不少企业发现，尽管在员工培训与教育上年复一年地投入大量资金，却并未得到理想的回报。基于传统方式的培训往往收效甚微，无法解决当前组织学习中存在的诸多痛点，比如：关键岗位的能力培养任务越来越复杂，人才对学习的需求愈发个性化，企业文化业务宣贯链路变得越来越长。

为了应对这些难题，行业诸多玩家纷纷挖掘数字化新技术为企业学习、人才培训管理变革带来的新势能。近日，平安集团党委副书记兼集团首席数字运营执行官黄红英在给伙伴的一封信中，提及平安知鸟 2022 年度业绩成果以及各项 AI 能力的案例效果，向外界传达 AI 能力已经逐渐成为技术服务商的新武器，也逐渐宣告着企业培训这项应运而生的现代企业"工种"逐渐焕发出新的生命。

诞生于平安集团内部的平安知鸟，依托平安集团的核心技术，致力于将人工智能更好地和教育场景相结合，为企业提供智能培训整体解决方案，向个人提供终身学习服务，进一步增强企业竞争力及凝聚力，筑牢企业发展的护城河。

关键岗位的标准化：复制成功经验，形成统一作战风格。

对企业来说，关键岗位是业务发展的重要支撑，也是企业培训工作的重中之重。运用更加高效的方式进行关键岗位的人才培训，将直接影响到企业的业务增长潜力。

然而，摆在企业面前的问题是，如何将更多的业务经验沉淀在组织里而非个人身上，这样才能实现人员整体能力的指数型提升，形成统一的作战风格。

比如，作为客户服务的主力军，一线销售人员、咨询顾问的能力关系到企业对外服务的质量。但是，销售服务的过程考验的是员工快速解决实际问题的能力，传统的培训方式无法复刻复杂多变的业务场景，也不能将少数优秀员工的成功经验变为可复制可共享的知识体系，这不仅会对客户服务水平产生负面影响，也让周期长、效果差的企业培训难以持续有效地开展。

AI 的应用在一定程度上解决了这一问题。比如平安知鸟基于深度学习 BILSTM、RNN 算法、意图识别、微表情识别等技术，为一线销售、客服等关键岗位量身打造了智能陪练，通过与虚拟机器人开展真实情景对话，身临其境地进行业务演练，强化销售技能，实现话术重塑。

员工可以与智能陪练模拟的客户开展情景式对话训练，当模拟客户提出关于产品、价格、合作模式的咨询时，员工通过语音向模拟客户进行产品详细介绍，系统会从回答的完整性、逻辑性、准确性等维度为对话质量进行打分。同时，基于微表情识别技术，系统还会基于响应速度、服务态度、感染力三大模型进行综合评估，对该员工的语气、感染力、亲和力等进行打分，最后提出综合改进建议。

相比传统的话术培训，智能陪练不仅帮助业务员快速掌握产品话术，显著提升业务技能，还可大幅减少组织人力投入。

员工学习的个性化：游戏化思路，从被动学变主动学。

数字化时代的生存逻辑要求企业具有持续的生长能力，更具创造性的年轻人才就是企业宝贵的资产。

不过，针对年轻人的管理一直是让许多管理者备感头疼的课题。年轻员工更倾向于多元的企业文化，更加看重工作中的趣味性和价值感。尤其是伴随着00后及10后员工逐渐进入职场，他们天生对数字化、游戏化的职场体验更加敏感，在工作中追求的是新鲜与乐趣，更多地将工作视为自身价值实现，而非单纯的谋生手段。

对新一代员工来说，企业传统的管理模式是一种极大的束缚。比如在企业传统的培训体系下，长达数月的组织学习往往是枯燥而无趣的。为了应付"学习KPI"，员工往往在漂亮的学习数据上下足了表面功夫，但实际的学习效果其实并不理想。因此，构建更能激励年轻人的职场升级体系，满足他们个性化的学习偏好，有效激励新生代员工，充分发挥他们的潜能，是企业迫切需要解决的一大难题。

答案就在把"乐"融入管理，给员工乐于学习的理由。比如，通过游戏化的思路，让员工爱上学习，从被动学变成主动学，在轻松有趣的环境中实现自我提升。

平安知鸟正是利用了这一点，以游戏化的模式激发员工的学习兴趣，实现了数字化、个性化的学习培训。基于个人、内容的画像，加上千人千面推荐的技术，将合适的知识和课程在合适的时间，推送给合适的人，解决了其学习动力及学习匹配性的问题。而通过小视频、直播、游戏通关等新的学习方式，则满足了员工个性化、碎片化的学习需求，大大提升了时间利用效率。同时引入UGC的分享模式，让员工成为内容的分享者，甚至还享有一些平台的收益，从而更加乐于参与其中，促进员工主动成长。

企业培训的规模化：数字技术加持，助力降本增效。

随着组织规模愈发庞大，企业管理者不仅需要构建一套覆盖各工种、各部门、各职级的培训体系，让每个人的能力都得以提升，才能跟上企业成长的步伐；也需要加强对企业文化的宣导，在组织内部形成一致的增长内驱力。

以往，这样的内部培训与宣导机制会显得十分复杂。因为大规模人才培训不仅是一笔不小的开支，对组织效率也是一种极大的考验。不少企业年复一年地在培训上投入大量资金，希望借此撬动组织改革，却无法保证企业战略能够从上至下实现高效贯彻。

而在数字化平台、创新技术的加持下，相关工作变得更加高效有序，而员工的体验也会变得更加简洁、清晰。

平安的做法可以为企业提供一些有价值的借鉴。比如，平安知鸟为了帮助企业解决规模化培训面临的降本增效难题，一方面打造了庞大的数字化内容库，通过整合行业优势资源，同时自建独家版权系列课，为企业培训提供超过20万+课程，以此建立起300多个行业员工全职涯、终身学习内容矩阵，覆盖企业培训常用26类需求，为企业提供多维度、线上线下、全矩阵的培训内容，满足企业培训全场景的内容需求。

另一方面，基于教育场景，打造AI直播，重塑直播系统，能够支持100万+员工同时在线参训，为企业大规模直播教学培训构建强互动、沉浸式线上直播环境，帮助企业提升培训及文化宣导效率。一个典型的例子是，平安集团主导研发的"清廉金融系列课程"，通过知鸟平台开放给平安集团的全体员工，在短时间内就实现了深圳地区 100 万保险从业人员快速贯彻。

当然，规模化培训的降本增效，还要得益于培训全流程的数据化。平安知鸟培训平台能够提供多层动态数据，以可视化高科技大屏，让企业拥有"数据驾驶舱"，实时感知企业员工培训状态。通过系统的数字分析形成多维全业务报表，满足企业从组织维度、人员维度、资源使用等多角度全方位分析、评估员工培训效果，达到持续高效优化培训效果的目标。

企业就像一个大的生态系统，要么在成长，要么在走向死亡。而人才则是衡量企业综合实力的重要指标，也是企业发展的核心竞争力。当人才在不断学习时，企业就会持续成长；反之，企业就会逐渐走向衰亡。因此，在企业培训的战场上，通过创建一个可以促进学习的数字生态体系，激发全体员工的创新活力，企业方能构筑穿越周期、抵御风险、持续增长的能力。

（来源：哈佛商业评论，2023 年 1 月）

思考：

AI 时代的大学课程教学可能有哪些改变？

问题：

以上案例给了你哪些启示？

【关键概念】

人力资源培训与开发　　人力资源规划

复习思考题

1. 人力资源培训与开发的意义是什么？
2. 人力资源培训有哪些方法？
3. 人力资源培训的内容有哪些？

【补充阅读材料】

10+张图看懂蒙牛新生代员工成长路径

"新生代员工"已经成为职场中坚力量，如何培养他们？如何激发他们的最大潜能？蒙牛的"绽放吧！青年"人才发展项目，通过花式玩法，把这群新生代盘活了！

"青活动"：职业课堂+兴趣圈子+脱口秀大赛

"青人才"：比武大赛

"青训营"：突破自我→拥抱变化→战略巩固→数智转型

青年兴则国兴，青年强则国强。青年人才的成长是国家持续发展的不竭动力，也是企业人才梯队建设至关重要的一环。青年人才带来的不仅是青春与活力，更是紧跟时代步伐的思维方式，这对数智化和创新驱动的蒙牛来说正当其时。2021 年，蒙牛启动了"绽放吧！青年"人才发展项目（附图 1），通过集团和常温事业部人力资源团队联动，打造面向未来的拔尖型青年人才队伍。

项目聚焦"新青年"员工群体，设置了"青活动""青人才""青训营"三个阶段，推出不同"玩法"来挖掘和培养青年人才，让青年人发声、发光并得到发展。

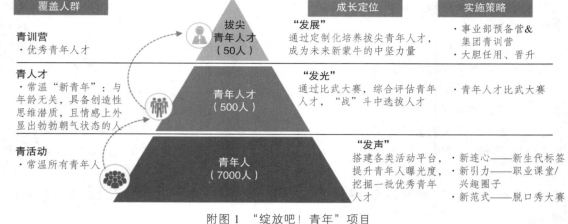

附图1 "绽放吧！青年"项目

青活动

活动平台促发声

项目第一阶段为"青活动"，面向青年员工群体搭建了各类活动平台，以提升青年人的曝光度，挖掘一批优秀的青年人才。

新生代标签，书写"新连心"

清楚青年人的真实模样，培养才能有的放矢。为此，项目组发出"青年征集令"，征集青年人自己的青春符号（Logo、海报），让青年为自己代言（附图2）。

（a）

Logo释义：

1.以"绽放吧！青年"为概念，以绿色为基础，展现青年人绽放青春、蓬勃向上的理念。

2.以绿色为主调，代表健康、生机、希望。

3.构成以椭圆、流线为基本要素，组合成QN；椭圆形内是藤蔓变形成为树叶，以此展现青年人由青涩到成熟的蜕变。

4.主体构思阐述：青年人的青春并不是一条直路，但无论道路多么崎岖蜿蜒，终究能走出属于自己的人生态度。不必行色匆匆，不必光芒万丈，不必成为世人称赞的某某，只需做真实的自己，向阳而生，提升自我，逐梦前行，最终总会绽放自己的青春！

（b）

附图2 "青年征集令"所征集作品（部分）

之后，项目组通过文献、访谈、调研三位一体的方式，更精准地描绘新生代群体，形成了蒙牛新生代人才画像与指南。

附图3为研究问题模型。

文献

围绕青年群体画像、社交喜好、职场行为、互联引擎等元素搜集分析业界优秀案例，从新生代的价值观、行为倾向、态度、期望等不同维度，提炼研究问题"员工与组织/工作/团队/领导是否匹配，对员工工作态度（工作满意度和组织承诺）、离职意愿、绩效、幸福感如何产生影响"。

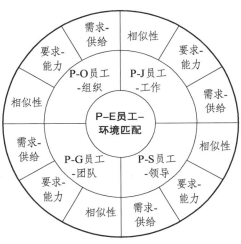

附图3 研究问题模型

访谈

结合文献研究结果，对不同部门管理层与非管理层代际员工进行访谈，从工作经历、工作内容、工作难点、经典案例、匹配因素、不匹配因素、改进措施等方面验证新生代群体特征维度，设计调研量表（附表1）。

附表1 调研量表

维度	指标	自查题项	是否匹配
员工-组织匹配	价值观	我个人的价值观与蒙牛的价值观和文化相匹配（蒙牛核心价值观：消费者第一；让牛人绽放；异想才能天开；正直立本，诚信立事。）	
	目标	我个人的目标与蒙牛的目标一致	
员工-工作匹配		你认为自己与工作对你的要求在多大程度上是匹配的	
	知识技能	我的专业技能、知识和能力与工作所要求的相匹配	
	个性特征	我的性格（如外向/内向、随和/难相处的、可靠/不可靠）与工作对我的要求相匹配	
		你认为现在的工作在多大程度上满足了你的需求	
	兴趣	我现在的工作与我的兴趣（如社交、艺术、传统偏好）是匹配的	
	工作特点	我现在的工作特点（如自主性、重要性和技能多样性）与我所期望的工作之间是匹配的	
员工-领导匹配	价值观	我和我的领导在生活中看重的方面是匹配的	
	个性特征	我和我的领导在个性上是匹配的	

续附表

维度	指标	自查题项	是否匹配
员工-领导匹配	工作风格	我和我的领导在工作风格方面是匹配的	
	生活方式	我和我的领导在生活方式方面是匹配的	
	领导风格	我领导的领导风格与我所期望的领导风格之间是匹配的	
员工-团队匹配		你认为自己与团队及团队中的其他成员之间在多大程度上是相似的	
	价值观	我和我的团队有相似的价值观	
	工作目标	我和我的团队有相似的工作目标	
	工作方式	我和我的团队成员之间有相似的工作节奏和工作风格	
		你认为自己在多大程度上提供了团队中其他成员所不具备的东西	
	需求-供给	我的团队能为我提供我需要的东西	
		我现在的团队具备哪些我期待的团队应该有的特征	
	知识技能	我为我的团队注入了独特的个性特征	
	个性特征	我为我的团队贡献了独特的知识、技能和能力	

调研

开展新生代画像问卷调研、轻陪伴管理研究以及追踪调研。项目面向常温事业部所有员工，在线发放 8 000 份问卷，聚焦"问题诊断、管理指南、追踪验证、实践应用"四大模块形成闭环（附图 4）。

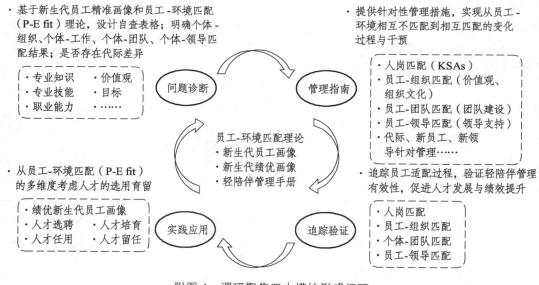

附图 4　调研聚焦四大模块形成闭环

经过数据分析，项目最终生成了青年人才画像（附图 5）、管理者轻陪伴指南和青年人才发展指南。画像精准描绘出新生代群体全貌及特征；轻陪伴指南帮助管理者更好地了解新生代，赋能新生代更好地成长；发展指南则协同新生代青年厘清个人成长路径。

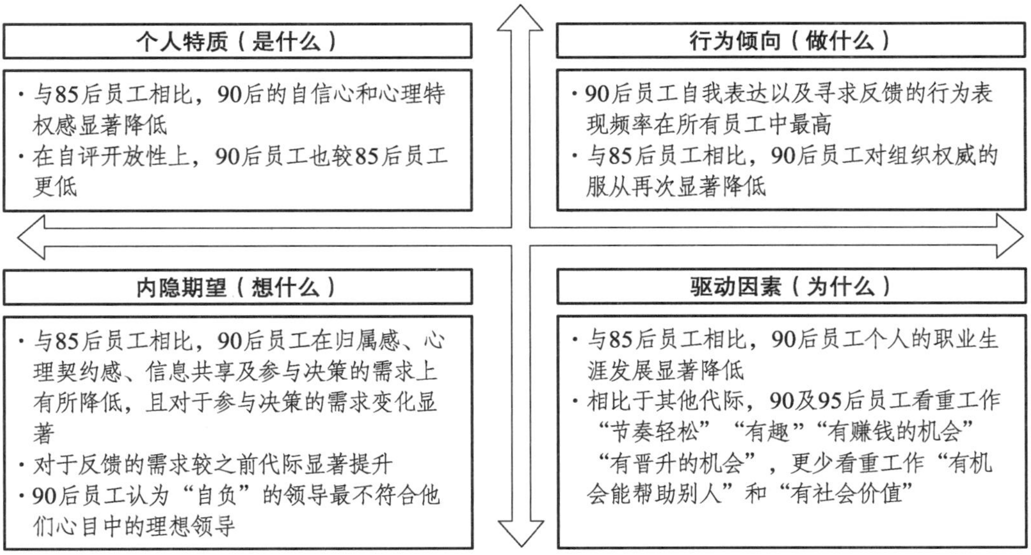

个人特质（是什么）
·与85后员工相比，90后的自信心和心理特权感显著降低
·在自评开放性上，90后员工也较85后员工更低
行为倾向（做什么）
·90后员工自我表达以及寻求反馈的行为表现频率在所有员工中最高
·与85后员工相比，90后员工对组织权威的服从再次显著降低
内隐期望（想什么）
·与85后员工相比，90后员工在归属感、心理契约感、信息共享及参与决策的需求上有所降低，且对于参与决策的需求变化显著
·对于反馈的需求较之前代际显著提升
·90后员工认为“自负”的领导最不符合他们心目中的理想领导
驱动因素（为什么）
·与85后员工相比，90后员工个人的职业生涯发展显著降低
·相比于其他代际，90及95后员工看重工作“节奏轻松”“有趣”“有赚钱的机会”“有晋升的机会”，更少看重工作“有机会能帮助别人”和“有社会价值”

附图5　青年人才画像

职业课堂+兴趣圈子，打造“新引力”

清晰了新生代群体画像，接下来如何打造“新引力”？职业课堂与兴趣圈子紧随而至：做新生代群体的职业“引路人”，明确个体职业发展定位；让新生代群体成为个体兴趣的“引领者”，绽放青春魅力。

职业课堂

通过“新生代认知及职业规划”专题分享和职业发展访谈，解答职场困惑，助力加速成长。

如访谈青年人对于职业发展有哪些困惑或问题，与大咖面对面想请教些什么；访谈管理者作为“过来人”有什么职业发展建议，以及对蒙牛青年人有哪些期待。

兴趣圈子

组织多期兴趣圈子分享，邀请生活达人们聚焦演讲、摄影、健身等有趣且实用的主题开展个性分享，在线参与者过万（附图6）。

探索型
乐享型
代际外突出偏好
代际内突出偏好
深层需求
凸显独特人设
寻得群体归属
实现个人价值
美好生活追求
专业的攻略/测评
我喜欢的品牌/产品故事
社会责任
真实纪录片
让我对生活有感悟
真实人生经验
知识丰富专业技能
兴趣爱好乐器/美术/摄影/运动
很燃二次元
喜欢的明星/KOL/主播
逃离现实游戏/萌宠
购物
热搜/明星八卦
情节吸引人电影/书籍
搞笑段子/视频/脱口秀

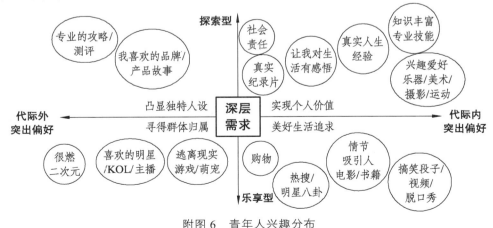

附图6　青年人兴趣分布

脱口秀大赛，玩出“新范式”

以“大胆说话、自由表达、绽放自我”为导向，项目首次利用开放空间，在线上线下组织

多场脱口秀大赛，让数十位"萌"牛青年真诚发声。线下场，现场开麦，线上场，钉钉直播表演，热情开放的氛围为敢想的人"鼓足劲"，为敢说的人"卸包袱"，为敢干的人"加满油"。

"这是加班的时代，这是通宵的无奈，分秒不可能懈怠，直到把键盘敲坏，一天一稿材料图，工作节奏是真快，我交差的节点上面怎么能有障碍！"类似《加班 disco》这样的表演，让组织听到了青年人的真实声音，让青年人感受到了敞开"吐槽"的快乐，也让存在代际差异的管理者们对青年人的风采风貌有了更具象的体会和了解。

比武大赛促发光

释放出了真性情，还要亮出真本事。项目进入第二阶段，推出以解决业务痛点为核心的"比武大赛"，让优秀青年人才在"武"台上脱颖而出，在行动学习中加速成长（附图 7）。

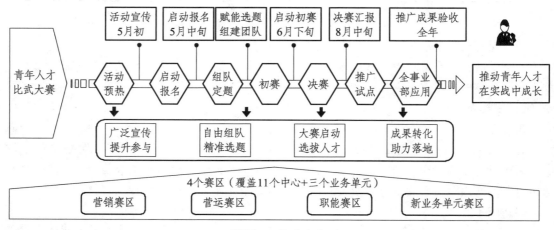

附图 7　比武大赛

大赛分为营销、营运、职能、新业务单元四大赛区，基于战略发展的重点方向和高质量增长的攻坚克难任务，青年们可自由报名，自由组队选题、开展课题设计。活动得到热烈响应，800 多位青年集结出征，提报参赛项目达 300 多个。

在课题设计过程中，各队需要充分考虑课题的战略契合度、创新改善度、收益贡献度、敏捷协同度和落地推广度，这也是大赛评选的标准。怎样结合组织战略与业务痛难点制定课题，如何在一轮轮的资料搜集与深入讨论中梳理问题解决思路，落地推广中可能存在哪些问题/变数、该如何应对……有价值的"纸上谈兵"并不简单，对于青年们来说，这既是培养创新意识、项目策划能力的过程，也是加深组织认同与业务理解的过程。

初赛到决赛，思想大碰撞

初赛由总部统一规则及宣传，四大赛区分别组织，按照五大维度对所有参赛项目进行评选。经过各赛区严谨评定，最终 26 个项目脱颖而出，代表各业务单位在北京开展决赛。

决赛由总部统一举办。为提升全员对活动的关注度，项目组设置了决赛投票通道，提前发布 26 支队伍的课题内容，发动全员为自己喜欢的队伍"打 CALL"。在决赛前三天，项目组还组织了决赛冲刺营，为参赛队伍再添一把火。

　　决赛当天，一个个大胆创新的想法、逻辑自洽的设计同台 PK，让大家从不同维度刷新着业务认知。由高管团队组成的大咖评审团也全心投入，针对每一个课题给出改进建议，并选拔出 TOP 6 级"要强牛人奖"。

推广试点，接受实践检验

　　决赛并非终点，而是点燃青年们斗志的起点。常温事业部对选拔出的 TOP 6 课题进行了资源上的协调与落地追踪，助各小组集合团队力量全面推动项目落地。如冠军团队"人工酸碱浓度滴定的华丽转身"项目，从大赛结束到课题验收之时，已完成 6 个工厂的试点应用且反响良好，实实在在解决了业务痛点，接下来将在事业部得到全面应用。

　　这些青年人才不仅通过比赛为组织解决了业务痛点，也以行动课题实战的方式提升了自身能力。项目成功落地的优秀团队负责人还将获得破格晋升，这进一步激发了青年人才勇于创新的活力。

青训营

定制化促发展

　　在"青活动"和"比武大赛"中，一大批青年人才脱颖而出。项目组根据青年画像包含的突破自我、拥抱变化、战略巩固、数智转型等要素，综合选拔出 70 名高绩效、高潜力、高能量（在青年活动平台获得荣誉）的青年人才，送入青年人才事业部预备营和集团青训营，进行定制化培养（附图 8）。

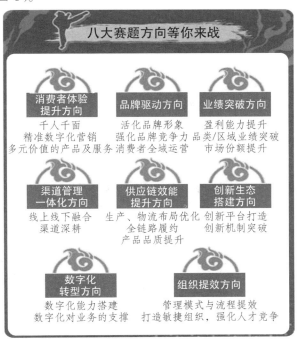

附图 8　"比武大赛"八大赛题方向

例如，承接集团青训营培养，常温事业部"BEST 青训预备营"聚焦突破自我（Break your Limits）、拥抱变化（Embrace the Change）、战略强化（Solidify the Strategies）、数智转型（Transform to Digintelligence）四大维度，系统赋能拔尖型青年人才。前三个主题采取"10%集训+20%辅导+70%实践"的形式，数智转型课题 PK 则全程贯穿（附图 9）。

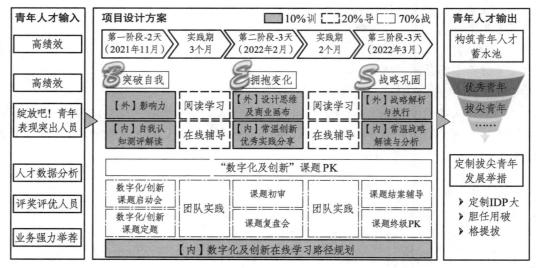

附图 9　常温事业部"BEST 青训预备营"

突破自我

第一阶段学习定位于突破自我认知，通过测评报告帮助青年人才更好地认识自己，聚集在自我发展的优势项上。

由于青年人才主要是个人贡献者，培训从"个人影响力"这一维度切入，设置了影响力理论学习，并在之后的三个月实践期进行在线辅导，培养学员在管理工作或协作中让别人说"是"的能力，让别人的否定、拒绝、抵抗、放弃变成认同、接纳、支持、执行。

拥抱变化

第二阶段学习是对第一阶段自我认知的延续，围绕激活个体的主观能动性和职场创新力。

任何创新都要以业务为落脚点，因此这个阶段重在培养青年人才具备业务全局观和商业敏锐度。商业画布的学习和应用，帮助学员提升了创新思维，掌握了系统应对环境挑战、管理并落地创新的方法。

战略强化

这个阶段从战略视角出发，培养青年人才掌握战略过程管理方法。学员在学习和实践中，需针对所在业务单元的战略目标，形成对团队和个体的业务设计、目标规划、年度行动计划及战略共识等内容。过程中，战略不再只是老板的个人意志，而是要确保企业保持上下同欲、左右对齐。

数字化及创新

数字化转型是蒙牛常温业务发展的关键所在，这部分学习贯穿青年人才成长始终。过程中，培训采取以赛代练的方式，通过课题 PK，将个人及团队所学用于公司关键策略课题，同步提升个体思维。

学习路径设计上，常温事业部搭建的数字化学习专区，实现了通用能力全覆盖。

在课题 PK 方面，培训结合常温事业部的年度创新项目评审，鼓励学员在各中心提报课题，实现事业部层面分级立项，推动数字化知识学习的应用落地。

对于蒙牛来说，新青年之"新"，不在于年龄，而在于创造性思维潜质和勃勃朝气。搭建广阔的平台，让青年人才能够发声、发光，从"萌牛"步步成长，共同造就更有活力的蒙牛，这是新时代的人才培养之道。

（来源：https：//zhuanlan.zhihu.com/p/487581485）

【数字化应用】

★本章学习要求与要点★

　　本章在介绍人力资源绩效考核及绩效管理含义、地位的基础上，对人力资源绩效考核在企业人力资源管理中的地位以及原则进行了分析，讨论了人力资源绩效考核的要素，介绍了日本、美国人力资源考核的一些经验，要求掌握人力资源绩效考核的程序以及主要内容。

引入案例

　　2021年陕西第十四届全国运动会，已经进行到了尾声，各项团体赛事也来到了最后的决赛阶段。9月25日晚上7：30进行的女足决赛，上海女足将对阵奥运女足联合队。就在人们纷纷期待这场大战的时候，有媒体人爆料出一则消息：上海女足如果赢了奥运女足联合队，他们只能拿到一块金牌，但他们如果输给奥运联合队，却可以拿到两块金牌！因为根据足协的新规则：奥运联合队参加全运会若是夺冠，进入东京奥运会名单的球员注册地的省市将分享这些金牌。一个球员算一枚金牌，但每个省市不超过两枚金牌。而目前奥运女足联合队内有五名上海姑娘，所以上海队如果输了比赛，反而能收获两枚金牌！

　　创造高绩效，持续保持高绩效始终是企业管理面临的最现实也是最重大的问题。如案例所揭示的考核制度，是鼓励什么呢？绩效考核作为实现企业效益的有效手段，一直都是人力资源管理的核心。算计不能带来绩效。

第一节　从绩效考核到绩效管理

　　绩效考核的创始人是苏格兰企业家罗伯特·欧文（Robert Owen）。19世纪初，为了检查手下雇员的"坏表现"，欧文在机器上安装了一块四周分别用白、黄、蓝、黑四种颜色涂成的木板。每天将对应于工作表现的颜色转向通道，以此反映工人前一天的生产。其中，黑色表示差，蓝色意味着一般（平均），黄色表示良好，而白色代表优秀。这种办法非常成功[1]。后来，组织普遍接受了这种方法，在一定时期结束的时候，都要对工作进行总结、评估和表彰，进而绩效考核发展成为人力资源管理的一项重要职能。

一、绩效的内涵

（一）绩效的定义

　　绩效是一个常常挂在嘴边的词，是现代人力资源管理中一个可以称为世界级难题的话题。

---

[1] 罗锐韧，曾繁正：《人力资源管理》，红旗出版社，1998年版，第5页。

到底什么是绩效，学术界至今都存在较多的争议，就如 Bates 和 Holton 所指出的："绩效是一个多维建构，观察和测量的角度不同，其结果也会不同。"从现实研究看，主要存在三个大的角度，一个是看结果，一个是重行为，还有一个是以员工素质所体现的绩效潜能为考核对象。

绩效是结果，意味着绩效是被考核对象在某一特定的考核周期内所完成的任务。Kane 认为，绩效是"一个人留下的东西，这种东西与目的相对独立存在"[①]。进一步，人们发现结果产生的过程往往是我们无法控制和评定的，某一个人无法对其行为的最终结果承担完全的责任，因此，人们提出"绩效是行为"的观点，认为绩效不是行为的结果或后果，而是行为本身。随着知识经济的到来，人们日益认识到对知识型员工的绩效进行评价和管理的重要性，人们开始将以素质为基础的员工潜能列入绩效考核的范围。

实际上，绩效的含义是相当广泛的，不同的时期，不同的考核对象，不同的考核目的，绩效就有其不同的含义。我们这里给出一个从管理角度而不是从考核角度定义的绩效。所谓的绩效，指基于被考评者的素质潜力经过考评的工作行为、表现、结果及其组合。对于组织而言，绩效就是任务在数量、质量及效率等方面完成的情况；对员工而言，则是上级和同事对自己工作状况的评价。当然，不管从哪一个角度定义，绩效都应该是可以理解、可以衡量和可以控制的，否则研究绩效就失去了意义。我们用表 6-1 对绩效评价内容的适用性进行说明。

表 6-1 绩效定义适用情况对照表

绩效含义	优点	缺点	适用的对象	适应的组织及发展阶段
完成了工作任务	·具有鼓舞性 ·没有争议 ·引导被考核者更多地关注自己的结果	·在未形成结果之前难以发现不正当的行为 ·当出现责任人不能控制的外界因素时，评价失效 ·无法获得个人活动的信息，不能进行指导和帮助 ·易导致短期效益	·体力劳动者 ·事务性或例行性工作的人员 ·具体业务部门 ·有可能量化产出的工作	·任务简单，结果易考核的公司
结果或产出	·能获得个人有效信息 ·有助于进行指导和帮助	·管理难度增大 ·成功的创新者难以容身 ·过分地强调工作方法和步骤而忽视实际的工作成果	·高层管理者 ·销售、售后服务等可量化工作性质的人员	·高速发展的成长型组织 ·强调快速反应，注重灵活、创新的组织 ·强调结果的组织
行为	·有助于进行指导和帮助 ·有助于及时改进	·易导致注重行为本身而忽略行为的结果 ·难以量化	基层员工	·发展相对缓慢的成熟型组织 ·强调流程、规范，注重规则的组织
结果+过程（行为/s 素质）	·有助于提升管理的预期可获得性	·管理难度大 ·工作量大	普遍适用于各类人员、各类组织	
做了什么（实际收益）能做什么（预期收益）	·有助于目标管理 ·有助于及时改进	·难以具体化 ·日常考核难以进行	知识工作者	各类组织

① 付亚，许玉林：《绩效管理》，复旦大学出版社，2003 年版，第 5 页。

企业通过对其员工工作绩效的考评，获得反馈信息，便可据此制定相应的人事决策与措施，调整和改进其效能，而员工则可以通过绩效考评，确认自己的劳动付出及价值（对企业和自身两个层面），对下一步的工作提供指导意见。

组织的绩效来源于各团队的整合，而团队绩效来源于各个个体员工的创造合力，员工的绩效来自个人能力和条件、环境的结合。

（二）绩效的特征

1. 客观性

绩效是人们行为的客观结果，是目标的完成程度，而不是观念上、纸上的东西，其存在不能否认。以行为为对象的绩效，行为本身也是一种发生过的行为。也就是说，无论是以结果、行为还是过程作为考核的对象，绩效本身是客观发生的事实，即不管是考核结果，还是考核导致结果的行为，绩效本身都是一种客观发生和存在，是可以进行评估的且具有不可逆性，否则绩效就失去了管理学意义。

2. 实效性

绩效必须具有实际的效果，无效劳动的结果不能称为业绩。这里的关键在于什么是无效劳动。对于一个企业而言，其劳动的有效性表现为其产品被市场所接受，但是对于企业内部的服务部门（为其他部门提供支持而并不直接面对市场的部门），其劳动有效性的考核就是依靠企业事先制定的客观标准来进行。对于员工个人而言，劳动的有效性就是在其岗位责任范围和可控范围内，工作行为结果达到事先规定的标准。科学且实用的绩效考评标准，会进一步推动绩效评价和管理产生实效。

3. 多因性

绩效的多因性指绩效的优劣不是取决于单一的因素，而要受制于主、客观的多种因素影响。图 6-1 所示的工作绩效模型，列出了影响工作绩效的四种主要因素，即员工的激励、技能、环境与机会，其中前两者是属于员工自身的、主观性影响因素，后两者则是客观性影响因素。

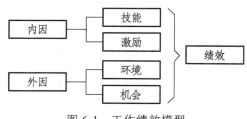

图 6-1　工作绩效模型

这个模型也可以用公式表示：

$$P = F(S, O, M, E)$$

式中：P 为绩效；S 是技能；O 是机会；M 是激励；E 是环境。

绩效的多因性要求我们在评价被考核对象时，思考什么是被考核对象自身能控制的绩效因素，从而寻找到改进或提升绩效的方法。从现代绩效考核的发展看，基于绩效的多因性，众多企业越来越多地倾向于在高层重视结果导向的考核，而针对基层则采用针对行为和过程的考核，因为其行为本身并不完全受自己约束。

4. 多维性

需要从多种维度或方面去分析与考评，例如，一名工人的绩效，除了产量指标完成情况外，质量、原材料消耗率、能耗、出勤甚至团结、服从、纪律等硬、软方面，都需要综合考虑，逐一评估，尽管各维度可能权重不等，测评重点会有所不同。此外，某一个岗位上员工的绩效往往表现在多个方面，单纯地只看某个方面将有失公允。

5. 时效性

绩效总是表现在一定时点上的，是对被考核周期内考核对象绩效的评价。随时间变化，员工的绩效会发生变化，这种变化既可以是因为环境的变化，也可能是因为员工自身的原因。管理者不能凭一时之印象，以僵化的观点看待员工的绩效。

二、绩效考核和绩效管理

（一）绩效考核和绩效管理的内涵

1. 绩效考核

（1）广义的绩效考核。广义的人力资源考核指对一个国家、一个地区或一个行业的人力资源现状经过统计、调查和分析所进行的综合性评价，目的是为宏观的人力资源管理提供依据。这种考核需要充分体现层次性、综合性和指导性的宏观特点，坚持科学性、可比性、实用性和全面性的考核原则，并需要制定一套人力资源考核的指标体系。

中国社会科学院数量经济与技术经济研究所人力资源开发课题组曾提出了一套比较完整的指标体系，它包括六个部分，28 个指标。具体如下：

第一部分为人力资源总量，包括总人口、各层次人力资源的数量。

第二部分为人力资源质量，包括文化素质、教育状况、身体素质、营养状况以及占有科技人员状况等指标。

第三部分为人力资源利用状况，包括总体的就业水平，科技人员、妇女、残疾人利用状况，以及整体的人力资源有效利用状况等指标。

第四部分为人力资源素质提高，包括教育培训、医疗保健和体育锻炼等指标。

第五部分为人力资源潜能开发，包括工业企业全员劳动生产率、工作环境、物质生活状况、科研投入、文化生活、社会环境和政治生活参与等指标。

第六部分为人力资源合理配置，包括职业流动、农村剩余劳动力转移、专业技术人员的合理配置等指标。

（2）狭义的绩效考核。狭义的人力资源考核指对具体的组织内部的人力资源状况进行考察和评价，是在微观层面上进行的，也是本书研究的重点。对此人们从不同的管理角度提出了多种观点。

第一，重视员工贡献描述。R. C·史密斯认为，人员考核就是对成员绩效排序。这种提法显然是以企业目标为出发点，对企业内人员的能力以及人员工作的岗位对其能力发挥的影响等因素研究较少。

第二，将员工的能力与贡献结合起来进行描述。E.B·佛里坡认为，人员的考核指"对员工现任职务状况的出色程度，以及担任高一级职务的潜力，进行有组织的、定期的和尽可能客观的评判"[①]。这种提法已把能力考评纳入人员考核之中，但只限于对人员预备晋升的潜力进行评估。A·隆格斯鲁认为，人员考核是"为了客观判定员工的能力、工作状况和适应性，对员工的个性、资质、习惯和态度，以及对组织的相对价值进行有组织的、实事求是的评价，包括评价的程序、规范和方法的总和"[②]。这种提法认为应对员工能力进行系统的考核，使考核一方面可以对员工现有能力的发挥情况以及工作绩效有清楚的了解，还有助于从组织发展的角度认识员工的能力。

第三，重过程和目的的描述。这是一种普遍的观点。松田宪二认为，人员考核是人事管理系统的组成部分，由考核者（上司）对被考核者（部下）的日常职务行为进行观察、记录，并在事实的基础上，按照一定的目的进行评价，达到培养、开发和利用组织成员能力的目的。还有人认为，人力资源考核就是收集、分析、评价和传递有关某一个人在其工作岗位上的工作行为表现和工作结果方面的信息情况的过程。

我们认为，人力资源考核是促进企业人力资源管理效率提升，员工能力充分发挥，促进企业发展战略实现的一种重要手段，而不是目的，因此，人力资源考核首先是一个过程，是一种手段；其次，考核是对员工在现有职务上的工作能力及工作绩效的反映，通过分析我们可以找出进一步提升工作绩效的方法，或提出重新配置该员工的建议，使得其工作能力及潜力能够进一步得到发挥；最后，我们要将考核的结果及时向被考核者进行反馈和沟通，以实现考核促进管理的目的。因此，所谓的绩效考核是通过对照工作的目标或绩效的标准，采用科学的方法，评定员工个人和组织的工作目标完成情况、员工和组织的工作职责履行程度、员工个人的发展情况和组织的运转效率等，并将评定结果反馈给员工与组织，提出相应的改进措施，促进企业经营绩效提高，实现人与事最佳配置的一种管理活动及其过程。考核主要涉及企业员工的思想品德（现代管理更为强调的是职业道德）、工作能力、工作态度和工作成绩等方面，简称德、能、勤、绩，这个过程可以起到检查及控制的作用。

从这个概念上我们可以看出，人力资源考核的内涵和外延随企业经营管理的需要而变化。从内涵上看，人力资源考核就是对人和事的评价，它包括三层含义：一是对工作岗位的评价；二是对工作中的人的素质能力及态度进行评价；三是对员工的工作绩效进行考察，这种考察要置于企业的绩效中来认定，即要对员工对企业所作的贡献大小做出评价。从外延上看，人力资源考核就是有目的、有组织地对日常工作中的人进行观察、记录、分析和评价。它包括三层含义：一是从企业经营目标出发进行评价，并使评价和评价之后的人力资源管理活动有助于企业经营目标的实现；二是作为人力资源活动系统的组成部分，运用一套系统的、一贯的制度性规范、程序和方法进行评价；三是对组织成员在日常工作中显示出来的工作能力、工作态度、工作成绩及工作岗位，进行以事实为依据的评价。

此外，我们还可以从概念上将人力资源考核分为两类：一类是素质考核，如对人员的工作能力、工作态度、思维状况以及身体状况的考核都属于这类考核；另一类是绩效考核，即主要是对工作成绩和工作效果的考核。两类考核的目的都是为了更好地配置人力资源，调动人的积极性，前者强调能力和态度，而后者强调客观的结果，两个层次不可分割。

---

① 廖泉文：《人力资源考评系统》，山东人民出版社，2000年版，第25页。
② 廖泉文：《人力资源考评系统》，山东人民出版社，2000年版，第26页。

　　绩效考核是现代企业人力资源管理中心环节。所有的人力资源管理工作都以识人为基础，而绩效考核是识人的主要手段。图6-2说明了绩效考核系统在人力资源管理中的作用。

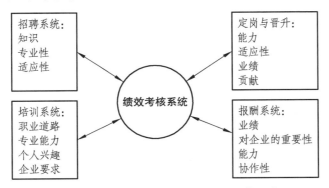

图6-2　考核系统在人力资源管理中的核心作用

2. 绩 效 管 理

　　绩效管理是20世纪70年代后期人们在总结绩效考核不足的基础上提出的一个概念，指管理者与员工双方就目标及如何实现目标而达成共识，并协助员工成功达成目标的管理方法。绩效管理是一个绩效过程的管理，是各级管理者和员工为了达到组织目标共同参与的绩效计划制定、绩效辅导沟通、绩效考核评价、绩效结果应用和绩效目标提升的持续循环过程（参见图6-3）。绩效管理的目的是持续提升个人、部门和组织的绩效。

图6-3　绩效管理循环

　　绩效计划连接公司战略和运营，是绩效管理的基础环节，依据公司的战略目标拟订阶段性的组织目标，围绕目标的实现，组织通过数智技术透视员工绩效行为，进而制订科学合理且具有操作性的绩效计划。进而通过绩效辅导沟通，每一个被考核对象或者各个岗位的员工明确自身的职责和工作目标以及行为方式，将绩效管理落到实处。绩效评价是绩效管理的核心环节，这个环节的工做出现问题会给绩效管理带来严重的负面影响。绩效评价包括两个阶段，一个是绩效考核周期之中的阶段性评价；一个是绩效考核周期期末的评价。绩效结果应用是绩效管理取得成效的关键，如果对员工的激励与约束机制存在问题，绩效管理不可能取得成效。当然绩效结果应用还包括用于组织改进和员工的培训。绩效管理强调组织目标和个人目标的一致性，强调组织和个人同步成长，形成"多赢"局面。绩效管理体现着"以人为本"的思想，在绩效管理的各个环节中都需要管理者和员工的共同参与。

　　绩效管理的过程就是一个不断沟通的过程，是一个目标导向的行为及行为修正的过程。绩效管理不是简单的任务管理，它特别强调沟通、辅导及员工能力的提高。绩效管理不仅强调结果导向，而且重视达成目标，促进员工实现工作目标和个人和谐发展的过程。

（二）绩效考核和绩效管理的区别

　　绩效管理与绩效考核存在明显的区别，如表6-2。绩效考核仅仅是绩效管理的关键环节，绩效管理则是人力资源管理体系中的核心内容。绩效考核的成功与否不仅取决于绩效考核本身，而且很大程度上还取决于绩效管理中系统运行的有效性。绩效考核是事后考核工作的结果，而绩效管理是事前计划、事中管理和事后考核所形成的三位一体的系统。从概念考察，绩效考核重在检查及控制，而绩效管理重在绩效的改进。对于被考核对象而言，绩效考核更具有威胁性，如果达不到要求就会受到相应的惩罚，而绩效管理则更多地关注从被考核对象现在所表现出的绩效与未来的关系，关心怎样才能进一步提升绩效，绩效管理的核心在于不断提升组织和员工的绩效水平。

表 6-2　绩效管理与绩效考核的对比

绩效考核	绩效管理
判断式	计划式
评价表	过程
寻找出处	结果导向、问题解决
得-失	双赢
结果	结果与行为
人力资源程序	管理程序
威胁性	推动性
关注过去的绩效	关注未来绩效

在传统的绩效考核中，员工处于被动状态，既不了解工作要求，不清楚绩效的衡量标准，也没有机会理解自身工作成果的好坏及意义，也不了解上级对其工作的期望，且考核直接与奖惩挂钩，给员工带来巨大的心理压力，考核被当作是秋后算账。在今天的企业管理中，推动企业管理从绩效考核发展为绩效管理是必然的趋势和现实的表现。

综上所述，现代组织需要的是绩效管理而不仅仅是绩效考核，绩效管理以绩效考核为基准，关注通过管理达到预期的绩效或实现更高的绩效，绩效考核是对考核周期的业绩进行评估和判断。

（三）绩效管理的要素

对世界 500 强及那些优秀企业的研究显示，这些全球最优秀的公司，它们的绩效管理都具有相同的五个基本要素：明确一致且令人鼓舞的战略；进取性强而可衡量的目标；与目标相适应的高效组织结构；透明而有效的绩效沟通、绩效评价与反馈；迅速而广泛的绩效成绩应用。这些绩效管理的要素对任何组织都具有参考价值。

战略是围绕目标的，没有发展战略就没有发展的方向，目标本身是绩效行为的牵引力，使行为人找到自身行为的方向，明确的方向感带来行为的高绩效。如果目标不能量化，不可考量，就无法使人明晰自身行为的好坏。清晰的战略目标，能使每一个员工深感自身的责任和努力的方向，从而提升自身主动工作，充分发挥自身潜能的积极性，这是高绩效的基础。组织结构的合理架构是高绩效的流程保障，要提升企业的绩效，就必须从基于战略的组织结构设计开始，20 世纪 90 年代流行的组织再造和流程再造就关注组织结构、业务流程与企业绩效之间的关系。需要员工做什么，就考核什么。良好的沟通机制是任何组织高绩效的基础，沟通可以使行为人明确行为的方向、目标，是激发行动的动力，从而使期望行为发生。绩效评价使每一个被考核对象对自身绩效水平有清楚的认识，这本身也是价值的承认，如果没有及时的绩效反馈，绩效改进会失去时机。绩效成绩的迅速而广泛地应用是绩效管理的重要因素，依据考核的结果进行激励或奖惩，进行岗位调换，能极大地调动考核人员的工作积极性，主动适应绩效考核。

（四）绩效管理的功能

1. 评价功能

评价功能是组织绩效管理的基础功能。一个良好的绩效管理系统，首先要实现的就是对照绩效指标，对员工的业绩进行科学、客观和公正的评价。绩效评价关注的是员工的工作业绩与期望目标之间的差距。绩效的评价功能使得绩效管理是现代人力资源管理的基础，因为用人的关键首先是识别人，而识别人的关键是考察其关键绩效，而不是传统意义上的体能和一般意义上的技能。

2. 沟通功能

沟通功能是组织绩效管理的关键功能。沟通是提升管理效率、达到管理目标的关键举措。通过沟通，达成共识，通过沟通建立期望，通过沟通实现理解。从整个绩效管理过程看，给每个岗位制定明确、切实可行的绩效目标离不开沟通；对业绩的考核，绩效成绩的反馈离不开沟通；帮助员工分析业绩不佳的原因，找出改进和提高的方法更离不开沟通。沟通，尤其是绩效沟通，贯穿于绩效管理的整个过程之中。有效的绩效沟通也是绩效管理能否成功推行的关键。如果缺少沟通，员工没有参与感，心里就会有抵触，甚至根本不认同单独由管理者所设定的目标和计划，绩效提升很难达成。需要提醒的是，众多组织相关人员在进行沟通的时候，事实上将沟通变成了说教，沟通必须是平等的交流。

组织绩效管理不同阶段，其沟通的内容是不同的，如图 6-4 所示。

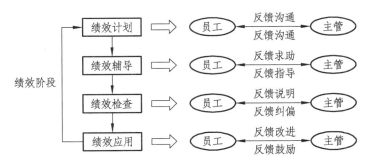

图 6-4　绩效阶段与绩效沟通

3. 激励功能

激励功能是绩效管理的核心功能。

绩效管理的核心目的就是要明确目标，进而调动员工的工作积极性并发挥员工的能力和价值，给优秀的员工提供最多和最大的成长机会，不断提升组织的绩效。我们知道，现代人力资源管理的一个重要内容就是实现人力资源的自我开发和自我激励。通过绩效管理，使每一个被考核对象明确自身在组织中的地位、作用和价值，知道自己是一个有用的人，从而提升其工作的使命感和责任感，并进一步激励其工作的动力和能动性。

4. 导向功能

绩效考核的导向作用很重要，企业的绩效导向决定了员工的行为方式，如果企业认为绩效考核是惩罚员工的工具，那么员工的行为就是避免犯错，而忽视创造性，就不能给企业带来战略性增长，那么企业的目标就不能达成。

【补充阅读材料】

考核方法改变了什么

18世纪末期，英国政府决定把犯了罪的英国人统统发配到澳洲去。

一些私人船主承包从英国往澳洲大规模地运送犯人的工作。英国政府实行的办法是以上船的犯人数支付船主费用。当时那些运送犯人的船只大多是一些很破旧的货船改装的，船上设备简陋，没有什么医疗药品，更没有医生，船主为了牟取暴利，尽可能地多装人，船上条件十分恶劣。一旦船只离开了岸，船主按人数拿到了政府的钱，对于这些人能否远涉重洋活着到达澳洲就不管不问了。有些船主为了降低费用，甚至故意断水断食。3年以后，英国政府发现：运往澳洲的犯人在船上的死亡率达12%，其中最严重的一次，船上424个犯人死了158个，死亡率高达37%。英国政府花费了大笔资金，却没能达到大批移民的目的。

英国政府想了很多办法。每一艘船上都派一名政府官员监督，再派一名医生负责犯人和医疗卫生，同时对犯人在船上的生活标准做了硬性规定。但死亡率不仅没有降下来，有的船上的监督官员和医生竟然也不明不白地死了。原来一些船主为了贪图暴利，贿赂官员，如果官员不同流合污就被扔到大海里喂鱼。政府支出了监督费用，却照常死人。

政府又采取新办法，把船主都召集起来进行教育培训，教育他们要珍惜生命，要理解去澳洲开发是为了英国的长远大计，不要把金钱看得比生命还重要。但是情况依然没有好转，死亡率一直居高不下。

一位英国议员认为是那些私人船主钻了制度的空子，而制度的缺陷在于政府给予船主报酬是以上船人数来计算的。他提出从改变制度开始：政府以到澳洲上岸的人数为准计算报酬，不论你在英国上船装多少人，到了澳洲上岸的时候再清点人数支付报酬。

问题迎刃而解。船主主动请医生跟船，在船上准备药品，改善生活，尽可能地让步每一个上船的人都健康地到达澳洲。一个人就意味着一份收入。

自从实行上岸计数的办法以后，船上的死亡率降到了1%以下。有些运载几百人的船只经过几个月的航行竟然没有一个人死亡。

三、绩效考核的基本原则

（一）目的性原则

我们要明确绩效考核仅是一种手段，而不是为考核而进行考核，因此，绩效考核应该与企业其他的人力资源管理活动结合起来进行。如：考核与人力资源招聘、运用和晋升相结合，为其提供基本依据；考核应与培训、进修相结合，以考察其效果；考核与工资调整相结合，与奖惩相结合，提高激励的及时性和有效性。

（二）定期化和制度化相结合的原则

绩效考核是一种连续性的人力资源管理活动，因此必须定期化、制度化。绩效考核是在岗位评价的基础上，对员工的能力、绩效做出评价，是对过去和现在的考察，还可以用于对将来员工的积极性及可能的绩效进行有效的预测。只有开展系统的、制度化的绩效考核，才能全面了解员工的潜能，发现组织中的问题，从而有利于组织的有效管理。

（三）实事求是和可行性相结合的原则

绩效考核既要能够全面、准确和真实地反映考核对象的实际情况，又能最大限度地调动被考核对象的积极性、主动性和创造性，达到考核的基本目的。在实事求是的基础上，我们还必须考虑可行性的影响。可行性指任何一次考核所需时间、人力物力和财力要为使用者的客观环境条件所允许。因此，我们在制订绩效考核方案时，应根据考核目标合理设计考核方案，而其前提是目标的合理性，并在此基础上进行方案的可行性分析，分析时我们应充分考虑实事求是原则、限制性因素、目标与效益因素、现实因素和潜在因素对考核方案的影响。

（四）公开与开放的原则

开放式的人员考核制度首先是评价上的公开和绝对性，借此取得企业上下一致认同，从而推动人员考核。其次是考核的标准必须是明确的、开放的，被所有被考核的人知晓，而且上下级之间可以通过直接对话、面对面沟通等方式进行考核工作。

1. 员工考核与工作分析和岗位评价相结合

通过二者的结合，使考核标准的制定符合客观情况，便于操作，还可以通过制定职能资格标准及考核标准的方法，企业公开地表达对其成员的期望和要求。这样，企业的人力资源考核就有了总体性、全局性的特点。

2. 引入自我评价和自我申报机制

通过自我评价，可以在满足个人需求的基础上增进组织目标的实现。进一步说，如果这种相对评价侧重于能力评价，并在职能资格等级制度的范围内进行话，至少能发现员工自身能力的差距，通过其能动性的发挥，自觉地弥补自身的不足。

3. 考核活动公开化并提高管理透明度

把考核的标准、程序、原则和方法公开，可以让员工了解考核的意图和目的，把考核工作变成人们的自觉行动。同时，将考核的结果向全体员工公开，便于员工对考核工作进行监督，提高考核质量，也便于被考核者把握自己的思想状况，做到知己知彼，防止考核工作简单化、神秘化。在公布考核结果时候，应注意保护个人隐私，避免"枪打出头鸟"和"破罐子破摔"的现象。

（五）促进、激励的原则

人力资源考核的目的之一就是为了促进人力资源的合理有效配置，激励员工努力进取，做好工作。从这个意义上看，坚持促进、激励的原则，就是要把对人力资源的检查、考核、评价与促进和激励有机地结合起来，融考核与激励于一体，充分发挥考核的手段作用。

（六）定性考核与定量考核相结合的原则

定性考核指采用经验判断和观察的方法，侧重于从行为的性质方面对人员进行考核，定量考核指采用量化的方法，侧重于从行为的数量特点对人员进行考核。

任何事物都有质与量的方面。单独的定性或定量考核都不足以对员工的工作情况做出全面的评价，必须坚持这二者的结合。

四、绩效考核的基础

各个企业的绩效考核系统不尽相同，但都有三个基础，即实现目标的决心、绩效分析和绩效测量。

（一）实现目标的决心

一个有效的绩效考核系统是建立在整个组织，尤其是建立在上层管理者为实现目标坚定的决心基础上的。管理者实施绩效管理，就必须首先明确希望达到的目标以及渴求的程度，只有这样，管理者才能确保和支持绩效评估工作的进行，被评估者通过对管理者实现目标决心的知晓，可以推动自身工作绩效的提高，增强工作的动力和压力。

（二）绩效分析

绩效分析是系统地收集具体工作信息，用于发展绩效考核系统以及制定工作岗位职责。绩效分析为组织提供综合、准确的工作岗位职责，如果一个人的工作得到了公正的评估，这个人的工作岗位职责就一定是具体而清楚的。

进行绩效分析时，我们必须注意信息的种类、信息的来源、收集信息的方法、收集信息的时间以及经费等问题对于信息的影响。一般说来，绩效分析所需信息可针对不同对象用不同的方法收集，但是由于绩效评估的目的不同，要从中获得具体且符合要求的信息，运用的具体方法也就不同。数智时代可通过业绩大模型精准分析关键行为因素。

（三）绩效测量

测量是用作决定调资、升迁和培训等其他人力资源管理活动的信息来源，一个好的绩效考核系统必然有好的绩效测量考核方法，绩效考核的结果也就能客观而公正。

一般说来，用于绩效考核的测量系统必须是有效度、信度和没有偏见的。

1. 效度

所谓效度指评估测量的准确程度。评估测量的效度越高，表示它所测量的结果能反映工作绩效的程度越高。行为科学家们的研究及实验表明，为了使绩效评估的测量有效度，必须考虑绩效标准的三个因素，即拟评估的绩效因素、抽象概念的层次以及时间。

绩效因素的效度就指适当的确定拟评估的工作行为和绩效的许多不同因素，而绩效测量的效度还依靠适当的组织分析层次，即组织、群体或个人层次上的效能概念不同。如工作行为可以视为绩效的直接标准，群体人的成就作为中间标准，成效的最后标准大体可包括利润、市场占有率以及生产力这类组织的结果度量。群体绩效的成功视个别成员的工作行为而定，而整个组织目标的实现就必然依靠群体的任务绩效而确定。时间是影响绩效评估效度的第三个重要因素，因为绩效是人们在一定时间内行为的结果。特定的直接标准，如工作行为，都以短期，即在工作完成时加以测量评估；较不直接的结果，如群体任务绩效、某些组织成果（利润、市场占有率以及效率等）等可能需要几个月或几年才能测量评估，过早或过晚的评估都将影响绩效评估的效度。

2. 信度

信度指所得分数的稳定性或可靠性，主要表现为一个测量过程中各项目的得分是否基本相符和两次测量评估的分数是否前后基本一致。

信度实际上与绩效资料收集方法的两个特点有关，即一致性和稳定性。一致性要求收集同一资料的两种可交替方法，在其结果方面应当一致。稳定性要求同一测量设计在连续几次运用中产生相同的结果。

3. 没有偏见

偏见指社会某一特定的群体和被认为属于这一群体的个人特有的一种成见，表现为过早的判断和消极态度，常常发生在对种族、年龄、性别、其他社会群体及成员的认识和态度问题上。

【专栏】

美国心理学家凯利与麻省理工学院的两个班级的学生分别做了一个试验。上课之前，实验者向学生宣布，临时请一位研究生来代课。接着告知学生有关这位研究生的一些情况。其中，向一个班学生介绍这位研究生具有热情、勤奋、务实、果断等品质；向另一班学生介绍的信息除了将"热情"换成了"冷漠"之外，其余各项都相同。而学生们并不知道。两种介绍间的差别是：下课之后，前一班的学生与研究生一见如故，亲密攀谈；另一个班的学生对他却敬而远之，冷淡回避。可见，仅介绍中的一词之别，就会影响到整体的印象。学生们戴着这种"有色"眼镜去观察代课者，而这位研究生就被罩上了不同色彩的晕轮。

心理学家戴恩做过一个这样的实验。他让被试者看一些照片，照片上的人有的很有魅力，有的无魅力，有的中等。然后让被试者在与魅力无关的特点方面评定这些人。结果表明，被试者对有魅力的人比对无魅力的赋予更多理想的人格特征，如和蔼、沉着、好交际等。晕轮效应不但常表现在以貌取人上，而且还常表现在以服装定地位、性格，以初次言谈定人的才能与品德等方面。在对不太熟悉的人进行评价时，这种效应体现得尤其明显。

如果认知对象被标明是"好"的，他就会被"好"的光圈笼罩着，并被赋予一切好的品质；如果认知对象被标明是"坏"的，他就会被"坏"的光环笼罩着，他所有的品质都会被认为是坏的。晕轮效应是在人际相互作用过程中形成的一种夸大的社会现象，正如日、月的光辉，在云雾的作用下扩大到四周，形成一种光环作用。常表现在一个人对另一个人的最初印象决定了他的总体看法，而看不准对方的真实品质。有时候晕轮效应会对人际关系产生积极作用，比如你对人诚恳，那么即便你能力较差，别人对你也会非常信任，因为对方只看见你的诚恳。而晕轮效应的最大弊端就在于以偏概全。

五、绩效考核的意义

人力资源考核的意义体现在两个方面：一方面它是企业人力资源管理诸活动开展的基础，另一方面它是企业提升管理水平，促进绩效改进的重要路径。

（一）绩效考核是人力资源管理中的基础活动

1. 绩效考核为招聘和甄选提供反馈信息

对在岗人员的实际业绩加以考核，可以为企业人力资源招聘活动提供参考的能力素质标准，并间接反映企业人力资源招聘工作的效率，以及在人力资源甄选过程中使用的各种测试方法或工具的有效性，从而为进一步改善这些工作提供依据，保证各岗位替补人员或新进入人员的质量。

2. 绩效考核是企业员工提薪、晋升的重要参照标准

人力资源考核往往被作为人员晋升的重要依据。由于人力资源考核是员工工作表现的客

观反映和全面总结，综合的员工考核还能反映出被考核员工的潜力，因此，在此基础上所做的提薪、晋升决定，也就较为科学、公平和合理。当然，人力资源考核并不是决定人员提薪、晋升的唯一标准，还要结合考查其具体工作经验、思想品质以及企业发展的需要等因素。

3. 绩效考核是员工岗位调配的依据

在人力资源配置过程中，由于各方面因素的影响，很可能会出现某些员工与工作岗位不相适应的情况，而绩效考核有助于人力资源管理部门及时发现这些情况，从而结合人力资源自身的情况以及企业岗位设计对人力资源的要求，通过对这些员工的评估，做出对其岗位是否进行调配的决策。

4. 绩效考核为确定企业的人力资源开发对象和内容提供重要指标

通过人力资源考核，我们可以及时对员工的工作情况有所了解，掌握员工在现有岗位上的优缺点、长处和劣势，进而根据企业岗位职责的需要和员工工作的薄弱环节，有针对性地进行培训。此外，人力资源考核对于分析研讨培训工作的成效，改进培训工作，提高培训质量具有重要作用。数智化绩效管理系统将员工的过程绩效和结果绩效实时或同步记录到业务大数据平台并对员工及其主管实时反馈，进而为下一步行为提供依据。

5. 绩效考核是确定组织合理劳动报酬的基础

首先，员工的考核是确立岗位工资水平的依据；其次，在许多企业的工资结构中，效益工资所占的比重较高，而效益工资的衡量标准应以员工考核的结果为基础。

6. 绩效考核可以减少劳动纠纷的发生

一方面，制度化、规范化的员工考核加强了上下级的沟通，对各种职位人员的分工和工作要求更加明确。另一方面，考核使被考核人员对自身的成果有所了解，即使存在异议，也可以通过合理的渠道予以反映，因此，减少了劳动纠纷产生的可能性，而且可以削弱纠纷的负面作用。

我们用表 6-3 说明人力资源考核与其他人力资源管理活动之间的关系。

表 6-3　人力资源考核在人力资源管理中的作用

人力资源管理活动	人力资源考核的意义
招聘甄选	为人员招聘提供参考能力、素质标准，并对既往的招聘效果提供反馈
提薪晋升	人员晋升公正合理的依据
工作调配	判定员工的工作适应性和优势与不足
培训开发	决定培训开发的内容和方向，对培训效果提供反馈
薪酬管理	岗位工资制和效益工资决定的基础
劳动关系	预防劳动纠纷发生，考核方法和业绩水平经协商确定

（二）提升企业管理水平，促进绩效改进的重要路径

1. 促进竞争向上的企业文化的形成

企业文化建设是提升企业凝聚力，并最终提升企业核心竞争力的重要手段，这一点已经成为现代企业的共识。绩效考核的实施在一定程度上有助于竞争向上的企业文化的培育。

首先，绩效考核可以促进企业内部的沟通。考核是上下级之间讨论有关工作问题的方式之一，也是增进双方沟通的方式之一。考核的实施可以让员工知道组织希望他们做什么，而

且希望他们达到什么样的结果；考核可以使员工知道自己工作的绩效，并且通过考核后的及时反馈，可以使员工的努力得到承认和回报，从而在以后的工作中更加尽力，并与管理者之间保持合理的协调。同时管理者通过人力资源考核，可以及时把握员工的工作状况，分析员工工作中出现的各种问题，给员工一个恰当的承认和理解，而不是简单地以成败论英雄。

其次，绩效考核有助于形成竞争向上的组织风尚。绩效考核结果的及时反馈可以使员工得到激励和鞭策，减少员工偷懒现象，并使绩效好的员工得到激励和奖赏，普遍调动员工的工作积极性。因此，制度性的有效考核使员工能正确对待他人，形成奋发向上的组织风尚，而且有助于员工之间彼此学习，促进学习型组织的建设。

最后，人力资源考核可以使员工清楚地知晓自己的工作绩效，明确自己在企业发展中的位置，增加员工的成就感和员工对组织的向心力。

2. 促进企业管理水平的提升

绩效考核既是对员工的评价，也是对企业管理本身的控制和评价，通过对全体员工的绩效考核，可以发现管理中的合理与不足之处，从而推动管理有目的地改进。另一方面，管理者经过对下属工作的考核，可以正确了解本部门的人力资源状况，做到管理心中有数，有利于提高管理的针对性，最终提升管理的效率。

3. 推进企业目标的实现

对组织而言，通过对个人或部门业绩的考核，确认其对更高层次目标的贡献程度，经过对目标和实际成绩间差异的分析，查找影响达到目标的内外部因素，进而通过管理的各项职能、管理环境的调整以及企业所有员工的共同努力，推进企业目标的实现。同时，将个人目标和组织的整体目标加以协调或相互联系，增强员工的成就感，提高组织成员的士气，促进业绩水平的提高，并最终推进企业目标的实现。

第二节　绩效考核实施

一、绩效考核要素

企业在开展绩效考核工作之前，要明确绩效考核的基本要素，以便为有效地开展人力资源绩效考核工作做准备。绩效考核的基本要素主要包括考核者、考核内容和考核标准。

（一）考核者

考核者指进行人力资源考核的人。人力资源考核究竟应该由谁来进行有不同的看法。从考核的方式看，考核者可以是上级主管、同事、自我、下级和专家。以何种方式进行或为主要方式要根据考核的目的与确定的考核标准来选择。

1. 上级主管考核

上级主管考核是最常见的一种考核方式，这种由上而下的考核，最大的优点在于被考核者没有心理上的压力。因为传统的观念中，上级主管本来就有权力和责任考核其下属，这种考核方式有利于上级主管提高其管理的针对性。

上级主管的考核通常要经过初评和复核两个阶段。初评通常是由被考评者的直接上级完成。这在人力资源考核中居于特别重要的地位。因为员工直接向其上级报告，上级对员工情况了解较多，上级最了解组织对员工的期望，即了解考核的标准，便于对下属进行比较，上级直接指挥员工，因而对员工的工作态度感受最深。但是由于直接的上级主管与被考核者接触较多，或为了本部门的利益（因为本部门的员工在工作中体现的绩效直接关系到其管理水平的考核），在考核中容易夹杂情感、偏见等因素，可能造成人事处理上的不公平、不合理，或与其他单位的考核不平衡等问题。因此，不少企业在初评以后，由被考核者的更高一级进行复核，以求得公平合理与平衡一致。

2. 同事考核

同事考核一般指企业内同级同事之间的相互考核。尽管同事考核受晋升等竞争心理的影响，或担心影响以后的合作，或期待同事给自己给出好的评价，考核的结果除了协作精神外所提供的意见价值十分有限，但同事考核作为一种民主参与方式，其意义往往超过考核本身，所得结论只能供主管参考，并且需要配合其他考核方式才能较为有效。

3. 自我考核

人具有能动性，刺激员工能动性的发挥可以使员工充分发挥其潜力，提高工作绩效，自我考核就是提升员工能动性的一种重要方法。一般认为，自我考核比传统的主管考核更具建设性，能够让被考核者感到满意，减少他们对考核的排斥，通过考核推动工作的改进。此外，在知识经济时代，人的个性化需求日益强烈，我们强调学习型组织的建设，强调企业的团队建设，而团队建设并不排斥员工个性的充分发挥，在这种背景下，通过自我考核一方面可以促进员工个性的更好发挥，还可以在一定程度上推动团队建设，促进企业凝聚力增强。

当然，自我考核也存在一些问题，比如，员工一般情况下会隐藏自己的缺点而夸大自己的优点，或者对人力资源考核的指标及其权重的理解不够充分，结果导致膨胀性的评分。实际调查表明，由于主管不重视和员工本人嫌麻烦，目前企业实施自我考核的成效并不大，甚至会流于形式。我们应将正确的自我考核观念向全体员工宣教，增强员工的自主意识，让员工真实地对自己的工作表现进行反省，则它所产生的激励效果与绩效改善作用要比主管考核更大。此外，为了弥补员工自我考核的一些弊端，特别是对于一些人员素质不高的企业，管理部门可将员工的自我评价作为一种补充评价加以参考。

4. 下级考核

对于主管人员的工作作风和领导能力，下属是很有发言权的，下级考核可以使上级主管增加工作压力，注意工作方式，促进与下级的沟通，最终体现为整个部门工作效率的提高。但是，在具体的实施过程中，有些下属害怕得罪上级而不敢直言，有些则出于个人恩怨而使考核缺乏客观性。因此，在利用下级考核方式进行考核时，一方面可以采用无记名的方式来消除下级的疑虑，使之能够直言上级的优劣；另一方面对下级的意见要注意分析，尤其是要强调事实依据，并从统领全局的角度认真剖析。

5. 专家考核

考核是一项技术性很强的工作，专家或顾问有专业的人力资源考核技术与经验，而且他们在企业中无个人利益，比较容易做到公正，也容易受到被考核者的欢迎，而且还有可能在考核的过程中收集到其他有关企业的经营管理信息。

专家考核的缺点在于成本太高，而且专家可能对被考核者的专业技能不了解。因此，专家考核往往只用于一些比较复杂的考核项目。比如，我们对一些高级部门经理的提拔等。

（二）考核的内容

绩效考核的内容，体现了企业对员工的基本要求。考核内容是否科学、合理，直接影响到人力资源考核的质量。考察各国的企业人力资源考核，我们可以看到完整的企业人力资源考核应该包括业绩考核、能力考核、态度考核、潜力考核和适应性考核等。一般把它概括为德、能、勤、绩、个性和适应性六个方面，分为素质考核（能力和潜力）和绩效（业绩）考核两大块。

1. 德

德指人的政治思想素质和道德素质。德是一个人的灵魂，是用以统帅才能的。德从三个方面对员工可能的贡献有重要影响：第一，它决定了一个人行为的方向 —— 为什么目的而奋斗；第二，它决定了一个人行为的强弱 —— 为达到目的所做的努力程度；第三，它决定了一个人行为的方式 —— 采取什么手段达到目的。在中国，对人进行考核时非常重视德，认定一个人的优劣，其德居于主导地位。

德鲁克曾经说过这样一句话：如果领导缺乏正直的道德，那么，无论他是多么有知识、有才华、有成就，也会造成重大的损失，因为他破坏了企业中最宝贵的资源 —— 人，破坏了组织的精神。许多著名的企业家都旗帜鲜明地把人才观中的道德排在了第一位。员工在道德方面所犯的错误是他们最不能容忍的。

德的标准不是抽象的，而是随着不同的时代、不同的行业、不同阶级而有所变化的。人的道德品质，古代总结为仁、义、忠、信、勇、谋：富而不越礼是仁；显而不露是义；肩负重任而尽力是忠；办事诚实不诿是信；险而不惧并能取胜是勇；随机应变掌握主动是谋。如今，"德"的标准概括为以下内容：雷厉风行；尊重别人、善于与人合作；尊重科学、知错必改；遵纪守法、维护公共利益；保守商业秘密；公正对待下属等。

此外，在一个企业内部，管理人员和一般员工对企业的生存和发展起着不同的作用，因此，对他们德的要求也就存在一些差异（参见表 6-4）。

表 6-4　企业管理人员和一般员工德的要求

管理人员	一般员工
以公司为重、努力献身的精神	努力工作，不讨价还价的精神
诚实、自信、果断、勤奋的精神	开拓创新，处处考虑成本的精神
开拓精神、不争权夺利的心态	团结互助，协调共处共进的精神
公正、公平处理问题的精神	服从管理，勇于提出建议的精神
关心员工、帮助下属发展的精神	热爱企业，以企业为家的精神

全球服务业的领导企业 —— 为您服务公司的董事长波拉德先生认为，"道德"决定领导力。提升领导力必须关注三个层面：人的尊严、人的价值和人的潜力。"作为商人，应该非常熟悉管理的一些基本原则，比如财务管理，但是我认为最重要的管理原则不是这些，一个领导者需要具有公仆心"，公仆心的实质就是为他人服务的精神[①]。特别提醒的是，这里所指的

---

① 《波拉德阐述"道德"决定领导力》，中国经营报，2002 年 6 月 3 日，第 11 版。

德，更多指职业道德而不是一般意义上的伦理道德。我们是从工作的职责角度考虑其德，而不是泛泛地从生活行为方面的考察。

未来的领导是什么样子？数字经济给领导力带来巨大的改变，技术会取代道德吗？麻省理工学院《史隆管理评论》新报告《数字时代的新领导力剧本》，报告针对全球 120 个国家的 4 000 多位高层领导人进行调查和访谈，归纳出"侵蚀、持久和新兴"三类领导行为，简称为"3E"：侵蚀（Eroding）的领导：由权力和野心所驱动、由上而下、命令与控制的领导作为，过去可能有效，但现在却会阻碍员工发挥应有的潜力。持久（Enduring）的领导：有些久经考验的领导力特质和行为，包括诚信、信任和道德等，至今仍非常重要，调查结果显示，多数受访者都认为，领导团队最重要的行为就是信任。新兴（Emerging）的领导：有些领导行为，过去可能鲜少受到重视，现在却被认为对企业的成功至关重要，例如建立数字能力、表达同理心、协作和建立关系、授权等。最先进的领导团队会在组织中辨别出这"3E"，然后做出选择：他们会努力加强"新兴"和"持久"的领导，建立核心竞争力，同时摆脱那些"侵蚀"领导行为。显然，道德依然是 3E 时代领导的重要内容。

2. 能

能即能力，指顺利实现某种活动的心理条件，它在个人的活动中表现出来，同时又在所从事的活动中得到发展。能力由四个部分组成：一是常识、专业知识和相关知识；二是技能、技术和技巧；三是工作经验；四是体力。能力的考核与能力测评不同，重点在于考核员工在工作中发挥出来的能力，考核员工在工作上的相关能力，诸如某员工在工作中的判断是否正确、迅速，协调关系如何等，能力测评是从人的本身属性对员工的能力进行的评价，强调人的共性，不一定要和员工的现任工作相联系。如表 6-5。

表 6-5 能要素的分解

能的要素		考核定性标准
业务知识水平		能系统、全面掌握本职工作的业务知识，对现代管理知识和自然、社会科学知识有较多的了解
工作技能		能够熟练地进行业务操作，具备工作所要求的基本技能
管理能力	综合分析能力	思维敏捷，接受新事物快，考虑问题周全细致，善于全面分析问题，逻辑性强，准确性高
	自学能力	自学能力强，能广泛而迅速地获取新知识
	口头表达能力	口头表达能力强，重点突出，条理清晰，说理透彻，语言生动简练，有较强的演讲和鼓动号召能力
	文字表达能力	文章结构严谨，文字简洁，生动流畅，质量高、速度快，能起草本职业务工作文件
	组织协调能力	工作计划性强，能知人善任，调动各方面的积极性，有节奏地协调工作
	创新能力	创新能力强，锐意求新，开拓进取，有首创独特的思路，能提出质量较高的改革建议，效果显著
	决策能力	有战略眼光，能正确地确定目标，选出最佳方案，对重大而复杂的问题，能做出正确的决策，能听取各方面的正确意见
	协调人际关系能力	严于律己，宽以待人，善于与同志一道合作共事，特别是能团结与自己意见不同的人一起工作
	工作经验	工作经验丰富，能运用经验指导工作

影响一个人能力水平的因素通常有三个：先天素质（遗传）、社会影响（历史的遗产和现

实的教育）、个人的努力。

能力考核的原因有三：一是仅凭借绩效结果的考核不足以反映一个员工的实际，对于同一能力水平的员工，由于处在不同能力要求的岗位上，其绩效的满意程度是不同的，低能力要求岗位上的任职者，如果其工作态度认真，则可获得较好的评价，对于高能力要求岗位上的任职者，即使工作态度良好，则可能只获得一般甚至很差的评价结果；二是仅凭绩效考核不能确定员工是否有胜任其他岗位或更高一级岗位的能力，无法指导员工的岗位轮换和晋升；三是仅凭绩效考核无法知道员工在不胜任本职工作的情况下，能力差在何处，差距有多大，无法确定培训需求，无法确定是否必须降职或辞退。因此，对员工能力的考核应以素质为依据，结合他在工作中的具体表现来判断。

不同的职务对能的要求有不同的侧重，而且企业对管理人员和一般员工能的要求也不一样，如表 6-6 所示。

表 6-6 企业对管理人员和一般员工能的要求

管理人员	一般员工
远见的预测能力	理解意图，完成任务的能力
出谋划策和决策的能力	独立工作，解决处理问题的能力
判断分析和解决问题的能力	实干肯干，主动和巧干的能力
有效进行沟通和理解的能力	吃苦耐劳，连续作战的能力
开发下属和激发潜能的能力	主动进取，研究分析问题的能力

3. 勤

勤即勤勉、敬业的精神，主要指员工的出勤、纪律性、责任心、主动性和干劲等。勤的考核也就是对员工工作态度的考核。

工作态度是工作能力向工作业绩转换的"中介"，直接影响着员工的工作绩效。在同样的制度、管理方式和激励条件下，由于员工个体的差异，有些员工的工作态度良好，有些则较差，因此，可能导致同样技能的员工在同样的岗位上却有不同的工作绩效。

对勤的考核要注意两个问题：第一，不能简单地把勤理解为出勤率，出勤率高仅是勤的一种表现，但并非内在的东西。出勤率高有可能是出工不出力，动手不动脑。真正的勤，不仅是出勤率高，更重要的是以强烈的责任感和事业心，在工作中投入全部的体力和智力，并且投入全部的感情，因此，人力资源管理中勤的考核应该将形式上的（表面的）考勤与实质的（内在的）出勤结合起来，重点考核其敬业精神。第二，员工的工作态度不仅是其内在品德的表现，还受到工作环境等外部条件的影响。因此，在员工的考核中我们要注意综合地看问题。表 6-7 和 6-8 分别说明勤分解的要素以及管理人员和一般员工的勤的不同要求。

表 6-7 勤的分解要素图

勤分解要素	考核标准
工作积极性	积极学习业务工作中所需要的知识，肯钻研，并为提高公司绩效献计献策
工作责任心	工作认真负责，一丝不苟；勇于承担责任并负责到底
工作协作性	工作中能从大局出发，注意合作并乐意协助他人
工作纪律性	按时上下班，从不旷工，严格遵守考勤制度；遵守工作规范和标准

表 6-8 管理人员和一般员工勤的要求

管理人员	一般员工
勤于动脑筋思考问题，出主意，想办法	勤于工作饱满、工作有序、守时守纪
勤于学习和了解信息，为单位和自己发展所用	勤于用效率和效益要求自己的工作
勤于探讨工作和听取各方面的意见和建议	勤于钻研业务、产品、生产问题
勤于深入现场，了解市场、产品和顾客	勤于动脑，帮助上级出主意，想办法
勤于遵纪守时，提高工作效率	勤于参与组织的活动，与其他员工沟通

4. 个性

个性指个人的性格、气质、嗜好和兴趣等特征，属于心理特质范畴，心理特质不同，往往导致不同的工作效率和结果。因此，个性是企业人力资源素质测评中的重要内容。我们在第五章中对人力资源招聘中的个性测评进行过介绍，该测评的重点是考察拟招聘员工个性与企业待聘岗位的匹配度。而对现有员工个性的测评是确认其个性与职业的适应程度，此外，个性测评有助于管理者把不同性格（如性格内向、外向）的人进行重组，以便提高工作效率。

5. 绩

绩指个人的工作效率及效果。工作绩效，主要包括工作的数量、质量、成本费用以及为组织做出的其他贡献。

绩效是企业的最终期望，是以上四项内容的客观表现。因此，在一些人力资源管理教科书中，讲到人员考核评估的时候，一般都只讲人力资源绩效评估或业绩评估。

绩的表现形式是多种多样的，一般来说，主要体现在工作效率、工作任务完成的质与量和工作效益三个方面（如表 6-9）。从管理学角度，有人称现代企业绩效管理实质上是"三效"管理，即笑容、效果和效率。通过管理，使员工愉悦进而释放员工活力，做事情才有好的效果，而我们还需要考虑达到预期效果所付出的代价，也就是效率问题。

表 6-9 绩效的分解要素

业绩分解要素	考核标准
工作数量	以工作说明书规定的标准为依据
工作质量	以工作说明书规定的标准为依据
工作效率	以单位时间内最终有效劳动超过的数量或同样有效劳动成果所耗用时间衡量，其内涵包括组织效率、管理效率和机械效率三个方面
工作效益	以对企业的贡献衡量，包括经济效益、社会效益和时间效益

表 6-10 为管理人员和一般员工的绩效的不同要求。

表 6-10 管理人员和一般员工绩效的不同要求

管理人员	一般员工
不断努力增加利润、降低成本的成绩	完成已定任务和超额完成任务的业绩
圆满、提前或按时完成任务的成绩	为组织创造成本效益的成绩
带领员工攻克难点、开源节流的成绩	单位积累工作量和年递进的业绩
适时设立新目标、使组织不断发展的成绩	完成上级临时指派的任务
	创新、开发新领域的业绩

6. 适应性

适应性考核是对员工就任的某一职位是否与其人品和能力相适应做出评价。从内容上看，适应性考核涉及两个层次的内容：一是人与工作，即人的能力与工作要求是否对称；二是人与人，即合作者的人际关系是否协调。从操作上看，其基本思路是：首先，自我申报对现任职位适应与否；其次，考核者进行观察、分析和判断，并适时做必要的记录；最后，对员工的个性方面如性格、兴趣、爱好和志向等做出评价。

管理人员与普通员工的适应性不同，参见表 6-11。

表 6-11　管理人员与普通员工的适应性

管理人员	普通员工
对现有工作的满意度	对现有岗位的满意度
工作状态	工作态度
过去经验及学历与现有工作要求之间的关系	过去技能与现有岗位要求之间的关系
管理人员及社会有关部门和人员的关系	与同级同事及主管的关系

人力资源考核以能力为中心，通过日常的人力资源考核，对员工的工作绩效以及与现有岗位的适应性做出客观的评价。我们用图 6-5 对人力资源考核体系所涉及的问题进行综合表述。

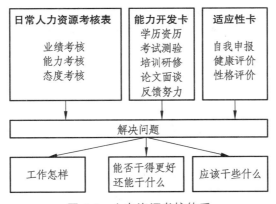

图 6-5　人力资源考核体系

（三）考核标准

绩效考核标准的编制是人力资源考核的重要环节。绩效考核结果的准确与否和考核标准的科学、合理与否有着密切的联系。如果绩效考核没有标准或者标准杂乱不清，就难以保证考核的客观公正性。

1. 考核标准的含义

所谓标准就是衡量事物的准则。在企业人力资源考核中，考核标准是对员工工作的数量和质量进行考核的准则。换句话说，企业人力资源考核标准是预先确定的对员工工作的数量和质量进行考核的规范准则，是根据其职位、职责和规定的工作目标，对照衡量被考核者的工作业绩、工作能力和工作态度等情况进而确定其考核档次。

2. 考核标准编制的原则

编制标准的目的是保证考核的客观性，从而有效地评价员工。因此，与其他任何尺度一样，要衡量别的事物，首先要保证自身的正确。企业人力资源考核标准的科学、合理与否，直接关系到考核结果的客观公正性。

（1）客观严谨的原则。企业员工所对应的每一职位都有其客观的工作标准，因此，编制考核标准时要以该职位的工作标准为依据，符合职位对工作职责和人员的客观要求。而考核标准作为人力资源管理决策的依据，必须是严谨的，对标准的内容、分级和措辞都应认真对待，反复推敲、反复提炼，决不能草率从事，粗心大意。

（2）具体性原则。考核标准要具有可操作性，就必须具体明确。标准是在考核中用来衡量员工的尺度，它表示员工完成工作任务时需要达到的状态，因此，标准必须是具体明确且可以衡量的，不能让人感到模棱两可，无法衡量就无法控制。

（3）可操作性原则。充分考虑标准与行业先进水平的关系，通过考核推动本企业管理水平提高，但我们还必须使标准与本企业的实际情况相吻合，具有可操作性。标准过高，本企业员工无论如何努力也难以达到时，考核标准就失去了存在的意义；标准过低，员工不需要多大的努力就可以完成工作，将起不到激励作用。因此，在编制企业人力资源考核标准时，标准水平应该是大多数员工通过努力基本能够达到的水平。

【专栏】

美国加利福尼亚大学的学者做了这样一个实验：把6只猴子分别关在3间空房子里，每间2只，房子里分别放着一定数量的食物，但是放的位置高度不一样。第一间房子的食物就放在地上，第二间房子的食物分别从易到难悬挂在不同高度的适当位置上，第三间房子的食物悬挂在房顶。数日后，他们发现第一间房子的猴子一死一伤，伤得缺了耳朵断了腿，奄奄一息。第三间房子的猴子也死了。只有第二间房子的猴子活得好好的。

究其原因，第一间房子的两只猴子一进房间就看到了地上的食物，于是，为了争夺唾手可得的食物而大动干戈，结果伤的伤，死的死。第三间房子的猴子虽然做了努力，但因食物放置得太高，难度过大，够不着，被活活饿死了。只有第二间房子的两只猴子先是各自凭着自己的本能蹦跳取食，最后，随着悬挂食物高度的增加，难度增大，两只猴子只有协作才能取得食物，于是，一只猴子托起另一只猴子跳起取食。这样，每天都能取得够吃的食物，很好地活了下来。

从这三组猴子的实验结果中你明白了什么？

（4）系统性原则。人力资源考核是一项复杂的系统工作，其标准要具有系统性。既要涵盖所有的考核要点，也要让各个指标之间避免相互涵盖。特别要注意的是，人力资源考核的各个指标不要出现矛盾的地方。

（5）相对稳定的原则。企业的人力资源考核标准制定后，要保持相对稳定，切不可朝令夕改，只能在工作情况变化达到相当程度或不可逆转时，才可进行相应的调整和修改。这样才能让广大员工适应，在一定的工作时间内有稳定的标准可参照，才能确保考核标准运用具有客观性。这提示我们，在人力资源考核的时候，我们要善于区分各种偶然情况或必然情况对工作绩效的影响，既不"死"抱标准不放，也不能频繁波动。

（6）一定的弹性原则。考核标准要具有相对的稳定性，并不排斥标准的波动性，我们应该使标准具有相对的弹性。弹性，指标准应随着市场环境、生产技术条件和人员条件等决策环境的改变而改变。

组织行为学中有这样一个公式：

员工动机＝员工态度×情境
员工潜在工作绩效＝员工能力×员工动机
员工实际绩效＝员工潜在工作绩效×组织资源×机会

从上面的公式可以看出，一个企业的经营绩效取决于员工的绩效水平，而员工的绩效水平是员工的实际工作能力、工作欲望、企业经营的内部条件和外部环境联合作用的结果。因此，当人员素质经过培训开发得到提高或新招聘的员工素质提高，而使企业整体的员工潜在工作绩效提高后，考核的标准就应该提高。当企业的管理水平通过制度改进或引进新的技术而提高后，或者市场环境发生了某些不可逆转的变化，员工绩效考核的标准应随之修订，使其在符合稳定性原则的基础上具有相当的弹性。

（7）文本性原则 考核标准应落实到纸面上，成为可供稽查的依据。标准要形成文字，主管与部属都应各有一份彼此同意并写好的工作标准。如此，他们才不至于靠记忆行事而且能够随时提醒他们，并使考核工作的实施具有客观公认的依据。

3. 考核标准的制定流程

（1）建立标准编制小组，提出工作计划。制定考核标准应在企业领导下进行，由具有一定现代科学知识和丰富实际经验的人事干部、管理人员、人事专家以及有关部门负责人组成标准编制小组。编制的工作计划应包括以下内容：① 编制标准的目的和要点；② 编制标准的人员及机构；③ 国内外同类人力资源考核标准的现有水平；④ 工作步骤、计划进度和分阶段目标；⑤ 编制标准可能出现的问题和相应措施；⑥ 编制标准的效果预测。

（2）编制标准草案。① 调查研究，试点验证。首先通过工作分析、理论推演和专家咨询设计考核指标及指标体系。随后，在上级标准指导下，收集国内外同类人力资源考核的文献及水准，初步形成人力资源考核标准试行草案后，物色企业中有代表性的科室或部门进行试点。试点的单位应由相关部门领导挂帅、专人配合；② 起草征求意见稿，广泛听取意见。在调研和试点的基础上，编制小组应该进行统计分析和综合研究，起草征求意见稿，分送各个部门，在一定范围内召集座谈会，讲解编制的原则，听取各种意见并加以修改，最终形成标准草案意见稿。标准草案意见稿要根据本行业的具体情况，使标准详细、准确，便于实施。此外，在本阶段还应该编制《人力资源考核标准编制说明书》；③ 形成草案送审稿。标准编制小组要及时把各种反馈意见进行汇总，反复修改草案，直至形成草案送审稿；④ 标准草案的审定。考核标准的审定，可以先由人力资源部门进行初审，然后请有关领域及人力资源管理专家进行鉴定，最后结合专家的意见进行修改，并将鉴定的意见附于确定的人力资源考核标准之后一起呈报上级批准生效。

（四）考核的周期

绩效考核周期也可以叫作绩效考核期限，指多长时间对员工进行一次绩效考核。

由于绩效考核需要耗费一定的人力、物力，因此考核周期过短，会增加企业管理成本的开支；但是，绩效考核周期过长，又会降低绩效考核的准确性，不利于员工工作绩效的改进，从而影响绩效管理的效果。

绩效考核的内容主要分为三大类，业绩指标、能力指标和态度指标。工作业绩是工作产生的结果，如数量指标、质量指标、完成率、控制率等。因此，业绩类指标评价应该适当放短，以使其将注意力集中于短期业绩指标。工作能力包括领导能力、沟通能力、客户服务能力等。工作能力评估着眼于关注未来，但这些指标的改变往往不是短期内可以提高的。因此，对于能力指标的评估周期应该加长，一般以年度或半年度作为评价的周期。态度指标的评价周期应该缩短，因为工作态度往往直接影响到工作的产出，也就是业绩指标。因此，将态度指标评价周期缩短，有利于引导员工关注工作的态度与作风问题，从而确保业绩指标的实现。

绩效考核实施时间考核周期设置不宜过长也不宜过短。如果评价周期过长，一方面会带来严重的"近因效应"，从而给评价带来误差；另一方面会使员工失去对绩效考核的关注，最终影响考核的效果。如果考核周期太短，又会导致考核成本的加大，最直接的影响是各部门的工作量加大，同时由于工作内容可能跨越考核周期，导致许多工作表现无法进行评估。首先，不同企业里有着不同类型的工作方式，在同一个企业里，不同部门之间也有着不同的工作方式。有两种划分方式，一种是流程型工作，一种是项目型工作。流程型工作指按部就班、有工作依据和输出标准的工作类型，绝大多数企业、绝大多数岗位都属于流程型工作；项目型工作指不同阶段的工作内容不同且工作依据和输入标准不同的工作类型，例如房地产开发企业的项目公司/项目部、大型基建/公用事业，都属于项目型的组织、项目型的工作，包括管理咨询公司也是如此，企业里的研发部门从事的也都是项目型工作。

【课后练习】

小张是一家公司产品开发部研发工程师。一年来，他废寝忘食，加班加点，他负责的一个新产品设计已经接近尾声。想到这个新产品投入生产后将会给公司带来很大利润，自己的职业生涯也会攀上一个新的高度，心里非常高兴。

一年一度的绩效考评结束了，小张的考分很低，搞得他在同事面前非常狼狈。他找领导询问，答复是由于他的业绩不如别人，所以得了低分。

小张对这个考评结果不能接受，一气之下，跳槽离开了公司，并且带走了他即将研发完成的产品设计。

思考： 小张为什么要走？公司的绩效考核方案存在什么问题？

二、绩效考核的方法

（一）关键绩效指标法

1. 关键绩效指标法的内涵

关键绩效指标（KPI）是管理中"计划-执行-评价"不可分割的一部分，是通过组织内部流程的输入端、产出端的关键参数或者基于组织战略目标分解下的阶段目标和流程岗位目标进行设置、取样、计算和分析，将企业的战略目标分解为可量化、可操作的工作目标，衡量企业绩效实现程度的一种目标式量化管理指标，是企业绩效管理的基础。通过KPI明确各个部门、部门内各个岗位阶段任务及达成的标准，是管理原理——"二八"原理的典型运用。在一个企业价值创造过程中，在一个岗位职责实现中，始终存在"20/80"规律，也就是20%

的骨干员工创造企业 80% 的价值，20% 的关键行为完成企业 80% 的关键工作任务，进而创造 80% 的绩效。因此，利用关键绩效指标就是抓住管理重点，将管理落在关键岗位、关键行为和关键事件的追踪上，在一些企业还实施 KPI 中的 KPI，将关键绩效指标进一步精简至 3~5 个，使得考核和管理的重心更加明确。

关键绩效指标法就是通过提炼岗位基于战略及流程的关键绩效指标的一种绩效考核方法。关键绩效指标法一方面能比较科学地对特定岗位员工工作绩效进行考核，还会进一步驱动企业目标的实现，因此，关键绩效指标法作为一种管理方法得到了广大企业的重视。

与 KPI 相关的一个概念是 KPA 和 KRA。KPA（Key Process Area）即关键过程领域，是企业需要集中力量解决问题的过程，这些关键过程明确地列出目标，指明一组相关联的关键实践以实现关键过程。KRA（Key Performance Action）即企业关键结果领域，它是实现企业整体目标不可或缺的、必须取得满意结果的领域，是企业关键成功要素的聚集地。

从 KRA 到 KPA，再到 KPI，企业管理的重点脉络就十分清晰。

2. 关键绩效指标的类型

通常来说，关键绩效指标主要有 4 种类型，即数量、质量、成本和时限（见表 6-12）。

表 6-12 绩效指标的类型

指标类型	典型举例	资料来源
数量指标	产量、销售额、利润增长率、客户拜访次数、招聘人数	业绩记录、财务数据、招聘数据
质量指标	破损率、合格率、计划准确率、培训满意度、良品率、故障率	生产记录、上级考核、客户考核培训评估表
成本指标	单位产品的成本、投资回报率、人均招聘费用	财务数据、招聘计划
时限指标	送达及时性、到市场时间、供货周期	同级考核、客户考核

在建立绩效指标时，我们可以试图回答下列一些问题：① 在评估产出时，我们主要关注什么？② 我们怎么来衡量这些工作产出的数量、质量、成本和时限？③ 是否存在我们可以追踪的数量或百分比？如果存在这样的数量指标，就将其列出来。④ 如果没有数量化的指标来评估工作产出，那么谁可以评估工作结果完成得好不好呢？能否描述一下工作成果完成得好是什么样的状态？有哪些关键的衡量因素？

3. 关键绩效指标选择的原则

（1）绩效指标设计的原则。

① 内涵明确。每一个指标的设计都有明确的含义，不同的考核者对评价指标的内容都有相同的认识，减少误差的产生。内涵明确就要在指标的设计上考虑用词的词意清晰，不能从词意上给考核者以模棱两可的感觉。

② 针对性。评价指标的设计要充分考虑工作目标、岗位职责的要求，我们必须根据岗位的责任以及企业达到目标的各项工作内容以及标准来设定。

③ 系统性。能够系统地评价一件事或一个人的行为。系统性的另一个要求就是指标要有一定的全面性，评价指标既可以是正面的，也可以是负面的，只有全面才能真正起到目标引导作用，避免工作成果偏离目标的方向。

④ 独立性。每一个评价指标相互作用或相互影响、相互交叉，但都要有独立的内容、独立的含义和界定。

（2）SMART 原则。SMART 是 5 个英文单词的第一个字母的缩写。S 代表的是 Specific，意思指"具体的"；M 代表的是 Measurable，意思指"可度量的"；A 代表的是 Attainable，意思是"可实现的"；R 代表的是 Realistic，意思指"现实的"；T 代表的是 Time-Bound，意思指"有时限的"，见表 6-13。

表 6-13　SMART 绩效指标原则

原　则	正确做法	错误做法
具体的（Specific） 可度量的（Measurable） 可实现的（Attainable） 现实的（Realistic） 有时限的（Time-Bound）	切中目标 适度细化 随情境变化 数量化的 行为化的 数据或信息具有可得性 在付出努力的情况下可以实现 在适度的时限内实现 可证明的 可观察的 使用时间单位 关注效率	抽象的 未经细化 复制其他情境中的指标 主观判断 非行为化描述 数据或信息无从获得 过高或过低的目标 期间过长 假设的 不可观察或证明的 不考虑时效性 模糊的时间观念

4. 选择绩效指标的原则

（1）少而精原则。只要指标能够反映目标的概况即可，也就是说，一切不必要的复杂化都应该避免。结构简单可以使考核信息处理和评估过程缩短，提高考评的工作效率。同时，考评人员能够比较容易地掌握考评系统的方法和技术，工作过程中的沟通也容易实现。少而精的原则要求我们所设定的绩效指标应该集中在对某一项工作来说最关键的一系列指标上。

（2）界限清楚原则。在我们选定设计指标时，应该考虑指标之间不能重复，每一个指标都是考核不同的内容，避免指标交叉。

（3）全面性原则。在指标的设计时我们就已经指出，应该考虑指标的全面、系统，在选择具体的绩效考核指标时，我们就应该充分考虑被选择指标的全面性，使得我们可以对被考核者的行为过程及结果做出客观的反映。

（4）定量与定性相结合原则。绩效评估不能简单只用定量指标，还应该考虑用定性的标准予以测定。但是在实施的过程中应尽可能以定量为主，对于定性指标运用一些数字工具进行恰当处理，从而使得定性指标得以量化。

5. 关键绩效指标的标准和权重

（1）标准。关键绩效指标由指标名称和指标数值组成，也就涉及考核指标和考核指标标准两个密不可分的部分。绩效考核指标涉及"考核什么"的问题，而绩效考核标准则涉及"考核到什么程度"的问题。

绩效标准的设立需要充分考虑挑战性和激励性。很多企业在绩效考核中存在的问题都在于绩效标准的设定。一个员工绩效的好坏首先就是与绩效指标标准的高低有关。挑战性明确了绩效标准是员工必须经过努力才能实现，具有一定的难度，而激励性表现为通过组织与员工的沟通，员工认为在组织的配合和自身的努力下，该绩效指标及标准有相当的实现程度，可以因之而证明自身的能力和获得绩效奖励。

关键绩效指标的标准有基本标准和卓越标准两种。基本标准用于判断被考核者的绩效是否能满足基本要求，保证组织基本目标的实现。考核的结果主要用于一些非激励性的人事待遇，如基本的绩效工资、基本年终奖等。卓越标准是对被考核者未做要求，但是可能达到的绩效水平。达到卓越水平则可以获得一些激励性的人事待遇，如额外奖金、职位晋升等。

（2）权重。每项工作为最终价值实现所作的贡献是不一样的，为每项工作产出划分权重，一方面可以正确衡量员工对组织目标实现的贡献，另一方面可以指导员工将重心放在哪些事情上才能更好地帮助组织实现目标。权重明确了阶段性工作重点的指向，是对岗位职责和绩效指标的进一步比较。

6. 关键绩效指标的分析

可以运用成功关键分析法来寻找企业绩效考核中的关键绩效指标。

（1）通过鱼骨图（见图 6-6）分析企业成功的关键因素，提炼出导致成功的关键业绩模块（KPI 维度）。

① 过去成功靠什么，过去成功因素是哪些；

② 其中哪些是持续的，哪些是阻碍的；

③ 未来成功的关键是什么。

（2）将关键业绩模块层层分解为关键要素，并细化为可量化考核的各项指标。

① 每个维度的内容是什么？

② 如何保证这些维度的目标能够实现；

③ 每个维度目标实现的关键措施和手段是什么；

④ 维度目标实现的标准是什么。

（3）确定 KPI，审核 KPI 指标的合理性。

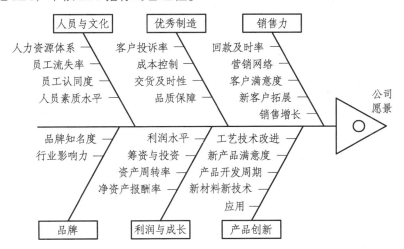

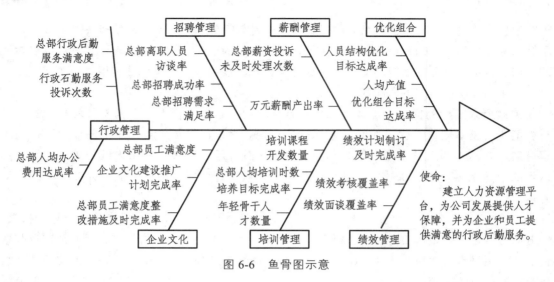

图 6-6 鱼骨图示意

针对数智时代的零工经济或平台工作，如外卖员等，数智技术可以通过算法任务分配寻求关键指标及实现路径。

（二）平衡记分卡

1. 平衡记分卡的渊源

源自哈佛大学教授 Robert Kaplan 与诺朗顿研究院的执行长 David Norton 于 1990 年因美国的复兴全球战略集团有关新的公司绩效考核模式的相关研究。教授等人在 ADI 公司研究基础之上，总结提炼出平衡记分卡。平衡计分卡强调传统的财务会计模式只能衡量过去发生的事项（落后的结果因素），但无法评估企业前瞻性的投资（领先的驱动因素）。因此，必须改用一个将组织的远景转变为一组由四项观点组成的绩效指标架构来评价组织的绩效。此四项指标分别是：财务、顾客、企业内部流程、学习与成长。借这四项指标的衡量，组织可以以明确和严谨的手法来诠释其策略，一方面保留传统上衡量过去绩效的财务指标，并且兼顾了促成财务目标的绩效因素；在支持组织追求业绩之余，也监督组织的行为，并且透过一连串的互动因果关系，组织得以把产出和绩效驱动因素串联起来，以衡量指标与其量度作为语言，把组织的使命和策略转变为一套前后连贯的系统绩效评核量度，把复杂而笼统的概念转化为精确的目标，借以寻求财务与非财务的衡量之间、短期与长期的目标之间、落后的与领先的指标之间，以及外部与内部绩效之间的平衡。1993 年 Robert Kaplan 和 David Norton 将平衡记分卡延伸到企业的战略管理之中，指出企业应该根据企业战略实施的关键成功要素来选择绩效考核的指标。

2. 平衡记分卡与绩效考核

（1）平衡记分卡的整体框架。平衡记分卡是作为新绩效考核模式的研究结果出现的，这也就说明平衡记分卡本身就是一种绩效考核的方法。通过图 6-7 我们可以看到，平衡记分卡以组织的愿景与战略为核心，力图通过财务、客户、内部流程及学习与发展四个方面的指标之间的相互驱动的因果关系展现组织的战略轨迹，实现绩效考核—绩效改进以及战略实施—战略修正的战略目标过程。平衡记分卡把绩效考核的地位上升到组织的战略层面，使之成为组织战略的实施工具。

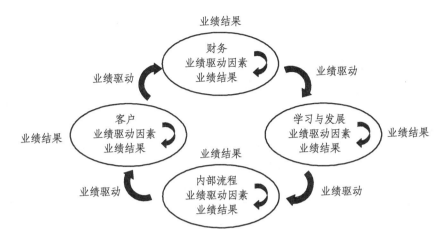

图 6-7　平衡记分卡的指标驱动关系

（2）平衡记分卡的"平衡"。"平衡"是本方法的核心，这里的平衡包括四个方面，即短期目标与长期目标之间的平衡、财务指标与非财务指标之间的平衡、滞后指标与领先指标之间的平衡、外部人员与内部人员之间的平衡，所要求的成果和成果的执行动因之间的平衡，定量衡量和定性衡量之间的平衡（定量－利润、员工流失率；定性－客户满意度、时效性），短期目标和长期目标之间的平衡（短期－利润；长期－客户满意度、员工培训成本和次数）。之所以称之为"平衡计分卡"，主要因为它是通过财务指标与非财务指标考核方法之间的相互补充"平衡"，同时也是在客观评价与主观评价之间，组织的各部门之间寻求"平衡"的基础上完成的绩效考核与战略实施过程。

财务类指标是传统绩效考核的主导指标，考察的是企业经营如何满足股东的要求，包括毛利率、利润额、销售收入和开发成本等。

客户类指标关注的是在客户眼中我们的表现，客户的满意是企业利润的源泉，是企业竞争力的核心要素，包括：客户满意度、市场占有率等。

内部业务流程类指标关注的是我们必须擅长什么？我们企业是否建立起合适的组织、流程、管理机制，在这些方面存在哪些优势和不足，包括技术管理、质量管理等指标。

学习与发展类的指标关注的是组织为了未来发展的储备，是否具有进一步可持续发展的潜力，包括绩效管理推动、人员培训、技术队伍建设和新产品开发等指标。

为了有效提升财务类指标，企业可以减少对客户类指标的投入，而这种减少会使客户满意度等指标面临挑战，为了企业的发展，短期之内组织可能加大新产品研发方面的投入，而这些投入使组织短期财务指标面临挑战。从短期看，内部业务流程面向组织内部的合理分工和控制可能导致客户类绩效指标面临下降威胁。从图 6-8 可以看到，平衡记分卡在绩效管理方面的特别贡献就在于平衡了企业各方利益的追求，各个部门各个岗位基于平衡记分卡相关绩效指标予以分解，使得组织绩效、部门绩效和员工个人岗位绩效三位一体，而将组织的战略演变为各个部门的行动路径。

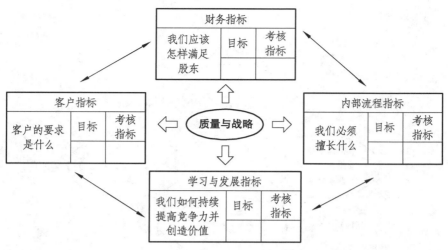

图 6-8　平衡记分卡提供的将战略转化为行动的框架

（3）平衡记分卡在中国的应用。从 2001 年引进平衡计分卡后，中国相当多的企业尝试应用平衡计分卡，比如，联想、中国移动、平安保险等就是其中较为成功的案例，而一些地方政府公共部门也探索了平衡记分卡在个人绩效指标设计中的作用。如深圳市国家税务局从 2004 年下半年开始，依托"一个平台"——信息技术平台，突出"两个方法"——平衡计分卡、关键绩效指标法，实行"三个结合"——绩效考核与税收执法责任制、质量管理、公务员年度考核相结合，在全系统全面推行绩效考核。深圳市国家税务局结合税务工作的特点，运用平衡计分卡理论，实行"分类分项、加权量化"分解描述性指标，实现对非客观性内容的细化考核。从财务、纳税人、内部流程和学习与成长四个维度将"德、能、勤、绩、廉"五方面内容细化为多项指标，实现对非客观性内容的细化考核，取得了良好的效果。此外，2006 年，中共中央组织部（中组部）在黑龙江省海林市委开展了"中澳合作平衡计分卡中国化模式完善与推广项目"试点。现有的实践证明了平衡记分卡理论在我国公共部门绩效考核中运用的有效性和可行性。为有效学习澳大利亚在实施平衡计分卡和 360 度评估体系方面的经验，中澳两国政府合作开展了平衡计分卡"中国化"项目。

（三）目标管理法

1. 目标管理法的内涵

目标管理法是依据组织预定的管理目标，对组织领导人及其员工工作的数量、质量和效果进行评估，是目标管理原理在绩效评估中的客观运用。

目标管理既是现代管理理论的重要原则，又是一种管理方式，也叫作"成果管理"，是著名管理学家德鲁克在 1954 年提出的。作为一种原则，管理组织者的每一项工作都必须围绕它的总目标展开。衡量管理者是否称职，要看他对完成任务的贡献如何。目标管理的核心是：要求每一个组织成员都用自我控制的办法实现组织既定的目标，而不是用传统的统治者主宰一切的办法进行管理。

同其他管理方法一样，目标管理的目的也是激发全体员工的愿望和热情，在为组织目标服务中实现自身的价值和责任，并从中得到满足。

2. 目标管理的特征

目标管理是一种现代管理方法，具有如下特征：① 目标管理是以人为中心的管理；② 目标管理以激励代替惩罚，以民主代替放任或独裁；③ 目标管理是一种将组织目标和个人需要紧密结合在一起的管理技术；④ 目标管理不仅是一种采用式管理，而且是一种自我管理，即自我控制的管理；⑤ 目标管理是一种强调整体性的管理理念。

3. 目标管理法实施步骤

目标管理法实施步骤：① 确定组织目标；② 确定部门目标；③ 讨论部门目标；④ 对预期成果的界定（确定个人目标）；⑤ 工作绩效评价；⑥ 提高反馈。

目标管理最重要的是确定组织目标。确定的方法一般有自上而下和自下而上两种方式。自上而下的方式，是上层领导确定目标，然后适当征求下属的意见。这种方式强调的是管理者上层的目标预期，要求下属通过努力实现预期，下属自始至终处于比较被动的被管理地位。自下而上的方式，是在基层管理者听取上级领导人对总目标的意见后确定工作目标。这种方式强调的是由于工作目标是基层确定的，那么基层通过自我调节、"自律"行动实现了个体目标的最大化，自然整个组织的目标也就最大化了。不管目标的确定是自上而下抑或自下而上，管理工作都是依靠上层管理人员和下层人员一道共同辨明目标，并且最终依据该目标对组织的所有成员进行检查、考核和评估。

组织目标应该具有可操作性，为此：① 管理目标是明确的、可衡量的；② 管理目标是可以分解的，如分解为日常目标（亦即需要达到的目标）、创造性目标（亦即力争达到的目标）、临时目标、个人目标（其最低要求是日常目标在每个员工身上的分解，以及分担必要的临时工作任务）；③ 管理目标原则，即不论哪一级的目标，都应当具备这几个性质——层次化、数量化、现实性和协调性。

目标是整个绩效考核乃至绩效管理的焦点。今天管理实践更多关注目标背后的价值，也就是说关注目标的长远意义，思考背后的价值。比如，从目标管理来说，控制产品成本是重要内容，但从价值角度讲，我们的关键目标可能是创新淘汰产品，柯达公司直到破产的时候，其胶卷都是世界上最好的胶卷，其生产管理控制水平也是世界一流，但因人们照相不用胶卷，从而使胶卷失去价值。推动目标管理走向价值管理是新时期目标管理的升级，价值而不是目标才是我们绩效的目的。

（四）图标评估法

图表评估法是在绩效评估中普遍采用的方法，评价工作绩效，评定职称，甚至评价一篇文章的质量等级，都可以采用这种方法。绩效评估依据设定的表格进行。此种方法又称为评级量表法，常用 5 点量表。评估人员只需根据被评估对象的情况在表上"对号入座"就行了。然后，把各项得分汇总起来，就成为被评估者的最后得分。见表 6-14。

组织在进行绩效评估时，往往不只是停留在一般性工作绩效因素（如数量、质量）的评价上，还需要将作为评价标准的工作职责进一步进行分解。比如，一个秘书要做的工作可能有打字、接待、计划安排、文件与资料管理、办公室杂务等，但所有这些工作并不是同样重要的。因此，在对她的工作进行评估时，应该根据每项工作的重要性确定其权重。这样做，其评价结果才能有更高的信度与效度。但由于等级之间的区分缺乏明确的标准，评估时对考核者的依赖性较大，主观色彩比较重。为了进一步提升该方法的科学性，现实中一些单位要求针对所考核的项目列举具体的事例进行打分。

表6-14　图表评估样本

评估对象姓名：_____　职务：_____　评估日期：_____年___月___日

工作单位：_____　　　　　　　　　　　　　　评估人：（签名）

考核项目	考核要素	说明	评定
基本能力	知识	是否充分具备现任职务所要求的基本理论知识和实际业务知识	A B C D E 10 8 6 4 2
业务能力	理解力	是否能充分理解上级指示，完成本员工作，不需上级反复提示和指导	A B C D E 10 8 6 4 2
	判断力	是否能充分理解上级指示，正确把握现状，随机应变，恰当处理	A B C D E 10 8 6 4 2
	表达力	是否有现任职务所要求的表达能力，能否进行一般的联络，说明工作	A B C D E 10 8 6 4 2
	交涉力	在和企业内外的对手交涉时，是否具有使双方同意或达成协商的表达能力	A B C D E 10 8 6 4 2
工作态度	纪律性	是否严格遵守工作纪律和规定；对人是否有礼貌；严格遵守工作汇报制度，按时提出工作报告	A B C D E 10 8 6 4 2
	协调性	工作中是否有能力充分考虑别人的处境，是否主动协助上级、同级或企业外人员	A B C D E 10 8 6 4 2
	积极性责任感	对分配的任务是否不讲条件，主动积极，尽量多做工作，主动进行改良、改进，向困难挑战	A B C D E 10 8 6 4 2

评定标准分数换算：

A——非常优秀，理想状态　　　　A——100～90

B——优秀，满足要求　　　　　　B——90～80

C——基本满足要求　　　　　　　C——80～70

D——略有不足　　　　　　　　　D——70～60

E——不合格　　　　　　　　　　E——60以下

（五）比较法

1. 排列评估法

排列评估法又叫排队评估法、队列评估法和交替排序法。用这种方法进行绩效评估的时候，不是把每个被评估者的表现与某一具体指标逐一对照，而是采用在被评估人之间进行相互比较，进行由优到劣的排列（通常是将最优秀者排在最前面，最差者排在最后）。其操作方法是：①将需要进行评价的所有人员的名单列举出来（可以将不是很熟悉而无法对其评价的人去掉）；②在图表的相应位置上显示哪个员工表现是最好的，哪个是最差的；③再在剩下的员工中依次挑选好和差的，直至所有的被评员工都出现在图表上为止。这种方法之所以可行，是因为人们发现，在一个群体中，把最好的人与最差的人加以区别，显然比简单地把同样一群人按最好到最差的顺序一个个排列下来更容易操作。这种方法在实践中运用较多，特别是在进行定性比较的时候。但是，这种方法不能说出被比较的两个人（尤其是相邻的两人）之间在数量上的差距具体有多大。排列评估法样表如表6-15所示。

表 6-15　排列评估法样表

第一栏：评价等级最高的员工	
1.	9.
2.	10.
3.	11.
4.	12.
5.	13.
6.	14.
7.	15.
8.	16.
第二栏：评价等级最低的员工	

2. 对比评估法

对比评估法是将每个评估对象的每一项特征作为指标，与其他评估对象逐一进行比较。评估的项目既可以是定量的，也可以是定性的。定量比较的操作方法不说自明。定性比较的操作方法如表 6-16。比较结果也可以给人一种一目了然的感觉，但是，它也有与排列评估法类似的缺陷。

表 6-16　某公司员工工作质量评估实例

比较对象	被评价人姓名				
	A	B	C	D	E
A		+	+	−	
B	−		−	−	−
C	−	+		+	
D	+	+			+
E	+	+	+	−	

注：A、B、C、D、E 分别代表 5 位被评估对象。"+"表示"好于"，"−"表示"不如"。把每个空格里的"+"加起来，就可以得到排序的结果。该例说明，"B"的工作质量是最好的。

3. 强制分布法

强制分布法与按照一条曲线进行等级评定的意思基本相同，提前确定一个比例，将被评价者分别分布到每一个工作绩效等级上。例如，设定各种绩效人数占被评价员工总数的比例如下：

绩效最高的占 15%；绩效较高的占 20%；绩效一般的占 35%；绩效低于要求的占 20%；绩效很低的占 10%。

在实际操作过程中，这种评价工具的使用程序是：① 将被评价者的姓名分别写在一张卡片上；② 根据每一种评价要素对员工进行评价；③ 根据评价结果将代表员工的卡片放到相应的工作绩效等级上。

显然，对于一位只有四五个下属的主管来说，要将其下属强制性地分布到 5 个等级中是不现实的。因此，又产生了一种"滚雪球"式的累积做法，即将类似工作性质的单位集合在一起进行评价，几个单位的主管各自提出分级名单，然后共同做出评价决定。

需要指出的是，如果部门员工表现比较接近或者优秀员工很多，这种方法就不合适了，否则会挫伤员工的工作积极性，甚至会导致优秀员工的流失。

（六）360 度绩效评估法

1. 360 度绩效评估法的内涵

360 度绩效评估法又称为全方位考核法，由英特尔公司提出并加以实施运用。该方法包括被评价者的上级、同事、下属和客户等，分别对被评价者进行匿名评价。被评价者自己也对自己进行评价。然后，由专业人员根据有关人员对被评价者的评价，对比被评价者的自我评价向被评价者提供反馈，以帮助被评价者提高其能力水平和业绩的一种绩效评估方法（参见图 6-9）。

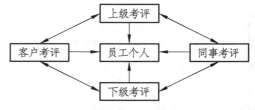

图 6-9　360 度绩效评估示意图

在 360 度考核方式出现以前，企业采用的主要考核方式是上级对下级的单向考察和评价，这种单向考察的方式简单易操作，但也有其明显的缺点，如：容易受到上级特别是直接上司个人偏好、水平的影响；对于一些行政后勤部门特别是业绩难以量化的部门难以进行有效评价；对于团队合作性质的工作难以评价。360 度作为一种全方位的绩效评估方法，考评的多角度和对考评反馈过程的重视是其鲜明的特点。360 度考核方式强调从与被考核者发生工作关系的多方主体那里获得被考核者的信息，有助于提升评价信息的全面性，也有助于评价过程的沟通，从而使绩效考核的过程与绩效改进建议很好地结合在一起；强调服务对象的评价权重最大，从而有助于提升内部团队合作的精神，避免部门利益，有利于提升顾客服务意识。360 度绩效评估法的缺陷主要在于本方法的评估结果是来自各方面的评估，工作量比较大，且在不同方面的意见特别是不同利益主体的意见不一致的背景下，其处理有相当的难度；也可能存在非正式组织，影响评价的公正性；还需要员工有一定的知识参与评估。

基于 360 度绩效评估法的优点和缺陷，有人提出 360 度绩效评估法应该主要服务于员工的发展。实践证明，在用于不同的评价目的时，同一评价者对同一被评价者的评价也会不一样；反过来，同样的被评价者对于同样的评价结果基于不同的评价目的也有可能有不同的反应。

360 度反馈评价一般采用问卷法进行。问卷的形式分为两种：一种是给评价者提供 5 分等级，或者 7 分等级的量表（称之为等级量表），让评价者选择相应的分值；另一种是让评价者写出自己的评价意见（称之为开放式问题）。二者也可以综合采用（见表 6-17）。从问卷的内容看，可以是与被评价者的工作情景密切相关的行为，也可以是比较共性的行为，或者二者的综合。常见的 360 度反馈评价问卷都采用等级量表的形式，有的同时包括开放式问题。问卷的内容一般都是比较共性的行为。采用这种问卷进行 360 度反馈评价有两个优点，即成本较低且实施起来比较容易。但是，这种方法也有其不足，最主要的一点就是问卷内容都是共性的行为，与公司的战略目标、公司文化、具体职位的工作情景结合不紧密，加大了结果解释和运用的难度，会降低 360 度反馈评价的效果。

表 6-17　年底 360 度考评表（上级评价）评价人

\multicolumn{5}{l}{1. 评分标准：每个考评项目最高分为 5 分，最低分为 1 分，每个分值代表的含义如下：}

1. 评分标准：每个考评项目最高分为 5 分，最低分为 1 分，每个分值代表的含义如下：
5 分——卓越；4 分——优秀；3 分——称职；2 分——需改进；1 分——不称职。
2. 请在评分后结合被考评人全年工作的实际情况给出综合评价，并针对不足给出改进意见。
3. 考评项目中的权重仅做其重要性排序用。

考评类别	序号	考评项目		考评描述	评分
工作成果（40%）	1	工作绩效（15%）		能主动、及时、保质完成上级交办任务及部门工作	
	2	成本控制（5%）		始终把节能降耗作为一项重要工作来抓，部门内有具体的成本控制措施，降成本/成本控制效果明显	
	3	制度建设（5%）	制度优化意识	有通过不断优化制度流程规范部门工作，提高工作效率的意识；发现其他部门归口的制度流程有问题时，能及时与其他部门沟通；其他部门反映本部门归口管理的制度流程有问题时，能及时解决并反馈	
			制度建设成效	部门内的制度完善，流程通畅，无制度缺陷造成的重大工作失误	
	4	绩效管理（5%）	绩效管理意识	有主动利用绩效管理提高部门工作效率和质量的意识，积极探寻适合本部门的绩效管理方法	
			绩效指标设定	能根据下属的岗位职责设定具体的考核指标及评分标准，并不断调整优化	
			绩效管理成效	部门内各岗位职责明确，及时考核、客观、公正	
	5	员工培养（5%）		能积极组织部门培训，部门员工的工作技能和业务素质有明显提高	
	6	企业文化宣贯（5%）		能主动向部门员工宣传企业文化，部门内无重大违反企业文化的事件	
	7	分析决策（5%）	分析能力	分析问题准确、全面，能抓住实质	
			决策能力	在权限范围内能主动、及时、果断决策，且正确率高	
	8	执行力（10%）	计划执行	能根据工作重点及上级的安排，及时、主动制定部门工作目标，并形成期限明确、可行性强的行动方案	
				能有效地分解目标，合理安排下属工作并及时追踪检查	
			政策贯彻	能及时、准确做好公司各项政策和会议精神在部门内的上传下达工作，并积极督导落实	
			制度执行	严格执行公司各项制度流程，部门内无重大违规违纪行为	

续表

职业能力（40%）	9	时间管理（5%）	善于抓住工作重点，目标、期限明确；能使用 2/8 原则合理规划时间，同时开展多项工作	
	10	领导能力（5%）	个人魅力	工作中率先示范、以身作则，能有效领导下属开展工作	
			团队建设	奖罚公正及时，部门凝聚力强	
			授权能力	善于用人及有效分配工作，并对授权事项进行监督、检查	
	11	沟通能力（5%）	与上级沟通	经常与上级沟通，能快速领悟上级工作意图，并做出相应的回应及行动，工作方向偏差小	
				需要寻求上级支持时，带着方案说问题，而不是直接将问题交给上级	
				工作进展及完成情况能及时向上级汇报	
			平行沟通	在工作中能就问题和流程主动与业务关联部门沟通，得出解决方案并有效执行	
				平行部门前来协调事情时，不推诿、扯皮事项少	
			对外沟通	对外处理公共关系的能力较强，基本能说服别人，获得支持	
	12	全局观（5%）	能主动站在公司整体利益最大化的立场上考虑问题和开展工作，能考虑公司长远利益而不仅仅是眼前利益	
	13	业务能力（5%）	专业技能	专业知识和经验丰富，专业技能熟练，能较好处理本部门内的问题，并经常主动创新	
			学习能力	接受新知识的能力较强，并能在工作中学以致用，效果明显。	
职业素养（20%）	14	主动性（8%）	主动开展工作而非被动接受任务，并为达到工作目的积极寻求办法和措施	
		奉献精神（5%）	兢兢业业工作，为公司利益着想	
		责任感（3%）	工作认真负责，不拖拉敷衍，对失误不逃避、不辩解，勇于承担责任	
		原则性（2%）	立场明确，敢于指出任何有损公司利益的行为	
		公正性（2%）	与公司保持一致的价值观和道德取向，并以此作为判断失误好坏的标准，在处理具体问题时，不以个人好恶、关系疏密判断，能做到客观公正。	
综合评价				
1. 请以具体事件为依据指出本年度工作突出之处				
2. 请以具体事件为依据指出本年度工作不足之处				
3. 改进意见				

一些公司开始编制自己的 360 度反馈评价问卷。采用这种方法要求人力资源工作者能分析拟评价职位的工作，抽取典型的工作行为，编制评价问卷，对评价结果进行统计处理，并

向被评价者和评价者提供反馈。采用这种方法所编制的问卷，能确保所评价的内容与公司的战略目标、公司文化以及具体职位的工作情景密切相关，使评价结果能更好地为公司服务。这种方法对人力资源部门的技能要求比较高，同时其成本也要比购买成熟的问卷高。

360 度反馈评价一般由多名评价者匿名进行。采用多名评价者，确实扩大了信息搜集的范围，但是并不能保证所获得的信息就是准确的、公正的。同样，虽然匿名评价可能会使评价结果更加真实，但是真实的评价并不一定是有效的。

在 360 度反馈评价过程中，受到信息层面、认知层面和情感层面因素的影响，可能会导致所获得的评价结果是不准确的、不公正的。360 度反馈评价一般是让被评价者的上级、同事、下属和客户对被评价者进行评价，但是并不是所有的上级、同事、下属和客户都适合做评价者，一定要选那些与被评价者在工作上接触多、没有偏见的人充当评价者。即使是这样，也不一定要求所有的评价者对被评价者的所有方面进行评价，可以让被评价者确定由谁来对他的哪些方面进行评价。为了提高评价结果的准确性和公正性，在进行 360 度反馈评价之前，还应对评价者进行选择、指导和培训。

2. 360 度绩效评估实施的步骤

（1）确认 360 度绩效评估参与人。依据工作需要，确认需要参加 360 度绩效评估的相关人员，包括评价者和被评价者，评价者和被评价者相互知晓。可以通过发布 360 度绩效考评通知或 360 度绩效考评年终动员大会的方式确认本事项，并使被评价者明确本次绩效评估的重点和内容。

（2）对评价者进行训练和指导。通过训练和指导，使评价者对评估的指标、评价的方法、评价的目的、评价打分的基准、评价的程序和时间表有统一的了解。

（3）实施 360 度绩效。在这个阶段需要对具体实测过程加强监控和质量管理。比如，从问卷的开封、发放、宣读指导语到疑问解答、收卷和加封，实施标准化管理。如果实施过程未能作好，则整个结果是无效的。当然，在网络化时代，很多公司是通过管理信息系统从网上完成相应评价的。

（4）统计评分数据并报告结果。对每一个被评价者的评估结果进行统计、综合打分，为每一位被评价者提供一份综合分析说明和相关建议。进一步将相关报告反馈给被评价者。

（5）被评价者针对反馈报告做改进计划。被评价者在阅读评价报告之后，针对结果提出有针对性的改进计划。其上级主管也可以就这一计划进行沟通，帮助被评价者明确自身存在的问题或正确对待评价中的建议。

三、绩效考核指标的确认

（一）设定绩效指标的程序

1. 确定工作产出

绩效指标是针对组织目标起到增值作用的工作产出来设定的，因此，要想设定关键绩效指标首先要确定工作产出。

（1）增值产出，即工作产出必须与组织目标相一致，即在组织的价值链上能够产出直接或间接增值的工作产出。从企业战略层面，到部门层面，再进一步到岗位层面，我们关注增值产出推动组织战略目标的实现。

（2）客户导向。这里的客户包括内部客户和外部客户。所谓内部客户指被评估者的工作产出输出给单位内的其他部门，这些部门构成了本部门的内部客户；而外部客户指组织外部的客户。我们定义工作产出需要从客户（无论是内部客户还是外部客户）的需求出发。需要强调的是组织内部客户的概念，即把组织内部不同部门或个人之间工作产出的相互输入输出也当作客户关系。

（3）结果优先。定义工作产出首先要考虑最终的工作结果，如果最终结果难以界定，关键行为就成为关注对象。

（4）设定权重的原则。各项工作产出应该有权重。权重要根据各项工作产出在工作目标中的"重要性"，而不是花费时间的多少来设定。

2. 制定具体岗位的绩效评估指标

制定具体岗位的绩效考核指标，一般从关注结果和过程行为两个方面展开。对于组织内部不同层次的人员，由于拥有的权限及承担的责任范围不同，结果指标和行为指标所占的权重是不同的。一般说来，企业高层或者说决策者拥有较多资源分配权从而在考核时应该更多关注结果指标，基层员工很大程度上是按照上级指示行事，更多的是对行为表现承担责任，而对做什么以及最终的结果难以承担责任，其考核时行为指标或者过程指标相对较多。

中高层管理者作为企业或部门的负责人，其主要工作就是领导和带领团队成员履行部门岗位职责，以合理代价完成团队目标。利润、成本、收入等指标就成为中高层管理人员的绩效评估指标。此外，作为一个管理者，团队管理指标也是其业绩评估指标中的一个重要指标。基层员工的绩效指标则来源于两个方面：第一，来源于其岗位职责所体现的责任，体现对业务管理流程的支持以及对部门管理的贡献；第二，来源于战略层面的层层分解，体现出对业务执行流程的支持，对组织最终绩效目标的贡献力度。

一个岗位的绩效考核指标是由部门目标分解得出的。

（二）绩效指标的审核

绩效指标审核的目的是确认这些关键绩效指标是否能够全面、客观地反映被评估对象的工作绩效，以及是否适合于评估操作。

1. 工作产出是否为最终产品

由于通过绩效指标进行功能评估主要是对工作结果的评估，因此在设定关键绩效指标的时候也主要关注的是与工作目标相关的最终结果。在有最终结果可以界定和衡量的情况下，我们尽量不去追究过程中过多的细节。

2. 绩效指标是否可以证明和观察

在设定绩效指标后，我们要依据这些关键绩效指标对被评估者的工作表现进行跟踪和评估，所以这些绩效指标必须是可以观察和证明的。

3. 多个评估者对同一绩效指标进行评估，结果是否能一致

如果设定的绩效指标真正是 SMART（S—具体的，M—可度量的，A—可实现的，R—现实性，T—有时限）的绩效指标，那么它就应该具有清晰明确的行为性评估标准，在这一基准上，不同的评估者对同一绩效指标进行评估时就有了一致的评估标准，能够取得一致的评估结果。

4. 这些指标的总和是否可以解释被评估者 80% 以上的工作目标

绩效指标是否能够全面覆盖被评估者工作目标的主要方面，也就是我们所抽取的关键行为的代表性问题，也是我们非常关注的一个问题。因此，在审核绩效指标时，我们需要重新审视被评估者主要的工作目标，看看我们所选的关键绩效指标是否可以解释被评估者主要的工作目标。

5. 是否从客户的角度来界定绩效指标

在界定绩效指标的时候，充分体现出组织内外客户的意识，因此，很多绩效指标都是从客户的角度出发考虑，把客户满意的标准当作被评估者工作的目标。所以我们需要审视，在设定的绩效指标中是否能够体现出服务客户的意识。

6. 跟踪和监控绩效指标是否可以操作

我们不仅要设定绩效指标，还需要考虑如何依据这些绩效指标对被评估者的工作行为进行衡量和评估，因此，必须有一系列可以实施的跟踪和监控绩效指标的操作性方法。如果无法得到与绩效指标有关的被评估者的行为表现，那么绩效指标也就失去了意义。

7. 是否留下超越标准的空间

需要注意的是，绩效指标规定的是要求被评估者达到工作目标的基本标准，也就是说是一种工作合格的标准。因此，绩效指标应该设置在大多数被评估者通过努力可以达到的范围之内，对于超越这个范围的绩效表现，我们就可以将其认定为卓越的绩效表现。

四、有效绩效考核的实施

（一）绩效考核程序

从设计绩效考核程序的不同角度出发，一般将考核分为纵向考核和横向考核。

1. 纵向绩效考核程序

纵向程序是按照评估对象的先后顺序确定的，或者根据组织结构的层次确定的，即逐级向上推进，最后考核最高层。通常情况下，这种评估考核都是从上到下，一级级布置下去。实际进行时，基层领导考核其下属，上级领导考核其下属领导，上级组织考核下级组织。

应当指出的是，在现代社会的民主管理制度下，纵向考核应该是一个双向过程。除了上级考核、评估下级外，还应当允许从下到上，下级和群众对上级、对领导进行考核。这实际上也是一种对上级和领导的有效监督方式。

无论是从上到下，组织出面的正规检查和评估考核；还是自下而上，群众不定期的民主监督，两种绩效评估程序对于企业经营都具有重要意义。为了保证评估结果的公开性、公正性和公平性，都应当学习和掌握科学的绩效考核方法与技术。

2. 横向绩效考核程序

（1）制定绩效考核标准。为了避免随意性，在制定横向评估的标准时，其内容必须是工作分析中已经制定的工作说明与工作规范；各项考核指标应该是一个客观、科学的指标体系，并且大多数是可以量化的，即使不可量化，至少也不应当造成其衡量结果在解释上发生歧义，从而引发不必要的争论。

（2）实施评估。实施评估即对员工的工作绩效进行考核、测定和记录。

（3）评估的结果分析与评定。评估的结果分析与评定即对照既定标准，对考核纪录进行科学分析与评判，并得出科学的结论。

（4）结果反馈与实施纠正。结果反馈与实施纠正有两方面的工作要做：第一，将评估结果告诉员工，一般是正面地给予评价与鼓励，发扬优点，克服缺点，从而激发全体员工为组织目标奋斗的积极性；第二，对照组织目标，找出差距，提出下一步改进工作的措施。

（二）绩效考核方案的设计

考核与评估工作要有效果，应注意考核方案的设计及其运用。有的评估考核方案在具体运用时，收效不大，达不到考核目的，反而挫伤了员工的积极性。问题之所以发生，是因为：① 考核缺乏明确的标准；② 考核工具设计不科学，缺乏可操作性；③ 考核没有反馈制度，其结果不加反馈，对表现好的和表现差的并未采取不同的措施，使人们对这种考核不感兴趣；④ 被考核者没有申辩和补充的机会，也不了解自身表现与组织期望之间吻合的程度，使考核失去了改进员工工作、提高工作效率的作用。

国外有人把对员工的绩效评估工作称为"量才"，认为量才是求才的工具，得才的手段，知才的尺码，育才的依据，用才的条件，励才的基础，爱才、容才、遇才的前提。量才的核心是设计好考核表。

1. 划分考核层次和类别

绩效考核涉及面很广，至少有三个大的层次：高层管理、中层指导监督、下层操作。每个大的层次又可以根据工作的任务分为三个层次。然后，每个大的层次又可以根据工作任务分成若干个考核类别。因此，一般企业的绩效评估至少应该有三个大层次、九个亚层次、十类考核指标（如表 6-18 所示）。

表 6-18　一般企业考核层次与类别

层次	层级	类别			
高层管理	9 8 7	管理	专业	技术	
中层指导监督	6 5 4	现场管理	现场专业	现场技术	事务
低层操作	3 2 1	操作	辅助	事务	

来源：赵耀：《如何做人事主管》，首都经济贸易大学出版社，1998 年版，第 214 页。

显然，绩效评估的层次和类别，是与考核的目的、对象和内容联系在一起的。一般情况下，组织着重考评员工的业绩和某项工作能力。下面重点介绍业绩考评和能力考评两类方案的设计。

2. 绩效考核表的设计

绩效考核表至少应该包括三部分内容：第一，完成工作的情况；第二，上级的指导意见和改进方向；第三，考核评价。样表如表 6-19 所示。

表 6-19 绩效评估样表

1.工作完成情况				2.指导与改进	3.考核评价							
工作内容	期望目标	自我评价	上级评价		考核内容	考核项目	考核要素	一次	二次	三次	四次	五次	综合评定
—		☐	☐	①需要改进的方面有哪些；②如何改进	绩效			S A B C D	S A B C D	S A B C D	S A B C D	S A B C D	S A B C D
—	—	☐	☐					S A B C	S A B C	S A B C	S A B C	S A B C	S A B C
—	—	☐	☐					D S A B C D	D S A B C D	D S A B C D	D S A B C D	D S A B C D	D S A B C D
其他	—	☐	☐					S A B C D	S A B C D	S A B C D	S A B C D	S A B C D	S A B C D

来源：赵耀：《如何做人事主管》，首都经济贸易大学出版社，1998 年版，第 214 页。

表 6-19 第一栏"工作完成情况"的第一列"工作内容"全部按重要性依次列出。第二列"期望目标"尽可能定量化，指标不能过高，也不应过低。其实，这两项就是"工作分析"的内容。在第三、四列"自我评价"和"上级评价"之间，如果有差异，上、下应当进行沟通。

第三栏"考核评价"的 6 次考核，依次指上级、同级、员工自己、下级、专家和人事部门综合考核。前 5 次考核应相互独立进行，后一次考核不受前一次的影响。每次考核都应做出自己的正确判断。

业绩考核也可以根据不同的工作性质、工作岗位，分成若干项目进行。例如，对一般员工，着重考核操作技术的准确性、完成工作量、工作的速度和对指示的理解等。对中层管理人员，考核他们的现场管理能力、专业技术能力、完成上级交办任务的情况和处理事务工作的水平等。高级管理人员则着重战略决策的正确性、管理复杂问题的能力、重大技术方向决策科学性、完成任务的情况及处理人际关系的能力等。

（三）绩效考核的步骤

1. 计划

绩效考核是人力资源管理的基础，与企业的各项管理工作密切相关，涉及企业目标的实现及每一个员工的切身利益,科学的绩效考核计划不但有助于推进绩效考核工作的顺利开展，更重要的是有助于实现绩效考核到绩效管理的过渡，进而最终实现组织绩效目标。

绩效考核计划包括确定绩效考核目的、对象、内容、时间与方法等内容。绩效考核作为企业人力资源管理的基础，与人力资源招聘、培训、职业生涯发展和薪酬福利等相关内容密切联系，不同的绩效考核目的使绩效考核指标的选择角度、指标的权重都存在较大差异，不是为了考核而考核。绩效工作是一项需要投入大量精力及成本的管理工作，必须依据考核的目的明确考核的对象，从而提升绩效考核的针对性和有效性，提升绩效考核工作的效率。绩效考核内容的确定是绩效考核指标的前提，该项目与具体的阶段性任务有关。绩效考核时间包括两个部分，即绩效考核周期以及具体绩效考核实施的考核时间。从考核周期看，绩效考核可分为年度考核、半年度考核、季度考核和月度考核。年度考核对所有的考核对象和考核内容都是需要的，而月度考核、季度考核对生产系统、销售系统等业务系统具有非常重要的作用，有助于通过考核及时发现问题，从而在下一个绩效周期内尽快修正和弥补以提升绩效，而对企业中高层管理者的考核建议延长考核的周期，以季度、半年度和月度为主。具体的绩效考核时间确认与绩效考核周期相关，在绩效考核计划中确认绩效考核时间有助于考核者和被考核者合理安排时间，提升考核效率。具体的时间安排要尽量不影响日常工作。绩效考核部门通常给考核者预留一定时间实施绩效评分。如何对这段时间进行合理安排和分配，间接影响着绩效考核偏差的大小。通常来说，将考核评分过程安排在相对集中的时间段较为合理，这样可以避免由于不同时间、地点、环境和个人情绪等因素造成的主观判断差异，同时相对集中的时间段便于进行被考核者间的横向比较。

2. 技术准备

包括拟订和审核考核标准，选择考核工具与方法，培训考核人员。

某一特定的成绩无所谓好坏，关键是看标准。实施科学的绩效考核必须明确绩效考核的标准，以此引领被考核对象在考核周期内的工作方向及努力程度。不同的指标及标准对应不同的绩效考核方法，我们可以从考核效果、考核成本、考核实施难易度等方面确认绩效考核需要的工具及方法。绩效考核人员的培训是整个绩效计划中重要的环节，通过培训，使考核人员掌握绩效考核的目的、意义，掌握相应的绩效考核工具，有效提升绩效考核实施的效率。

3. 资料准备

主要是收集评估资料信息。数智技术的应用可实现绩效作为和结果记录的同步性。

不同的绩效考核指标有不同的信息来源，绩效考核计划必须就绩效考核涉及的指标需要哪些数据，以及这些数据和资料由哪个具体部门提供预先做好安排，以便于相关部门在日常工作中为考核做好资料准备。在实施具体的考核工作时，相关的数据和资料还需要得到被考核对象的确认，从而提升被考核对象对考核结果的认同度。

提供资料部门主要包括企业内部的财务部门、生产部门、销售系统，也包括企业外部的，如客户、供应商等。

对收集到的各种资料需要进行甄别，合理判断其有效性，从而提升评估的准确性。

4. 分析评价

对被考核对象做出全面评价，能够定量的尽量定量化。

评价工作是绩效考核工作自然的落脚点。评价是基于绩效考核的目的，对绩效考核结果的目标性解释。用数据说话，用事实说话是评价的基本原则。在评价中我们要对事不对人，切勿进行人身攻击。此外，在具体评价的时候，要动态地看到员工在本考核周期内的绩效结果，基于过去的比较，基于同时期相同岗位员工绩效结果的评价，基于其岗位责任和管理者预期的评价，以及基于未来期望的现阶段评价。

5. 结果运用

评价不是目的，关键是改进。通过绩效考核发现绩效问题点，指出改进的方向，提供改进的建议，绩效考核计划中的结果运用也就是企业有关管理部门主动利用绩效考核结果推动相关管理工作的有序进行。

第三节　绩效管理过程和绩效反馈

一、绩效管理过程

从流程上讲，绩效管理主要包括四个环节：绩效计划、绩效辅导、绩效评价和绩效结果的运用。

（一）绩效计划

这是一个设定目标的过程，其目的在于将公司战略与每位员工的行动结合起来，确保员工的工作目标与公司的战略目标保持一致，这样就可以最大限度地保证公司目标的实现，因此，绩效计划必须清楚地说明期望员工达到的结果，以及为达到该结果所期望员工表现出来的行为和技能。

绩效计划主要是通过层层分解目标，将组织的整体目标分解到各个部门，再逐层分解到个人，每个员工都形成一个实现目标的绩效整体（参见图 6-10）。所以，绩效计划是一个确定组织对员工的绩效期望并得到员工认可的过程，必须要有员工全面参与管理，从而明确自己的职责和任务，这是绩效管理的一个至关重要的环节，因为，员工只有知道了组织或部门对自己的期望是什么，才有可能通过自己的努力达到期望的结果。

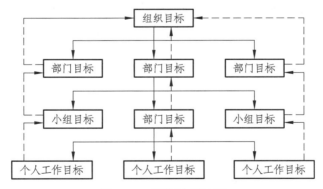

图 6-10　绩效计划过程

数智时代绩效管理不再局限于关键绩效指标的最终实现路径，而是将数智化人力资源管理系统与企业的数字化业务逻辑、组织发展逻辑以及人力资源职业生涯发展规划乃至人力资源业务外包模式有效结合，将绩效管理过程转变为企业业务驱动过程。

人类学家、数据社会学家尼克·西弗提出了"算法文化"概念。算法不仅由理性程序形成，还由制度、社会道德、普通文化生活等人类集体实践组成。数智技术的发展和应用为组织管理和员工工作赋能，但我们也需要注意技术伦理和负面因素。我们可以采取"人机协同"思想构建高效柔性绩效管理系统。

看故事，并思考：为什么有时候会出现个人绩效评价结果很好，但是企业同期经营业绩不佳的情况？

有一天一个老人路过一块地，看见两个人拼命地干活，一个人一直拼命地挖着坑，一个人在拼命地填土。老人很好奇，看在做什么，可是老人看了半天也没看出个所以然来，就问他们："你们这是在做什么呀？"两个人告诉他，他们是在替一家公司种树，三个人一个人负责挖坑，另一个人负责填土，还有一个人负责放树苗。今天放树苗的那个人生病请假了，但是因为公司按照他们的工作量给报酬，所以负责挖坑的继续挖坑，而负责填土的继续填土。

（二）绩效辅导

辅导是绩效管理中最重要的环节，也是最容易被忽视的环节。辅导是一个改善员工知识、胜任特征（胜任工作的行为）和技能的过程。辅导的主要目的是：第一，及时帮助员工了解自己工作进展情况，确定哪些工作需要改进，需要学习哪些知识和掌握哪些技能；第二，在必要时，指导员工完成特定的工作任务；第三，使工作过程变成一个学习过程。辅导的目的在于改善和增强管理者与下属之间的关系，创造融洽、和谐的工作氛围，同时通过绩效辅导，找到员工工作中出现的问题并想办法共同解决，提高工作绩效，从而能够更加出色地完成工作（参见图 6-11）。

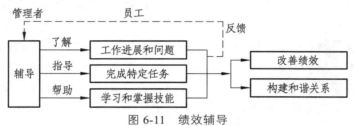

图 6-11　绩效辅导

有效的辅导具有这样一些特征：① 绩效辅导是一个学习过程，而不是一个教育过程；② 学习过程得到管理者的支持、咨询和监控；③ 个人负责制订工作计划并努力达到预期目标；④ 反馈应该具体、及时并反映在好的工作表现上。

（三）绩效测评

这是绩效管理中最受人关注的环节，在这个环节将会对所有员工的业绩进行评价。不过需要指出的是，评价不是目的，其目的在于让所有员工都清楚，怎样做才能达到优秀的绩效，工作应该如何改进，通过怎样的方式方法，使人人都可能成为优异绩效的创造者。同时，绩效测评也是对整个绩效管理体系进行评估的过程，通过上下级的沟通，找到绩效系统设计过程中可能存在的不足，并在未来的实施中予以完善。

（四）绩效结果的运用

评价结果和员工的薪酬挂钩，员工持续表现优异，可以纳入岗位晋升和薪资调整的范围；对照岗位胜任素质模型，发现员工在岗位上缺乏某些胜任素质，就应该进行有针对性的培训或轮岗。

四个环节环环相扣、相辅相成，构成完整的管理体系。绩效管理不仅仅是绩效评价，它也是一个解决问题的过程。所以上述四个环节，在绩效管理中"一个也不能少"（参见图6-12）。

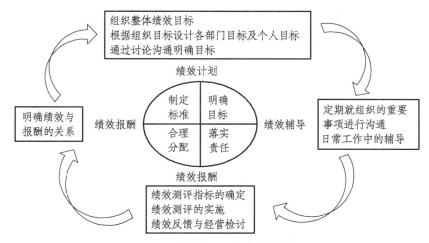

图 6-12　绩效管理系统实施流程

二、绩效管理过程中的沟通与反馈

一个在你眼中一直工作非常努力，业绩不错的员工，可是在年底的考核中，你却发现他的考核结果大大出乎你的意料，非常差，请问这时候你会怎么办？这时候，你需要和他进行绩效沟通。

（一）对绩效沟通与反馈的认识

绩效管理过程中，需要组织、管理者和员工的全员参与，通过沟通的方式，明确企业的战略、管理的职责、方式和手段以及员工的绩效目标等基本内容；在持续沟通的前提下，管理者帮助员工共同清除工作过程中的障碍，提供必要的支持、指导和帮助，建立员工与管理者之间建设性的、开放的关系，与员工一起完成绩效目标；同时，激发员工开发自身的潜能，提高他们的工作满意感，以此来增强团队凝聚力，改善团队绩效。所以有人说，绩效管理就是沟通、沟通、再沟通。

可参见图 6-4，在绩效管理全过程都涉及绩效沟通，但不同的绩效阶段沟通内容存在差异。

在绩效的计划阶段，我们通过绩效沟通达成对目标的共识及承诺。如果双方不能有效地沟通及反馈，任务则不会变成承诺，也不会因此而指导行动。也就是说，我们不能只是仅仅下达或通知被管理对象要完成什么任务。

在绩效辅导阶段，我们与员工就如何达成目标及达成目标的支持条件进行沟通，使员工不仅有明确的目标，还有达成目标的具体措施、过程。众多的企业往往只是下达目标，而对目标的实现过程不予关注。可口可乐公司的一句名言是：只要过程做得好，结果自然好！企业的管理者必须给员工以达成目标、履行计划必要的建议和相关条件。给员工能力的指导和行动建议是沟通的重要内容。

在绩效测评阶段，我们需要及时关注员工的绩效状态，并进一步明确其为什么是这样，通过沟通我们要与员工达成改进工作状态的方法的共识。

在绩效运用阶段，需要注意的是我们必须把员工的每一点改进都及时通过沟通反馈给员工本人，即使在其改进仍然没有达到预期值的背景下也应该如此。及时的激励可以鼓励员工进一步改进工作，提升绩效水平。

（二）有效的绩效沟通方式

在整个过程中我们一直关注要做什么，为什么要这样以及怎么样才能做好。最后一个问题的实质就是通过沟通明确达成绩效的能力定位。

在绩效沟通反馈中，我们不要随意地批评一个人，汉堡原理和"刹车"原理的应用将使我们的批评被员工乐于接受，并达到最终促进绩效改善的目的。

1."刹车"原理

"刹车"原理又叫 BEST 法则，指在管理者指出问题所在，并描述了问题所带来的后果之后，在征询员工想法的时候，管理者不要打断员工，要适时地"刹车"，然后，以聆听者的姿态，听取员工的想法，让员工充分发表自己的见解，发挥员工的积极性，鼓励员工自己寻求解决办法。最后，管理者再做点评总结即可。具体包括四个步骤：

（1）描述行为 ——具有针对性（Behavior Description）；

（2）表达后果 ——具有共同性（Express Consequence）；

（3）征求意见 ——具有商量性（Solicit Input）；

（4）着眼未来 ——具有战略性（Talk about Positive Outcomes）。

以批评一个会计为例：

B（描述行为）：王会计，这是你第二次应收账款出错了。

E（表达后果）：你这样做影响了自己这个季度的表现不说，销售部对咱们财务部门的意见更大了。

S（征求意见）：你觉得应该怎么处理呢？

（停，员工说：我真的不对，我应该……）

T（着眼未来）：这样做的话对你和部门的形象都有帮助，很值得考虑。

2．汉堡原理

汉堡原理是讲最珍贵的东西在中间（图 6-13）。利用汉堡原理，指在实施绩效沟通时按照如下步骤：

- 先表扬特定的成就，给予真心的肯定；
- 然后提出需要改进的"特定"的行为表现；
- 最后以肯定和支持结束。

图 6-13　汉堡原理示意图

汉堡原理的作用在于提醒管理者，绩效面谈的作用在于帮助员工改善绩效，而不是抓住员工的错误和不足不放，因此，表扬优点，指出不足，然后肯定和鼓励，才是最佳的面谈路线，值得学习。

汉堡原理和"刹车原理"的应用实质上体现在人更多的需要是得到尊重。面向未来，对一个员工的行为和贡献进行正面的评价将有助于管理绩效的提升。神经经济学家保罗·扎克（Paul Zak）看来，认可优秀业绩，催生挑战性压力，给员工自主权，广泛分享信息，主动建立关系等就是培养信任文化的管理行为。现实中，企业的管理者往往更多地注意员工的缺陷，使员工在很多时候与我们的管理者形成对立面。下面的故事可以给我们一些启示。

【补充阅读材料】

表扬的巨大作用

小勇的妈妈到了学校，老师对小勇妈妈说："你赶紧把小勇带到医院测测智商，他太笨了。全班 70 个人，他考试成绩为 65 名。"小勇妈妈听后很伤心！

回到家，小勇胆怯地看着妈妈，妈妈笑着对小勇讲："老师表扬你了！说你这学期有进步，如果再努力一点，就可以超过你的同桌。同桌这次考了 30 名。"小勇听了妈妈的话，开心地笑了！

从第二天开始小勇自觉学习。

第二学期期末结束了，妈妈又来到学校，老师说："哎！你应该赶紧给小勇联系补习学校，他这次考试排名仅为全班的 28 名，考大学没有希望了！"小勇妈妈听了之后又开始难过，因为上大学是小勇妈妈没有实现的梦想！她特别希望小勇能帮她实现这个梦想！

小勇妈妈回到家，望着紧张的小勇，开心地说："老师又表扬你了！说你只需要再努力一点点，你绝对可以考上一个特棒的大学！"小勇笑了！

一年之后，小勇果然考上了重点大学。他回到家，对妈妈说："其实我早就知道老师批评我了！是妈妈让我觉得我还有希望，我谢谢妈妈！"

这就是鼓励的魅力！表扬激发出小勇的全部能力，使其潜能激发，终于获得了理想的绩效。

（三）绩效反馈的步骤

恰当的反馈步骤有助于将反馈形成一种双向的约束，以最终成为行动方案。表 6-20 给出的就是反馈的五个步骤。

表 6-20　绩效反馈的五步骤

反馈具体步骤	反馈情况	改进反馈面谈
步骤 1　做深呼吸，保持冷静	沟通记录时间：	改进措施：
步骤 2　仔细聆听，试图用别人的观点看问题	员工： 职位：	
步骤 3　弄清所有的问题以及确定你的理解	部门：	
步骤 4　承认你听到的和懂得的而不去争论	经理： 确认工作目标和任务：	
步骤 5　整理你听到的，然后决定你同意什么	工作评估： 经理签字： 员工签字：	

做好反馈，聆听关键。上帝给我们两只耳朵和一个嘴就是要让我们多听少说！具体来说，聆听要注意以下技巧：① 点头且微笑（Nod & Smile）；② 眼神接触（Eye Contact）；③ 听话听音（Listening Noise）；④ 身子前倾（Lean Forward）；⑤ 重复/总结（Repeat/Summarize）；⑥ 做记录（Make Notes）。科学的聆听技巧首先是让说话的人感觉到尊重，从而愿意更多地表达自己的真实意愿，也才能更多地引起共鸣从而提高沟通的效果。

（四）反馈面谈

绩效评估反馈的重要方式之一是面谈，人们称之为"反馈面谈"。

1. 反馈面谈的类型和目标

进行评估之后，有三种人需要进行反馈面谈，每一种都有其特殊目的，参见表6-21。

表6-21 反馈面谈的类型与目标

反馈面谈的类型	反馈面谈的目标
（1）令人满意：可以提升	（1）制订开发计划
（2）令人满意：不能提升	（2）维持现有绩效
（3）不令人满意：可以改善	（3）绩效改善计划
（4）不令人满意：无法改善	（4）解雇或放任自流

对于解雇或放任自流的员工，其反馈面谈要注意针对具体的事项，不可简单地给出不合格结论。

2. 反馈面谈注意事项

（1）谈话要直接具体。谈话要根据绩效评估中得到的真实信息、资料，客观地向员工反映。因此，要充分准备好谈话用资料，如缺勤、迟到、质量记录，检查报告、残次品或报废率、生产率记录、计划任务完成情况、原材料消耗、成本控制和减少程度、差错率、实际成本与预算成本的对比、订货处理时间、事故报告、顾客投诉等。只有这样才能做到准确、有的放矢。

（2）说话要讲究策略。针对不同的人选择不同的谈话基调。对于员工的每一点成绩，都要充分看到并进行热情的肯定。不要简单、直接地指责员工，更不能用威胁的话。要主动与员工一起分析改进工作的方法与途径。

（3）鼓励员工多说话。反馈谈话是双向交流的过程，因此，不要将谈话变成自己的"训话"。要以平等的态度，仔细倾听、观察员工对绩效评估结果的反映和态度，让他们提出一些问题。必要时可以重问一下他们的意见，以便确认对所提问题已经完整无误的了解。然后共同分析原因，讨论改进措施。

（4）不要绕弯子。说话简明扼要，既不能直接针对员工个人，又必须要确保员工明白自己到底做对了什么，做错了什么。但要就事论事，切记不要算老账。

（5）适当的建议明确。无论针对哪一种人，反馈面谈的结果都应该制订进一步改进的计划和措施。其中，需要提出行动的步骤、时间和预期达到的结果，以保证面谈的有效性。

【补充阅读材料】

干得好的成了"吆鸭子"的

天宏公司总部会议室，赵总经理正认真听取关于上年度公司绩效考核执行情况的汇报，其中有两项决策让他左右为难。一是经过年度考核成绩排序，成绩排在最后的几名却是在公司干活最多的人。这些人是否按照原先的考核方案降职和降薪，下一阶段考核方案如何调整才能更加有效？另一个是人力资源部提出上一套人力资源管理软件以提高统计工作效率的建议，但一套软件能否真正起到支持绩效提高的效果呢？

天宏公司成立仅四年，为了更好地进行各级人员的评价和激励，天宏公司在引入市场化用人机制的同时，建立了一套绩效管理制度。对于这套方案，用人力资源部经理的话说是，细化传统的德、能、勤、绩几项指标，同时突出工作业绩的一套考核办法。其设计的重点是将德、能、勤、绩几个方面的内容细化延展成考量的 10 项指标，并把每个指标都量化出 5 个等级，同时定性描述等级定义，考核时只需将被考核人实际行为与描述相对应，就可按照对应成绩累计相加得出考核成绩。

但考核中却发现了一个奇怪的现象：原先工作比较出色和积极的员工考核成绩却常常排在多数人的后面，一些工作业绩并不出色的人却排在前面。还有就是一些管理干部对考核结果大排队的方法不理解和有抵触心理。但是综合各方面情况，目前的绩效考核还是取得了一定的成果，各部门都能够很好地完成，唯一需要确定的是对于考核排序在最后的人员如何落实处罚措施，另外对于这些人的降职和降薪无疑会伤害一批像他们一样认真工作的人，但是不落实却容易破坏考核制度的严肃性和连续性。另一个问题是，在本次考核中，统计成绩的工具比较原始，考核成绩统计工作量太大，人力资源部就三个人，却要统计总部 200 多人的考核成绩，平均每个人有 14 份表格，统计、计算、平均、排序发布，最后还要和这些人分别谈话，在整个考核的一个半月中，人力资源部几乎都在做这件事情，其他事情都耽搁了。

赵总经理决定亲自请车辆设备部、财务部和工程部的负责人到办公室深入了解一些实际情况。

车辆设备部李经理、财务部王经理来到总经理办公室，当总经理简要地说明原因之后，车辆设备部李经理首先快人快语回答道：我认为本次考核方案需要尽快调整，因为它不能真实反映我们的实际工作。例如，我们车辆设备部主要负责公司电力机车设备的维护管理工作，总共只有 20 个人，却管理着公司总共近 60 台电力机车，为了确保它们安全无故障地行驶在600 公里的铁路线上，我们主要工作就是按计划到基层各个点上检查和抽查设备维护的情况。在日常工作中，我们不能有一次违规和失误，因为任何一次失误都是致命的，也会造成重大损失的，但是在考核业绩中又允许出现"工作业绩差的情况"，因此，我们的考核就是合格和不合格之说，不存在分数等级多少。

财务部王经理紧接着说道：对于我们财务部门，工作基本上都是按照规范和标准来完成的，平常填报表和记账等都要求万无一失，这些如何体现出创新的最好一级标准？如果我们没有这项内容，评估我们是按照最高成绩打分还是按照最低成绩打分？还有一个问题，我认为应该重视，在本次考核中我们沿用了传统的民主评议的方式，我对部门内部人员评估没有意见，但是实际上让其他人员打分是否恰当？因为我们财务工作经常得罪人，让被得罪的人评估我们财务，这样公正吗？

听完大家的各种反馈，赵总想：难道公司的绩效管理体系本身设计得就有问题？问题到底在哪里？考核内容指标体系如何设计才能适应不同性质岗位的要求？公司是否同意人力资源部门提出购买软件的方案？能否有一个最有效的方法解决目前的问题？总经理陷入了深深的思考中。

（来源：肖一鸣，2005-4-12，http：//www.ccw.com.cn/work2/enployer/manager/htm2005/20050412_09AJ1.htm，依据百度文库相关文献整理而成）

问题：

1. 本企业在绩效管理中存在哪些问题？

2. 请你给总经理就修正绩效考核方案提点建议。

3. 财务部门的绩效考核有哪些难点？

【关键概念】

晕轮效应　绩效管理

复习思考题

1. 绩效的内涵是什么？

2. 如何认识绩效评估的原则？

3. 绩效评估的基础是什么？

4. 绩效指标设计的原则是什么？

5. 如何认识绩效评估过程中可能出现的问题？

【补充阅读材料】

海尔的绩效管理

从一家濒临破产的小企业，成长为享有世界盛誉的企业集团，海尔的产品行销五洲，海尔的员工来自世界各地。是什么让海尔冲险破隘、创造出一个个骄人业绩？首先很重要的是海尔集团实施的名牌战略，坚持技术质量上的高起点，强化全员质量意识和产品质量意识，坚持技术进步，通过狠抓产品质量，创立了海尔冰箱品牌，实行海尔国际星级服务一条龙服务的营销策略，通过制作海尔兄弟的动画片树立良好企业形象等，在中国家电行业中，海尔跻身中国十大驰名商标之列，也赢得了空前的市场信誉。截至 2023 年，海尔连续 20 年入选世界品牌实验室"世界品牌 500 强"。

海尔的发展历程中，生机勃勃、创新不止的海尔文化把不同地域、不同民族的 3 万海尔员工，聚合在蓝色的海尔旗下，成为海尔人创造奇迹的强大动力。

创新不仅包括技术的创新，还包括管理实践的创新，海尔探索的"日事日毕，日清日高"的 OEC 管理模式引起国际管理界的高度关注。OEC 管理源于海尔，1989 年创造的企业管理方法，被国家发展和改革委员会（2003 年前简称为国家经贸委）发现，三位副总理批示在全国推广。迄今为止，成为海尔乃至整个中国享闻遐迩、美誉度最高的本土化管理模式。国内直接、间接借鉴过海尔 OEC 管理的企业达万家。

什么是 OEC 呢？O-Overall 全方位，E-Every 每人每天每件事，C-Control & Clear 控制和清理，即今天的工作必须今天完成，今天完成的事情必须比昨天有质的提高，明天的目标必须比今天更高才行。这是海尔首先提出的管理方法。

OEC 管理法的主要内容：

三个基本原则：

（1）闭环的原则：凡事要善始善终，都必须有 PDCA 循环原则，而且要螺旋上升。

（2）比较分析的原则：纵向与自己的过去比，横向与同行业比（研究竞争对手），没有比较就没有发展。

（3）不断优化的原则：

A. 优化组合、整合，如对人员、工作目标、工作项目及时调整等，后来又提出木桶理论。

B. 根据木桶理论，找出薄弱项，并及时整改，提高全系统水平。

目标标准体系：

（1）根据企业发展方向和市场竞争需求确定合理的目标；

（2）进行目标管理：将企业的大目标分解到各部门，再分解到每个员工的身上；

（3）目标特征：指标具体、可以度量，将量化值编成小册子。目标分解到人：责任人、主管人、配合人、审核人等。如：冰箱有 156 道工序，545 项责任都落实到人，并规定第一道工序不出废品；

（4）做到管理不漏项，事事有人管，人人都管事。并将责任人、检查人明确显示出来；

（5）做到企业内所有人都十分清楚自己每天该干什么，按什么标准干，如何获得优秀标准。

日清控制体系：

（1）日事日毕：当天发生的问题，当天解决；

（2）日清日高：要求员工坚持每天提高 1%，70 天工作水平可提高一倍；

（3）日清方法：自清，职能管理部门现场复审，自检、互检、专检；

（4）复审中发现的问题，随时纠偏，连续发现不了的问题，必须提高目标值。

日清控制系统包括三个表：日清栏、3E 卡[3E 日清工作记录表，将每个员工每天工作的七要素（产量、质量、物耗、工艺操作、安全、文明生产、劳动纪律）]量化为价值，每天由员工自我清理计算日薪并填写记账、检查确认，车间主任及职能管理员抽查，月底汇总兑现计件工资、管理人员日清表。

日清栏，即在每个生产作业现场设立的一级大表；3E 卡，指"3E 日清工作记录卡"，是工人的日清表。

管理人员日清表，由各级管理人员在班后进行清理时填写。

生产系统工人按七项日清要求进行生产，班后填写 3E 卡，车间主任、班长等纵向控制，班后审核 3E 卡；职能系统针对七项日清，按"5W3H1S"的要求，每两小时巡检一次，从事瞬间控制，并且班后自清。两者结合就形成了一个纵横交错的"日日清"控制网络体系。通过 OEC 日清表，处于不同管理层的管理者对其下属的工作可以清楚了解，及时地纠正下属的工作失误，对优秀的做法及时总结推广。

有效激励体系：

（1）激励原则：公平、公正、公开——通过"三 E"卡，每天公布员工每个人收入，不搞模糊工资；

（2）通过 3E 卡，每天公布每人的收入，工资公开，使员工感到相对公平；

（3）制定合理的计算依据，对每个岗位量化考核，使劳动与报酬直接挂钩，报酬与质量直接挂钩。

在激励的方法上，海尔更多地采用即时激励的方式。如在质量管理上利用质量责任价值券，员工们人手一本质量价值券手册，手册中整理汇编了企业以往生产过程中出现的所有问题，并针对每一个缺陷，明确规定了自检、互检和专检三个环节应负的责任价值及每个缺陷应扣多少钱，质检员检查发现缺陷后，当场撕价值券，由责任人签收；操作工互检发现的缺陷经质检员确认后，当场予以奖励，同时对漏检的操作工和质检员进行罚款。

海尔有一套完善的绩效考核制度，业绩突出者进行三工"上"转，试用员工转为合格员工，合格员工转为优秀员工；不符合条件的进行三工"下"转，甚至退到劳务市场，内部待岗。退到劳务市场的人员无论原先是何种工种，均下转为试用员工。试用员工必须在单位内部劳务市场培训 3 个月方可重新上岗。同时，每月由各部门提报符合转换条件员工到人力资源管理部门，填写《三工转换建议表》，然后由人力资源管理部门审核和最后公布。

所以，有人说 OEC 实际上也是一种特色的绩效管理。

【数字化应用】

第七章　员工关系管理

★本章学习要求与要点★

本章从员工关系的内涵入手，引出员工关系管理的基本内涵，讨论员工关系的核心理论，并研究员工关系管理实务。学生通过本章学习，掌握员工关系管理的基本内容，熟悉员工关系管理理论，把握数智时代员工关系管理的新趋势。

引入案例

华为任正非谈员工关系与员工发展

2000 年的时候，华为公司轮值 CEO 徐直军写了一篇文章《告研发员工书》，批评部分研发人员"一个对生活斤斤计较的人，怎么能确保高效工作呢？葛朗台式的人在公司是没有发展前途的"。华为公司的主要创始人任正非随后批示说："你们都是成人了，要学会自立、自理。我们是以客户为中心，怎么行政系统弄出来一个莫名其妙的员工满意度，谁发明的？员工他要不满意，你怎么办呢？现在满意，过两年标准又提高了，又不满意了，你又怎么办？满意的钱从什么地方来，他的信用卡交给你了吗？"

有员工问任正非，"华为如何创造员工成长的土壤？总不能说是沙漠或是岩石，那我再好的苗也起不来呀。"任正非说："沙漠也要靠你去把它变成土壤，你要敢于用你的身体化成一种肥料，然后这个沙漠才能变成土壤，你要有这种牺牲精神和献身精神，如果大家都不希望献身，只希望沙漠变成土壤，我在这儿成长得非常快，别人都为我做牺牲，而我不牺牲，那你永远都没有希望，所以我们讲的献身精神就是把自己的身体化成肥料，去把沙漠改造了。"

员工关系管理（Employee Relation Management，ERM）又称员工组织关系，指的是企业与员工之间因为各自利益而产生的权利、义务、管理和被管理的关系/做好员工关系管理，能够提高员工的满意度和员工的工作效率，增加员工对企业的忠诚投入以及降低企业的管理成本是企业提升业绩的重要手段。数智技术广泛应用，塑造了组织新的控制、协调和合作模式，技术赋能与员工个体价值崛起，领导-员工关系需要重新界定。

第一节　员工关系管理概述

一、员工关系的内涵

员工关系一词源于西方人力资源管理体系中的劳资关系，是指管理方与员工及团体之间产生的，由双方利益引起的表现为合作、冲突、力量和权利关系的总和，这些关系受一定社会的经济、技术、政策、法律制度和社会文化背景的影响，包括用工关系、劳动关系、薪酬关系、福利关系、职业发展等方面。

随着工业革命的纵深发展，劳资矛盾激烈、对抗严重，管理方逐渐认识到缓和劳资冲突，积极让员工参与企业经营有助于改善企业与员工之间的关系进而提升企业竞争力。随着科技的发展和社会的进步，越来越多的企业主动认识到企业之间的竞争是人才的竞争。人才成为企业之间竞争的核心竞争力，基于"员工关系是合作关系"的理念，在人性本质认知不断进步以及世界各国劳动法律体系日益完善大背景下，人力资源管理应该从积极的角度看待员工并以积极的方式处理员工关系。积极的员工关系是人力资源管理最有效的手段，可以帮助企业引导、构建和谐的工作环境，倡导员工自我管理，自我驱动，主动承担责任，从而提高员工的满意度，使企业更好地吸引人才和留住人才，更好地实现企业目标。

二、员工关系管理的内涵、意义和原则

（一）员工关系管理的内涵

员工关系管理主要包括两层含义：从法律角度出发，指的是企业和员工之间在法律层面的雇佣关系的管理，也叫劳动关系管理；从情理角度出发，是指企业与员工之间情感、人际、伦理等关系的管理。

从人力资源部门的管理职能看，员工关系管理主要有如下内容：

（1）劳动关系管理，即企业与员工关系全生命周期管理，包括员工入、离职面谈及手续办理，员工申诉、纠纷和意外事件处理等。

（2）员工关系诊断与员工满意度调查。动态把握员工与企业的心理契约状态，引导员工建立良好的工作关系，创建利于员工建立正式人际关系的环境，关注员工心态、满意度调查，管理员工情绪。数智技术手段可以帮助企业在充分尊重员工个人隐私背景下实现对员工满意度的实时掌控。

（3）员工沟通与咨询服务。保证沟通渠道的畅通，强化企业与员工之间进行及时有效双向沟通，完善员工建议制度。

（4）组织员工参与管理。制定员工参与和沟通政策，引导员工价值观，维护企业良好形象。

（5）纪律管理。制定雇佣行为规范的体系、准则和程序，如何确定奖励员工的努力，保护雇佣双方的合法利益，规范雇主对待雇员的方式以及工作期望。

（6）冲突化解与谈判。制定组织的正式和非正式的雇佣政策，贯彻正式的集体谈判，融洽工会关系、危机处理、争端解决等。预防和处理谣言、怠工等问题，解决员工关心的问题。

（二）员工关系管理的意义

戴维·尤里奇（Dave Ulrich）提出，人力资源管理者可能扮演着4种角色，分别是战略伙伴（Strategic Partner）、变革推动者（Change Agent）、行政专家（Administrative Expert）、员工后盾（Employee Advocate）。扮演好员工后盾这一角色对员工关系管理至关重要。数智时代，良好的员工关系管理可以增加员工的忠诚度，提高企业效益，从员工关系管理到人才管理经营逻辑转变能帮助企业更好地实现战略目标：① 员工关系管理能够更好树立企业形象，良好的员工关系管理会让员工在企业增加更多幸福感，更能帮助企业留住优秀的员工，

更能吸引优秀的人才加入公司；② 员工关系管理能够增强企业的竞争优势，企业通过有效的员工关系管理，提高内部员工的稳定性、增加员工的满意度、敬业度和参与度，员工对企业的忠诚投入与好的员工关系呈正相关，员工的幸福感增加，会减少离职率，企业能留住更多优秀人才，进而减少相应的管理成本，最终增加企业效益，进而增强企业的竞争优势；③ 员工关系管理能够降低企业的管理成本，员工关系管理的质量直接决定了企业和员工之间交流的质量，影响着企业的沟通成本，从而影响着企业的管理成本；④ 借力数智工具，员工关系管理更加强调对员工的及时关怀与关注，促进员工个人发展和福利保障。

（三）员工关系管理的原则

为了更好地促进员工关系，企业在实施员工关系管理，应遵循如下三大原则：

原则一：协商第一位。协商是处理问题的基本态度，也是解决问题的有效办法。协商第一位并不是无原则的妥协，企业与员工在具体事项中均有各自的诉求，充分理解对方诉求并在公司规则和法律框架范围解决问题既有助于解决与特定员工之间的冲突，对公司其他在岗职工也是一种友好信息的传递。如果一开始就走到法律层面，劳动仲裁、法院一审、二审所有程序全部走完，最后结局大概率是输。

原则二：公开公正。企业应当根据统一的企业文化标准和规章制度标准，建立企业与员工共生共存、共同发展的局面，根据统一的晋升机制、激励机制、约束机制，合理平衡企业各方的利益关系，不能因为个人感情或个人偏见而区别对待员工，保证员工关系管理的和谐发展。使员工更好地理解企业文化，将自身与企业文化更好地融合，有助于塑造企业文化。

原则三：防范胜于一切。保护劳动者的合法权益，这是劳动法的基调。发生劳动争议时，劳动者要举证的内容屈指可数，用人单位却要承担几乎所有的举证责任。这就要求企业人力资源管理部门在日常管理中要高度重视管理的规范性，注意规章制度的完善，保留员工工作相关证据，防范胜于一切。

第二节　员工关系理论

一、相关学派的观点

员工关系上按照政治趋向上的"右翼"（保守）到"左翼"（激进），形成了有代表性的五大理论。

（一）管理主义学派

主要以日本、英国为代表，管理主义学派认为企业应该采取高认同感的管理策略，以确保员工得到公平和合理的待遇，同时强调劳资双方之间的相互信任和合作。这种管理方式的核心理念是建立员工对组织的高度认同，以提高效率和公平。以下是管理主义学派观点的一些要点：

（1）解决劳资冲突。管理主义学派认为劳资之间的冲突源于员工感觉自己处于被管理的从属地位。通过建立员工对组织的认同感，可以缓解这种冲突。

（2）合理的待遇。这一学派主张员工应该获得公平和合理的待遇，包括薪酬、福利等。

这有助于增强员工满意度，减少员工的离职率和缺勤率。

（3）弹性的工作组织：管理主义学派提倡采用弹性的工作组织形式，这有助于员工更好地平衡工作和生活，提高生产效率。

（4）员工忠诚和认同。管理主义学派强调员工对企业的忠诚和价值观认同。员工被视为一个团队，共同努力实现组织的目标。这种认同感有助于建立员工与管理层之间的互信和合作。

管理主义学派强调员工关系管理中的公平、合作和员工对组织的认同感，以实现效率和员工满意度的双赢局面，这些观点与日英等国的劳动关系和企业文化密切相关（表 7-1）。

表 7-1　管理主义学派的基本观点

强调	劳动关系和谐与员工忠诚
人员组成	组织行为学者、人力资源管理专家
关注重点及研究内容	不同的管理政策和管理手段对员工的影响
主要观点	建立员工对组织高度认同、管理方和员工之间相互信任的管理模式是实现效率与公平的最佳方法
实践模式	日本、英国
思想渊源	迪尔凯姆、工业主义劳动关系理论

（二）新保守派（自由派或新古典学派）

新保守派观点更符合自由市场经济的特点，通常在一些西方国家，如美国、加拿大和爱尔兰，更为流行。这种观点关注经济效率的最大化，并侧重于市场力量的作用。以下是该观点的一些主要特点（表 7-2）：

表 7-2　新保守学派的基本观点

强调	市场效率
人员组成	保守主义经济学家
关注重点及研究内容	经济效率最大化，信奉市场效率。研究分析市场力量的作用，认为市场力量不仅能使企业追求效率最大化，也能确保雇员得到公平合理待遇
主要观点	劳资供求双方长期来看是趋于平衡的，工会会破坏市场平衡的理论
对工会的态度	抵制
实践模式	美国、加拿大、爱尔兰
思想渊源	亚当·斯密

（1）市场力量的作用。这一观点认为市场力量可以自动调节劳动市场，使供求关系趋于平衡。长期来看，雇主和雇员之间的供求会趋于平稳，而不需要过多干预。

（2）工会的角色：对这一观点通常持怀疑态度，认为工会可能破坏市场平衡。他们认为工会的存在可能会导致工资上涨，但这可能会导致雇主减少雇佣，从而增加失业率。

（3）契约的自由选择：这一学派强调雇主和雇员之间的自由契约和自由选择。他们认为雇主和雇员应该在双方的自愿基础上达成合同，而不需要太多政府干预或法定劳工法规。

（4）意识自治。这一观点强调个体和企业的自主权，认为他们应该有更大的自主权来管理自己的事务，包括劳动关系。

这种观点反映了自由市场经济的原则，主张市场的自我调节和契约自由选择，而不太侧重政府干预或强制性法规。这种理论在一些国家的劳动关系政策和企业文化中占据一席之地。不过，这些观点也引发了一些争议，因为一些人认为它可能导致劳动市场中的不平等和不公平。不同国家和地区的劳动市场理念和实践会有所不同。

（三）正统多元论学派

正统多元论学派也被称为"社会市场经济"模型，是一种以德国为主要代表的劳动关系模式。这一模型强调雇员对公平和公正待遇的关心与管理方对经济效率和组织效率的关心之间可能存在冲突，但可以通过双方的共同根本利益来解决。以下是这种观点的一些主要特点：

（1）公平和效率的平衡。正统多元论学派认为，雇员对于公平和公正待遇的关切可能与管理方的经济效率和组织效率的关切存在冲突。然而，它认为这些冲突可以通过寻找双方共同的根本利益来解决，以实现公平和效率的平衡。

（2）劳动法和集体谈判。正统多元论学派强调通过劳动法和集体谈判来确保公平与效率的和谐发展。德国的劳动市场通常以密集的集体谈判为特点，工会与雇主团体经常进行谈判，以制定劳动标准和合同，以满足双方的利益。

（3）强调工会和工人代表制度。正统多元论学派强调弱势群体的工会化。工会在这个模型中扮演重要的角色，代表员工与雇主进行谈判，以确保员工的权益。此外，德国还采用工人代表制度，工人代表可以分享企业信息、参与协商和联合决策，以确保员工参与决策和劳动标准的制定。

德国模型强调劳动关系中的合作和协商，旨在实现公平和效率的平衡。这一模型通常被认为是一种"社会市场经济"，其目标是确保劳动市场的稳定性、公平性和员工参与。这种模型在德国以及一些其他欧洲国家得到广泛应用（表7-3）。

表7-3　正统多元学派的基本观点

强调	市场效率与工会、劳动法律制裁公平之间的平衡
人员组成	采用传统制度主义的经济学家和劳动关系学者
关注重点及研究内容	劳动法律、工会、集体谈判制度
主要观点	员工的公平和管理者的经济效率之间的冲突 可以通过双方共同的根本利益加以解决
对工会的态度	支持
实践模式	德国
思想渊源	迪尔凯姆、工业主义劳动关系理论

（四）自由改革主义学派

自由改革主义学派更加强调工人权益和劳动关系中的不均衡，以及政府干预的角色。这个观点可以归类为社会主义或社会民主观点，旨在减少或消除工人受到的不公平待遇。以下是这种观点的一些主要特点：

（1）不均衡劳动关系。这一观点认为劳动关系是不均衡的，因为管理方通常拥有更多的特权和权力。为了减少这种不均衡，提倡加大政府对经济的干预，以确保工人权益得到保护。

（2）结构不公平理论。这一观点提出了"结构不公平"理论，将经济部门分为核心和周边两个部门。核心部门指规模较大，占据市场主导地位的公司，通常能够提供更好的劳动条件。周边部门通常规模较小，处于竞争更加激烈的市场，工人可能更容易受到剥削。因此，这一观点强调对周边部门工人的保护。

（3）支持劳动法和工人代表制度。这一观点支持强化劳动法，以确保工人的权益得到保护。它也倡导各种形式的工人代表制度，让工人有更多的参与权和代表权。

（4）反对市场化。这一观点通常持怀疑态度，反对市场化，认为市场化可能导致工人权益的削弱和不平等。因此，它强调政府干预和监管，以确保工人权益得到保护。

（5）更广泛的社会问题。这一观点认为工会应该关心更广泛的社会问题和事务，而不仅仅关注劳动关系。它支持工会在社会政策和公共事务方面发挥更积极的作用。

这种观点强调减少劳动关系中的不平等，加强工人权益保护，以及政府在经济和劳动市场中的干预和监管作用。这种观点在一些社会主义和社会民主国家中得到广泛应用，以实现更为平等的劳动关系（表7-4）。

表 7-4　自由改革学派的基本观点

强调	产业民主和工人自治
人员组成	自由改革主义者
关注重点及研究内容	如何减少或消灭工人受到的不公平待遇
主要观点	认为劳动关系是一种不均衡的关系，管理方凭借其特殊权力处于主导地位，提倡加大政府对经济的干预
对工会的态度	非常有必要
实践模式	瑞典
思想渊源	马克斯·韦伯工业资本主义劳动关系理论

（五）激进派

其思想来源于马克思的资本主义劳动关系理论，倾向建立雇员集体所有制，更关注劳动关系双方的冲突及对冲突过程的控制，双方的和谐只是一种假象，管理方的各种精心安排都是为了实现降低劳动成本，增加产出。

该学派认为（表7-5），自由改革主义学派所指出的问题是资本主义经济系统自己所固有的问题，所以其提出的政策主张的作用十分有限。激进派认为在经济中代表工人的"劳动"利益与代表企业所有者和管理者的"资本"利益是完全对峙的。矛盾不断表现为双方在工作场所的薪水收入、工作保障等详尽问题的分歧，还扩展到"劳动"和"资本"之间在宏观经济中的矛盾。激进派认为，其他学派提出的友善的劳动关系，可能是一种假想。只要资本主义经济系统发生变化，工会的作用就会特别有限，尽管工会可能使工人的待遇获取某些改进，但这些改进不足挂齿。在技术改革和国际竞争不断加剧的今天，工会显得越来越力不能及，由于国际竞争总是更多地依赖人均劳动成本的优势，而非人均劳动生产率的优势，所以要使工会真正发挥作用，必须提高工人对自己劳动权和酬金索取权的认识，劳动关系对峙的实质进而开展宽泛的与资本"斗争"的运动，向资本的主导权挑战。

表 7-5　新保守学派的基本观点

目标	建立雇员所有制
人员组成	西方马克思主义者
关注重点及研究内容	劳动关系双方的冲突及对冲突过程的控制
主要观点	劳动关系双方和谐只是一种假象，管理方的各种精心安排都是为了实现降低劳动成本、增加产出
对工会的态度	不支持
实践模式	西班牙
思想渊源	马克思的资本主义劳动关系理论

二、价值取向：一元论与多元论

一元论观点强调资方的管理权威，要求雇员忠诚于企业的价值观，多元论的观点则承认冲突，甚至认为在工作场所冲突的存在是不可避免的，认为在任何工作环境中都存在着不同利益和信念的群体，因此组织必须要在不同利益群体之间寻求持续的妥协。

（一）一元论

一元论观点强调资方的管理权威，以及员工的忠诚于企业的价值观。这种观点将管理视为单一核心，认为不同的员工、所有者、管理者之间都没有利益冲突，而是一个完整、和谐的整体，共同为实现管理方制定的组织目标而工作。

一元论观点的主要特点包括：

（1）单一核心。一元论观点将管理视为唯一核心，其权威和决策应该得到绝对尊重。管理方设定组织目标，而其他员工则负责执行这些目标。

（2）团队合作。这一观点强调所有员工都是整个团队的一部分，共同合作以实现组织的目标。它倡导团队精神和相互依存。

（3）奉献和相互依存。一元论观点强调员工关系应建立在奉献和相互依存的基础上。员工与管理者都应竭尽全力发挥其最大能力，为共同目标而努力工作。

（4）对冲突的看法。这种观点通常不接受在组织内部存在任何形式的冲突或争议，认为这可能对组织造成本质性的危害。管理者会认为冲突是因为沟通失败或因为某些员工的挑拨。

（5）对工会的立场。一元论观点通常反对工会的存在，因为它认为工会会分散员工对企业的忠诚感，可能引发冲突。因此，一元论观点倾向于消除或避免工会的成立。

一元论观点强调组织的单一核心和员工对组织的奉献，以实现共同的组织目标。它强调管理的权威和忠诚，反对内部冲突和工会存在。这种观点在一些组织中可能被采用，但也引发了一些争议，因为它可能忽略了员工的合法权益和多样性。在实际应用中，管理方通常需要权衡各种利益，以维护员工满意度和组织成功。

（二）多元论

多元论观点强调工作场所中的冲突是不可避免的，并认为组织必须在不同利益群体之间寻求妥协，以维护组织的均衡。这一观点承认在任何工作环境中都存在不同的利益和信仰群体，因此，组织必须积极管理这些冲突，以实现和谐和共同的目标。多元论观点主要特点：

（1）冲突不可避免性。冲突在工作场所是不可避免的，因为不同的员工和利益群体具有不同的需求和期望。这些冲突可以涉及工资、待遇、工作条件等各种因素。

（2）组织内部的多元性。工业组织是一个多元社会，包含了许多相互关联但相互独立的利益和目标。组织需要保持这些多元因素的均衡。

（3）工会角色的双面性。工会是代表劳动者利益的合法组织，不仅可能发起冲突，还可以充当争议的调解者，进而对于工资争议和就业合同的谈判发挥关键作用。

（4）协议和集体谈判。多通过共同确立的程序性规则，将劳资冲突制度化，促使双方进行妥协和达成协议。集体谈判被视为规范和调整劳资关系的最佳方式。

（5）员工参与多维化。鼓励员工参与组织事务的决策制定以增进员工的责任感和相互关系。

（三）价值观的适用范围及其特点

（1）传统型企业。劳动力是一种成本，主张用强有力的管理反对工会。

（2）精明的家长型企业。在本质上属于一元观，但它并不理所当然地认为雇员会接受企业的目标或自动地认为管理者的决策很正当，而主张花费大量时间和资源以确保雇员采取正确的态度。

（3）精明的现代型企业。坚定的多元论者。通常会积极鼓励工人加入工会，从而使通过工会达成的协议能够覆盖所有雇员。管理方和工会都倾向于支持劳动关系得到长期的战略性发展。

（4）标准现代型企业。这类组织承认工会，也接受集体谈判，但劳资关系的发展是建立在不断变化的机会主义基础之上，因而表现得更为实用。

这一模式是目前最典型的一种劳动关系管理类型，其特征是实用主义或机会主义。

总之，不同层次的管理者，对于提高劳动条件和待遇的态度是不同的，随着时间的推移也会不断调整和改变。一般而言，高层管理者更倾向于一元论观点，而职位较低的管理者由于更接近产品的生产和服务，可能更倾向于多元论观点。

三、员工劳动关系调整

（一）劳动关系概述

1. 劳动关系的内涵

在实践中，企业劳动关系是指劳动力使用者与劳动者在实现劳动的过程中所结成的与劳动相关的经济利益关系，劳动关系的内容是指劳动法律关系主体双方依法享有的权利和应承担的义务，主要包括：

（1）企业所有者与企业经营管理人员在内的全体职工的关系；

（2）企业经营管理者与普通职工的关系；

（3）经营管理者与职工组织的关系；

（4）工会与职工的关系。

2. 劳动关系的原则

用人单位与劳动者之间的权利和义务关系是劳动关系的核心，是构建和谐劳动关系的关键。主要有以下几种原则：

（1）坚持以人为本；

（2）以法律为准绳，主动承担法律责任；

（3）构建和谐劳动关系需要以我国颁布的调节劳动关系的法律法规为准绳。采用协商民主的沟通机制，建立有效的激励机制，发挥员工聪明才智，加强企业文化建设，发挥核心价值作用。

（二）员工劳动关系的调整

1. 劳动关系法律调整面临的挑战与变革

传统劳动关系的建构是以雇佣身份的确认来定义劳资双方的权利和义务，这种身份关系的认知适用于典型工业时代阶层化的组织与规训式的管理模式。在旧的制造业经济中，工作被细分，职业的提升通过纵向的等级阶梯和职业层级完成，忠诚度和长久度对工作场所的管理非常重要，工人也因稳定性而受益，工会被认为是雇员利益稳定而长期的代表。传统劳动法也是建立在工业时代的泰勒式管理且强调纪律为生产力之本的组织文化之中，传统工厂的组织就如同一座金字塔，而雇主也被赋予一种好家长的照顾责任。规范雇佣关系的法律规则不是根据经济需求而自动产生的，也不是对工人或雇主需求的直接回应，而是随着经济发展而出现并演变的。

（1）全球化、经济的发展和科技的进步给劳动世界带来巨大的变化。

（2）非标准就业因其成本优势而被企业滥用，并因此对标准雇佣形式产生了极强的破坏力。

（3）与非标准就业繁荣相互呼应的是雇佣（劳动）关系边界的模糊。

（4）劳动争议处理法律制度的问题。

2. 员工劳动关系调整的模式

劳动条件的确定，劳动关系的调整，世界各国由于历史、法律、文化的不同，所采用的处理劳动关系的制度模式也各不相同，归纳为下述四类：

（1）斗争模式。以某种特定意识形态为指导，认为劳资关系是建立在生产资料私有制基础上的具有阶级斗争性质的关系，其表现形式是雇佣劳动和剩余价值的生产，其本质是剥削与被剥削的关系，二者关系的调整只能通过斗争实现。

（2）多元放任模式。秉承新古典学派劳动关系理论，认为市场是决定就业的至关重要的因素，工会或工会运动对市场机制的运行和发展具有副作用或负面影响，主张减少政府对劳动关系的干预。

（3）协约自治模式。① 劳资抗衡（Antagonistic），以劳资对立抗衡为主轴，完全排除国家干预。劳资双方通过行使争议权，进行周期性的抗争，缔结集体协议，在抗争中取得均衡与和谐，以法国、意大利等西欧国家为代表。② 劳资制衡（Co-Determination），"制衡"是对"抗衡"模式的修正与超越，是劳动者以劳工的身份参与企业经营，其形式包括从"参与决定"到"共同经营"，也就是所谓的"工业民主化"，其基本思想是从消极保护劳工转为积极地由劳资双方共同参与决定企业经营活动，尤以德国、奥地利等国为代表。

（4）统合模式。美国著名劳动关系学者邓洛普（Dunlop）最早以统合模式（Corporatism）对劳、资、政三者之间的关系加以说明，他在《产业关系体系》（1958）一书中对劳、资、政三者间的经济、政治关系进行了分析，但没有对彼此间的互动以及权力比例加以说明。随后学界对统合模式纷纷进行研究，并区分为国家统合和社会统合，20 世纪 90 年代又增加了经营者统合。因此，统合模式具体分为国家统合、社会统合和经营者统合三类。

第三节　员工关系管理实务

一、入职前员工关系管理

（一）入职前

1. 入职前注意事项

入职环节的员工关系管理对于企业非常重要，可以帮助企业建立良好的员工关系，降低法律风险，以及提高员工对企业的满意度。下面是入职前的一些关键考虑因素：

（1）最低工资标准。了解和遵守最低工资标准是非常重要的，以确保企业支付给员工的工资不低于法定的最低工资标准。这有助于维护员工的基本工资权益，避免法律问题。

（2）工时和工作条件。在入职前，员工应该清楚了解工作的工时安排、工作条件以及与工资相关的各种津贴和补贴。这有助于员工在入职后明确自己的权益和工作期望。

（3）合同和协议。确保在员工入职前提供详细的雇佣合同或劳动协议，其中包括工资、工作职责、工时、福利等方面的明确规定。员工和雇主都应明确了解合同中的权利和义务。

（4）员工手册。提供员工手册，其中包括企业政策、行为准则、福利计划等信息，以便员工了解企业的规定和期望。

（5）法定权益。员工应了解自己的法定权益，包括工作时间、加班工资、休假权利、工伤保险等。入职前培训和信息交流可以帮助员工了解这些权益。

（6）沟通和透明度。入职前的沟通应该是双向的，员工可以提出问题和疑虑，而企业应提供明确的回应。透明的沟通有助于建立信任和积极的员工关系。

入职前的员工关系管理是构建积极员工体验和员工满意度的关键，它有助于确保员工在入职后对企业有一个好的第一印象，明确了解自己的权益和责任以及企业的期望，同时，遵守法定规定也可以减少法律风险。

2. 就业歧视

《中华人民共和国就业促进法》规定了对劳动者的平等就业权利和禁止歧视的原则。以下是有关歧视的主要规定：

（1）平等就业权。劳动者有权享受平等的就业机会和自主择业的权利，用人单位在招聘和择业过程中不得因民族、种族、性别、宗教信仰等个人特征而歧视劳动者。

（2）性别歧视。用人单位在招聘和录用员工时，不得以性别为由拒绝录用妇女或提高对妇女的录用标准。此外，用人单位不得在劳动合同中规定限制女职工结婚或生育的内容。

（3）残疾人歧视。用人单位不得歧视残疾人。这意味着用人单位应提供平等的就业机会，不因残疾而拒绝录用或降低录用标准。

（4）传染病病原携带者。用人单位不得以传染病病原携带者为由拒绝录用。然而，在传染病病原携带者治愈前或排除传染嫌疑前，不得让他们从事法律、法规和国务院卫生行政部门规定禁止从事的传染病易扩散的工作。

这些规定旨在维护劳动者的平等权利，禁止用人单位在招聘和录用过程中对劳动者进行歧视。如果用人单位违反这些规定，劳动者可以寻求法律救济，但用人单位可能面临相应的法律后果。

3. 岗位发布

企业发布岗位的时候，在注意避免就业歧视的同时，一般还要标明 6 部分内容，分别是岗位名称、岗位职责、任职要求、薪酬待遇、工作地点和企业情况。

（二）入职过程

企业确定候选人，在候选人正式入职前，需要为候选人办理入职手续。做好员工入职管理工作，不仅能保证员工在入职阶段基本的手续办理、合同签订、试用转正等流程的标准化、规范化，更能让新员工感受到企业的办事效率，从而快速融入企业文化，进入工作角色。

1. 入职登记环节

在员工入职环节，企业首先要采集员工的信息，员工应填写入职登记表。

2. 员工入职流程

员工面试合格，企业对其发放录用通知书后，员工一旦接受并确认，下一步就是办理入职手续。员工入职的基本流程及关键控制点如下。

① 入职前的准备；② 办理入职手续；③ 入职培训；④ 用人部门接待。

（三）劳动合同管理

劳动合同是企业和员工双方确立劳动关系非常重要的资料。企业要按照法律规定，及时与员工签订劳动合同，保管好劳动合同。保密管理是企业保护商业秘密的重要手段。保密协议和知识产权协议的管理，这些都是在员工关系管理中非常关键的方面。以下是一些关于这些管理方面的要点。

（1）劳动合同的重要性：劳动合同是企业和员工之间的重要法律文件，它明确了工作职责、工资、工时、福利和其他相关事项。没有劳动合同的情况下，仍然存在劳动关系，但劳动合同有助于明确和保护双方的权益。

（2）保密协议管理。为了保护商业机密和敏感信息，企业可以要求员工签署保密协议。这些协议明确员工在离职后仍需保守机密信息，否则可能会面临法律后果。保密协议的合理管理有助于维护企业的知识产权和商业机密。

（3）知识产权协议。知识产权协议用于明确员工在工作期间开发的知识产权归属。这些协议可以确保企业拥有员工在工作期间创建的知识产权，同时也保护员工的合法权益。知识产权协议通常包括专利、著作权、商标和其他知识产权的归属规定。

（4）入职环节的约束。在入职过程中，企业可以要求员工签署保密协议和知识产权协议，并将它们作为劳动合同的附件。这有助于在早期阶段明确员工对保密和知识产权的责任和义务。同时，企业也可以在入职培训中强调这些政策和规定。

（5）合规性。确保所使用的保密协议和知识产权协议符合当地法律法规，以避免法律纠纷。法律要求和规定可能因地区而异，因此建议咨询专业法律顾问以确保合同的合法性。

这些管理措施有助于确保企业的信息安全、知识产权保护和员工关系的健康发展。同时，它们也有助于明确双方的权利和责任，降低法律风险。

二、在职环节员工关系管理

在职员工是企业可以直接动用的人力资源，是企业的宝贵财富。做好在职员工的员工关系管理不仅能够防止用工层面的法律风险，而且能够优化员工队伍，提高员工稳定性，提高员工满意度，提高团队工作效率。

（一）试用与转正

员工试用与转正以及调岗调薪是员工关系管理中重要的方面，它们可以直接影响员工的工作满意度和组织的绩效。以下是关于这些方面的要点：

（1）实习期管理。实习期是学生在企业获得实践经验的重要机会。企业应确保提供良好的实习环境，为学生提供必要的指导和培训，以帮助他们适应工作要求。在实习期内，学生应该有机会了解企业文化、工作职责和团队合作。

（2）试用期管理。试用期是员工与企业互相了解的时期。企业应明确试用期的工作目标和标准，以便于员工知道他们需要达到什么水平才能获得转正。在试用期内，企业应提供培训和反馈，帮助员工提高工作表现。同时，员工也有责任积极适应工作环境。

（3）转正管理。转正意味着员工已经达到了企业的要求，可以成为正式员工。在这个阶段，企业应及时与员工进行面谈，提供反馈，评估员工的工作表现。如果员工表现良好，应及时确认其转正，提供相应的薪资和福利待遇。如果员工表现不佳，企业应提供指导和培训，帮助他们提高。

（二）岗位调整

企业管理过程中，尊重员工的真实意愿非常重要。这既能体现企业对员工的尊重，又能帮助企业合理合法地进行人力资源管理。为了更好地保证合适的人能在合适的岗位从事合适的工作，更好地做到人尽其用，企业应在员工入职后进行相应的岗位调整，以最大化发挥员工的工作能力。岗位调整方法有以下三种。

（1）面谈。在考虑调岗或调薪时，企业应与员工进行面谈。在面谈中，解释调整的原因、方式和影响，听取员工的意见和反馈，以保持透明和公平；

（2）反馈。提供明确的反馈，让员工了解他们的工作表现如何影响了调岗或调薪的决定。这有助于员工理解和接受调整；

（3）总结打分。基于员工的工作表现和绩效，进行评估和总结。这些评估可以作为调岗和调薪的依据，确保决策是基于事实和公平的。

（三）薪酬调整

企业给员工降薪，需要与员工本人协商一致。企业可以要求员工对降薪后的工资单签字确认，以此体现与员工协商一致，从而实现对劳动报酬的书面变更。对于企业来说，这种操作方式可以有效地避免劳动纠纷。

1. 调岗调薪政策

确保企业有明确的调岗调薪政策，包括如何确定调整幅度、频率和程序。这有助于确保一致性和公平性；遵守适用的劳动法律法规，以确保调岗调薪决策符合法律规定，避免引发劳动争议。

2. 薪酬调整的方法

如果企业的经营遇到困难，需要实施全员降薪，为了让员工相对容易地接受降薪要求，企业在与员工具体的沟通过程中可以参考如下方法。

① 召开职工代表大会；② 利用预期减少痛苦；③ 制定改善措施。

总之，有效员工试用、转正、调岗和调薪管理可增进员工满意度，帮助企业提高绩效，同时也有助于维护员工关系的和谐。确保这些过程透明和公平对于员工和企业都至关重要；其次，还可以维护员工满意度，提高绩效以及确保组织的和谐。透明、公平和合规性都是关键原则，有助于建立信任和积极的劳动关系。同时，有效的管理可以帮助企业吸引和留住高素质的员工，提高生产力和竞争力。

三、离职环节员工关系管理

员工的离职对企业来说可能导致多方面的损失，包括招聘成本、培训成本、时间成本、精神成本等。因此，离职阶段的员工关系管理至关重要，可以有效减轻企业的损失。员工离职管理是企业人力资源管理中的重要环节，确实需要精心策划和执行。以下是对员工主动离职和员工被动离职操作方法的一些详细解释以及相关注意事项：

（一）员工主动离职操作方法

（1）主动辞职。员工应按《中华人民共和国劳动合同法》规定的时间提出辞职，并填写离职申请表。提交离职申请表，需要经过所在部门的直属上级、部门负责人和人力资源部门的审批。在离职前，员工应填写离职交接表，确保完成工作的交接。

（2）劳动合同到期。根据员工的工作年限，向员工支付经济补偿。劳动合同到期后，如果企业不想与员工续签劳动合同，需要支付经济补偿。

（3）员工退休。流程可能因各地人社部门规定而有所不同，但通常包括员工填写退休申请表，人社部门审核和企业公示以及相关手续提交。

（二）员工被动离职操作方法

（1）劝退不合格员工。劝退是企业与员工进行谈话，希望员工能主动辞职。企业需要合法合规地实施此过程，以降低法律风险。在劝退之前，确保员工不适合在企业工作，提供必要的培训，如果员工仍不合格，可以实施劝退。

（2）辞退员工。辞退是在员工违反规章制度、劳动纪律或犯有重大错误，经过合法处罚和程序后，企业主动与员工解除劳动关系。需要注意法律风险和维护员工权益。

（3）经济性裁员。经济性裁员是企业为了应对经营困难而一次性解雇员工，需要符合相关法规，包括提前通知工会或员工，听取意见等。

（三）离职面谈方法和技巧

（1）离职面谈时，要明确面谈的目的，做好准备，注意员工的情感和角度。

（2）语调要平和，态度平等，采用开放性问题，保持保密。

（四）离职风险防控方法

（1）风险包括岗位空缺、关键信息泄露、客户流失和员工情绪不稳。

（2）预防员工离职的最好方法是在员工离职之前积极进行员工满意度调查和改进员工福利。

员工离职管理需要谨慎处理，以降低法律风险和减少对企业的不利影响。确保员工离职程序合法合规，同时关注员工的情感和需求，以维护企业的声誉和员工的权益。

补充案例

Sunny 是一家企业的人力资源总监，有十余年的工作经验，从普通职员做到人力资源总监的位置，除了靠能力和经验之外，她还靠自己的好人缘。Sunny 特别喜欢和基层员工接触，特别关心基层员工的生活。最令她满足的是她能够帮助员工解决困难。当某个员工向她反映问题时，她总是第一时间处理，所以每次都能快速帮员工解决困难。员工们私底下给她取了个外号——"有求必应的知心大姐"。可是，这也给她带来了许多麻烦。

某员工因为家庭困难找到 Sunny，希望 Sunny 能给自己涨一些工资。Sunny 听完这位员工的描述之后，觉得他实在是太可怜，于是给他涨了工资。结果，这位员工所在部门的其他人听说了这件事，觉得不公平，也来找 Sunny。Sunny 推脱了几次，但这些人还是不断来找她。无奈之下，她就把这类岗位员工的工资全涨了。其他岗位的员工听说后，也来找到她诉苦，她索性说服领导，把全公司员工的工资都涨了。结果，年底业绩评估时，公司的人力费用严重超标。某部门主管年终绩效考核得分很低，眼看到手的奖金可能还不到同级别其他主管的一半，他慌了，于是去找 Sunny。Sunny 听完他讲述这一年工作开展的各种困难、家庭遇到的各种变故，以及为工作付出的努力之后，觉得这位主管不应该只拿这么少的年终奖。Sunny 找到老总汇报了这位主管的情况，为他申请了和其他主管一样的奖金。可是，其他主管知道后，感觉自己被公司的绩效考核愚弄了。原来说好的优胜劣汰哪里去了？绩效考核搞了半天，最后还是"大锅饭"。

类似的事件还有很多，如员工旷工后找她求情不算旷工、有主管不给员工及时报工伤找她求情不处罚、有例行工作检查出问题找她求情不通报扣分等。员工们越来越喜欢她，企业领导层却对她越来越不满意，原本定好的管理制度，最后都形同虚设。

Sunny 为此特别郁闷，难道自己对员工好一点错了吗？

思考：

1. 你认为 Sunny 的做法对还是错？谈谈自己的思考。

2. 如果你是 Sunny 能提出更好的员工关系管理方法吗？

【关键概念】

员工关系管理　一元论　多元论

复习思考题

1. 员工关系的内涵是什么？

2. 如何认识员工关系管理？

3. 员工关系的理论有哪些？

4. 一元论和多元论的内涵是?

5. 如何进行员工关系实务管理?

【补充阅读材料】

星巴克的人力资源管理案例

每家公司若想成功,员工至关重要。因为他们就代表了公司形象,特别对于星巴克这样的企业来讲,员工与顾客之间有积极的互动,顾客还会回头,反之则顾客不会再来。幸运的是,它的创始人霍华德·舒尔茨也是这么认为的,所以才有了星巴克今日的成功。我们常说的人力资源管理(Human resource management,HRM)实际上就是一个组织采取行动来吸引、发展和留住优秀员工的过程。具体到星巴克,就需要招募到合适的人选,把员工培训好、激励和留住,就像我们国内 HR 所说的选、用、育、留。接下来就从这几个方面介绍一下星巴克的人力资源管理案例。

1. 星巴克的价值观和管理原则

霍华德·舒尔茨和高管们在星巴克文化中赋予了一些重要的价值观和原则。比如,舒尔茨坚决反对特许经营以确保产品的质量得到控制,他同时也反对星巴克进入超市销售,这样咖啡豆的质量会在控制范围之内。

星巴克的管理层对于取悦顾客有着严格的规定。每名员工必须接受严格的训练。只有这样,每到关键时候,员工才会以正确的态度以及正确的行为来确保顾客的满意。面对顾客的种种要求,星巴克员工要时常想起那句座右铭"Just Say Yes",但是对于顾客员工应该敞开胸怀和直言不讳。(最近就看到一个视频,美国一星巴克咖啡店里,一白人老太辱骂亚裔称"讨厌东方语言",结果被店员撵走。)高管们也给予员工表达对于星巴克的看法或意见的权利。

2. 招聘工作

招聘对于能否雇用到岗位合适的人选是至关重要的,有效的招聘一般是评估候选人的技能和任职资格。在星巴克,招聘过程中也有一句有名的座右铭,那就是"用正确人去招聘正确的人"(To have the right people hiring the right people.)。

要做好招聘,面试候选人是收集必要信息的最佳途径。简历提供了申请人的知识、经验和技能的基本概要。面试环节则让星巴克获得候选那人更详细的信息。例如:个性特点、一点隐私(美国对这方面有严格的规定,有些个人隐私问题面试官是不能问的)、对面试官的期望、对公司的了解、对过去在咖啡店行业的经验、职业道德等,以及是否适合星巴克等。

3. 新员工培训

星巴克每名受雇的员工(星巴克也称为"伙伴")通过一系列强化训练才能上岗工作。以咖啡师为例,培训课程包括咖啡历史、客户服务、基本的销售技巧,咖啡师甚至被教导要满足顾客的"特殊要求"。在与顾客进行沟通方面,咖啡师被指导了三条原则:① 增强自尊;② 始终专注;③ 寻求帮助。

在每一家零售星巴克开张之前,他们会在开业前 8 到 10 周开始招聘。而一个有经验的指导小组将被派到新开的商店去培训指导新员工。

3. 职工的福利待遇

霍华德·舒尔茨总是想着他的员工和伙伴,因为他认为善待自己的员工,员工就会善待他的顾客。他提出了不同类型的监督和非监控福利项目，以激励员工，这样他们就可以为星巴克提供充分的服务。星巴克为所有全职和兼职员工提供了享受高工资、全面医疗的福利，为他们的父母提供养老计划，公司的股票以"BeanStock"的形式奖励给优秀的员工；CUP基金是一个帮助员工在困难或危机时期获得财务支持的项目，以及提供可自由支配的奖金的薪酬总额。除此之外，星巴克还提供给员工工作与生活之间的一种和谐的关系，健康保险、视力保险和牙齿保健等。

通过以上星巴克的人力资源管理案例，我们可以发现星巴克只雇佣和招募合适的人，培训他们，激励他们尽最大的努力，保持他们的竞争优势，这样星巴克就能调动人力资源。和其他公司一样，人力资源管理也要吸引、开发和留住优秀的员工。

（来源：人力资源案例网，https://www.hrsee.com/）

【数字化应用】

第八章　职业生涯规划

★本章学习要求与要点★

　　本章多角度介绍职业生涯规划和管理基本知识，引入职业生涯决策制定，借助于实践案例，帮助学生对职业选择、人生成就等问题通盘考虑，合理规划。学生通过本章学习，需要了解职业生涯决策的概念及内涵，理解运用多种职业生涯规划方法，思考并改进自己的职业生涯决策模式。主动将职业生涯理论应用于学业规划、职业目标选择及职业发展过程。

引入案例

　　卡尔是一位32岁的市场营销专业人士，已在一家大型科技公司工作了五年。他的职业生涯一直在顺利发展，最近晋升为高级市场经理，管理整个西南地区零食零售分销业务，尽管他取得了成功，但他开始感到一种职业困惑。

　　（1）职业方向不明确：卡尔一直以来都是市场营销领域的从业者，但他最近开始怀疑自己是否真的热爱这个领域。他发现自己经常对工作感到乏味，不再像以前那样充满激情。卡梅伦开始考虑是否应该转行或追求不同的职业领域，但他感到迷茫，不确定应该选择什么职业道路。

　　（2）工作压力和生活平衡问题：随着卡尔的职业晋升，工作压力也不断增加。他发现自己每天都在忙于会议、报告和项目，工作开始吞噬了他的个人生活。他担心这种高度工作导向的生活方式可能会影响到他的健康和家庭生活，但他又不想失去职业上的机会。

　　（3）职业规划的迷茫：卡尔感到自己好像在职业生涯中迷失了方向。他不清楚未来几年应该朝着什么方向发展，也没有明确的职业目标。这种不确定性让他感到焦虑和困惑。

　　（4）教育和职业发展：卡尔一直在考虑是否应该继续教育，可能获得 MBA 或其他进修学位。他不确定继续攻读是否值得，是否可以帮他更好地晋升。

　　面对困惑，卡梅伦感到沮丧和不安。他意识到自己需要解决这些问题，但不知道从何开始。

　　法国作家阿尔贝·加缪说，"没有工作，任何生活都会变质；但工作没有灵魂，生命就会窒息并走向死亡。"

　　"志不立，天下无可成之事"[①]，古代先贤一直探索人生的意义和自我价值的实现，实现自我价值达到"修身、齐家、治国、平天下"的人生目标无不需要职业作为基石。职业是一个人安身立命的基础，是施展人生才华实现人生抱负的必经之路。生涯规划是宏观意义上的自我认知和了解，是对人生资源配置的最优化应用。现代劳动经济学认为职位是社会分工的

---

　　① （明）王阳明在创办龙冈书院的过程中为龙场诸生撰写的学习规划《教条示龙场诸生》。

结果，是人类社会生产和社会进步的标志。1908 年，弗兰克·帕森斯（Frank Parsons）针对大量年轻人失业成立了世界上第一个职业咨询机构——波士顿地方职业局，职业选择开始成为一门科学。数智经济时代来临，社会中不断涌现新的职业，旧的职业也湮灭于历史的长河中。被历史洪流裹挟前进的我们需要积极面对未来的变化，而只有尽早进行职业规划，提升自身的数智化能力，才能更好地实现人生理想与抱负。

第一节　职业生涯规划概述

从内涵看，职业生涯管理是指组织为员工提供支持和发展机会，以帮助他们规划和实现个人职业目标的过程。这个过程涉及许多方面，旨在确保员工在组织内部的职业生涯发展顺利、有目标，并且能够充分发挥其潜力。

一、职业生涯规划理论概述

职业生涯最普遍的含义是个人对工作路线选择的一种态度。美国发展协会认为，生涯是指个人通过劳动所创造出的一种有目的的、延续不断的生活模式。每个人对职业生涯有着不同的理解，这取决于他们的人生态度，赚更多的钱、获取更大的权利或者承担更大的责任。葛林豪斯从职业的重要性角度给出职业生涯的定义：职业生涯是和工作有关的经历（例如职位、职责、决策以及对工作相关事件的主管解释）与工作时期所有活动的集合。

职业生涯管理是 20 世纪 90 年代中期从欧美国家引入中国的一种全新管理理念与管理模式，它是现代人力资源管理中的重要部分之一。职业生涯管理包括个人职业生涯管理和组织职业生涯管理两部分，是指个人和组织对职业历程的规划、职业发展的促进等一系列活动的总和。

一个人的一生离不开职业生涯规划，职业生涯规划理论包含职业生涯决策、设计、发展和开发等内容，是用来指导和辅助个人进行职业规划的一套理论和模型。这些理论和模型提供了一种系统性和结构化的方法，帮助个人认识自己的能力和兴趣，规划和追求符合自己目标的职业发展路径。

二、职业生涯规划理论在管理学和心理学上的发展

职业生涯规划理论在管理学和心理学领域都有着广泛的发展，它们对于帮助个体实现职业目标，提高职业满意度以及更好地适应职场环境都具有重要意义。

（一）在管理学中的发展

1. 领导发展和绩效管理

职业生涯规划理论在管理学中应用广泛，特别是在领导发展和绩效管理方面。管理者和领导者可以使用这些理论来帮助员工规划他们的职业生涯，以提高工作绩效和员工满意度。

2. 组织发展

组织发展领域也使用职业生涯规划理论来帮助员工更好地适应组织变化和提升组织

绩效。通过鼓励员工规划他们的职业生涯，组织可以更好地管理和发展人才，提高员工忠诚度。

3. 领导力发展

管理学研究职业生涯规划对于领导力发展的重要性。领导者需要明确自己的职业目标，并帮助团队成员实现他们的职业目标，以建立高效的领导团队。

（二）在心理学中的发展

（1）职业满意度和心理健康。心理学研究职业生涯规划与个体的职业满意度和心理健康之间的关系。通过职业生涯规划，个体可以更好地了解自己的职业兴趣和价值观，从而提高职业满意度和心理健康。

（2）自我认知和自我发展。职业生涯规划有助于个体提高自我认知，了解自己的优势、弱点和职业目标。这有助于个体更好地规划自己的职业发展路径，实现自我发展。

（3）职业决策和职业满足。心理学研究职业生涯规划对于职业决策过程的影响。个体通过职业生涯规划可以更明智地做出职业选择，从而提高职业满足度。

总的来说，职业生涯规划理论在管理学和心理学领域的发展为组织和个体提供了有益的工具和框架，有助于更好地理解和管理职业发展过程，提高工作绩效和幸福感。这些理论在职场中发挥着重要作用，有助于促进个体的职业成功和心理健康。

三、典型的职业生涯现象

（一）职业高原

职业高原现象指的是在个人的职业生涯中，特定时期或特定职位的发展可能达到了一种相对稳定的状态，进一步的职业晋升或发展可能会受到一些限制或困难。职业高原常见特点如下：

（1）晋升停滞。在职业高原上，个体可能会发现他们的晋升机会变得有限。他们可能已经达到了他们当前职位的最高水平，无法再升迁到更高级别的职位。

（2）工作稳定性。一些人可能在职业高原上职位保持相对稳定，这意味着他们可能在一个相对长的时期内保持相同的工作职责和职位。

（3）职业满足度。职业高原的个体可能会体验到职业满足度的波动。虽然他们的工作可能相对稳定，但他们也可能因为缺乏新的挑战和发展机会而感到满足度下降。

（4）职业选择。在职业高原上，个体可能需要仔细考虑他们进一步的职业选择。他们可以选择继续在当前职位上工作。探索不同的领域，或者考虑职业转型。

（5）继续发展。尽管职业高原可能意味着晋升机会有限，但个体可通过继续发展增加履历厚重和提高技能来提高职场竞争力，包括继续教育、学习新技能或参与专业发展活动。

职业高原不一定是负面的，它可以提供工作稳定性和平衡。对于个体来说，关键是在职业高原上制订清晰的职业发展计划，以确保他们能够应对可能出现的挑战，并继续追求职业目标。

（二）玻璃天花板效应

玻璃天花板效应是描述在职场上因观念或组织存在偏见而遭遇职业晋升障碍，这些障碍多为性别因素。概念暗示在某些工作环境中，特定群体（通常是女性）似乎无法或很难突破到更高级别的职位，就像一个看不见的玻璃天花板阻碍了他们的晋升。

玻璃天花板效应的一些关键特征如下。

（1）性别不平等。尽管玻璃天花板效应可以适用于其他社会性别因素，但它通常与性别不平等有关。在许多情况下，女性在工作场所中相对于男性面临更大的晋升挑战。

（2）隐性偏见。玻璃天花板效应可能是由隐性偏见、刻板印象和社会文化因素引起的。领导和决策者可能会受到性别刻板印象的影响，从而影响他们的职业决策。

（3）晋升机会受限。在受玻璃天花板效应影响的情况下，一些工作环境可能会限制女性（或其他受影响的群体）晋升到高级职位，即使他们具备必要的技能和经验。

（4）影响职业选择。玻璃天花板效应可能会影响个体的职业选择。一些女性可能会更倾向于选择那些看起来不太受性别歧视的领域，以规避这种现象。

（5）努力消除。许多组织和倡导者努力消除玻璃天花板效应，通过促进性别多样性、提供平等机会及培训和支持来促进女性在职场中的晋升。

总之，玻璃天花板效应是一个强调性别或社会性别因素在工作场所中的不平等对待和职业发展机会限制的概念。努力减少这种效应对于实现职场的性别平等和公平至关重要。

（三）职业倦怠

职业倦怠是指个体在工作中感到身心疲惫、丧失兴趣和动力、对工作产生负面情感的一种心理状态。这种状态通常是由于长期面临工作压力、重复性工作任务、缺乏挑战性、工作环境问题或职业生涯不满足等因素引起的。职业倦怠通常表现为三个方面的症状：

（1）情感耗竭：个体感到精疲力竭，无法应对工作中的情感要求。他们可能感到疲惫、无助、情绪低落，无法再充分投入工作。

（2）缺乏干劲：在职业倦怠的情况下，个体可能会对工作和与他人的关系产生冷漠和敷衍。他们可能对同事、客户或任务表现出冷漠、疏离感或愤怒。

（3）降低的个人成就感：职业倦怠会导致个体对自己的工作表现产生负面的评价。他们可能感到自己的工作贡献没有价值，无法达到满意的职业成就感。

职业倦怠对个体和组织都有害处。对于个体来说，它可能导致身体健康问题，焦虑和抑郁症等心理健康问题，影响生活质量。对于组织来说，职业倦怠可能导致员工离职、工作绩效下降、员工投诉增加以及成本增加。对于组织来说，减少职业倦怠的措施包括提供员工培训，建立支持系统，优化工作流程，提供职业晋升机会和提高员工福祉。这些措施有助于创造一个有益于员工健康和组织绩效的工作环境。

（四）职业韧性

职业韧性是指个体在职业生涯中面对困难、挫折和变化时，能够适应、恢复和继续前进的能力。职业韧性是一种重要的职业能力，它有助于个体在不确定性和变化频繁的职业环境中取得成功，并实现职业目标。

职业韧性的一些关键特征如下。

（1）适应性。职业韧性包括个体对变化和不确定性的适应能力。他们能够灵活地调整自己的思维和行为，以适应新的情境和要求。

（2）恢复力。职业韧性还涵盖了个体在遭受挫折或失败后能够快速恢复和重建信心的能力。他们不会轻易放弃，而是从失败中吸取经验教训。

（3）自我效能感。个体具备职业韧性时，通常具有较高的自我效能感，即对自己能够应对困难和克服挑战的信心。这种信心有助于他们积极面对职业挑战。

（4）积极心态。职业韧性与积极心态相关联。拥有职业韧性的个体倾向于将困难视为机会，并采取积极主动的态度来应对问题。

（5）自我管理。个体通常需要具备自我管理和情绪调节的技能，以应对职业压力和挑战。这包括应对压力、制定目标、管理时间和寻求支持的能力。

（6）职业规划和发展。职业韧性也包括个体对自己的职业规划和发展负责的态度。他们能够设定职业目标，并采取行动来实现这些目标。

（7）学习和适应。职业韧性还涉及个体不断学习和适应的能力。他们愿意获取新的技能和知识，以适应不断变化的职业环境。

职业韧性对于个体的职业成功和满意度非常重要，因为职业生涯中难免会面临挑战和变化。同时，组织也受益于员工的职业韧性，因为它有助于提高员工绩效，减少员工流失，以及创造一个适应性强的工作环境。因此，发展和培养职业韧性是职业发展和组织发展中的关键因素之一。

第二节　职业生涯规划理论

职业生涯规划理论最早的雏形可以追溯到 20 世纪初，当时心理学家和教育家开始研究职业选择和生涯决策的心理学原理。职业生涯规划理论起源于美国，美国波士顿大学教授帕森林斯（Parsons）1908 年 1 月 13 日创立"波士顿职业局"，出版了《职业选择》等著作。20 世纪 60 年代以来，职业生涯理论获得蓬勃发展，90 年代传入中国，并被人们广为接受。以下将介绍几种主要的职业生涯规划理论。[①]

一、职业选择匹配理论

个体的职业满意度和成功与他们的个人特质、价值观、兴趣和职业环境之间的匹配程度密切相关。

（一）霍兰德职业兴趣理论

由美国心理学家约翰·霍兰德（John Holland）于 20 世纪 60 年代提出的一种职业选择理论，也被称为"霍兰德六职业兴趣类型理论"或"RIASEC 模型"。这一理论强调个体的职业满意度和成功与他们的职业兴趣之间的匹配程度密切相关。根据霍兰德职业兴趣理论，个体可以分为以下六种主要职业兴趣类型。

---

① 宋君卿，王鉴忠. 职业生涯管理理论历史演进和发展趋势[J]. 生产力研究，2008（23）：129-131.

表 8-1　霍兰德职业兴趣理论

人格类型	特点	适合工作
现实型（Realistic）	通常喜欢与物质世界和实际工作相关的活动，倾向于偏好实际的、具体的任务，通常具有实际操作的技能	机械、建筑、农业
研究型（Investigative）	通常对研究、分析和解决复杂问题感兴趣。他们喜欢进行科学研究、数据分析、实验室工作等。通常具有较高的智力和分析能力	实验室人员、科学研究人员
艺术型（Artistic）	具有创造性和表达性，倾向于在创意领域中发挥才能，喜欢通过艺术和创新途径表达自己	艺术家、音乐家
社会型（Social）	具有强烈的人际交往和帮助他人的倾向，喜欢协助他人、服务他人	教育、医疗保健、社会工作
企业型（Enterprising）	具有领导和销售的潜质，喜欢承担风险，组织和激励他人	商人、政府官员、律师
常规型（Conventional）	通常喜欢有组织的、结构化的任务	会计、行政工作、工程师

霍兰德的职业兴趣理论广泛应用于职业咨询和职业规划，可以帮助个体更好地了解自己的职业兴趣和目标，并选择与其兴趣匹配的职业。需要注意的是，职业兴趣只是职业选择的一个方面，其他因素如个性、价值观、能力等也同样重要。因此，职业选择决策通常需要综合考虑多个因素。

（二）自我决定理论

由理查德·瑞恩（Richard Ryan）和爱德华·迈斯特（Edward Deci）提出，强调个体内在动机对职业选择和职业满意度的重要性，人们在能够追求他们真正热爱和认同的职业时，会更有动力和满足感。

自我决定理论的核心内容如下：

（1）三种基本需求。自我决定理论核心内容认为，人类有三种基本心理需求，它们是自主性、关系性和能力感。这些需求是人类天生的，对于激发内在动机和满足感至关重要。自主性需求表示个体希望自己的行为是自主决定的，而不是受到外在压力或控制的；关系性需求指的是与他人建立积极关系的渴望；能力感需求是关于个体感到他们在完成任务和克服挑战时能力良好的需求。

（2）内在动机与外在动机。该理论将动机分为不同类型，包括内在动机、外在动机和无自主性动机。内在动机是指个体因任务本身的乐趣和兴趣而执行行为；外在动机是指个体出于外部奖励或惩罚而执行行为，如金钱、表扬或避免惩罚，强调内在动机与更高的满足感和自主性行为之间的关联，而外在动机则与较低的满足感和自主性行为相关。

（3）动机的连续性。自我决定理论提出了一种动机的连续性模型，即从低自主性动机（外在动机和无自主性动机）逐渐过渡到高自主性动机（内在动机）。通过满足基本心理需求，个体可以逐渐内化外部动机，使之成为更自主的动机。

（4）环境支持。自我决定理论强调了环境对于满足基本心理需求和激发内在动机的重要性。支持性环境可以促进个体的自主性，而控制性环境则可能破坏自主性。因此，组织、教育者和家庭可以通过提供支持性的环境来增强个体的内在动机和满足感。

自我决定理论可以帮助个体在职业生涯规划中更好地理解自己的动机和需求，并做出更明智的职业决策，强调了自主性、关系性和能力感需求的重要性，以及支持性环境对于个体职业满意度和动机的影响。在职业生涯规划中应用自我决定理论的原则可以帮助个体更好地实现职业目标，并提高工作和生活的质量。

自我决定理论在职业生涯规划中的应用如下：

（1）职业选择和目标设定。强调了个体的内在动机的重要性。在职业选择方面，了解自己的兴趣、价值观和内在动机可以帮助个体找到更符合他们自己的职业路径。个体可以选择追求那些与他们的内在动机和需求相一致的职业目标，这有助于提高工作满意度和动力。

（2）职业满足度。自我决定理论解释了为什么一些人在特定职业环境中感到满意，而其他人则不满意。支持个体的自主性、关系性和能力感需求的工作环境通常会提高职业满意度。因此，职业生涯规划中的一个目标是选择工作环境，以满足这些基本心理需求。

（3）目标设定和动机维持。个体在职业生涯中制定自己的目标，并由这些目标激发内在动机时，更有可能坚持努力工作以实现这些目标。规划职业生涯时，个体可以考虑他们的内在动机和需求，并将其纳入目标设定和职业规划中。

（4）职业发展。自我决定理论还提供了一个理解职业发展过程的框架。个体可以根据他们的内在动机和需求来选择培训、教育和发展机会，以提高他们在职业中的能力和满足感。

（三）人格特质理论

所谓"特质"，就是指个人的人格特征，包括能力倾向、兴趣、价值观和人格等。一些职业选择理论强调个体的人格特质与特定职业的匹配。例如，一般认为具有外向性、亲和力和领导才能的人更适合销售和管理职位，而喜欢分析和解决问题的人可能更适合科学或工程领域。

人格特质理论中最具有代表性的是大五人格理论，大五人格特质理论的概念可以追溯到20世纪30年代，当时一些心理学家开始试图将人类个性特征分类和系统化。然而，在此之前，一些早期的研究工作也对个性特质进行了研究和分类，但没有形成一种被广泛接受的理论。在20世纪80年代和90年代，一些心理学家开始汇总和分析以往的个性研究，试图找到一种普遍适用的框架来描述个性特质。这个过程中，出现了大五人格特质理论，将个性特质分类为五个主要维度（图8-1）。

| 尽责性 | 宜人性 | 外倾性 | 开放性 | 神经质 |
| Conscientiousness | Agreeableness | Extraoversion | Openness | Neuroticism |

图 8-1　大五人格特质

大五人格理论在职业生涯规划中具有重要的应用价值。通过了解和评估自己在尽责性、宜人性、外倾性、开放性和神经质等五个人格特质方面的得分，个体可以更好地了解自己的倾向和性格特点，从而在职业生涯规划中做出更明智的决策。表8-2列出了大五人格理论各人格类型特点。人们进行职业选择应采取了解自己、了解职业、人职相配三步走的方式。

表 8-2　大五人格理论各人格类型特点

人格特质	人格特点
尽责性	尽责性反映了一个人的自律程度、组织能力和目标导向性。高度负责任的个体通常更有计划性、勤奋和可靠
宜人性	宜人性指的是一个人对他人的合作程度、友好程度和善意的态度。高度宜人的个体通常更乐于助人、容易相处和富有同情心
外倾性	外倾性衡量了一个人社交互动和外向行为的程度。外向的个体通常更喜欢社交活动，容易与人建立联系并充满活力
开放性	开放性反映了一个人对新思想、新经验和新文化的开放程度。高度开放的个体通常更具有想象力、创造力和对变化的适应能力
神经质	神经质描述了一个人对生活中压力和负面情绪的应对能力。情绪稳定的个体通常更冷静、自信，更少受情绪波动的影响

大五人格理论在职业生涯规划中的应用如下。

（1）职业选择和匹配。个体可以用来测量选择哪些职业更符合他们的性格特点。例如，具有高度责任感的人可能更适合需要组织和自律的职业，而外向型的人可能更适合需要社交技能和团队合作的工作。

（2）职业满足度。了解自己的人格特质有助于预测一个人在特定职业环境中的工作满意度。如果一个人的性格与工作环境不匹配，他可能会感到不满意，而了解这一点可以帮助他调整职业选择或工作环境，以提高满意度。

（3）职业发展。一个人可以利用自己的性格特质来识别需要改进的领域，以更好地适应职业发展的要求。此外，了解自己的特质还有助于选择适合自己成长和发展的培训、教育和职业机会。

（4）领导和团队角色。不同的性格特质适合不同类型的领导和团队职责。了解自己的特质可以帮助个体更好地选择或发展领导技能，以及在团队中扮演合适的角色。

（5）职业决策。在面临职业决策时，大五人格特质理论可以提供有关个体强项和弱项的信息。这可以帮助人们更好地权衡不同的职业选择和机会，以做出符合其性格特质的决策。

【补充阅读材料】

中国古代的大五人格理论

现代人格心理学起源于西方，但是中国古代先贤不断讨论中国人性与伦理问题，因而在其理论中闪烁着人格心理学思想的光芒。其中代表是三国时期的《人物志》。

《人物志》又名《鉴人智源》，其作者为三国时期的魏国人刘劭。刘劭是三国时期著名的政治家、思想家、文学家，他曾在魏国担任多种官职，官拜散骑常侍，后执经讲学，赐爵关内侯，死后追赠光禄大夫。刘劭思虑玄远、博才多学，特别擅长品评、鉴别人才。

《人物志》上中下三卷，共十二篇，其篇名为九征、体别、流业、材理、材能、利害、接识、英雄、八观、七缪、效难、释争。全书内容以儒家思想为主，兼采道、法、名、阴阳各家学说，对人的本性、道德、才能、性格，以及识别、选取、任用人才的理论和方法作了全面论述。刘劭以人之筋、骨、血、气、肌与金、木、水、火、土五行相应，而呈显弘毅、文理、贞固、勇敢、通微等特质。此「五质」又分别象征「五常」仁、义、礼、智、信，表现为「五德」。换言之，自然的血气生命，具体展现为精神、形貌、声色、才具、德行。内在的材质与外在的徵象有所联系，呈显为神、精、筋、骨、气、色、仪、容、言等，是为「九徵」，这相当于所谓「气质」的层次。

依照不同的才性，刘劭将人物分为「兼德」、「兼才」、「偏才」等「三类」。透过德、法、术等三个层面，依其偏向，又可分为「十二才」，即清节家、法家、术家、国体、器能、臧否、伎俩、智意、文章、儒学、口辩、雄杰，依其才能不同，适合担任的官职也不同。

在《人物志》中，刘劭将才、德并列标举，作为拔选人才的标准。刘劭的品评，以中和为最高，讲究平澹无味，是为圣人。所谓中和，在于兼具「平澹」与「聪明」两种层次，聪明为才，而平澹则是生命所展现的境界，已不单纯是道德修养的层次，更是对「全副人性」的审美态度。除中和外，其馀为偏至之材。「九徵」兼至的人，「阴阳清和，中叡外明」，就是中庸，称为圣人，是君王之才；具体而微，称为「德行」，是大雅之才；偏于一才的人，称为偏材，是为小雅。此外尚有依似、无恒等级别。

对于甄别人才，刘劭进而提出「八观」、「五视」等途径。「八观」由人的行为举止、情感反应、心理变化由表象而深至内里，反覆察识。「五视」则在居、达、富、穷、贫特定情境中，考察人的品行。

总之，《人物志》是我国第一部人才学专著，以阴阳五行的朴素辩证思想为指导，是将人才学、心理学、伦理学和政治学融于一体的科学论著。《人物志》阐述贤才选拔思想与大五人格心理学一样，是东西方基于人格特质研究个体行为，这对于今天的职业生涯规划具有指导意义。

二、职业发展阶段理论

无论你生来聪明与否，要满足；不要漠视自己的天赋，随着天赋发展，你便会成功。职业发展是一个持续的过程，需要不断学习和适应。就像天赋会随着时间而发展和改进一样，职业生涯也应该随之演变，不断寻求新的挑战，追求个人和职业的成长。

职业发展阶段理论是一种描述个体在职业生涯中经历不同阶段的理论框架。这些理论帮助人们了解职业发展是一个渐进的、有序的过程，每个阶段都伴随着不同的任务、挑战和发展机会。

（一）金斯伯格的职业生涯发展理论

金斯伯格（EliGinzberg）是美国著名的职业指导专家、职业生涯发展理论的先驱和典型代表人物，其研究的重点是从童年到青少年阶段的职业心理发展过程。他将职业生涯的发展分为幻想期、尝试期和现实期三个阶段。金斯伯格认为，职业发展是一个过程，它在个体的前 20 年里选择职业时达到最高点。

如表 8-3 所示的为金斯伯格的职业生涯发展阶段论。

表 8-3 金斯伯格的职业生涯发展阶段论

时 期	年 龄	特 征
幻想期	童年（11 岁以前）	初期是纯粹的游戏导向，接近末期，游戏变成工作导向
尝试期	青春前期（11~17 岁）	以渐渐意识到工作需要为标志的过渡时期；认识到兴趣、能力、工作报酬、价值观和时间观念
现实期	青春中期（17 岁至成年早期）	进行能力和兴趣的整合，进一步发展价值观，职业选择具体化并最终形成工作方式

幻想期是指处于 11 岁之前的儿童时期。儿童们对大千世界，特别是对于他们所看到或接

触到的各类职业工作者，充满了新奇、好玩的感觉。此时期职业需求的特点是：单纯凭自己的兴趣爱好，不考虑自身的条件、能力水平和社会需要与机遇，完全处于幻想之中。

尝试期是指处于 11～17 岁年龄阶段的少年时期，这是由少年儿童向青年过渡的时期。此阶段，人的心理和生理迅速成长、发育和变化，有独立的意识，价值观念开始形成，知识和能力显著增长和增强，初步懂得社会生产和生活的经验。在职业需求上呈现出的特点是：有职业兴趣，但不仅限于此，更多地并客观地审视自身各方面的条件和能力；开始注意职业角色的社会地位、社会意义，以及社会对该职业的需要。

现实期是指 17 岁以后的青年年龄段。即将步入社会劳动，能够客观地把自己的职业愿望或要求，同自己的主观条件、能力，以及社会现实的职业需要紧密联系和协调起来，寻找适合于自己的职业角色。此期所希求的职业不再模糊不清，已有具体的、现实的职业目标，表现出的最大特点是客观性、现实性、讲求实际。

金斯伯格的职业发展论，事实上是职业生涯发展的前期，揭示初次就业前人们职业意识或职业追求的发展变化过程而不是职业生涯发展全生命周期阶段。

（二）舒伯五阶段职业生涯发展理论

唐纳德·E. 舒伯（Donald E. Super）是世界职业规划发展史上里程碑式人物，其五阶段职业生涯规划理论强调了职业发展是一个不断演化的过程，分为成长、探索、建立、维持、衰退五个阶段，舒伯加入角色理论，认为人一生要经历子女、学生、休闲者、公民、工作者、夫妻、家长、父母和退休者九种主要角色，职业生涯发展与角色彼此间交互影响。教育和职业咨询专业人士常常使用这一理论来帮助个体更好地理解自己的职业生涯，并做出明智的决策。这一理论为个体提供了一个框架，帮助他们在不同的生涯阶段做出有意义的选择和规划（表 8-4）。舒伯提出了"一生生涯的彩虹图"，形象展示生涯发展的时空关系。

表 8-4　舒伯的五阶段职业生涯发展理论

发展阶段		生涯时期	职业上的发展问题
阶段	时期		
成长阶段	空想期（4-10 岁）	婴幼儿 儿童期	自立能力的提高 对家长职业感兴趣 自我志向能力的提高 对集体计划协同合作的可能性
	兴趣期（11-12 岁）		
	能力期（13-14 岁）	青年时期	选择适合自己能力的活动 对自己行为的责任感
探索阶段	制定期（15-17 岁）	青年中期 青年后期	能力和才能的增长 学习计划的选择
	转移期（18-21 岁）		独立性的发展 选择适合自己的专业
	试行期（22-24 岁）		发展相关专业技能
确立阶段	修正期（24-30 岁）	成年前期 成年中期	稳定工作 确立自己未来的职业发展 发展职业提升路径
	安定期（31-44 岁）		
维持阶段	维持期（45-60 岁）	成年后期	整理成果 维持确保现有的职业阶段 准备退休
下降阶段	减速期（65-70 岁）	老年期	业余充实与个人兴趣活动技能的学习 逐渐适应退休
	退休期（71-）		尽可能保持自立的状态

1. 自我发现阶段

在这一阶段，个体探索自己的兴趣、价值观、能力和个性特点。他们开始认识到自己的优势和弱点，以及对不同职业的兴趣。这个阶段有助于个体建立职业自我认知。

2. 职业探索阶段

在这一阶段，个体积极地探索不同的职业选择，并通过实践、教育和培训来积累经验。他们开始建立职业目标，了解自己的职业选择是否与他们的兴趣和能力相符。

3. 职业建立阶段

在这一阶段，个体着手进入职业领域，开始建立自己的职业生涯。他们寻找工作机会，发展职业技能，并不断积累经验。这个阶段通常伴随着职业稳定和发展。

4. 职业维持阶段

一旦个体进入了自己选择的职业领域，他们需要维持和管理自己的职业生涯。这包括不断发展职业技能、适应变化和平衡工作与生活之间的关系。

5. 职业下降阶段

最后一个阶段涉及个体从职业生涯中退出或过渡到退休。在这一阶段，个体需要考虑如何有尊严地结束职业生涯，并规划未来的生活。

"吾十有五而志于学，三十而立，四十而不惑，五十而知天命，六十而耳顺，七十而从心所欲"，孔子人生发展阶段论，尽管距今已有 2 500 年之久，仍然无法逾越。人生每个阶段都有不同的重点，尊重生命发展的规律，是职业规划必须要遵循的准绳。舒伯提出的职业发展阶段论是当今职业规划领域最为经典的理论，该理论正是对孔子人生发展阶段论的进一步的深化阐述。职业发展阶段理论启示我们任何事情都应该做好科学地规划与发展，提前做好职业生涯规划，在今后的人生发展中少走弯路。

我们可以通过下列步骤来思考自己的职业发展方向，找到适合自己能力和兴趣的职业。

（1）明确自己的兴趣和特点。在职业发展的初期阶段，个体需要仔细思考和了解自己的兴趣、技能、价值观和个性特点。这有助于他们明确自己的职业方向。

（2）了解职业世界。个体需要投入时间来研究和了解各种不同的职业领域和职业。这包括探索不同行业、职位、职业市场趋势和要求。

（3）匹配个人特质和职业。在这个阶段，个体尝试将他们的兴趣、技能和价值观与特定职业领域相匹配。这可能涉及职业测评和咨询，以帮助他们找到最适合的职业。

（4）确定具体的职业目标。在个体已经了解自己的特点和职业选项之后，他们可以明确自己的职业目标。这包括制定短期和长期的职业目标，并将其具体化。

（5）计划和准备。一旦确定了职业目标，个体需要制订计划，并采取必要的步骤来实现这些目标。这可能包括教育、培训、获得经验等。

（6）实施计划。在这一阶段，个体开始执行他们的计划，积极参与到所选的职业领域中。

（7）评估和调整。个体定期评估其职业发展进展，并根据需要调整计划，有助于确保他们的发展保持在正确轨道上。

三、职业社会学习理论

职业社会学习理论是一种用于解释职业发展和职业选择过程的理论。这一理论强调了社会因素在个体职业决策和发展中的关键作用。职业社会学习理论提出，人们通过与他们的社会环境互动、观察和模仿他人的行为，以及接受来自他人的反馈和建议，来形成自己的职业兴趣、技能和价值观。

社会学习理论的原始理论由美国心理学家阿尔伯特·班德拉（Albert Bandura）于20世纪初提出。这一理论于1963年首次发表，后来在1977年进行了重要的扩展。社会学习理论（Social Learning Theory）是一种心理学理论，强调了个体是通过观察、模仿和社会互动来学习和发展行为、态度和价值观的。克朗伯兹（John D.Krumboltz）将之引入生涯辅导领域。他认为，个人的社会成熟度在很大程度上依赖于对他人行为的学习和模仿，并由此决定他们的职业导向。

（一）影响生涯决策的四个因素

（1）遗传因素及特殊的学习能力。遗传因素和特殊学习能力包括外貌、天生的资质、身高、性别、外观还有智力才能等。这些因素在一定程度上影响着一个人的职业选择，例如，"'司马光砸缸'"，这个故事中，司马光从小展示出智力天赋，后来司马光成了宋朝一代名臣，记载史册。

（2）环境及重要事件。环境及重要事件是非个人所能控制的环境因素和事件，包括家庭教育、社会就业机会、政治经济、自然力量（自然资源&自然灾害）等。这些因素有着不可抗力但是对一个人的职业生涯规划决策做出重大影响。例如，鲁迅在日本仙台学医，身处中国积贫积弱的半殖民半封建社会的时代背景，他选择弃医从文，用文字唤醒国人的思想。

（3）学习经验。每个人独特的学习经验潜移默化个人的职业决策，学习经验包括直接性的学习经验和间接的学习经验；直接学习经验是我们每个人直接从某个结果当中去获得一些学习经验；间接学习经验则是指人通过对别人、别的事物的观察而获得的学习经验。凡是成功的生涯计划、生涯发展和职业教育所需的技能均能通过连续的工具式学习经验获取。

（4）任务取向的技能。任务取向的技能包括解决问题的能力、工作习惯、心理状态、情绪反应和认知的历程。

这四种因素会相互影响、相互融合，从而影响一个人的价值观，尤其是对工作的看法，进而影响一个人的学习经验和职业行动。

（二）生涯决策咨询七步骤

克朗伯兹在1977年根据社会学习理论在中学和大学中的实践，提出生涯决策咨询的七个步骤。生涯规划四步骤本质上是一个决策的过程。

（1）界定问题。厘清个人需求和个人特质，确定自己的目标计划和目标完成时间。关键是清楚自己想要实现什么？自己拥有哪些优势和不足。

（2）拟定行动计划。在明确自己需求的基础上制定可以达到目标的行动方案；关键是要制定符合具体的、可衡量的、可达到的、相互关联的、有明确时间限制的计划，使计划制订更加科学化。

（3）澄清价值。界定个人的选择标准，明确自己的职业选择标准。关键是了解自己的职业价值观和人生观并以此做出决策。

（4）找到可能的方案。广泛收集资料，询问长辈意见等，尽可能找出充足的选择方案，便于之后比较选择。

（5）评价可能的方案。根据自己的评价标准和价值取向，仔细评估方案。关键是找到适合自己目前职业生涯发展的方案。

（6）系统的删除。删除不符合自己价值取向的方案。

（7）开始行动。执行选择的方案，在行动过程中探索改进。

四、职业锚理论

职业锚理论（Career Anchors Theory）由美国管理学家埃德加·舒恩（Edgar H. Schein）于 1978 年首次提出，旨在解释个体职业生涯价值观和优先考虑的因素，以及这些因素如何影响职业决策和满意度。职业锚理论认为，个体在职业生涯中会形成一种"锚"，这种锚反映了他们在工作和职业方面最重要的关切和价值观。根据舒恩的研究，有八种不同的职业锚，它们分别是：技术/职业专家锚、经理/领导者锚、创造性/创业锚、自主职业锚、安全/稳定锚、国际职业锚、服务/社会责任锚和纯粹挑战锚（图 8-2）。

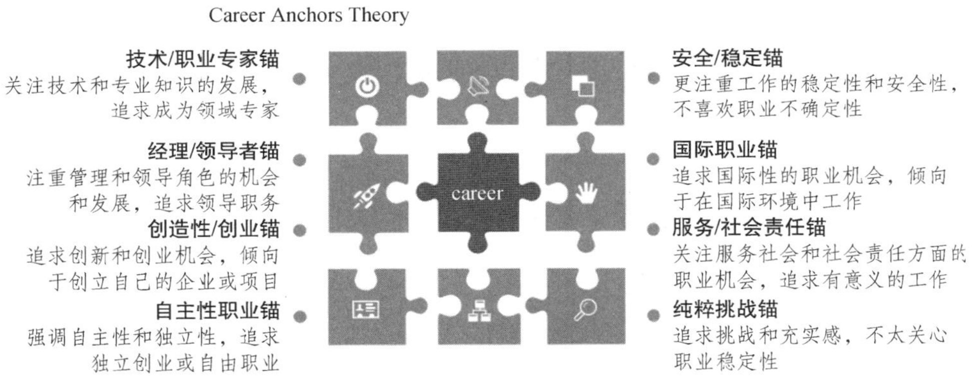

Career Anchors Theory

技术/职业专家锚
关注技术和专业知识的发展，追求成为领域专家

经理/领导者锚
注重管理和领导角色的机会和发展，追求领导职务

创造性/创业锚
追求创新和创业机会，倾向于创立自己的企业或项目

自主性职业锚
强调自主性和独立性，追求独立创业或自由职业

安全/稳定锚
更注重工作的稳定性和安全性，不喜欢职业不确定性

国际职业锚
追求国际性的职业机会，倾向于在国际环境中工作

服务/社会责任锚
关注服务社会和社会责任方面的职业机会，追求有意义的工作

纯粹挑战锚
追求挑战和充实感，不太关心职业稳定性

图 8-2　职业锚

职业锚理论在人力资源管理中具有重要的应用，可以帮助组织更好地理解和管理员工的职业需求、价值观和动机。

1. 招聘和选择

通过了解候选人的职业锚，组织可以更好地匹配候选人的价值观和职业动机与职位要求。这有助于提高员工的适应性和工作满意度，减少员工的流失率。

2. 员工发展和培训

了解员工的职业锚有助于确定他们的职业发展路径和培训需求。组织可以为员工提供与其职业锚相符的培训和发展机会，以帮助他们实现职业目标。

3. 绩效评估和反馈

职业锚可以用作绩效评估的参考依据。通过与员工讨论他们的职业锚，可以更好地理解员工对工作的态度和期望，从而提供更有针对性的反馈和发展建议。

4．职业规划和晋升

员工的职业锚与晋升和职业规划密切相关。组织可以根据员工的职业锚来制订晋升计划和职业路径，以满足员工的职业需求。

5．员工满意度和保留

了解员工的职业锚有助于提高员工的满意度。通过将员工与职业锚相符的工作机会和职位分配在一起，组织可以降低员工的流失率。

6．组织文化和价值观

职业锚理论还可以用来帮助组织了解其员工群体的共同价值观和动机。这有助于组织塑造自己的文化，以更好地满足员工的需求。

7．职业生涯咨询和支持

职业锚理论在职业生涯咨询中也有应用。职业顾问可以与个体一起探讨他们的职业锚，以帮助他们做出明智的职业决策和规划职业生涯。职业锚理论在人力资源管理中有助于个体和组织更好地理解职业需求和动机，从而更好地管理和发展员工。通过将员工的职业锚与组织的战略目标和职位要求相匹配，可以提高员工的工作满意度和组织的绩效。

第三节　职业生涯决策制定

管理学中，决策是指组织或者个人为了实现某种目标而对未来一定时期内有关活动的方向、内容及方式的选择和调整过程[①]。职业生涯规划也离不开决策，职业生涯决策是个人根据各种条件，并经过一系列活动以后，做出的目标决定，以及为实现目标而制定优选的个人行动方案。

职业生涯规划决策贯穿人从工作到退休的整个职业历程，是一个动态的过程，需要不断评估和调整，制订计划后，需要定期回顾和更新目标和决策，以确保它们与职业发展和个人需求保持一致。

一、与决策制定的有关因素

职业生涯规划决策主要受到内外部因素的影响。内部因素主要与个人特质、职业目标、知识经验等个人因素相关；外部因素主要与环境、职业和社会网络相关。

（一）内部因素

（1）兴趣和激情。个人兴趣和激情对于职业选择和职业规划至关重要。找到一个与自己热爱的领域或工作类型通常会带来更大的满足感和成功。

（2）技能和能力。自己的技能和能力会影响到能够追求的职业路径。选择与自己已有技能和潜力相匹配的职业通常更容易实现。

---

① 周三多，陈传明，鲁明泓：《管理学——原理与方法（第三版）》，复旦大学出版社，1999年版，第 221 页。

（3）价值观和道德观。个人的价值观和道德观会影响职业选择。某些职业可能更符合个人的价值观，其他职业则可能与之相冲突。

（4）教育和培训。教育程度和培训经历会影响职业选择和发展。决定是否需要进一步的教育或培训是一个重要决策。

（5）职业目标。明确的职业目标有助于指导职业规划决策，制定短期和长期的职业目标是一个重要步骤。

（二）外部因素

（1）经济环境。经济状况、行业趋势和市场需求会影响职业选择。一些职业在某些时期可能更具吸引力，工作地点可能受到个人的地理位置和迁移意愿的影响，一些职业可能在特定地区更具有竞争力。

（2）公司文化和价值观。不同公司和组织有不同的文化和价值观。选择适合自己的公司文化和价值观对职业满意度至关重要。

（3）市场竞争。考虑某一领域或行业的竞争程度，以及在该领域或行业找到工作的难易程度。

（4）社会因素。社会因素如家庭状况、社会支持和文化背景也会影响职业决策。个人可能需要平衡个人需求和家庭责任。

（5）技术和行业变革。技术的进步和行业的变革可能会改变职业的需求和性质。考虑未来的趋势是一个重要因素。

（6）社会网络。职业选择决策与一个人的社会网络息息相关，社会网络关系中的人可以提供职业决策建议、咨询指导等；同样这些社会关系网络中人的职业也会影响个人的选择。

（三）职业生涯规划决策的十大原则

人生不同阶段有着不同的目标和需求，需要做出不同的决策；决策时需要对形势和环境冷静分析，形成客观的判断，职业生涯规划决策的十大原则有助于克服困难，更好地做出职业生涯规划决定。[①]

（1）清晰性原则。考虑目标是否清晰；职业目标是否明确；实现职业目标的步骤是否直截了当。

（2）挑战性原则。措施是否具有挑战性，还是维持原来的情况。

（3）变动性原则。目标和措施是否具有弹性和适应性，可以随着环境的变化进行动态调整。

（4）一致性原则。主要目标和分目标是否一致；目标和措施是否一致；个人职业目标和组织发展目标是否一致。

（5）激励性原则。目标是否符合自己的性格、兴趣和特长；目标是否可以对自己产生持续的内在激励作用。

（6）合作性原则。个人目标与他人目标是否具有合作性与协调性。

（7）全程原则。拟定职业生涯规划决策必须考虑到整个生涯的发展历程，也即需要通盘考虑。

---

① 石建勋：《职业生涯规划与管理（第二版）》，清华大学出版社，2017年版，第657-661页。

（8）实际原则。做出职业生涯规划决策时必须考虑自己的特质、社会环境、组织环境以及其他相关因素，选择切实可行的途径。

（9）可评量原则。职业生涯规划决策需要有标准，便于随时掌握运行状况，并为规划的修正提供参考依据。

（10）具体原则。职业生涯规划决策中各个阶段的路线需要具体可行。

二、CASVE 循化

CASVE 循环是（图 8-3）美国心理学家 Donald E. Super（唐纳德·E. 舒伯）提出。作为一种职业生涯规划决策技术，被广泛用于帮助个人或团体更好地理解自己的职业目标和规划途径，包括沟通、分析、综合、评估和执行五个阶段，能够为个人或团体提供帮助。

（1）沟通。与他人进行开放和有效的沟通，以分享关于职业生涯规划的信息和需求，这包括与职业咨询师、导师、同事、朋友和家人之间的交流。

（2）分析。个人或团体将仔细分析他们的兴趣、技能、价值观、目标和职业选项。这通常涉及自我评估和调查，以便更好地了解自己。

（3）综合。将分析的信息整合在一起，制定可能的职业生涯选项和计划。这包括制定长期和短期目标，并考虑如何达到这些目标。

（4）评估。个人或团体会评估不同职业选项，并确定哪些选项最符合他们的价值观和需求。

（5）执行。职业生涯规划付诸实践，包括实施计划、追求目标、寻找工作机会、参加培训或教育等。

图 8-4　CASVE 循环图

CASVE 循环的优点在于提供了一个系统性的框架，有助于个人或团体更全面地考虑和解决职业生涯规划中的问题。此方法强调了与人的沟通和反思，促进了更好地决策和规划，有助于确保职业生涯规划是一个有条不紊的过程，可以更好地满足个人的职业目标和需求。

三、决策改进

职业决策是一个连续不断递进的过程，具有动态性、持续性和发展性特征，代表了选择、履行和不断调整职业路径的必然结果。职业生涯不同阶段，人们面临的职业决策内容也会不同。职业的起步阶段，个体通常面临着选择适合自己的职业的任务。这是一个重要的得失选择，需要仔细权衡各种因素。职业稳定阶段，个体焦点可能转向不断提高职业素养和适应职业环境的要求，包括不断学习和发展自己的技能以保持竞争力。职业巩固阶段，个体主要是为了保持已经获得的职业地位，同时也需要不断获取新的知识和技能，以适应不断变化的工作环境。职业的衰退阶段，个体可能会考虑退休后的生活规划和安排。这个阶段通常涉及退休金、健康保险和其他退休相关的问题。随着时间的推移，人们的职业经历、职业体验以及随年龄增长而发生的职业价值观和需求观念的变化都会导致对自己的重新认识。这可能会修正个体的职业目标和决策重点。

（一）职业决策改进的内容

职业决策是一个复杂的、不断发展的过程，它受到个体职业生涯阶段、经验和价值观的影响。因此，职业决策需要灵活性和适应性，以满足不同时间点和情境下的需求。

（1）不断变化的职业环境。职业环境在不同行业和领域之间以及随着时间的推移而发生变化。技术进步、市场趋势和全球经济状况都可以影响职业机会和需求。因此，职业生涯规划需要根据这些变化进行动态调整，以确保自己的职业路径仍然具有竞争力。

（2）个体成长和发展。每个人都会随着时间的推移发生变化，包括兴趣、技能和价值观的变化。职业决策需要反映这些个人成长和发展，以确保职业选择与个体的变化相符。

（3）职业目标的演进。职业生涯规划中的目标也可能会随着时间的推移而演进。初入职场时的目标可能会不同于事业的稳定期或退休期。因此，职业决策需要根据目标的变化进行调整。

（4）学习和发展。终身学习是职业生涯中的一个重要方面。个体需要不断获取新的知识和技能，以适应职业领域的变化。职业决策应该包括学习计划和发展路径。

（5）市场竞争和机会。了解市场竞争和职业机会的动态变化对于做出明智的职业决策至关重要。某一领域的需求可能会在某个时期增长，而在另一个时期减少。了解这些趋势有助于优化职业选择。

（二）决策改进方法

1. 学以致用

简单地说，就是从自身的专业出发提升职业与学习专业的匹配度，既可以是本专业范围内的工作，也可以是相近专业的工作。学以致用可以充分发挥自己的专业特长，使自己在工作中如鱼得水，脱颖而出，取得事业上的成功，同时也避免了人才浪费。

2. 尊重现实

专业是一种能力，是一种可拓展的能力以及思维方式，具体的职业选择受制于客观经济环境、地域环境或者时代局限，可能与专业学习关联度较弱。在职业发展中，从客观现实出发，个人职业意愿、自身素质与能力结合与外界环境机会相对应，从现实需要出发修正自身的职业决策。

3. 素质评估

职业与个人的理想、爱好、个性特点、专业特长最接近时，个人的主观能动性容易激发出来。将职业对人的要求以指标定量评估的方法具体化，在选出的多种职业目标中进行比较。自己的条件可能适合好几种职业，应当选出那些更符合条件的、更符合自己特长和专业发展的、经过努力能很快胜任的职业。再次，将职业提出的各种条件进行比较。因为从事某种职业所需要的各种条件是有主次的，每个人进行职业定向时也是考虑多方面的，个人的素质符合某种职业主要条件时，职业选择就容易成功。

4. 确定就业目标

成功就业的最低目标是找到一个能接收自己的单位；较高目标是工作单位适合自己的长远发展，自身条件也适合单位需求。如果毕业生应聘的用人单位不能最大限度地发挥自己的作用，那么即使单位条件再好，也不能说是成功的就业。要确保成功就业，首先需要根据自身条件确定一个适当的择业目标，并置于优先考虑的范围。其次，还应考虑应聘首选目标成功的概率，并预先准备相应对策。一旦首选目标单位应聘失败，必须及时做出调整，降低某一方面的标准，重新应聘适合自己并最有可能成功就业的目标单位，直到成功。

5. 适时调整

有的人可能当时的选择是对的，后来情况发生变化，还有的人在选择时考虑不够全面，在实践中行不通，这就要依据新的情况，适时调整，慎重地进行新的选择，以实现自己的职业生涯设计方案。适时调整的引申含义是：对自己心目中的理想单位和职业，如果不能一步到位，可以采取打好基础、抓住机会、分步跃进、逐渐逼近的策略。

为了理想而甘愿追求终身的例子举不胜举。但在职业发展的过程中，每个人都应该规划和发展 Plan B，不仅是给自己留后路，更重要的是适应变化。

案例思考

吉姆是耐尔公司的资深员工，经过深思熟虑后，做出了离开公司的决定。这个决定对他来说并不容易，他曾有一些担忧，但他深知自己的内心渴望，坚信第二份职业更适合自己。他避免了草率的决策，因为他了解中期职业危机可能带来的挑战，看到一些亲近的朋友草率行动后几个月开始后悔。

吉姆决定追求他一直以来渴望实现的梦想：拥有自己的公司。他深思熟虑了自己的需求，在耐尔公司的职业发展前景，以及他已经掌握的技能，还有在未来几年需要发展的技能。如今，他成了俄亥俄州汉密尔顿一家数据库管理系统公司的合伙人。他现在感觉很满足，睡眠质量也有所改善，充满热情地投入到他的第二份职业。吉姆的职业生涯规划包括以下要点：

（1）明确目标：吉姆对自己的职业目标有清晰的认识，坚信创业梦想是他的终极目标，因此，他制订了相应计划。

（2）深思熟虑：吉姆避免了草率决策，深思熟虑了自己的需求、职业前景以及必要的技能，以更好地适应新的职业。

（3）技能发展：他了解到，成功创业需要不仅技术能力，还需要商业技能、领导力和市场洞察。他积极发展这些技能，以确保新的职业获得成功。

（4）社会支持：吉姆得到了同事、朋友和前雇主的大力支持，这些支持对于他的职业转型至关重要。

思考：

1. 为什么在职业生涯规划中明确的目标和愿景如此重要？请结合案例思考。

2. 为什么深思熟虑和权衡个人需求与职业前景对于职业决策至关重要？请结合案例思考。

【关键概念】

职业生涯规划　职业生涯决策　CASVE 循环

复习思考题

1. 职业生涯规划的概念是什么？
2. 请使用霍兰德理论做一份自己的职业生涯规划书。
3. CASVE 循环的具体内容是什么？

【补充阅读材料】

AI 热潮下应届生的职业抉择：彷徨、迷惘与期待

毕业季的热潮刚刚退去，2024 年招聘季又紧锣密鼓地拉开了帷幕。

近日，美团宣布启动 2024 届校园招聘，预计招募 6 000 名应届毕业生。无独有偶，快手、小米等互联网公司也先后启动了 2024 秋招计划。21 世纪经济报道记者发现，上述招募岗位均包含了机器人算法、声学、大模型、NLP 等人工智能相关领域。

在大厂张开怀抱延揽人才的同时，就业市场对于学历要求的分化也日趋明显。

"我暂时不考虑进入 AI 行业了，毕业院校和学历限制了我的选择范围。"一位普通一本院校的同学向《21 世纪经济报道》记者坦白了自己的无奈与不甘。"我能进的也只有小厂，但是靠烧投资人钱活下去的公司能存在多久，我不敢想象。"

在新技术的浪潮之下，浮沉在就业市场的求职者也在进行多样权衡，以期为自己换来一个相对确定的职业未来。

（1）应届生的进与退。

A 是 2022 级某 985 高校大数据学院金融科技方向的学生。身处人工智能和金融的交叉学科，他面临着走向创新和回归传统的两难抉择。"因为我学的算是金融专业，但是现在随着 AI 的发展，以后面对的公司都多多少少跟 AI 会有关联。"

在大模型还未如此火热的 2021 年，A 考虑过加入专业的人工智能公司，但是他们"对技术的门槛要求特别高，一般会要求学历为博士，还会要求你有比较强的数学或者是计算机背景"，所以 A 权衡再三，还是选择了加入传统的金融行业。

但目前他实习时所从事的工作依然与人工智能有着强关联。"我的就业方向还是证券公司，但是我的工作里会跟 AI 有很多相关的东西。"

相比之下，香港中文大学计算机视觉和人工智能专业的研究生 B 的选择更为聚焦。他表示，自己未来的职业规划一定与人工智能密切相关，目前自己想从事的领域有三维计算机视觉和多模态大模型等。"在目前的大环境下，我觉得先找个龙头企业，加入一个大的团队来提升自己的行业背景是一个好的选择。"

谈及人工智能初创公司，B 表示并不看好。"目前来说，要创造多模态大模型，首先需要有庞大的计算资源，而初创公司的计算资源一般是不够的。其次，初创公司需要长期的资金投入，而目前的初创公司一般只能融到天使轮，很难等到 A 轮，有 95% 的初创公司都是这样的。"

因此，拥有雄厚资金实力和研发投入决心的大厂，成了 B 的首要选择。

一位国内 985 高校大数据学院负责招生的教师对《21 世纪经济报道》记者介绍称，具体来看，人工智能专业较为热门的就业岗位有：算法工程师、数据处理工程师、机器学习工程师、自然语言处理工程师等。

其中，算法工程师是人工智能领域中最核心的岗位之一。他们负责开发和优化人工智能算法模型，提高算法性能并解决实际问题。根据相关统计数据，算法工程师是人工智能专业毕业生就业比例最高的岗位之一，约占就业岗位的 30%。数据处理工程师是负责对海量数据进行分析、挖掘和建模的专业人员。他们需要熟练掌握数据挖掘、机器学习等技术，能够对海量数据进行处理和分析，提取有价值的信息和模式。

而机器学习工程师主要负责设计、开发和维护机器学习模型和系统，并优化机器学习算法和应用。自然语言处理工程师是负责处理和分析自然语言文本的专业人员，能够应用机器学习和深度学习算法进行文本分析和语义理解，将这些技能应用到自然语言处理、语音识别、智能问答等领域中。

（2）AI 布局，高校先行。

事实上，每当新的科技浪潮翻涌的时候，高校们总是力争当上"第一个吃螃蟹的人"。

2003 年 4 月，教育部公布 2022 年度普通高等学校本科专业备案和审批结果，全国共新增备案专业 1 641 个。其中，增设数量最多的便是人工智能专业，首批就有 35 所。

据教育部科技司副司长高润生介绍，目前，已有 35 所高校新设置人工智能专业，101 所高校新设置机器人工程专业，96 所高校新设置智能科学与技术专业，有 50 所高校把人工智能领域人才培养纳入"双一流"培养方案，31 所高校自主成立人工智能学院，24 所高校成立人工智能研究院。

人工智能专业炙手可热背后，反映出我国在人工智能领域对人才的巨大需求。但在高校如此密集开办专业之后，我国 AI 人才仍处于供不应求的状态。有报告显示，我国人工智能行业的人才缺口高达 500 万，在高度跨学科复合型人才的标准下，这种人才短缺将会长期存在。

与此同时，日前世界人工智能大会发布的《上海人工智能产业人才发展白皮书》显示，当前我国人工智能核心产业规模超过 4 000 亿元，而人才是人工智能竞争的关键。

截至目前，上海人工智能领域人才规模为 23.2 万，而上海人工智能产业人才需求规模约 34.3～41.4 万人，这也意味着人才失衡问题的凸显。实际上，上海只是人工智能行业面临人才短缺的一个缩影，在高度跨学科复合型人才的标准下，人才短缺将会长期存在。

但根据 2022 年中国高等教育统计数据，人工智能专业毕业生的就业率为 95% 以上。那么，这次人才究竟流向了何方？

据相关统计，绝大多数的人才还是流入了消费互联网行业，其中六成的毕业生进入了互联网和电子商务企业，包括腾讯、阿里巴巴、百度等知名企业；约三成的毕业生进入了高新科技企业，包括华为、宁德时代等；还有少量毕业生选择继续深造或者考取公务员等。

除此之外，产学研的割裂仍然困扰着人才市场中的每一个参与者。

某大学人工智能创新与产业研究院院长在接受《21 世纪经济报道》记者采访时表示，人才的实战能力是弥补高校与企业之间鸿沟的重要环节，而当下这一方面正在呼吁硬件的支持。"在科技迅猛发展的背景下，教育也面临着一定的转型。其中存在两方面的问题，首先是怎样把学生的基础理论扎得更深，其次是如何让学生的动手能力和分析能力更强，并和企业的需求结合起来。"

因此，与每个新兴行业一样，人工智能行业快速发展的同时仍有着自身的问题。除了固有的数据问题、隐私安全问题等，人才问题的桎梏仍然需要企业、市场、高校三方共同发力。

（张梓桐，2023 年 8 月 3 日，《21 世纪经济报道》）

【数字化应用】

第九章　管理者人力资源管理

★本章学习要求与要点★

　　本章从管理者的人力资源管理入手，讨论管理者的人力资源管理的基本定义，研究管理者的人力资源管理实践。学生通过本章学习，能理解管理者人力资源管理同一般人力资源管理的区别，掌握管理者人力资源管理的基本内涵、意义和职责。能联系实践在掌握管理者的人力资源管理实践方法的基础上，灵活运用。

引入案例

　　在当今这个竞争激烈的商业环境中，管理者必须具备有效的人力资源管理技能，以确保组织能够吸引、激励和留住最佳人才。以下是一个关于管理者有效地进行人力资源管理的案例。

　　假设你是一家中小型公司的管理者，这家公司主要生产高科技产品。由于市场竞争激烈，公司需要不断地开发新产品以保持竞争力。而开发新产品需要一支高素质的研发团队。然而，公司的研发团队最近出现了一些问题，导致项目进度滞后。为了解决这个问题，你需要采取一些措施来激励和留住优秀的研发人员。以下是你可以采取的一些措施：

　　（1）提供具有竞争力的薪酬和福利计划。为了吸引和留住优秀的研发人员，公司需要提供具有竞争力的薪酬和福利计划，这可以包括提高基本工资，提供奖金、股票期权、医疗保险、退休计划等。

　　（2）创造一个支持性的工作环境。一个支持性的工作环境可以促进员工的合作和创新能力，比如提供必要的资源和支持，如培训、工具和设备、团队合作空间等。

　　（3）建立一个职业发展计划。优秀员工希望能够得到职业发展机会。你可以建立一个职业发展计划，为员工提供晋升和成长的机会，这可以包括建立职业路径、提供培训和指导、定期评估和反馈等。

　　（4）建立一个绩效管理系统。一个有效的绩效管理系统可以激励员工发挥最佳能力。你可以制定明确的绩效指标和目标，提供及时的反馈和奖励，以及为表现不佳的员工提供改进计划。

　　通过采取这些措施，你可以有效地激励和留住优秀的研发人员，提高公司的创新能力和竞争力。

　　这个案例展示了管理者如何通过有效的人力资源管理来解决组织问题。通过提供具有竞争力的薪酬和福利计划，创造一个支持性的工作环境，建立一个职业发展计划和建立一个绩效管理系统，管理者可以激励员工发挥最佳能力，提高组织的绩效和竞争力。

第一节　管理者的人力资源管理概述

人力资源管理是组织一项执行职能，通过对人力资源的有效使用实现企业的战略目标。管理者（也就是非人力资源经理）身处管理一线，是组织人力资源政策的实践者。扮演好自身的人力资源角色，在日常管理工作能运用好人力资源管理的先进理念和方法，对于提升管理质量和效率，更好地实现企业目标意义重大。

一、管理者的人力资源管理的内涵

（一）管理者的人力资源管理认识

彼得·德鲁克说过："管理就是界定企业的使命，并激励和组织人力资源去实现这个使命，界定使命是企业家的任务，而激励与组织人力资源是领导力的范畴，二者的结合就是管理。"彼得·德鲁克的话指出：管理的核心是"人"。人力资源的核心也是人，因为任何事情、任何工作都需要人，管理工作始终是围绕"人"进行。因此，作为一名合格的管理者，必须懂得识人、育人、用人、凝聚人。这是一个企业的管理者必须要面对的事情，而这些都是管理者的人力资源管理工作。

管理者的人力资源管理，也叫"非人"的人力资源管理，是指对"非人"即人的管理，也就是对"非人"的人进行管理。这种管理既包括对人的行为进行规范，也包括对人的工作积极性、工作热情进行激励，更包括对人的自我实现、自我价值的实现进行激发。因此，"非人"是人力资源管理的基本对象。

管理者的人力资源管理是指在组织中，管理者（包括部门经理、团队领导和其他管理职位）负责规划、协调和监督与员工有关的各种活动和职能，以确保组织能够有效地利用其人力资源来实现组织的战略目标和使命。人力资源工作不仅只是人力资源部门的工作，相反，人力资源管理工作是全体管理者的共同工作，只有非人力资源管理者真正承担起应该肩负的人力资源工作，企业才能得"有人用，人好用，用好人"。

补充案例

肖××原是一家保险公司销售三部的优秀业务员。由于销售十一部（简称"十一部"）的经理离开公司，公司总经理在考察了所有业务员的业绩后，将他提升为新成立的十一部的经理。十一部是刚成立的销售部门，总经理出于加强整个十一部营销实力的考虑，将其他部门几名业绩也很不错的业务员调到了十一部，特别是龚×和路×这两员"干将"。刚刚被提拔到管理岗位，肖××深知自己肩上有千斤重担，觉得不能辜负总经理对他的信任和期望。因此，他会认真研究公司总经理的一切指示，然后一字不漏地传达给下属，要求下属一定要按总经理的指示去做。为了便于管理，他还将团队分为两个小组，安排龚×和路×当组长。公司安排给肖××的很多事情，他都会交代给两个组长去执行。由于彼此共事多年，肖××觉得应该信任他们，也很少询问这两个组长有没有解决不了的问题、需不需要帮忙等。过了一段时间后，十一部的业绩开始下滑。总经理便找肖××谈话。肖××满脸委屈地说："我把工作都安排下去了，但这些人就是完不成。"整个团队的业绩虽然不好，但龚×和路×两个人的销售业绩仍然十分抢眼。肖××受到总经理的批评，在担心团队业绩的同时，又开始担心龚×和路×因为个人业绩突出而取代自己。他开始怀疑这两个人是故意不努力带好组员，让自己在领导面前难堪。

有了这样的情绪，肖××在日常工作中对龚×和路×有了偏见。他采取了加重个人任务等手段，试图让龚×和路×能重视他的管理。为了巩固自己的地位，他甚至在员工中捏造事实中伤龚×和路×。知道这些情况后，龚×和路×也开始在团队中"拉帮结派"。很快，十一部形成了三个"小帮派"，人员分崩离析，部门业绩迅速下滑，问题比以前更加严重了。

对管理者来说，升职不仅仅是工作岗位的改变，工作环境也随之发生了翻天覆地的变化。此时，找准方向并调整心态至关重要。管理者在职位晋升后应该积极改变对自身和同事关系的看法，认识到自己应该对一个团队负责，是调整心态的重要基础。在此过程中，新晋直线管理者不能将自己放在和下属的对立面上，要将自己融入团队，只有努力融入团队，影响团队，带动团队，才能迎来实质性的改变。带领团队更好地完成工作。

管理者不仅要完成自己的工作，在完成日常管理之余，要学习人力资源管理的基本理论和先进方法，对下属进行良好有效的人力资源管理，关心下属，用积极的方式管理好下属，做好识人用人工作，更好凝聚团队，提升组织整体工作效率。

（二）管理者的人力资源管理的意义

非人力部门人力资源管理是指在组织中的各个部门或职能领域，不属于专门的人力资源（HR）部门的人员也需要参与和管理与人力资源相关的事务。这是因为人力资源管理不仅仅是 HR 部门的职责，它应该是整个组织的责任和利益相关者的任务。管理者进行有效的人力资源管理，首先可以分担自己的工作，减轻繁重的工作压力，还能锻炼下属能力，为培养人才做准备；其次能提升部门整体的工作效率，有效实现企业战略目标。

1. 管理者的人力资源管理与一般人力资源管理的区别

（1）专业性质。人力资源部门是专门负责管理和协调组织内的人力资源事务的部门。它拥有专业知识和技能，涵盖招聘、薪酬、绩效管理、员工关系等各个方面。而非人力部门管理者通常是业务领域的专业人员，他们的专业知识主要集中在自己的领域。

（2）职责范围。人力资源部门管理者的职责范围广泛，包括整个组织的员工。而非人力部门管理者的职责主要限于他们所负责的部门或团队内的员工。

（3）协调和监督。人力资源部门通常负责协调和监督整个组织的人力资源活动，确保符合法规和最佳实践。非人力部门管理者则更专注于他们自己部门内的员工。

（4）政策和程序。人力资源部门通常负责制定和更新组织内的人力资源政策和程序，而非人力部门管理者通常根据这些政策和程序执行操作性的任务。

综上，非人力部门人力资源管理是将人力资源管理的一部分责任下放到各个部门，以确保员工的有效管理，提高绩效，并确保与组织的战略目标保持一致。与 HR 部门人力资源管理相比，非人力部门管理者更专注于自己部门的员工管理，而 HR 部门则更广泛地涵盖整个组织的人力资源管理。

2. 管理者的人力资源管理内容

（1）分权和责任分担。将人力资源管理的责任分担给各个部门，有助于分散 HR 部门的工作负荷，让各部门更好地管理与其业务相关的员工。

（2）专业知识传递。各个部门的管理者和员工可以积累和应用于员工管理、绩效评估和培训发展等方面的专业知识，从而提高员工绩效和满意度。

（3）员工关系改善。当非人力部门管理者参与员工关系管理时，他们能够更好地理解员工的需求和关注，有助于改善员工与管理者之间的沟通和关系。

（4）综合业务决策。非人力部门管理者更了解他们部门的具体需求和战略目标，因此可以更好地将人力资源决策与业务战略相结合。

二、管理者的人力资源管理的职责

人力资源管理不仅仅只是人力资源部门的工作，也应是管理者的工作。管理者应该积极地从事人力资源管理工作，能识人、会用人，更好完成管理工作，提升工作效率。管理者每天面对大量的管理工作，所以管理者更要进行有效的人力资源管理工作。用好下属，构建合理有效的人力资源管理系统，才能更加高效、快速地完成工作任务。为员工创造良好的工作环境，让员工在愉快的工作环境中工作，提升工作效率；了解员工，与员工充分进行沟通交流，可以及时指导员工，更利于部门团结，更好地完成工作；帮助企业更好地完成战略目标。一般来说，管理者的人力资源管理工作应该做到以下几个方面。

（一）识人：慧眼识才

管理者在挑选人才时：要慧眼识才、帮助公司招纳贤才。

（1）确定选拔人才的标准。在甄选人才之前，管理者需要确定用于评估选择的具体条件和内容，其中包括硬件条件：学历、工作年限、个人优势等，也包括软件条件：如岗位所需的任职能力、员工自身的职业素养等。

（2）按需择人。根据标准灵活选择人才，确定公司所需人才，使人才和岗位相匹配，找到所需人才。

（3）人岗匹配。对所选人才进行全方位的了解，数智技术的应用使管理者不仅能了解员工的工作能力、基本情况、性格，更能动态把握其工作绩效，更好地安排工作，做到人尽其用，把员工放在最合理岗位上，发挥员工最大工作潜能。

（二）育人：员工和企业共同发展

管理者在挑选好合适的人才之后还要对其进行教育和培训，使员工能更快投入到工作。

（1）规范员工行为。人的行为是受一定的价值观、态度和心理特征支配的，这些价值观和态度就是人的行为准则。人的行为准则有三个层次：第一个层次是做人的基本规范；第二个层次是做人的最高境界；第三个层次是做人的最低标准。

（2）激发员工的自我实现和自我价值。"非人"的人力资源管理不只是对"非人"的行为进行规范，同时也包括对人的自我实现、自我价值的实现进行激发。正如马斯洛所说："激励是对个体行为的外部强化，是将个体内在的动机转化为外在行为的过程。"激励是对人的内在动机、内在需求进行激发，使其产生强烈的工作积极性和工作热情。因此，人力资源管理要对"非人"进行激励，即要激发人的工作积极性、工作热情和自我实现、自我价值的实现。

（三）用人：人尽其才，人岗匹配

管理者还要会"用人"，"用人"是人力资源管理的核心。数智时代用人，管理者要从"命令者"转化为员工的"合作者"，推动员工从"经济人"转向"知识人"，充分利用数智技术，更好地发挥人的价值。

（1）协调组织目标与企业目标，将个人目标与组织目标有机结合。企业的根本目的是盈利，企业的最高目标是追求利润最大化和社会价值最大化的统一。人力资源管理是要实现企业的经营目标，人的组织目标就必须与企业目标保持一致。但这并不意味着二者的一致性就是必然的，有时两者可能出现偏差。在这种情况下，人力资源管理就要发挥其应有的作用，对二者之间进行协调。数智化时代，组织目标的形成与父老乡亲速度更快，通过数智技术将总目标适时分解到个人并及时反馈，促使员工调整行为，指导员工修正行动方向，最终达成组织目标和个人目标统筹。

所谓协调，就是使组织目标和个人目标相一致。在此过程中，人力资源管理人员要与员工进行充分沟通，让员工认识到企业的经营目标与自己个人的工作目标之间是存在一定关联的，只有当个人目标与企业经营目标一致时，个人才能在实现自己组织目标的同时实现自身价值。

（2）不断完善人力资源管理信息系统。人力资源管理的信息系统是人力资源管理活动中不可缺少的重要组成部分，它对企业的人力资源管理活动起着重要的辅助作用。数智时代，业务数智化系统与人力资源管理信息系统有效链接，也是企业对"非人"进行有效管理的重要手段，两个系统的链接，企业可以使"非人"的各种信息都能及时地、准确地被记录下来，以便企业领导及有关人员随时了解并掌握企业"非人"的各种情况，从而为人力资源管理活动和业务决策提供有力的支持。

（四）凝聚人：留人重在留心

（1）为员工创造良好工作环境，构建和谐的企业文化。良好的工作环境可以提升员工的幸福感和愉悦感，提高其工作积极性；良好的企业文化对员工有一定的引导和约束功能，可以增加团队的凝聚力。

（2）激励员工，提高其工作积极性和工作热情。通过物质奖励、精神奖励、事业发展等方式，激发人的内在潜能，充分发挥人的积极性和创造性。比如，某公司规定员工的业绩达到多少，就可以得到奖金；业绩每达到一定标准，就可以得到提拔、晋升。这种物质奖励和精神奖励都属于激励。在物质激励方面，包括工资福利、奖金、股票期权等；在精神激励方面，包括晋升、表彰、荣誉等。

管理者在进行人力资源管理时，应为员工创造良好的工作环境以及在工作中灵活运用奖惩机制激励员工，使员工的幸福感和满意度增加，提高工作的积极性和主动性，更好完成工作。

第二节　管理者的人力资源管理实践

管理者的人力资源管理涉及规划、组织和协调组织内人力资源的各个方面，以确保员工能够高效地为组织的成功做出贡献。这需要管理者具备领导和管理技能，以管理和激励员工，促进员工的职业发展，并与组织的目标保持一致，一般涉及员工的招聘、培训、沟通调节，解决冲突、绩效管理、薪酬与福利、离职等系列管理工作。数智经济时代，由于管理技术逻辑和场景逻辑的变化，管理者人力资源管理工作需要数智化新思维。

一、PDCA 循环

（一）PDCA 循环的概述

PDCA 循环（图 9-1）最先由美国质量管理专家沃特·阿曼德·休哈特（Walter A. Shewhart）在 1930 年首先提出，1950 年美国质量管理专家戴明博士对其进一步研究并推广运用到质量管理体系，因此又被称为戴明环。PDCA 由 Plan（计划）、Do（执行）、Check（检查）和 Action（处理）四个单词的首字母组合而成，是按照"计划—执行—检查—处理"四个阶段进行循环管理的一种质量管理理论。第一，P 计划：根据项目的方针、目标选择实现目标的具体方法，制定具体实施方案等。第二，D 执行：根据已知信息和先前计划，进行具体实施，从而落实计划中的内容，是将计划具体执行落实。第三，C 检查：根据计划执行的结果，分析对错，明确效果，并找出存在问题。第四，A 处理：对检查的结果进行处理，总结成功经验，完成标准化；总结失败教训，将尚未解决的问题提交下一个 PDCA 循环。

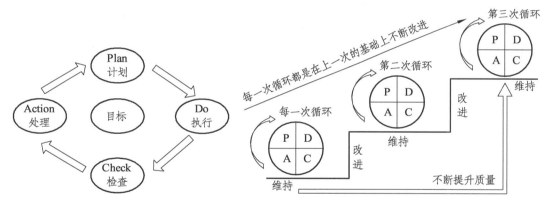

图 9-1　PDCA 循环工作图

（二）PDCA 循环工作过程

PDCA 循环的过程包括七个步骤：第一，分析现状，发现问题。根据组织所处环境、当前状态，发现组织存在的问题。第二，分析问题中的各种影响因素。对问题造成影响的各种因素进行分析研究，找出各种可能对问题产生影响的因素。第三，找出影响质量问题的主要原因。分析对问题造成影响的各类因素，找出影响问题的主要原因。第四，针对主要原因，提出解决的措施并执行。对于上一环节找到的主要原因制定相对应的措施，并根据制定的解决措施执行。第五，检查执行结果是否达到了预定的目标。对应计划检查执行结果，判断结果是否达到了预期目标，是否还有改进的空间。第六，把成功的经验总结出来，制定相应的标准。根据上一步骤总结经验和教训，并总结好的方法在企业内部分享交流，并标准化形成专门的方法以供重复使用。第七，把没有解决或新出现的问题转入下一个 PDCA 循环去解决。

（三）ODCA 循环的优缺点

PDCA 循环作为质量管理的基本方法，不仅适用于一个项目，也适应于整个组织或企业。

对于一个企业来说，各级部门在企业的总方针目标下，都有自己的 PDCA 循环，大环套小环、小环保大环，大环是小环的母依据，小环是大环的分解和保证。各级部门的小环都围绕着企业的总目标朝着同一方向转动。通过循环把企业上下各部门有机地联系起来，彼此协同，互相促进。PDCA 循环螺旋式上升，一个循环结束以后，生产的质量就会提高一步，然后再根据当前状态制定下一个循环，再运转再提高，不断前进，不断提高。PDCA 循环不是在同一水平上循环，每循环一次，向前进步一点。每通过一次 PDCA 循环，都要进行总结，提出新目标，再进行第二次 PDCA 循环。PDCA 每循环一次，质量水平都会更进一步。但因为 PDCA 中不含有人的创造性的内容，而只是让人如何完善现有工作，所以可能导致惯性思维的产生，习惯了 PDCA 的人很容易按流程工作，缺乏创新思维。因此，PDCA 在实际的项目应用还存在一些局限。

二、团队建设

团队建设，是指在组织中建立一支具有共同的价值观、共同的目标和共同的行为规范，具有凝聚力、战斗力和创造力的队伍。团队建设就是要通过合理配置人员，利用适当的方法，使每个成员都能发挥其最大的能力，使每个人都能朝着一个方向努力，从而形成一个紧密配合、协调一致的有机整体。一个好的企业必须要有好的团队精神，正确的价值观、合理的机制，还需要有一定的凝聚力。一个好的团队，也会带给企业巨大的发展空间，从而形成一个良性循环。一个有凝聚力的团队，必然是一个相互信任、相互支持、相互帮助的团队。数智时代，团队既可以利用先进技术展开虚拟化系统，团队本身也可能因为在线合作以及人机合作变得虚拟化，但我们依然可以从以下几方面塑造一个良好的团队：

（一）培养团队精神

一个好的团队必然拥有具有与企业文化相适应的团队精神，这是企业文化的重要内容之一，是团队成员之间互相信任、互相支持、互相学习、互相帮助、共同努力、同舟共济的一种精神状态。团队精神能使组织目标更明确，增强组织的凝聚力，使员工产生责任感和使命感。其形成主要依靠公司领导者和团队成员的共同努力，是组织成员共同奋斗的结果。团队精神的核心是协作精神，即共同利益高于个人利益，相互信任，密切合作，充分发挥整体优势，能提高员工工作热情和效率，激发员工创造出更好业绩。

一个人在工作中不可能独立地解决问题和完成任务。在当今社会，每个人都需要与他人合作，通过共同努力来完成任务。如果没有合作精神、团队精神或团队意识的话，就不可能取得成功。所以我们要重视团队精神的培养和树立。

（1）营造一个开放、坦诚的氛围，建立一个相互信任、相互支持的团队。

（2）为员工提供良好的工作条件和职业发展机会，使员工能够感受到工作的成就感和快乐。

（3）加强员工之间的沟通和交流，增强团队成员间的信任感。

（4）注重团队建设，打造学习型团队。加强团队文化建设，可以使团队成员在工作中感受到快乐，增强团队凝聚力；通过培训，可以让团队成员掌握更多的专业知识和技能，不断提高自身素质；通过沟通交流，可以有效地提高团队成员之间的合作意识和协作能力，增强团队的凝聚力和战斗力。

（5）建立激励机制，提高员工工作积极性。鼓励员工积极参与公司管理，在工作中多为公司发展提出意见和建议；给员工提供参与决策的机会；鼓励员工提出创造性、建设性意见并适当给予奖励。

（6）注重员工培训，提高员工素质。

（二）创造好的团队氛围

（1）创造一个良好的团队氛围需要建立明确的目标和共同的愿景，要将员工对工作的期望以及对公司和工作本身的期望有效地融合在一起，形成一种文化，将员工凝聚在一起，朝着共同的目标前进。

（2）有效的沟通。建立良好的沟通机制，保证团队成员之间的交流顺畅。

（3）建立良好的合作关系。良好的合作关系是团队成员之间相互尊重、理解、关心和支持，从而使大家在共同目标下达到协同作用和最佳状态。

（4）鼓励员工发挥自己的潜能和创意。通过团队成员之间的交流，充分调动员工的主观能动性，鼓励员工发挥自己的潜能和创意，为公司发展出谋划策，共同努力实现公司目标。

（5）加强企业文化建设，建立健全企业文化管理体系。

（三）企业管理制度

（1）企业应该加强对员工的培训和指导，通过培训使员工掌握更多的知识和技能，提高自身素质和业务水平；同时还要通过培训使员工了解公司及企业文化，增强归属感。

（2）企业应该为员工提供良好的工作环境和晋升空间，增强员工对企业的责任感和忠诚度。

（3）企业应该建立健全奖励机制，通过奖励措施鼓励优秀人才，为员工提供一个公平竞争的环境，使员工充分发挥自己的能力。

（4）企业应该关心员工生活，为员工创造一个温馨和谐、轻松愉快的工作氛围，给员工提供良好的工作环境，使其有家的感觉。

（5）企业应该关心每一位员工，重视他们在工作中遇到的困难和问题，为他们提供更多更好的发展机会。

三、员工培训与激励

（一）员工培训

当代企业面对越来越严峻的竞争压力，一个企业要想在不断变化的外部世界中寻求持续发展的能力，对员工的知识和技能都提出了更高的要求，并期望他们能更有效率、效能地面对挑战。同时，科学技术的飞速发展，对人们所拥有的知识、技能的更新速度不断加快，知识技能的更新迭代更加迅速。因此，组织必须不断更新其所拥有的人力资源，对员工进行培训开发。人力资源开发可以帮助组织解除环境变化带来的压力，而且还有助于员工明确自己的任务、职责和目标，提高知识和技能，最大限度地实现自身价值的同时，促进组织利益的实现。员工的开发和培训成为人力资源管理的重要环节。

1. 员工培训的目的

（1）培训的直接目的在于提高员工的素质或技能，使之更加适应和胜任工作需要。员工绩效在很大程度上由员工素质决定。这种素质包括员工与工作相关的知识技能、态度的培训，最基本目的就在于不断提高员工的素质，使他们的行为能够与组织岗位要求相适配。

（2）培训的最终目的在于组织和员工个人双重发展目标的实现。正如现代人力资源管理理论所确定的那样，组织成员在为组织做出贡献的同时，组织也要促进员工自身价值的实现。有效的培训活动不仅能够促进组织目标的实现，而且能够提高员工的职业能力，拓展其发展空间，促进职业生涯的实现。

（3）培训是一项涉及全体员工的、系统的、制度化的组织管理活动。培训是组织发展的需要，也是员工发展的权利，因此不管是何种层次、何种职位的员工都应纳入培训体系；在人力资源管理过程中，培训与其他活动紧密联系，并服务和支持其他活动，从而共同促进组织战略的实现，所以培训不应是随意的或一次性的活动，而应该是一种组织制度。另外，培训本身所涉及的内容广泛、对象不同、方法各异，每一次培训都必须确定特定的目标，提供适当的资源条件，选择科学的培训方法，这使培训成为一项有针对性、有步骤、有计划的系统管理行为。

2. 员工培训的原则

员工培训可以提升企业的综合能力，对企业的发展具有重要作用。首先，培训可以提高员工各方面的综合素质；其次，培训过程可以帮助员工更好地理解企业文化，更有利于组织文化的建设；最后，培训可以帮助组织培养更多优秀的人才，最终提升组织能力，使组织更具竞争力。

（1）理论联系实际原则。企业的员工培训要从实际出发，密切联系企业所处现状，运用科学的立场、观点和方法分析和解决现实生活中出现的各种问题，引导受训人员用科学的方法和先进的技术总结自身的经验，提高理论联系实际的自觉性。培训之后个人的理论水平和实际能力都应有所提高，方可达到培训的目的。

（2）学用一致原则。这既是人员培训的目标，也是人员培训的方法。学用一致原则是把培训与实际工作结合起来，企业员工在培训期间所接受的理论知识和先进方法、技能应符合其岗位职责的要求，能保证其更加胜任本职工作，将培训所学知识用在本职工作中，提高行政管理的效率。

（3）按需施教原则。不同时期、不同层次、不同职位的员工其业务水平、文化知识的程度都有所不同，要求他们掌握的工作和技能也有所不同，因此，人员的培训必须从受训对象的实际需要出发，有针对性地确定培训内容，选择相应的培训方式，避免培训流于形式。然而，按需施教并不意味着培训内容仅限于当前的工作或任职需要，同时还应充分考虑人员未来发展的需要。

3. 员工培训的方式

根据培训的具体目标不同、培训的对象不同以及培训的内容不同，人员培训方式有多种选择，也可以按时间、培训机构以及是否脱离实际工作等标准进行多样的分类。一般来说，员工培训主要有以下几种方式：

（1）内部培训：由各行政部门内部设立的组织机构来承担的培训，其时间、课程、培训要求均由各部门自己决定，培训内容按职务或专业设置，强调专业性和针对性。

（2）交流培训：通过人员交流或学术交流的培训方式。人员的交流培训通过人员在各部门之间、各地区之间，甚至在企业之间的调任、借调、挂职锻炼来完成，目的在于使员工扩大视野，掌握在实际工作中分析、解决问题的能力。学术交流则通过鼓励人员参与学术活动、工作研讨等交流活动，达到提高专业知识和综合能力的目的。

（3）工作培训：通过实际工作中有经验的员工同新员工之间的言传身教而进行的有意识的培训，其目的是带领新员工迅速适应工作环境，积累工作经验，增强工作能力。从形式上相当于企业中的"学徒制"，其最大的优势在于有利于工作经验的传授和良好的人际关系的维持。

（4）学校培训：有选择地让部分员工离开原有岗位的本职工作，进入专业的国内外的高校中进行系统的学习或进修，来达到提高基本理论知识和专业知识水平的目的。尽管学校培训的时间一般较长，且费用高，但在全面提升人员素质方面却有独特的优势，因此在公共管理组织中使用得较为普遍。

（5）自主培训：通过各种措施鼓励企业员工根据自身的爱好、兴趣和知识结构，自主地选择专业和课程，制订自己的培训计划，利用闲暇时间补习进修的培训方式。在现代社会中，外部环境的迅速变化使每个人都面临着工作压力，从而产生不断提升自己的学习动力。自主培训不仅能够节约组织成本，而且能够充分发挥员工的积极性和主动性，培训的内容往往也符合实际需要，因此为各类组织所倡导。

（二）员工激励

人员激励主要是根据员工的日常表现、工作状态、工作绩效作为参考标准而对员工个人的奖励或惩罚来实施的。有效开发企业人力资源，必须建立科学的激励方法，以提高员工的积极性和主动性，增加企业绩效。斯金纳箱的实验结果表明，惩罚有用但不如奖励持久。领导要善于肯定员工。

1. 员工激励的功能

（1）强化个人动机，使个人愿意完成组织要求的工作。激励是把人的需要变为可实现的需要目标，激发人对实现目标的内心渴望，内心的追求会强化人的行为。员工激励机制的功能就是把物质激励和精神激励手段通过一系列理性的制度固化下来，激发员工的工作积极性，进而强化动机的行为转化，保证趋近或实现企业目标。

（2）挖掘员工的潜力，提高个人素质。知识经济时代，终身学习已经成为一种必要。从具体业务上来看，对学科前沿知识的把握的要求亦不算强烈，导致很多员工的学习动力不足，要改变这种现状就是要通过有效的激励手段以提升其学习、工作的动力，进而提高个人整体素质。

（3）为企业留住更多优秀人才。"理性人"的思维模式指出，员工会关心自己的收入水平，会考虑自己获得晋升机会的概率等。企业只有结合自身优势设定出有效的激励机制，才能保证在与其他企业的人才争夺中一直处于优势，也能保证企业中的优秀人才不至于因待遇差等原因流失，巩固组织队伍的稳定性。

2. 员工激励的方法

在管理学理论中，常见的员工激励主要有三大类：分别是工作激励、成果激励和综合激励。

（1）工作激励。随着工业化发展和工作标准化，很多工人从事流水作业，每天都重复单一枯燥的工作，并且员工一直处于被剥削地位，因此员工的积极性受到了很大的影响。从这方面出发，企业可以在工作激励上下功夫，将员工的工作变得更有意义或者更具挑战性，并赋予员工更多自主权，使员工在工作中增加积极性和自主性，提高工作效率。当前有关工作的激励方法主要有：工作扩大法、工作丰富法和岗位交换法。①

（2）成果激励。成果激励是将员工的日常表现记录下来，根据员工的工作表现、业绩等考核结果，给予员工相应的物质或精神奖励的一种激励方法。是为了让员工得到嘉奖和回报后继续保持，在今后取得更突出的业绩。常见的成果激励方法有物质激励和精神激励。

物质激励是指从满足员工的物质需要出发，在一定范围内给予员工期望的物质回报，从而激发员工工作积极性的激励方法，是当前最普遍的激励手段，包括增加工资、员工福利和员工持股计划。

精神激励与物质激励不同，其满足的是员工的精神需要，不仅成本较低，而且常常能取得物质激励难以达到的效果，是调动员工积极性、主动性和创造性的有效方式。主要包括情感激励、荣誉激励、信任激励等。数智时代，再强的算力和算法，却无法穿越背后的"01"逻辑，直达人心。精神激励重要性更加突出。

（3）综合激励。在一般激励方法中，除了较为普遍的工作激励和成果激励以外，还有一些激励方法作为工作和成果激励以外的辅助方法，给予员工综合激励，提高员工的工作积极性。包括榜样激励、危机激励、培训激励和环境激励等。

【关键概念】

管理者的人力资源管理　PDCA 循环

复习思考题

1. 管理者的人力资源管理是什么？
2. PDCA 循环的基本概念 。
3. 激励员工的方法有哪些？

补充案例

沃尔玛的人力资源计划

2017 年虽然沃尔玛在国内迎来关店潮，但是沃尔玛在 2017 年却依然蝉联财富世界 500 强第一。据财富杂志统计，2016 年沃尔玛营业收入 4 858.7 亿美元，净利润 136.43 亿美元。除此以外，沃尔玛还有一项世界第一，就是员工数量。2016 年，沃尔玛全球员工数量达到惊人的 230 万。在组织规模、商业价值、财务表现方面，沃尔玛都是全球最大的公司之一。那么沃尔玛如何确保自己的人力资源能满足其业务需求和战略发展呢？

人力资源计划

沃尔玛在全球都是自己的门店，那么怎么来进行人力资源计划呢？在沃尔玛，每个门店都设有人力资源经理，他们会向门店阐述来自总部的人力资源计划。但是每个门店的情况是不一样的，因此 HRM 在阐述的过程中就要基于门店的特点来解释公司的人力资源计划。这种变化恰恰说明沃尔玛的人力资源计划在公司与门店间是分层次来进行的。

---

① 管理学编写组：《管理学》，高等教育出版社，2019 年版。

在对人力资源的预测中，沃尔玛使用特殊的软件产品来自动分析劳动力变化的过程。公司总部会从门店获得员工或劳动力数据，然后将数据输入中央数据库并组织和处理，以揭示公司人力资源的趋势。通过这个预测系统，沃尔玛预测劳动力未来每个季度或每个地区可能发生的变化。

为了解决员工的过剩或短缺，沃尔玛利用其信息系统来确定该组织的哪些领域或哪些方面将面临人力资源需求的增加，哪些领域将有剩余。然后公司的人力资源管理部门实施相应的人力资源计划，以稳定人力资源。劳动力计划会规划出所需员工的数量以及增加招聘的推荐时间表。

在供需平衡方面，沃尔玛的目标是确保有足够的机会雇用合格的员工。公司有连续雇佣和培训新员工的程序。这个连续的过程确保空缺职位能立即被补缺。这种不间断的招聘活动有助于沃尔玛获得充足的人力资源，以满足门店员工需求的变化。

工作分析和岗位设计

沃尔玛组织结构的特点是集中化和层次化，并有一定程度的权力下放。层次化和集中化的组织结构指的是由公司总部来监督和指导组织中的所有活动。公司各部门对沃尔玛的所有门店都有管辖权，但对门店还是一定程度的权力下放。比如，每个门店都有自己的人力资源部并设立人力资源经理，HRM 会根据门店自身的特性来应用公司的人力资源战略。这种权力下放能保证门店的经营更具有灵活性，以此应对业务中出现的新问题。

沃尔玛采用"匹配式"的工作分析方法。这种方法包括对申请人、员工和主管进行面谈和调查，以确定问题和需要。沃尔玛的目标是将实际需求与现有人力资源结合起来，并确定两者之间可能存在的差距。

在沃尔玛，工作分析中对于岗位的工作描述各式各样，大不相同。该公司的人力资源部门主要负责开发与销售活动有关的工作描述。因为，沃尔玛大部分的员工都是销售人员，工作描述针对的是销售员、销售主管、销售经理和门店经理。

沃尔玛的任职资格也各不相同，但大部分的任职资格都要求有销售和营销方面的知识和技能。公司人力资源管理部门对于销售经理和门店经理这样的职位通常要求至少有一个销售或相关专业的学位。

思考：

1. 从上述案例同学们能学到什么？有何借鉴之处？

2. 你认为沃尔玛的人力资源管理还需要加强哪些方面？

相关建议：

大家可以看到沃尔玛在工作分析和设计上都是有很强的针对性，但有一个缺陷要指出来，那就是缺乏沟通反馈机制。如果沃尔玛能实施更多的沟通渠道来改善其工作分析和工作设计，员工可以利用这些渠道向经理们进行反馈，这样可以提高员工士气和更准确的工作分析，这一变化将更有利于沃尔玛的人力资源管理。

（来源：人力资源案例网，https：//www.hrsee.com/）

【补充阅读材料】

从《孙子兵法》中寻求现代人力资源管理的启示

《孙子兵法》由春秋末期齐国人孙武所著，是世界上最早的系统、全面的军事理论著作，是我国兵家思想的基础。《孙子兵法》不仅揭示了军事领域活动的基本规律，对人的行为和心理的洞察也达到了很高的水平。在这部不朽的军事著作中，可借鉴的用人思想、企业管理思想、管理制度等十分丰富，研究《孙子兵法》对现代人力资源管理理论的发展具有十分重要的现实意义。

1. 为将五德

《孙子兵法》开篇就提出"将者，智、信、仁、勇、严也"，这被后人称为"为将五德"。作为军队的领袖、领导，首先最为重要的就是要有智慧，做个聪明人；其次是要有信用，在军队中是奖功罚过，做人则是要言必行、信必果；其次是要有仁爱之心，将领要爱护自己的士卒，而做人则要爱护他人，尤其是老弱病残；再次是勇敢，没有勇敢之心的将领永远是失败者，要勇敢面对一切，不要退缩、不要推诿；最后是威严，将领必须在军中树立起自己的威信，这样，手下才愿意服从命令，但绝不能飞扬跋扈或是靠恐吓、威胁来使得别人服从自己。

联系到我们现如今的企业中：

（1）智，管理者应具有较广博的科学文化知识、专业知识和管理方面的知识，应懂得经济学、管理学、法学、领导科学等知识，而且更需大智，即识时造势，择人任势等，综合利用所有资源来创造综合实力的"智"。

（2）信，信可以有多种解释，比如自信、信任和诚信等。自信是相信自己的才能和决策，信任是相信自己的员工的能力和品质，而诚信就是要兑现自己的承诺，答应的事情一定要办到，否则绝不轻易承诺，以确保管理决策的权威性。

（3）仁，管理者要重视对教职员工的感情投入，以平等、友爱的态度对待他们，关心他们的生活和工作情况，尊重和满足他们的归属需要和高层次的精神需求。

（4）勇，管理者在决断前要能够多听取各方面的意见，但也要具有冒险精神，在决断时既不盲目拍板，又不优柔寡断；一旦失败，要有敢于承担责任的勇气。

（5）严，管理者要为学校制定严格的规章制度及奖惩方案，严格执行且身体力行。同时，要了解自身的弱点，防微杜渐。

2. 将有五危

孙武在《孙子兵法·九变篇》中提出"故将有五危：必死，可杀也；必生，可虏也；忿速，可侮也；廉洁，可辱也；爱民，可烦也。凡此五者，将之过也，用兵之灾也，覆军杀将，必以五危，不可不察也。"这就是后世所说的"将有五危"。翻译成现代语言的意思就是不怕死的将领，容易被杀；贪生怕死的，容易被俘；急躁易怒的，容易冲动鲁莽出战而败；廉洁爱好名声的，容易被人故意羞辱，气昏了头而犯上错误；爱护人民的，容易被人用扰民策略而烦恼受困。这五种危险，是将帅的过错，也是用兵的灾害呀！军队覆灭、将帅被杀，都由于这五种危险引起，是不可不警惕的。

企业的经营者也可能犯类似的错误：

（1）有勇无谋，草率决策，不能正确认清形势，只图打击竞争者的一时痛快，而无视企业长期发展。

（2）不求有功，但求无过，不敢承担风险，会失去许多良机。

（3）急躁易怒，冲动决策，听不进别人意见，容易被竞争对手故意做出的挑战姿态所触怒，而忽略其真实用意，事后一定懊悔莫及。

（4）把自己的清白名声看得高于企业的利益，为别人的侮辱而触怒，为他人的误会而辩解，为过智。

（5）事无巨细，必亲自处理，考虑每个人的意愿，希望满足所有人的需要，必然为小事所烦，没有精力和时间去考虑全局的战略规划，不能完成自己的主要职责。

从《孙子兵法》中体会到为将的"五德五危"，这分明就是孙武为我们企业所描绘的最早的领导者"素质模型"。看来《孙子兵法》中的人力资源管理思想源远流长、博大精深，不仅对于维系古代社会的持续发展发挥了积极作用，而且对于今天的人力资源管理、加强人才队伍建设，仍然具有重要的参考价值。

（来源：人力资源案例网，https：//www.hrsee.com/. 2017 年 4 月 1 日）

【数字化应用】

第十章　灵活用工与人力资源外包

★本章学习要求与要点★

　　本章从介绍灵活用工和人力资源外包的概念入手，引入灵活用工管理和人力资源外包管理模式，基于数字时代时代背景介绍了人力资源外包当前面临的机遇与挑战。要求学生理解灵活用工和人力资源外包的内容，思考如何更好地促进数字化时代的用工模式变革。

引入案例

　　天虹于 1984 年在深圳成立，成立时其实是中国第一家中外合资的零售企业，2010 年在深圳上市。目前，天虹旗下有三大业态——购物中心、百货和超市，也有三个品牌——天虹、君尚和天虹 sp@ce 超市。天虹已连续 21 年进入中国连锁百强，门店覆盖 8 个省 33 个城市，其中包含超市 127 家，百货 64 家，购物中心 38 家。

　　2012 年，天虹开始做数字化转型，作为一家劳动密集型的零售企业，天虹对灵活用工模式做了一些探索和实践。

　　灵活用工在天虹的发展分为了不同的阶段：

　　第一个阶段在 2013 年，天虹采用共享用工模式，通过一岗多能或者 SSC 共享服务的维度，让员工的人力资源发挥更大价值，主要在财务和人力资源板块的共享；在没有做共享服务之前，做核算结算的财务员工超过 500 人，而现在业务规模早已翻倍的情况下天虹的财务人员还不足 400 人。同样的做薪酬核发的员工也从原来的 20 人缩减到现在的 3.5 个人，但是完成的却是双倍的任务量。

　　第二个阶段是把社会所有的闲散劳动力通过平台来进行抢单和工资的交付。

　　天虹在 2020 年疫情之初，作为商超保供企业，订单量激增，而人员却成了难题。天虹基于此研发了小活平台，把周边所有的闲散劳动力通过发单抢单的形式，供给到天虹，以此来完成 10 倍的订单交付。

　　新经济发展形态下，企业发展的关键不是依靠拥有多少人才而是使多少人才可以为我们所用。数智技术的发展为企业拓展用工方式、员工灵活就业形式提供了有效的技术支撑。特别是当极端天气变得普遍的当下，具有强大远程工作能力准备的公司以及多种灵活用工方式的企业更能有效应对。

第一节　灵活用工

一、灵活用工概况

（一）灵活用工的概念

2017 年 6 月 20 日，英格兰银行首席经济学家安德鲁·哈戴恩（Andrew G. Haldane）在布拉福德国家科学与媒体博物馆发表演讲时表示："在工业革命之前，乃至工业革命之后的数年里，大多数工人从事个体经营或者在小作坊工作。那时不存在工会。工作时间很灵活，其灵活性主要要看收庄稼、挤牛奶或把面包端上餐桌需要花费多长时间。"虽然早已形成的传统工作方式看似正在被颠覆，但哈戴恩认为，从事零工的职业模式早在几十年前就出现了。[①]数智时代，企业强调使命驱动、责任导向的灵活混合办公模式，远程办公、灵活雇佣成为越来越多企业的主动实践。

灵活用工，顾名思义，是企业根据实时用人需求，灵活雇佣人员。

在人力资源管理中，灵活用工服务能够为用人单位其提供具有弹性的用工模式，而不必长期维持大规模的固定员工队伍；允许用人单位在淡季或项目性工作期间减少用工成本，而不必负担全职员工的薪资和福利；迅速解决用人单位在不同时段面临的各种问题，如人员编制不足、旺季的人才短缺、临时项目需要额外人手、员工三期（孕期、产假、哺乳期）的短期替代等；提供了中长期项目和人员外包的选择，用人单位可以委托外部服务商管理和提供特定项目的人力资源，从而专注于核心业务。

在劳动法中，"灵活用工"强调雇主的用工状态的概念。从劳动法的角度来界定，它代表了标准雇佣之外的用工形式。标准雇佣关系通常是指全日制、无固定期限，并构成雇主与雇员从属关系的雇佣形式。相应地，灵活用工即用人单位以非标准雇佣方式与劳动者建立非传统的劳动关系或非劳动关系。

在灵活用工的具体实践方式上，包括以下多种形式：① 非全日制用工：部分劳动者可能会接受非全日制工作，工作时间和薪酬通常灵活可变；② 劳务派遣：雇主雇佣劳务派遣机构的员工，然后这些员工被分派到其他企业工作，通常是临时性的项目工作；③ 短期用工：针对短期项目或季节性工作，雇佣工人以满足特定需求，通常工作时间有限；④ 业务外包：部分企业将特定业务功能外包给第三方服务提供商，以降低成本并专注于核心业务；⑤ 人力资源外包：部分企业将招聘、培训、薪酬管理等人力资源职能外包给专业服务提供商；⑥ 众包：通过互联网平台，雇主将任务分配给一组志愿者或承包商，以完成特定任务；⑦ 依附性自雇：一些劳动者选择以独立承包商或自由职业者的身份工作，根据需要与多个雇主合作。

（二）灵活用工在国内外的发展现状

1. 美国：灵活用工的诞生和演进

20 年代初：灵活用工的概念首次出现，应对 20 世纪 20 年代美国经济大萧条期间的挑战。它的初衷是解决失业问题和社会保障难题。

30 年代：1935 年，《国家劳资关系法》颁布，确立了解雇保护制度，为劳务派遣提供了基础。同时，1938 年，《公平劳动标准法》规定了发包单位和外包公司在劳动者权益上的共同责任。

70 年代：20 世纪 70 年代，美国的灵活用工进入了快速发展时期。高失业率和通货膨胀压力促使人们寻求更加灵活的雇佣方式。政府开始认识到灵活用工的潜力，加强了相关政策和法规。

80 年代：20 世纪 80 年代，政府下放管理权限，推行弹性管理、雇佣政策和工作安排。

---

① 托马斯·奥蓬：《零工经济：灵活就业指南》。章爱民，李欣娱，赵嘉阳，译。中国广播影视出版社，2023 年版，第 5-8 页。

这进一步提高了灵活用工的认知度。

90 年代：20 世纪 90 年代，灵活用工行业迎来爆炸式增长。政府认识到派遣就业对工人和雇主有益，甚至成立了"派遣协会"以促进灵活用工的发展。1999 年，《美国总统经济报告》明确指出了派遣就业的益处，进一步推动了该领域的增长。

美国的灵活用工历程在政策和法规的支持下取得了长足的进展，为其他国家提供了有益的经验和启示。

2. 日本：从"终身雇佣"到灵活用工的快速发展

在 20 世纪 70 年代之前，日本一直奉行"雇佣终身制"模式，随着石油危机的爆发，日本经济陷入低迷，政府采取了一系列政策来促进灵活用工行业的发展。

1985 年：日本正式颁布了《劳务派遣法》，首次肯定了派遣用工在日本的合法地位。这标志着日本政府在灵活用工领域的介入。

不断修订：自 1985 年以来，日本多次修订了《劳务派遣法》，放松了对灵活用工的限制，提高了灵活用工人员的平等地位。此外，还通过了《兼职劳动法》《劳动合同法案》和《人员调度法案》，以进一步加强对兼职劳动者的保护。日本灵活用工经历了 30 多年的发展，逐渐成熟。在这一时期，一些领军企业如 Recruit 和 Dip Corp 崭露头角，推动了该领域的发展。

日本的灵活用工行业在政策和法规的支持下取得了显著的发展，从传统的"终身雇佣"模式过渡到更为灵活和多样化的用工方式。

3. 欧洲：从经济困境到灵活用工的崛起

萌芽期（20 世纪 70 年代至 80 年代）：在这一时期，欧洲经历了经济滞胀和大规模失业的困境。为了应对高失业率，多个欧洲国家采取了一系列政策，包括工资灵活化、工作时间灵活化和放宽就业保护，以改善僵化的劳动力市场状况。

政策推动：随着时间的推移，政策逐渐放宽了对灵活用工的限制，从行业范围扩展到整个劳动力市场。这一政策变革催化了欧洲灵活用工行业长达 40 年的快速发展期。

欧洲的灵活用工行业从困难的经济时期中崭露头角，政策的变革为其发展提供了坚实的基础。

4. 中国：兴起于解决就业，规划快速扩张

中国的灵活用工市场迅速发展始于 20 世纪 90 年代，当时政府采取了劳务派遣的方式来解决大规模下岗职工的再就业问题。劳务派遣成为中国灵活用工的早期形式，为灵活用工市场的形成打下了基础。随着这一领域的快速发展，2014 年政府出台了一系列劳务派遣相关的规定，以规范和管理这一领域的细节。

随着时间的推移，中国的灵活用工市场变得更加多样化，不仅有劳务派遣，还有外包等多种形式。中国政府也不断制定支持政策，以促进灵活用工市场的发展。在这个过程中，雇主和服务商不断探索新的用工方式和模式，以适应不断变化的市场需求。可以说，中国的灵活就业市场正在经历快速的成长阶段，充满机遇与挑战。

新时期中国市场灵活用工发展呈现出新的特点和趋势：① 在线平台的崛起，尤其是在线外卖、打车、家政服务和零工等领域提供了大量独立工作机会，吸引了成千上万的工作者；② 独立工作者经济，越来越多的人选择成为自由职业者或兼职工作者。他们通过在线平台找到工作，如送餐员、司机、家政工和线上教育等；③ 远程工作，特别是在科技和互联网领域，这使得员工可以在不同地点工作，提高了工作的灵活性；④ 外包市场，中国是全球最大的外

包市场之一，许多国际企业将业务流程外包给中国的外包公司，推动了中国的外包和合同工作市场的增长；⑤ 政策和法规，中国政府正在逐步调整劳动力市场的法规，以适应灵活用工的发展；⑥ 多样性的工作模式，包括临时工、兼职、自由职业者、远程工作者和合同工作等多种工作模式，有助于企业更好地满足不同的工作需求；⑦ 技能培训和发展，中国的一些公司和政府部门提供技能培训和职业发展机会，以提高工作者的技能水平，使他们更具竞争力。

二、数智时代灵活用工模式

数智技术的发展对企业用工模式产生了深刻的影响。这一影响包括更大的灵活性，鼓励远程工作和新兴用工模式的兴起。大数据和人工智能技术正在改变招聘和候选人匹配的方式，使其更准确和高效；企业也更注重员工技能的发展和终身学习，自动化和机器人技术改变了一些传统工作的性质，多方合作和协同工作在数字平台上变得更容易。数据技术深刻变革下对企业用工模式的影响主要表现在以下几个方面：

第一，内外数据的共享化。通过整合公司内部数据和第三方零工经济平台的外部数据，企业可以更好地满足动态的用工需求，实现用工流程的精确匹配和高效反馈。这将提高企业的运营效率，同时也有助于提供更多的工作机会和改善劳动力市场的效率。

第二，用工流程的简洁化。简化用工流程可以降低通信和管理成本，提高用工效率。大数据分析和智能匹配技术可以确保雇主和工作者之间的技能和性格匹配，从而提高工作满意度和生产力。

第三，用工模式的多元化。多元化的用工模式意味着企业可以更好地适应不同类型的工作和不同的劳动力需求。这有助于企业更具弹性地应对市场波动和提供更多选择给工作者。

第四，企业规模的缩小化。数字技术和网络平台的发展使市场交易成本降低，鼓励企业将边界缩小，将更多的业务外包给市场。这可以改变传统的企业模型，让企业更专注于核心职能，同时依赖外部资源来完成其他任务。这也有助于在某种程度上减小企业的规模，同时扩大市场范围。

这些趋势反映了数字技术和互联网的不断演化，对企业和劳动力市场产生了深远的影响。然而，这些变化也带来了伦理、法律和社会问题，需要政府、企业和社会共同努力来解决，以确保这些新兴用工模式的发展是可持续和具有益处的。

三、数智时代企业人力资源管理遇到的挑战

人力资源管理信息化迅速发展，例如，人力资源管理软件 HR SaaS 发展前景广阔，2020 年中国整体云服务市场规模已达 2 316 亿，其中 HR SaaS 市场规模为 27 亿元，较上年增长 39.7%，未来 5 年 HR SaaS 预计仍有 39.5% 的增长。近年来，就业管理需求增加也催生了灵活用工市场的关注度和需求爆发，人力资源数字平台搭建和使用过程中带来一系列挑战接踵而来。

四、灵活用工管理

随着社会生产资源的不断重组和用工成本的不断增长，企业用工模式正经历深刻的变革。众包模式已经在众多领域崭露头角，它将传统的劳动关系转化为一种全新的、基于平等合作的关系。这一转变不仅契合了新生代劳动者强烈的自我中心意识，也满足了企业降低交

易成本的紧迫需求。更重要的是，这种模式能够打破时间和空间的限制，为社会生产释放了巨大的潜力，重新定义了价值创造。这种新型的模式需要借助国家和企业双方干涉，不断推进灵活用工的改进。

（1）制定和维护法律框架，以规范灵活用工的雇佣关系，确保劳工权益并促进经济稳定。《关于加快发展人力资源服务业的意见》（人社部发〔2014〕104号）是中国政府在2014年发布的政策文件，旨在促进和推动人力资源服务行业的发展。文件明确指出人力资源服务业的特点，包括高技术含量、高人力资本、高成长性和辐射带动作用强等特点，强调其在促进就业创业、职业发展以及提升企事业单位的人力资源管理和创新能力方面的重要地位。这一政策文件旨在推动中国的人力资源服务业发展，提高服务质量，促进就业和劳动力市场的稳定，以满足经济转型和社会发展的需求。政府鼓励行业各方积极创新，并将信息技术引入服务业，以提供更多高效和便捷的人力资源服务。

（2）明确和执行涉及灵活用工的税收政策，包括收入报税和社会保险。用工企业与第三方灵活用工平台合作，通过平台向灵活用工人员提供服务，可以降低用工企业的法律和税务风险。用工企业与第三方灵活平台建立合作关系，平台充当中介角色，将用工企业的需求与灵活用工人员的技能和资源进行匹配。

（3）监管机构需要确保企业遵守相关法规，同时保护劳工权益。监管机构的任务之一是保护劳工的权益，确保他们不受歧视、获得合理的工资和工时待遇，并能够享受法定的休息日和假期；监管机构应该建立有效的监督和执法机制，对违反法规的企业采取相应的行动，包括罚款、责令改正和法律诉讼。

（4）提供培训和教育资源，以提高员工的技能和适应新型灵活用工模式。根据员工的工作需求，提供相关技能培训，包括职业技能、软技能（如沟通、领导力）和数字技能等。随着科技的不断发展，员工需要了解和适应新的工具和技术，提供相关培训可以提高员工的数字素养；员工需要了解相关法规和法规要求，以确保他们的工作在法律框架内进行；提供职业规划和发展支持，帮助员工制定长期职业目标，并提供相关培训和发展机会。

（5）国家推动市场调整，以适应灵活用工的增长趋势，鼓励创新和企业竞争。推动大众创业，万众创新，进行结构性改革。双创催生了新供给，释放了新需求，促进了稳增长。市场释放巨大生机、活力，扩大了灵活用工适用范围，倒逼企业基于市场发展调整用人策略。

第二节　人力资源外包

灵活用工要求必须能够解决企业人力资源部不能解决的问题，能够帮助客户获得商业价值。因此企业内部的人力资源需要专业化构建专业的人力资源管理模式。人力资源外包公司比企业人力资源部门更高效、更专业，需要技术驱动、技术提升和专业化以降低成本。

一、人力资源外包的概念

（一）人力资源外包的概念

外包，旨在整合资源，在20世纪80年代开始逐渐流行，指企业根据自身发展需要动态地配置自身和其他企业的功能和服务，并利用企业外部的资源为企业内部的生产和经营服务，从而达到降低成本、提高效率、充分发挥自身核心竞争力和增强企业对环境的迅速应变能力的一种管理模式。

人力资源管理外包，是指对组织人力资源管理活动的外包，包括人力资源管理咨询、开发培训、招聘测评与绩效考核等各方面。企业根据需要将某一项或几项人力资源管理工作或职能外包出去，交由其他企业或组织进行管理，以降低人力成本，实现效率最大化。企业将一些非核心工作委托外部的人力资源机构，以此将更多的精力投入企业的核心工作。

（二）人力资源管理外包的发展

人力资源管理外包经历了多个发展阶段，主要有以下四个发展阶段。

1. 起始阶段（1980 年代至 1990 年代初）

人力资源管理外包最早起源于 20 世纪 80 年代末和 90 年代初的美国。在此期间，一些组织开始将部分人力资源活动，如薪酬和福利管理，外包给专业的服务提供商。这一阶段的外包主要集中在一些基本的、非核心的人力资源活动上。

2. 拓展阶段（1990 年代中期至 2000 年代初）

随着外包市场的增长，人力资源管理外包开始扩展到更多的活动领域，包括招聘、培训、绩效管理和员工关系管理等。外包服务提供商也开始提供更多综合性的解决方案。

3. 巩固阶段（2000 年代中期至 2010 年代初）

在这个阶段，人力资源管理外包行业经历了稳步增长，吸引了越来越多的组织。外包服务提供商不断提高服务质量，并采用先进的技术来支持人力资源流程的自动化和效率提升。

4. 多元化阶段（2010 年代至今）

随着全球化的加速和新技术的崛起，人力资源管理外包市场变得更加多元化。组织可以选择从全球范围内的外包服务提供商中寻找最适合他们需求的伙伴。此外，云计算、大数据分析和人工智能等技术的应用也使人力资源管理外包更具创新性和智能化。

5. 专业化阶段（未来发展趋势）

未来，人力资源管理外包将继续发展，可能会更加专业化。外包服务提供商可能会提供高度专业化的解决方案，满足不同行业和领域的需求。此外，数据安全、隐私保护和法规合规性将成为更重要的考虑因素。

需要注意的是，不同国家和地区的人力资源管理外包市场可能存在差异，受当地法规、文化和市场特点的影响。因此，组织在考虑人力资源管理外包时，需要充分了解本地市场的情况，并谨慎选择合适的外包服务提供商。

二、人力资源外包的方式

现实生活中，企业往往根据需要选取不同的人力资源外包方式，以更好地节省企业的成本和时间，增加效率。第二届全国人力资源服务业发展大会发布数据显示，2022 年我国共有人力资源服务机构 6.3 万家，实现营业收入 2.5 万亿元，较 2019 年分别增长 59.1%、27.6%。其中人力资源服务外包 7 246 亿元（其中金融行业 1 068.8 亿元，IT 软件行业 878.2 亿元，房地产行业 668.8 亿元）。从中能够看出我国企业选择人力资源管理外包服务的普遍性。人力资源外包方式具体可以分为以下三类：

（一）劳务派遣

为了满足用工单位对于各类灵活用工的需求，劳务派遣公司将员工派遣至用工单位，提供接受用工单位管理并为其工作的服务。劳务派遣业务实质是"出人头"。员工所有权归属于劳务派遣公司，用工方仅有员工使用权。

具体业务操作流程：① 劳务派遣单位经县级以上地方人力资源和社会保障部门审批，取得《劳务派遣经营许可证》；② 劳务派遣单位按照待派遣单位的用工需求（数量和质量）招用劳动者，并与被派遣劳动者签订劳动合同，建立劳动关系；③ 用工单位与派遣单位签订劳务派遣合同并按照合同约定使用被派遣劳动者，用工单位不与被派遣劳动者直接签订劳动合同，被派遣劳动者的劳动过程受用工单位的指挥管理和纪律约束；④ 用工单位按照劳务派遣合同向劳务派遣单位支付相关费用；⑤ 劳务派遣单位按照劳动合同向劳动者支付工资福利、社保及公积金等。

《中华人民共和国劳动合同法》《劳务派遣行政许可实施办法》《劳务派遣暂行规定》对劳务派遣适用范围进行了限制，包括：用工单位只能在临时性、辅助性或者替代性的工作岗位上使用被派遣劳动者，其中临时性工作岗位是指存续时间不超过 6 个月的岗位，辅助性工作岗位是指为主营业务岗位提供服务的非主营业务岗位，而替代性工作岗位是指用工单位的劳动者因脱产学习、休假等原因无法工作的一定期间内，可以由其他劳动者替代工作的岗位；用工单位应严格控制劳务派遣用工数量，使用的被派遣劳动者数量不得超过其用工总量的 10%。

（二）劳务外包

定义：是用人单位（发包单位）将业务发包给承包单位，由承包单位自行安排人员，按照用人单位（发包单位）要求完成相应的业务或工作内容的用工形式，其实质是"派活"。

具体业务流程：发包单位和承包单位约定将发包单位一定工作交付给承包单位完成，由发包单位支付承包单位一定的费用；承包单位与所雇佣的劳动者建立劳动关系并对劳动者进行管理和支配；发包单位不能直接管理与支配承包单位的劳动者。

需要注意的是，本方法使用《合同法》，不涉及劳动关系。

（三）人力资源外包

企业根据需要将某一项或几项人力资源管理工作或职能外包出去，交由其他企业或组织进行管理，以降低人力成本，实现效率最大化，亦即本应由企业人力资源部门做的工作（比如招聘员工，培训员工，发放工资、社保公积金等）外包给第三方专业公司完成。

三、人力资源外包的管理

（一）人力资源管理外包的流程

有效的人力资源管理外包不仅是一个委托过程，更是企业做出重大决策，考虑远景战略目标的手段。人力资源管理外包需要一个规范的流程，为企业提供持续人力资源服务过程中的沟通改进，为组织带来最大的价值和收益。

1. 需求识别和准备阶段

（1）需求分析和人员准备。组织需要明确外包的具体需求，包括人力资源活动的范围，例如招聘、薪酬管理、员工培训等。企业需要根据企业目标设定展开人力资源外包需求分析，选择合适的外包方式。

人力资源外包会影响公司的职能人员配置，人力资源活动涉及企业的全体员工，需要在人力资源外包计划实施前，尽早让员工了解有关外包的信息，尤其是他们与切身体会和利益紧密相关的服务方式的变化。

（2）目标设定。确定外包的目标和预期结果，包括降低成本、提高效率、减少风险和专业知识的应用等。

（3）预算和资源规划。确定外包活动的预算和资源需求，包括费用、人员和技术支持。在人力资源管理外包方面可以采用成本——收益分析方式，核算现有的工作人员完成该人力资源活动需要的成本，并将外包成本进行分析比较，选择符合企业效益最大化的方案。

2. 外包合作伙伴选择和合同谈判

（1）市场研究。在实施外包之前，企业需要寻找合适的外包服务提供商，包括考察不同提供商的能力、信誉和客户反馈，可以与一些做过企业人力资源外包的管理者沟通，获取提供商的信息。

（2）合同谈判。商定合同细节，包括服务范围、服务水平协议、定价、隐私和数据安全等方面的条款。

3. 数据和流程整合

（1）数据迁移。将现有的人力资源数据迁移到外包服务提供商的系统中。

（2）流程对接。确保外包服务提供商了解组织的人力资源流程，并与他们的系统和流程对接以实现协同工作。

4. 外包执行和监控

（1）人力资源活动执行。外包服务提供商开始执行外包合同中规定的人力资源活动。

（2）数据监控。日常监控外包活动的数据和绩效，确保其符合合同规定的标准和目标。

5. 沟通和协作

（1）定期沟通。人力资源外包体现的也是一种合作伙伴关系，要求双方保持沟通和配合。从产生外包计划到外包实施项目的各个环节，定期与外包服务提供商进行会议和沟通，讨论进展、问题和改进机会。

（2）问题解决。及时解决出现的问题和挑战，确保外包活动的顺利进行。

6. 绩效评估和改进

（1）绩效分析。对外包人力资源管理活动的绩效进行定期分析和评估，确保其达到预期的效果和成本节省。

（2）改进措施。基于绩效分析和反馈，制定改进措施，以不断提高外包活动的效率和质量。

（二）人力资源管理外包的经济效应

经济新常态下，越来越多的企业为了求变创新，将人力资源管理外包，将更多的资源投入企业核心领域，在人力资源外包的过程中会产生经济效应。[①]

---

① 杨丽，宋军：《企业人力资源外包的经济效应》，人民论坛，2017 年第 18 期，第 90-91 页。

1．人力资源管理外包产生速度经济效应

外包人力资源管理可以迅速降低企业的运营成本。外包服务提供商通常具有专业知识和资源，可以立即开始执行人力资源任务，降低了企业内部招聘和培训等方面的成本；外包服务提供商通常拥有高度专业化的团队和技能，可以在短时间内提供高质量的服务。企业可以迅速获得专业知识，而不必自行进行长期的培训和招聘；外包可以使企业更快速地适应市场变化和业务需求的变化，当企业需要快速扩张或缩减时，可以通过调整外包服务的规模来实现灵活性，而不需要承担内部雇佣的不确定性和延迟。

2．人力资源管理外包产生范围经济效应

通过外包人力资源管理，企业可以将内部资源用于核心业务，从而降低了非核心业务的成本，这包括减少了内部的招聘、培训、薪酬管理和福利管理等成本。外包允许企业将有限的资源集中在关键领域，以更好地实现业务目标。这可以提高资源的有效利用，产生更大的价值。这有助于提高企业的绩效和效率，从而提高了整体业务的竞争力。一些外包合同可能包括风险共担的条款，外包服务提供商将承担一部分与人力资源管理相关的风险。这有助于降低企业的风险和责任。

3．人力资源管理外包产生规模经济效应

人力资源外包可能涉及多个供应商和服务提供商，这可以促使供应链上的各个环节更加高效。供应商之间的协作和协同工作可以降低整个供应链的成本，提高交付和服务质量。企业通过外包人力资源管理可以更专注于其核心竞争力。这意味着他们可以在产品或服务方面更有竞争力，从而在行业中占据更有利的地位。人力资源外包可以创造就业机会，不仅在外包服务提供商内部，还在与外包相关的其他领域，如培训、咨询和技术服务。这对于就业市场的健康发展具有积极影响。外包合同通常包括知识和技能的共享和转移。这可以促进知识和技能的传递，不仅有助于外包服务提供商的发展，还有助于客户企业获得新的知识和技能。

4．人力资源外包可以影响社会和文化领域，尤其是在社会责任和员工权益方面

企业的外包实践可能会受到社会和政府的监督，以确保合法合规。一些跨国公司外包人力资源管理，这可能对全球范围内的员工产生影响。外包合同可能涉及不同国家和文化背景的员工，需要管理跨文化和国际性的问题。

案例思考

Digital Creations Inc.（DCI）是一家新兴的数字创意公司，专注于数字内容制作、动画和视觉特效。由于行业的季节性波动和项目性质，DCI面临着雇佣合适人才的挑战，同时也需要在短期内应对多个项目。

DCI需要一种雇佣模式，既能够快速满足项目需求，又能够控制成本。他们需要一种方式来应对项目的不断变化，同时确保项目质量。DCI决定采用灵活用工模式，以满足他们的需求。他们采取以下措施：

① 专业外包服务提供商：DCI与专业的外包服务提供商合作，提供各种数字创意领域的专业人才。这些外包服务提供商拥有广泛的资源和专业技能，可以迅速应对各种项目需求。

② 临时项目团队：DCI建立了一支灵活的临时项目团队。他们可以根据项目的规模和复杂性来灵活调整团队的规模，以确保每个项目都有足够的资源。

③ 远程工作者：DCI 雇用了一些远程工作者，他们可以远程参与项目，无须到公司办公。这样可以吸引全球范围内的人才，同时降低了办公空间成本。

④ 技能匹配：DCI 将雇员的技能与项目的需求进行匹配，以确保项目的高质量和高效率。他们还提供培训和发展机会，以提高雇员的技能水平。

DCI 成功地采用了灵活用工模式，实现了多方面的成功。他们能够更好地应对项目需求的波动，减少了项目延迟和成本增加的风险。DCI 吸引了一批高水平的数字创意人才，提高了项目的质量和创造力。成本控制得以实现，因为他们只在项目需要时雇佣外部人才。企业管理团队可以更专注于战略规划和客户关系，而不必担心内部人力资源管理。

DCI 的案例展示了如何成功应用灵活用工模式以满足数字创意行业的需求。这种模式不仅提高了企业的灵活性，还为企业吸引了高素质的人才，同时降低了成本，为业务增长创造了有利条件。

思考：

1. 如何平衡灵活用工和全职员工的组合？在 DCI 的案例中，他们采用了灵活用工模式，但在某些情况下可能仍需要全职员工。如何找到适当的平衡，以确保项目的连续性和质量？

2. 如何确保外包服务提供商的质量和可靠性？DCI 成功与专业的外包服务提供商合作，但如何在选择外包伙伴时评估其质量和可靠性，以防止潜在的风险？

3. 人才发展和培训如何进行？DCI 提到他们提供培训和发展机会，以提高雇员的技能水平。这种投资如何影响员工的绩效和满意度？

【关键概念】

灵活用工　人力资源外包

复习思考题

1. 灵活用工的概念是什么？
2. 如何认识灵活用工管理？
3. 人力资源外包的方式是什么？

【数字化应用】

参考文献

[1]　何承金. 人力资本管理[M]. 成都：四川大学出版社，2000.

[2]　[美]雷蒙德·A. 诺伊，约翰·霍伦拜克，拜雷·格哈特，帕特雷克·莱特. 人力资源管理：赢得竞争优势[M]. 刘昕，译. 北京：中国人民大学出版社，2001.

[3]　余凯成. 人力资源开发与管理[M]. 北京：企业管理出版社，1997 .

[4]　哈佛商学院 MBA 教程系列. 人力资源管理[M]. 北京：红旗出版社，1997.

[5]　安应民，吴菁. 人力资源管理学[M]. 北京：中共中央党校出版社，1998.

[6]　郑绍濂，陈万华，胡君辰，杨洪兰. 人力资源开发与管理[M]. 上海：复旦大学出版社，1995.

[7]　谌新民，张帆. 工作岗位设计[M]. 广州：广东经济出版社，2002.

[8]　廖泉文. 人力资源考评系统[M]. 济南：山东人民出版社，2000.

[9]　赵耀. 如何做人事主管[M]. 北京：首都经济贸易大学出版社，1998.

[10]　李宝元. 人力资本运营[M]. 北京：企业管理出版社，2001.

[11]　谌新民，刘善敏. 人员测评技巧[M]. 广州：广东经济出版社，2002.

[12]　赵曙明. 人力资源管理与开发[M]. 北京：中国人事出版社，1998.

[13]　武欣. 绩效管理实务手册[M]. 北京：机械工业出版社，2001.

[14]　孙健敏. 人力资源管理[M]. 北京：科学出版社，2009.

[15]　魏钧. 绩效考核指标设计[M]. 北京：北京大学出版社，2010.

[16]　唐志红，肖丕楚，韩文丽. 能本管理实用图解手册[M]. 北京：中国工人出版社，2006.

[17]　方振邦，孙一平. 绩效管理[M]. 北京：科学出版社，2010.

[18]　任康磊. 员工关系管理与职业发展从入门到精通（第二版）[M]. 北京：人民邮电出版社，2019.

[19]　李志畴. 新型员工关系实务[M]. 北京：清华大学出版社，2015.

[20]　乔继玉，赵慧敏. 员工关系管理操作指南[M]. 北京：人民邮电出版社，2021.

[21]　程延园. 员工关系管理（第二版）[M]. 上海：复旦大学出版社，2008.

[22]　李新建，孙美佳，苏磊，等. 员工关系管理（第 2 版）[M]. 北京：中国人民大学出版社，2020.

[23]　约翰·M. 伊万切维奇，罗伯特·科诺帕斯克，赵曙明，程德俊. 译. 人力资源管理[M]. 北京：机械工业出版社，2015.

[24]　石建勋. 职业生涯规划与管理（第 2 版）[M]. 北京：清华大学出版社，2017.

[25]　宋君卿，王鉴忠. 职业生涯管理理论历史演进和发展趋势[J]. 生产力研究. 2008（23）：129-131.

[26]　刘锐，王雅赟，李妍. 职业生涯发展与就业指导：慕课版[M]. 北京：人民邮电出版社，2023.

[27]　周三多，陈传明，鲁明泓. 管理学 ——原理与方法（第三版）[M]. 上海：复旦大学出

版社，2018.

[28] 赵曙明，赵宜萱. 人力资源管理：理论、方法、实务[M]. 北京：人民邮电出版社，2019.

[29] 方振邦，邬定国. 人力资源管理[M]. 北京：人民邮电出版社，2017.

[30] 唐志红编著. 人力资源招聘培训考核（第三版）[M]. 北京：首都经贸大学出版社，2017.

[31] 管理学编写组. 管理学 [M]. 北京：高等教育出版社，2019.

[32] 陈琦. 非人力资源经理的人力资源管理：管理者如何选人、育人、留人[M]. 北京：人民邮电出版社，2020.

[33] 冯喜良，张建国，詹婧，谢丽霞. 灵活用工 ——人才为我们所有到人才为我所用[M]. 北京：中国人民大学出版社，2018.

[34] 高亚平，周梦，纪倩. 灵活用工平台的合规之路：合规解决方案的路径设计 [M]. 北京：法律出版社，2021.

[35] 董克用，等《人力资源管理》编写组. 人力资源管理[M]. 北京：高等教育出版社，2023.

[36] 艾瑞咨询. 中国 HR SaaS 行业研究报告，2021.

[37] 托马斯·奥蓬，章爱民，李欣娱，赵嘉阳. 译. 零工经济：灵活就业指南[M]. 北京：中国广播影视出版社，2023.

[38] 周瑞新. 我国企业人力资源管理外包的现状及发展[J]. 中国商论，2017，0（26）：90-91

[39] 杨丽，宋军. 企业人力资源外包的经济效应[J]. 人民论坛，2017，0（18）：90-91.

[40] 唐志红. 公共部门人力资源管理[M]. 成都：西南交通大学出版社，2017.

[41] 彭剑锋. 战略人力资源管理：理论、实践与前沿[M]. 北京：中国人民大学出版社，2022.

[42] 彭剑锋. 人力资源管理概论（第三版）[M]. 上海：复旦大学出版社，2018.

[43] 孙柏瑛，祁凡骅. 公共部门人力资源开发与管理[M]. 北京：中国人民大学出版社，2016.

[44] 邵冲，陈剑. 人力资源管理（第五版）[M]. 北京：中国人民大学出版社，2023.